Elogios para
ENERGÍA CEREBRAL

«*Energía cerebral* supone un avance espectacular en el conocimiento de las enfermedades mentales. Es obra de uno de los principales psiquiatras de Harvard y una guía revolucionaria para las personas que sufren depresión, ansiedad, trastorno bipolar… de hecho, prácticamente cualquier trastorno cerebral. Los descubrimientos científicos sobre el cerebro realizados hasta la fecha nos han obligado a replantearnos la salud mental y constituyen un rayo de esperanza en un campo que no ha conseguido aportar un alivio significativo para el sufrimiento de muchas personas. Si padeces algún problema de salud mental (y quién no), este libro podría cambiarte la vida».

MARK HYMAN, médico, asesor principal del Centro de Medicina Funcional de la Clínica Cleveland y autor de catorce éxitos editoriales de la lista del *New York Times*

«*Energía cerebral* nos proporciona un mecanismo unificador relativo a un amplísimo espectro de enfermedades mentales y que llevábamos mucho tiempo esperando. Sin duda, este nuevo modelo dará paso a potentes intervenciones terapéuticas para trastornos psiquiátricos generalizados en los que los enfoques farmacológicos habituales han demostrado tener una eficacia mínima. El trabajo de Christopher Palmer empodera tanto a los pacientes como a los profesionales sanitarios».

DAVID PERLMUTTER, médico, autor del éxito editorial *Cerebro de pan*, que ocupó el primer puesto de la lista del *New York Times*

«El doctor Palmer analiza de una forma provocadora y muy perspicaz los orígenes de los trastornos mentales, que tienen profundas implicaciones en nuestra forma de tratar las enfermedades… y en nuestra dieta».

JASON FUNG, nefrólogo y autor de tres libros superventas sobre salud

«La psiquiatría nunca volverá a ser la misma. La profesión médica necesita aplicar las primeras nociones de bioquímica a la resolución de las enfermedades mentales…y, de paso, de las metabólicas. Christopher Palmer plantea una hipótesis, la respalda con datos y, en mi humilde opinión, acierta de pleno con el tratamiento: alimentar el cerebro con lo que necesita».

Robert H. Lustig, médico, catedrático emérito de Pediatría de la UCSF y autor del libro *Metabolical*

«Durante más de dos décadas, el doctor Palmer ha organizado a los líderes mundiales de la psiquiatría para enseñar al personal médico las innovaciones emergentes en este campo. En *Energía cerebral* desafía la opinión generalizada con una idea valiente y nueva que nos muestra cómo buscar soluciones sencillas a los problemas de la gente, y no soluciones químicas que solo pueden cambiar la biología, pero no la experiencia vivida. *Energía cerebral* es un libro que todos los profesionales de la psiquiatría deberían leer porque plantea una crítica útil a las principales carencias de nuestro campo. De hecho, es un libro que debería leer todo el mundo para comprender lo mucho que pueden hacer (y no hacer) por el bien de su salud mental. La salud básica es evidente, pero se necesita valor para comprometerse a cuidar de forma exquisita nuestro cuerpo y, por extensión, nuestro cerebro».

Lois W. Choi-Kain, médica, directora del Instituto Gunderson de Trastornos de la Personalidad y profesora adjunta de Psiquiatría en la Facultad de Medicina de Harvard

«Cuando, a los diecinueve años, nuestro hijo sufrió un episodio bipolar, fue atendido por más de cuarenta profesionales de salud mental que le recetaron veintinueve medicamentos distintos. Sin embargo, hasta que no empezó una terapia metabólica cetogénica dirigida por el doctor Chris Palmer, no recuperó su mente y su vida. El enfoque metabólico del doctor Palmer tiene capacidad para influir de un modo radical en la presente epidemia mundial de salud mental. *Energía cerebral* es un libro que todo el mundo debe leer».

David Baszucki, fundador y consejero delegado de Roblox y cofundador del Grupo Baszucki, y Jan Ellison Baszucki, autora de *A Small Indiscretion* y cofundadora del Grupo Baszucki

«Si alguna vez te has sentido insatisfecho con las explicaciones, más bien difíciles de defender, que se nos ofrecen acerca de las enfermedades mentales, este libro tan innovador te va a gustar. Palmer, psiquiatra en ejercicio, no se ve constreñido por los conocimientos recibidos en este campo, sino que se atreve a ir más lejos que la mayoría de los profesionales. Presenta un argumento sólido para desechar lo que nos habían enseñado sobre las causas, el diagnóstico y el tratamiento de los trastornos psiquiátricos, centra su atención en las diminutas mitocondrias, antaño meras bacterias, y te guía en un estimulante viaje intelectual en el que te revelará los nuevos comienzos de la psiquiatría».

ZOLTÁN SARNYAI, médico, profesor y jefe del Laboratorio de Neurociencia Psiquiátrica, Universidad James Cook, Australia

«El doctor Christopher Palmer ha escrito un manual imprescindible para todo aquel que aspire a comprender y tratar la salud mental. Te irá guiando para que comprendas por qué el metabolismo y las mitocondrias son fundamentales para mantener sano el cerebro [...] y es un llamamiento a ponerse en marcha para transformar el tratamiento de la salud mental. Léelo y aprende de uno de los mejores».

ANA C. ANDREAZZA, médica, catedrática de Farmacología y Psiquiatría de la Universidad de Toronto y fundadora y directora científica de la Iniciativa de Innovación Mitocondrial

«El doctor Palmer posee una capacidad asombrosa para sintetizar la literatura existente y ofrecer una tesis clarividente sobre el papel patoetiológico y potencialmente terapéutico del metabolismo en las afecciones neuropsiquiátricas. La tesis y el marco que nos presenta brindan muchas oportunidades preventivas y terapéuticas en psiquiatría y nos acercan un paso más a las posibilidades de modificar las enfermedades».

ROGER S. MCINTYRE, médico, profesor de Psiquiatría y Farmacología de la Universidad de Toronto, Canadá

«*Energía cerebral*, del doctor Chris Palmer, es una forma nueva y muy necesaria de plantearnos la salud mental y podría revolucionar nuestro modo de considerar, investigar y tratar las enfermedades mentales. Es un éxito editorial garantizado, un libro que no querrás dejar de leer y que podría cambiar tu vida o la de un ser querido. El matiz, la claridad y la sensibilidad con que el doctor Palmer aborda las complejas cuestiones de las enfermedades mentales son increíbles. Aporta a su escritura sus conocimientos como psiquiatra clínico formado en Harvard, se anticipa a la siguiente pregunta del lector y la entreteje en una narración que entremezcla a la perfección una lección de ciencia con un libro de cuentos. Lleno de brillantes analogías, estadísticas asombrosas, fascinantes detalles científicos y conmovedoras historias de pacientes, es un libro que hay que leer. Y, hablando como doctor en Ciencias y estudiante de Medicina en Harvard, me gustaría que fuera obligatorio para la próxima generación de médicos porque sospecho que, en tal caso, las tasas de enfermedades metabólicas, incluidas las mentales, empezarían a disminuir en una generación. Este libro va a cambiar muchas vidas».

NICHOLAS NORWITZ, doctor en Neurometabolismo (Universidad de Oxford) y estudiante de Medicina en Harvard

«Son muchísimos los aspectos que desconocemos acerca de la relación entre el metabolismo, la salud y la enfermedad. Por suerte, el doctor Christopher Palmer se abre paso entre el maremágnum y aborda los trastornos mentales centrándose en los principios básicos: el metabolismo es la base de la salud cerebral, y la salud cerebral es la base de un futuro mejor. *Energía cerebral* es un libro que estamos tardando en leer e incorporar a la política: los trastornos mentales son una crisis cada vez mayor, sobre todo entre los niños. Esto no es ciencia espacial; es neurociencia».

SUSAN A. MASINO, profesora de Ciencias Aplicadas y neurocientífica del Trinity College

«Mi enhorabuena al doctor Chris Palmer por haber escrito un libro magnífico que invita a reflexionar sobre los revolucionarios avances que se están produciendo en el campo de la psiquiatría, una disciplina de la medicina que ha sido estigmatizada durante demasiado tiempo. Es una lectura imprescindible para todos nosotros, ya que cualquiera, sin excepción, tiene un familiar o un amigo querido que lucha contra un trastorno psiquiátrico difícil. Por fin encontramos optimismo y luz al final del oscuro túnel».

SANJIV CHOPRA, profesor de Medicina en la Facultad de Medicina de Harvard y autor de grandes éxitos editoriales

«La práctica clínica me ha demostrado que lo que comemos y bebemos influye en nuestra función cerebral y nuestra salud mental, pero nunca entendí el porqué. El doctor Palmer lo explica conectando los puntos de una forma brillante. Una obra pionera».

ERIC C. WESTMAN, director de la Clínica de Medicina Ceto de Duke

«He tenido la impresión de que el libro *Energía cerebral*, del doctor Palmer, me llevaba de la mano guiándome con gentileza a través del recorrido médico más complejo hasta llegar a las conclusiones más fascinantes y a la vez increíblemente lógicas. Aunque no soy científico, fui capaz de seguirlo y, de hecho, quedé fascinado a cada paso. Su rara habilidad para explicar sofisticados conceptos científicos y médicos en terminología profana lo hace accesible a un público muy amplio. Su planteamiento está construido de una forma cuidadosa y muy minuciosa, y los puntos están siempre conectados. Su frecuente uso de anécdotas y ejemplos también resulta útil. Visualizar el metabolismo comparándolo con el tráfico vial es una idea brillante. Dar la vuelta al Titanic de la comprensión de la salud mental para llevarla desde los fundamentos genéticos a los metabólicos no va a ser fácil, pero me da la impresión de que *Energía cerebral* es un giro muy importante en la dirección correcta».

JIM ABRAHAMS, director de la Fundación Charlie para las Terapias Cetogénicas

«Desde las teorías fundacionales de la psicodinámica (Sigmund Freud) y el conductismo (John Watson), no había surgido ninguna propuesta nueva, audaz y potencialmente transformadora para explicar la creciente epidemia de enfermedades mentales que se está produciendo en todo el mundo y a todas las edades. La innovadora teoría del doctor

Chris Palmer es que las anomalías en el metabolismo energético del cerebro son probablemente las causas profundas de los trastornos psiquiátricos y que es posible aprovechar los enfoques dietéticos y metabólicos para beneficiar a los pacientes, e incluso a la población en general. *Energía cerebral* es una lectura imprescindible para todos los interesados en la salud cerebral y mental».

JONG M. RHO, médico, catedrático de Neurociencias y Pediatría de la Universidad de California en San Diego

Energía cerebral

UN AVANCE REVOLUCIONARIO EN LA COMPRENSIÓN DE LA SALUD MENTAL Y EN LA MEJORA DEL TRATAMIENTO DE LA ANSIEDAD, LA DEPRESIÓN, EL TRASTORNO OBSESIVO-COMPULSIVO, EL TRASTORNO POR ESTRÉS POSTRAUMÁTICO Y MÁS

Dr. Christopher M. Palmer

Gaia Ediciones

Descargo de responsabilidad

El contenido de este libro tiene una finalidad meramente divulgativa. La información aquí expuesta no debe sustituir en ningún caso al consejo médico profesional ni ser utilizada para diagnosticar, tratar o curar enfermedades, trastornos o dolencias. Por consiguiente, la editorial no se hace responsable de las decisiones médicas tomadas a partir de la lectura de esta obra, ni de los daños o pérdidas causados, o supuestamente causados, de forma directa o indirecta por el uso, la aplicación o la interpretación de la información aquí contenida.

Primera edición: noviembre de 2023
Primera reimpresión: enero de 2025

Título original: *Brain Energy*

Traducción: Blanca González Villegas

Diseño de cubierta: equipo Grupo Gaia

Publicado por acuerdo con BenBella Books Inc., Folio Literary Management LLC e International Editos Co.

Alquimia, 6 - 28933 Móstoles (Madrid) - España
Tel.: 91 617 08 67
www.grupogaia.es - E-mail: grupogaia@grupogaia.es

Depósito legal: M.29.820-2023
I.S.B.N.: 978-84-1108-047-7

Impreso en España por: Artes Gráficas COFÁS, S.A. - Móstoles (Madrid)

Para mi madre.

Mis inútiles intentos de salvarte de los estragos de la enfermedad mental encendieron en mí un fuego que hoy continúa ardiendo. Siento mucho no haber descubierto esto a tiempo para ayudarte. Descansa en paz.

Índice

Introducción

A LO LARGO DE los más de veinticinco años que llevo ejerciendo como psiquiatra e investigador en neurociencia, los pacientes y sus familiares me han planteado innumerables veces la pregunta de qué es lo que provoca las enfermedades mentales. Al comienzo de mi carrera solía dar respuestas largas que reflejaran la imagen de un profesional bien formado y competente. Hablaba de neurotransmisores, hormonas, genética y estrés. Describía los tratamientos que emplearíamos y transmitía la esperanza de que mejorarían la situación. Sin embargo, tras unos cuantos años actuando así, empecé a tener la sensación de que estaba engañando a mis pacientes, porque la verdad es que no mejoraban demasiado. En algunas ocasiones, los tratamientos funcionaban durante unos pocos meses, o incluso uno o dos años, pero, en la mayoría de los casos, los síntomas regresaban. En algún momento empecé a decir la verdad: nadie sabe cuáles son las causas de las enfermedades mentales. Aunque conocemos muchos factores de riesgo, no entendemos cómo encajan unos con otros. Seguí intentando transmitir esperanza a los pacientes asegurándoles que disponíamos de muchos tratamientos diferentes y que probaríamos hasta dar con uno que funcionara, pero, por desgracia, para muchos de ellos nunca lo hallamos.

Todo eso cambió para mí cuando, en 2016, ayudé a un paciente a perder peso. Tom era un hombre de treinta y tres años con trastorno esquizoafectivo, un cruce entre esquizofrenia y trastorno bipolar. Llevaba trece años sufriendo alucinaciones, delirios y angustia mental a diario. Su enfermedad lo atormentaba. Había probado diecisiete medicamentos distintos, pero ninguno había funcionado. Lo sedaban, lo que reducía su ansiedad y agitación, pero no acababan con sus alucinaciones y delirios. Es más, la medicación le había hecho engordar más de cien kilos. Su autoestima era muy baja desde hacía tiempo, y el sobrepeso no hacía más que agravar esa situación. Prácticamente se había convertido en un ermitaño, y nuestras sesiones semanales eran algunas de sus únicas salidas al mundo exterior. Eso fue en parte lo que me impulsó a ayudarlo a perder peso: yo era el médico al que acudía más a menudo y él no quería que le remitieran a un especialista al que nunca había visto. Es más, era muy poco habitual que se preocupara de tomar cualquier medida que pudiera mejorar su salud de un modo u otro. Quizá perder peso podría ayudarlo a tener la sensación de que controlaba su vida. Tras experimentar sin éxito con varios planteamientos, decidimos probar la dieta cetogénica, una dieta baja en hidratos de carbono, moderada en proteínas y rica en grasas.

En pocas semanas, Tom no solo había perdido peso, sino que empecé a notar cambios notables y muy pronunciados en sus síntomas psiquiátricos. Estaba menos deprimido y menos sedado. Empezó a establecer más contacto visual y, cuando lo hacía, yo veía en él una presencia y una chispa que nunca había observado con anterioridad. Lo más asombroso fue que, al cabo de dos meses, me dijo que las alucinaciones que llevaba tanto tiempo padeciendo estaban remitiendo y que se estaba replanteando sus muchas teorías conspirativas paranoicas. Empezó a darse cuenta de que no eran ciertas y de que probablemente nunca lo fueron. Llegó a perder cuarenta y cinco kilos, se mudó de la casa de su padre y terminó una formación con certificación. Fue capaz incluso de improvisar en directo delante de una audiencia, algo que le habría resultado imposible antes de la dieta.

Me quedé atónito. Nunca había visto nada parecido en toda mi carrera. Aunque perder peso puede reducir la ansiedad o la depresión en algunas personas, este hombre padecía un trastorno psicótico que se había resistido a más de una década de tratamiento. Nada en mi conocimiento o experiencia sugería que la dieta cetogénica pudiera servir para tratar sus síntomas. No parecía haber ninguna razón para ello.

Empecé a indagar en la literatura médica y descubrí que esta dieta es un tratamiento de larga tradición y muy comprobado para la epilepsia. Es capaz de detener los ataques incluso cuando los medicamentos no lo consiguen. Rápidamente me di cuenta de la existencia de una conexión importante: en psiquiatría utilizamos constantemente tratamientos para la epilepsia, medicamentos como Depakote, Neurontin, Lamictal, Topamax, Valium, Klonopin y Xanax, si esta dieta cetogénica también detiene las convulsiones, quizá por eso estaba ayudando a Tom. Basándome en esta información adicional, empecé a utilizarla como tratamiento con otros pacientes y, como seguía teniendo éxito, pronto me encontré colaborando con investigadores de todo el mundo para explorarla más a fondo, dando conferencias a nivel mundial sobre este tema y publicando artículos que demostraban su eficacia en revistas académicas.

Emprendí una investigación para comprender cómo y por qué esta dieta funcionaba con mis pacientes. Además de utilizarse contra la epilepsia, se emplea también para la obesidad y la diabetes e incluso se está estudiando como tratamiento de la enfermedad de Alzheimer. Al principio, todo ello me resultaba confuso y un poco abrumador. ¿Por qué un único tratamiento funcionaba para todos estos trastornos, aunque solo fuera en algunas personas? Al final, esta pregunta abrió la puerta a algo que iba mucho más allá de la investigación con la que había comenzado. Me obligó a descubrir las conexiones entre estos distintos trastornos y a integrar este conocimiento con todo lo que ya sabía como neurocientífico y psiquiatra. Cuando por fin encajé todas las piezas, me di cuenta de que había tropezado con algo que superaba mis sueños más descabellados. Había desarrollado una teoría unificadora de la causa de todas las enfermedades mentales, a la que he denominado teoría de la energía del cerebro.

Este libro no trata sobre la dieta cetogénica ni sobre ninguna otra dieta. Tampoco se ocupa únicamente de las enfermedades mentales graves; los conocimientos científicos que contiene se pueden aplicar también a la depresión leve y a la ansiedad. De hecho, puede cambiar la forma de considerar todas las emociones y experiencias humanas. No estoy ofreciendo un simple curalotodo para las enfermedades mentales ni abogando por un único tratamiento. La inesperada eficacia de este, en concreto, fue solo la primera pista que me puso en el camino de una nueva forma de entender este tipo de enfermedades. Mi objetivo con este libro es compartir contigo ese conocimiento y guiarte en un recorrido que ojalá transforme tu forma de pensar acerca de la enfermedad y la salud mental.

He aquí un breve resumen de lo que vendrá a continuación:

- Empezaré haciendo un repaso del punto en el que nos encontramos en este momento en el campo de la salud mental: los problemas y cuestiones que nos preocupan y por qué son importantes.
- Aprenderás algo que puede parecer chocante: los trastornos mentales no son entidades distintas. Al decir esto incluyo diagnósticos como la depresión, la ansiedad, el TEPT, el TOC, el TDAH, el alcoholismo, la adicción a los opiáceos, los trastornos alimentarios, el autismo, el trastorno bipolar y la esquizofrenia. Los síntomas de todos ellos se solapan una barbaridad, y a muchas personas se les diagnostica más de uno. E incluso entre trastornos con síntomas muy diferentes, los factores biológicos, psicológicos y sociales subyacentes se solapan de un modo muy significativo.
- Analizaré las sorprendentes conexiones entre los trastornos mentales y algunos físicos, como la obesidad, la diabetes, los infartos de miocardio, los accidentes cerebrovasculares, los trastornos del dolor, la enfermedad de Alzheimer y la epilepsia. Para llegar a comprender realmente las causas de las enfermedades mentales es necesario conocer también estas conexiones.
- Todo ello confluirá para revelar que *los trastornos mentales son trastornos metabólicos del cerebro*.
- Para entender lo que esto significa tendrás que conocer el metabolismo. Es mucho más complicado de lo que la mayoría de la gente cree, pero haré todo lo posible por simplificarlo al máximo. La clave son unas cosas diminutas llamadas mitocondrias. El metabolismo y las mitocondrias pueden explicar todos los síntomas de las enfermedades mentales.
- Hablaré de las diferencias entre los estados mentales normales y los trastornos. Por ejemplo, todos experimentamos ansiedad, depresión y miedo en distintos momentos de nuestra vida. Estas experiencias no son trastornos; forman parte de la naturaleza humana. Sin embargo, cuando ocurren en el momento

equivocado o de forma exagerada, pueden cruzar la línea que separa *el estado mental del trastorno*. Verás que todos los estados mentales, incluso los normales, están relacionados con el metabolismo. El «estrés», por ejemplo, es un estado mental que afecta al metabolismo: se cobra un peaje metabólico. Si se produce durante periodos prolongados o es extremo, puede acabar provocando una enfermedad mental. Pero también puede hacerlo cualquier otra cosa que afecte a tu metabolismo.

- Compartiré contigo cinco amplios mecanismos de acción que pueden explicar las observaciones clínicas y neurocientíficas que están presentes en todos los trastornos mentales.
- Te demostraré que todos los factores conocidos que contribuyen a la enfermedad mental, incluidos aspectos como la genética, la inflamación, los neurotransmisores, las hormonas, el sueño, el alcohol y las drogas, el amor, el desamor, el sentido y el propósito de la vida, el trauma y la soledad, pueden vincularse directamente con los efectos sobre el metabolismo y las mitocondrias. Demostraré cómo todos estos factores coadyuvantes afectan al metabolismo, que a su vez influye sobre la función de las células, lo que puede dar lugar a síntomas de enfermedad mental.
- Aprenderás que lo más probable es que todos los tratamientos que se usan hoy en día en el campo de la salud mental, incluidos los psicológicos y sociales, funcionan influyendo sobre el metabolismo.
- Esta nueva perspectiva de la enfermedad mental conduce a tratamientos nuevos que ofrecen la esperanza de una curación a largo plazo, y no a una mera reducción de los síntomas. A veces serán más difíciles de llevar a cabo que tomar una pastilla, pero el esfuerzo merece la pena. Aunque investigaciones futuras conducirán a nuevos tratamientos adicionales, la noticia emocionante es que hoy en día disponemos de muchas opciones terapéuticas.

Para que quede claro, no soy el primero en sugerir que el metabolismo y las mitocondrias están relacionados con la enfermedad mental. De hecho, me baso en décadas de investigación. Sin esos otros investigadores y su trabajo pionero, este libro no existiría. Compartiré muchos de sus estudios punteros en las próximas páginas. Sin embargo, esta obra reúne por primera vez todas las piezas del rompecabezas para revelar una única teoría coherente que integra las investigaciones biológicas, psicológicas y sociales existentes y ofrece un marco unificador para explicar y tratar las enfermedades mentales.

Energía cerebral no solo proporciona respuestas que durante mucho tiempo se han mostrado esquivas, sino que ofrece soluciones nuevas. Espero que ponga fin al sufrimiento y cambie la vida de millones de personas en todo el mundo. Si tú o un ser querido padecéis una enfermedad mental, es posible que también cambie la vuestra.

Primera parte

CONECTANDO LOS PUNTOS

Capítulo 1
Lo que estamos haciendo no funciona

LA SALUD MENTAL EN LA ACTUALIDAD

LA ORGANIZACIÓN MUNDIAL DE la Salud ha estimado que, en el año 2017, casi ochocientos millones de personas sufrían trastornos relacionados con la salud mental. Esto representa algo más del 10 por ciento de la población mundial, es decir, una de cada diez personas. Si se incluyen los trastornos por consumo de sustancias, la cifra aumenta hasta los 970 millones de personas, un 13 por ciento de la población global. Los trastornos de ansiedad eran los más comunes, y afectaban a alrededor del 3,8 por ciento de las personas en todo el mundo, seguidos por la depresión, que padecía aproximadamente el 3,4 por ciento[1]. En Estados Unidos, estas tasas son más elevadas y ascienden al 20 por ciento, es decir, una de cada cinco personas han sido diagnosticadas con un trastorno mental o de consumo de sustancias.

Estas cifras nos ofrecen una instantánea de la prevalencia de los trastornos mentales a lo largo de un periodo concreto de un año. Sin embargo, los índices de prevalencia a lo largo de toda una vida son mucho mayores. En Estados Unidos, los datos sugieren que en la actualidad alrededor del 50 por ciento de la población cumplirá los criterios establecidos para que le sea diagnosticado un trastorno mental en algún momento de su vida[2]. Efectivamente: *la mitad de las personas*.

Estimar las tasas de enfermedad mental resulta difícil. Por lo general, la gente suele negar estos problemas de cara a los demás e incluso ante sí misma. Padecer este tipo de enfermedades es algo estigmatizado en casi todo el mundo. Aunque las sociedades han dado pasos importantes para reconocer como enfermedades «reales» problemas como la depresión y los trastornos de ansiedad, este avance es relativamente reciente y dista mucho de ser universal. Todavía hay gente que considera que quienes padecen trastornos de esta índole son simplemente «quejicas» o «vagos». Por otra parte, aunque normalmente está aceptado que las personas con trastornos psicóticos padecen enfermedades «reales», acaban sometidos a otro tipo de estigma: mucha gente los teme o los tacha de «locos». Y luego están los que padecen trastornos por consumo de sustancias: no es solo que muchos los vean como egocéntricos o moralmente débiles, sino que en ciertos países, como algunos de Oriente Medio, son considerados delincuentes y pueden ser incluso encarcelados por consumir alcohol. Los efectos del estigma pueden ir desde la vergüenza a la discriminación absoluta, pero todos ellos pueden impulsar a las personas a minimizar o mentir sobre sus síntomas. Por ello, lo más probable es que las estadísticas de prevalencia subestimen el verdadero alcance de estos trastornos.

Y por muy nefastas que sean estas estadísticas, el problema parece estar empeorando.

Una epidemia creciente

Los datos más completos proceden de Estados Unidos, donde los investigadores llevan décadas haciendo un seguimiento de las estadísticas de salud mental. Los índices de enfermedades mentales van en aumento. Según los Centros para el Control y la Prevención de Enfermedades (CDC), en 2017 los adultos estadounidenses mayores de dieciocho años tenían tasas más altas de enfermedades mentales que en todos los años, excepto tres, transcurridos entre 2008 y 2015. Cabe destacar que el grupo más joven (de dieciocho a veinticinco años) fue el que registró el mayor aumento: un 40 por ciento entre 2008 y 2017.

La tasa de TDAH (trastorno por déficit de atención con hiperactividad) está aumentando en niños y adolescentes, con un incremento del 41 por ciento en niños de cuatro a diecisiete años entre 2003 y 2012. Este diagnóstico concreto y su tendencia al alza suscitan una gran controversia. Algunos sugieren que sencillamente se debe a que estamos mejorando en el reconocimiento de este trastorno y proporcionando tratamiento a los niños que lo necesitan para prosperar. Otros proponen que estamos medicando el comportamiento normal, que la sociedad y las escuelas han llegado a esperar demasiado de los niños y que nuestras expectativas sobre lo que son capaces de hacer a ciertas edades son poco realistas. Hay quien sostiene que la capacidad de atención de la población ha disminuido de forma generalizada, probablemente debido al aumento del tiempo que pasa la gente frente a las pantallas, y que esto se confunde con el TDAH. ¿Está subiendo realmente la tasa de este trastorno, o son estos otros factores los responsables de lo que vemos en los datos? En breve analizaremos más a fondo cuestiones como esta, pero el TDAH no es el único diagnóstico que está creciendo.

También está aumentando la depresión en niños, adolescentes y adultos jóvenes. Entre 2006 y 2017, las tasas de depresión en Estados Unidos aumentaron un 68 por ciento en los niños de doce a diecisiete años. En las personas de dieciocho a veinticinco años, hubo un aumento del 49 por ciento. En los adultos mayores de veinticinco años, la tasa de depresión se mantuvo supuestamente estable.

Sin embargo, gran parte de esta información procede de encuestas, y tanto las preguntas que planteamos como la forma en la que lo hacemos son determinantes. Aunque las encuestas sugieren que las tasas de depresión en adultos no están subiendo, muchos informes indican que el *síndrome del trabajador quemado* sí lo está haciendo. Este síndrome no es un diagnóstico psiquiátrico oficial en el *DSM-5* (*Manual diagnóstico y estadístico de los trastornos mentales*, quinta edición), pero la Organización Mundial de la Salud lo ha añadido recientemente a su lista de trastornos mentales: la *CIE-11* (*Clasificación internacional de enfermedades*, undécima revisión). Los criterios son similares a los de la depresión, pero se centran principalmente en el estrés en el entorno laboral. Se ha debatido mucho sobre si es simplemente una forma de depresión relacionada con el trabajo o no, y con razón: en un estudio sobre su manifestación en los médicos se descubrió que quienes lo tenían en grado leve mostraban tres veces más probabilidades de cumplir los criterios de una depresión severa. Los que lo padecían en grado grave, por su parte, tenían cuarenta y seis veces más probabilidades[3], lo que sugiere que hay poca diferencia, si es que existe alguna, entre estas etiquetas diagnósticas. Al igual que la depresión, el síndrome del trabajador quemado se asocia también a tasas de suicidio mucho más elevadas. Dado que todavía no es un diagnóstico oficial en el *DSM-5,* los organismos estadounidenses no hacen un seguimiento de su prevalencia. Sin embargo, una encuesta Gallup de 2018 reveló que el 23 por ciento de los empleados afirmaban sentirse quemados en el trabajo a menudo o siempre, mientras que otro 44 por ciento se sentía quemado a veces[4]. Estas tasas son mucho más elevadas que las de la depresión.

Los índices de suicidio están aumentando en la mayoría de los grupos de edad. En 2016, casi 45 000 personas murieron por esta causa solo en Estados Unidos. En general, por cada una de estas personas, aproximadamente, otras treinta intentan suicidarse, lo que sitúa la tasa de intentos en bastante más de un millón de personas al año. De 1999 a 2016, los índices de suicidio aumentaron en la mayoría de los estados de Estados Unidos, y en veinticinco de ellos se registró un incremento del 30 por ciento o más. Otra estadística, la de las *muertes por desesperación*, hace un seguimiento de los fallecimientos provocados por una combinación de alcohol, drogas y suicidio en Estados Unidos. Esta cifra se duplicó con creces entre 1999 y 2017.

Los trastornos de ansiedad son los problemas mentales más frecuentes, pero los criterios para diagnosticarlos siguen evolucionando, lo que dificulta la evaluación de los cambios a lo largo del tiempo. Algunos han argumentado que los índices no han variado en los últimos años[5]. Sin embargo, una encuesta anual de hogares de aproximadamente cuarenta mil adultos estadounidenses sugiere que están aumentando. La pregunta que se planteó a los participantes fue la siguiente: «¿Con qué frecuencia te has sentido nervioso durante los últimos treinta días?», y se daban cinco opciones de respuesta que iban desde «todo el tiempo» a «nada de tiempo». De 2008 a 2018, los índices de ansiedad aumentaron un 30 por ciento. En el grupo más joven, de dieciocho a veinticinco años, se produjo un aumento del 84 por ciento[6].

A veces, los diagnósticos más «comunes», como la depresión y la ansiedad, se consideran de manera independiente a otros trastornos más graves como la esquizofrenia: los profesionales de la salud mental suelen utilizar el término «enfermedad mental grave» para hablar de trastornos que implican un deterioro y una discapacidad significativos, como los que presentan síntomas psicóticos. Aunque esta categoría incluye algunas formas graves de depresión y ansiedad, se refiere sobre todo a diagnósticos como la esquizofrenia, el trastorno bipolar, el autismo y similares. ¿Qué podemos decir sobre estas enfermedades? ¿Qué está ocurriendo? También están aumentando. Entre 2008 y 2017 se incrementaron un 21 por ciento en Estados Unidos entre las personas mayores de dieciocho años. Para el grupo más joven, el de dieciocho a veinticinco años, la tasa se duplicó durante ese mismo periodo, en menos de una década[7].

El diagnóstico de autismo también está creciendo, y a un ritmo alarmante[8]. En el año 2000, afectaba aproximadamente a uno de cada 150 niños en Estados Unidos; en 2014, era aproximadamente uno de cada 59.

Las estadísticas del trastorno bipolar son igualmente preocupantes. Desde mediados de la década de 1970 hasta el año 2000, su prevalencia oscilaba entre el 0,4 por ciento y el 1,6 por ciento. A principios de la década del 2000, había aumentado hasta entre el 4 y el 7 por ciento[9]. En niños y adolescentes, este diagnóstico era casi inexistente antes de 1994, pero ahora es cada vez más frecuente.

Estas estadísticas resultan difíciles de comprender. Se supone que diagnósticos como el autismo y el trastorno bipolar no pueden aumentar exponencialmente en tan poco tiempo. Mientras que la ansiedad y la depresión pueden ser consecuencia de una situación dada, estos otros trastornos suelen considerarse firmemente «biológicos», y muchos investigadores creen que están determinados en gran parte por la genética. Está claro que la especie humana no ha sufrido una epidemia de mutaciones genéticas.

Los investigadores, los médicos y la sociedad en general se esfuerzan por comprender qué tendríamos que hacer ante este importante aumento de las enfermedades mentales. Aunque no existe una explicación consensuada, mucha gente expone teorías que, en términos generales, pueden dividirse en dos categorías.

La primera defiende que las estadísticas son erróneas o no significan lo que creemos que significan. Mucha gente piensa que es imposible que las tasas de trastornos mentales aumenten tan rápidamente; consideran que estas estadísticas son el resultado de que los médicos o los pacientes ven «trastornos» donde no existen. He aquí tres de las teorías más destacadas dentro de esta categoría:

1. ¡Son las empresas farmacéuticas! Pretenden vender pastillas al mayor número posible de personas, y para ello tienen que convencer tanto a los médicos como al público de que las necesitan. Cada año gastan miles de millones en técnicas de venta, enviando muestras a los médicos para mantener el nombre de su producto en primer plano. Emiten anuncios de televisión que preguntan si el espectador tiene alguno de una serie de síntomas vagos, como «disminución del placer». Si es así, le indican que «hable con su médico y vea si el "medicamento X" es adecuado para usted». Este tipo de anuncios alimenta la tendencia de la gente a la hipocondría. Las personas, preocupadas, visitan al médico y salen con un nuevo diagnóstico y, por supuesto, con las pastillas para tratarlo.
2. ¡Es la pereza! La gente de hoy en día no quiere esforzarse. Tampoco quiere experimentar ninguna molestia y piensa que no tiene por qué hacerlo. Cada vez se categorizan más las emociones o las experiencias humanas corrientes como «síntomas». Se acude en masa a los terapeutas para aliviar esos «síntomas». A veces la gente va al médico para intentar encontrar una solución. Estas personas quieren soluciones rápidas y fáciles; los médicos están sobrecargados de trabajo y ocupados, y lo más fácil para ellos es rellenar una receta.
3. ¡Es esta nueva generación de niños! Dado que las tasas están aumentando de forma más espectacular en niños y adultos jóvenes, está claro que la culpa es suya... o de sus padres, que han mimado y consentido a esta generación más joven, satisfaciendo todos sus caprichos. Estos niños y jóvenes nunca han tenido que someterse a ninguna disciplina y tampoco tienen mucha fuerza de voluntad ni perseverancia. Se frustran y agobian con facilidad. Cuando sus padres ya no están para arreglar las cosas, o cuando alguien les niega algo, entran en crisis. Estas crisis hacen que se les diagnostique algún trastorno mental. O, incapaces de manejar la vida en el mundo real, buscan una «enfermedad mental» a la que echar la culpa.

Por muy atractivas que puedan resultar este tipo de teorías, lo más probable es que no sean las respuestas que necesitamos. Si tú no tienes un problema de salud mental, ni tu hijo tampoco, ni tienes contacto diario con pacientes que los sufren, te resultará sencillo suponer que estas personas son simplemente unas lloronas, unas quejicas, y que los médicos, los pacientes y los padres buscan soluciones rápidas. Es fácil descartar un problema cuando queda muy lejos. Sin embargo, si te enfrentas a las personas reales que están detrás de estas estadísticas y eres testigo de su sufrimiento, estas suposiciones generales se vuelven insostenibles. Cuando alguien que sabes que es un «buen padre» tiene un hijo de siete años que sufre ataques de ira, que no duerme, que amenaza con suicidarse o con matar a otras personas, el problema empieza a parecer real. Estos comportamientos no son normales. Cuando una mujer tiene ataques de pánico tan graves que deja de salir de casa, no es normal. Cuando una persona está tan deprimida que a veces no puede levantarse de la cama por la mañana, no es normal.

Así pues, la segunda categoría de teorías sobre el aumento de los trastornos mentales acepta las estadísticas como reales. Están respaldadas por personas que creen que estas enfermedades están aumentando realmente. Ofrecen diversas perspectivas y posibles explicaciones:

1. ¡Es algo bueno! Estas estadísticas son positivas: reflejan un conocimiento más amplio de los trastornos mentales y una mayor concienciación sobre cómo identificarlos. En las escuelas y en los entornos laborales hay muchos programas sobre el reconocimiento de los síntomas de los trastornos mentales y por consumo de sustancias. Hay campañas de servicio público centradas en la prevención del suicidio. Los famosos hablan de sus propios problemas de salud mental y los medios de comunicación se ocupan más de este tema con el objetivo explícito de sensibilizar y reducir el estigma. Cada vez son más las personas que reciben la ayuda que necesitan, que son diagnosticadas y tratadas.
2. ¡Es la sociedad! Nos hemos vuelto cada vez más dependientes de la tecnología y las pantallas. Nos quedamos sentados mirando nuestros teléfonos, ordenadores o televisores, y eso ha hecho que nos volvamos más sedentarios y estemos más aisla-

dos. Interactuamos menos en la «vida real» y nos conectamos a través de las redes sociales en lugar de pasar tiempo juntos o hablar por teléfono. La gente solo publica las partes de su vida que «parecen buenas», de modo que las redes sociales fomentan expectativas poco realistas y vergüenza, no conexión real. El ritmo de vida también es más rápido. Todo el mundo está ocupado y sobrecargado, incluso los niños. Las familias ya no cenan juntas como en «los viejos tiempos». No es de extrañar que la gente se sienta quemada. No es de extrañar que tantas personas estén desarrollando trastornos mentales.

3. ¡Son las toxinas, los productos químicos y la comida falsa! No es solo el comportamiento de la sociedad lo que ha cambiado, sino también el mundo físico en el que vivimos. Todos los días nos exponemos a toxinas. Los alimentos que comemos están llenos de ingredientes artificiales. Hay sustancias químicas nuevas por todas partes: en el césped, en el agua, en los productos de higiene personal que utilizamos mañana y noche. Creamos y nos rodeamos de compuestos que nunca encontraríamos en la naturaleza y cuyos efectos (sobre todo en combinación con otros muchos) no conocemos bien. Son estos los que están provocando el aumento de todo tipo de enfermedades, como el cáncer o la obesidad, y también trastornos mentales, aunque aún no sepamos exactamente cómo.

Hay muchas más teorías dentro de esta «segunda categoría» sobre el aumento de los problemas de salud mental, pero estas son algunas de las más debatidas. Ninguna de las tres es descabellada. Bien podrían explicar en parte los trastornos que padecen algunas personas al menos en algún momento concreto. Como explicaré más adelante, es casi seguro que algunos de estos planteamientos tengan su importancia.

Sin embargo, en cuanto al número uno de la lista anterior (racionalizar las estadísticas como el simple resultado de un mejor reconocimiento y diagnóstico), las pruebas demuestran que no es solo el reconocimiento lo que está aumentando. Las encuestas que comparan los datos año tras año incluyen muestras de toda la población, con independencia de si las personas están diagnosticadas o no. El incremento de estos trastornos es real.

Quizá el punto más importante es que los índices de trastornos mentales muy diferentes (autismo, trastorno bipolar, depresión y TDAH, por nombrar algunos) están aumentando *todos* al mismo tiempo. ¿Por qué? Creemos que el trastorno bipolar, el TDAH y la depresión son muy distintos entre sí, y que las causas que los favorecen son también muy diferentes. Si estos trastornos son genéticos, ¿qué les ha pasado a nuestros genes? ¿Hay una toxina que causa numerosas mutaciones? Si el culpable es el estrés de nuestra acelerada sociedad moderna, ¿por qué aumentan *todos* los trastornos? ¿Más estrés no conllevaría simplemente más depresión y ansiedad? Está claro que el estrés no causa autismo ni trastorno bipolar. ¿O sí? Estas estadísticas plantean más preguntas que respuestas.

Para colmo de males, la pandemia de la COVID-19 se ha cobrado un precio adicional. En junio de 2020, se calcula que el 40 por ciento de los adultos estadounidenses declararon tener problemas de salud mental o de consumo de sustancias. El 11 por ciento de los encuestados dijeron que habían pensado en el suicidio en los últimos treinta días[10].

El precio que pagamos

A la sociedad, los trastornos mentales le salen caros. El coste económico mundial fue de dos billones y medio de dólares en 2010 y se espera que alcance los seis billones en 2030[11]. Estas cifras incluyen los costes de los servicios directos de salud mental (hospitalizaciones, visitas al médico y al terapeuta) y los medicamentos recetados. Sin embargo, existen también otros costes financieros que son más difíciles de medir, como la pérdida de productividad debida a que los empleados están menos concentrados o se dan de baja por enfermedad. Estas pérdidas afectan a empresarios y trabajadores, a las sociedades y a cada uno de los enfermos. La depresión es ahora el diagnóstico que encabeza la lista de enfermedades incapacitantes, por encima de todas las demás, incluidas las cardiovasculares, el cáncer y las infecciones. Los trastornos mentales y por consumo de sustancias son la principal causa de «años perdidos por discapacidad» y de «carga global de enfermedad» en Estados Unidos[12].

Mucho más importante que los costes económicos de los trastornos mentales es el sufrimiento que causan a los pacientes y a sus familias. Provocan una tristeza y una desesperación incalculables. Pueden arruinar la vida de las personas. Pueden llevar al aislamiento social, a interrumpir los planes escolares y profesionales y a limitar de forma desgarradora lo que las personas pueden esperar de sí mismas. Y este sufrimiento casi siempre se extiende más allá de quien padece el trastorno. La vida familiar puede sumirse en el caos. El divorcio es una consecuencia frecuente. Las personas más cercanas al enfermo pueden desarrollar trastornos mentales como la ansiedad o el TEPT (trastorno de estrés postraumático); pueden sencillamente agotarse y abandonar al amigo o familiar que está sufriendo para preservar su propia salud. Al menos la mitad de los que se alojan en albergues para personas sin hogar padecen trastornos mentales o por consumo de sustancias[13], y lo mismo ocurre en las prisiones[14]. Este tipo de trastornos puede favorecer la violencia, no solo la de aquellos que irrumpen con un arma en un centro escolar y aparecen en los titulares, sino también la doméstica. Pueden provocar una falta de esperanza tan extrema que quienes los padecen acaban quitándose la vida.

En la mayoría de los casos, sin embargo, no se manifiestan de una forma dramática y fácilmente visible. La gente sufre sola, en silencio. Se avergüenza. No sabe qué hacer con sus síntomas. A menudo, ni siquiera sabe que padece una enfermedad. No considera que sus síntomas sean «síntomas»; cree que su sufrimiento es solo una parte natural de la existencia. Estas personas pueden llegar a considerarse débiles o inferiores a los demás. Pueden creer que lo único que necesitan es aprovechar al máximo la vida que se les ha dado. Experimentan su angustia, sus síntomas, como una parte de su personalidad o de sus experiencias vitales.

Vamos a imaginar, por ejemplo, a una mujer a la que llamaremos María. Su padre era alcohólico y la maltrataba verbal y físicamente. Le echaba en cara prácticamente todo lo que hacía y ella llegó a considerarse estúpida y a creer que tenía pocas cualidades. No hablaba con nadie de los enfados de su padre; daba por hecho que, si lo hiciera, solo le conllevaría más problemas e incitaría nuevos castigos. En el instituto se mostraba deprimida, aislada, y tenía pocas esperanzas en el futuro. Cuando llegó a la edad adulta, la situación continuó. Le costaba dormir, recordaba los gritos que le daba su padre y, por ese motivo, los ruidos fuertes la sobresaltaban fácilmente. No se le ocurrió pensar que nada de esto pudiera constituir un «trastorno», y mucho menos que fuera tratable. Recibo a pacientes como ella que han sufrido así durante años antes de que algo les impulse a buscar un tratamiento. Sin embargo, muchísimas personas ni siquiera llegan a hacerlo.

¿Qué podemos decir del tratamiento?

El tratamiento de los trastornos mentales tiene una importancia vital. Puede reducir el sufrimiento. Puede prevenir la discapacidad. Puede devolver a las personas sus sueños y sus posibilidades. Puede salvar vidas. De hecho, lo hace. Muchas personas se benefician enormemente de los tratamientos que existen en la actualidad. Los pacientes superan adicciones, encuentran alivio a episodios psicóticos, aprenden a controlar la ansiedad, se recuperan de trastornos alimentarios... y estas victorias son reales y significativas. Los tratamientos que tenemos funcionan pero, por desgracia, no lo hacen siempre ni con todo el mundo.

Veamos primero una historia de éxito.

John era un ingeniero de treinta y seis años, casado y con dos hijos pequeños. La vida le había ido bastante bien... hasta que descubrió que su mujer tenía una aventura. Él quería salvar su matrimonio, pero su mujer ansiaba otra vida y estaba decidida a divorciarse. Eso lo destrozó y le deprimió gravemente. Era incapaz de dormir más de dos horas seguidas. No podía dejar de obsesionarse con que su vida estaba arruinada. No podía concentrarse en el trabajo. Sentía que la única solución era conseguir que su mujer volviera, pero ella no quería. Le atormentaba la sensación de culpabilidad por todas las formas en que consideraba que había fracasado como marido, como padre, como persona. Estuvo así tres meses sin mostrar signos de mejoría; en todo caso, empeoró. Al final, su familia lo animó a ir al psiquiatra. Le recetaron un antidepresivo y un somnífero y empezó a recibir sesiones semanales de psicoterapia.

Al cabo de unos días, empezó a dormir más. Eso lo ayudó a sentirse menos desorientado y abrumado, pero seguía angustiado. Al cabo de un mes, sin embargo, las cosas comenzaron a cambiar. Su estado de ánimo empezó a mejorar. Pudo dejar la medicación para dormir y conciliar el sueño con normalidad. Consiguió centrarse menos en los pensamiento que lo atormentaban y más en las cosas que podía controlar. Se centró en proyectos en el trabajo y en casa y tomó la decisión de mejorar su forma física. Empezó a pasar más tiempo de calidad con sus dos hijos. Dio los pasos que había estado evitando para formalizar el divorcio. Al cabo de unos meses, pudo dejar la psicoterapia. Al cabo de un año, redujo la dosis de antidepresivo y siguió sintiéndose bien. Empezó a quedar con mujeres otra vez.

Esta historia demuestra el éxito de la psiquiatría moderna. La combinación de medicamentos y psicoterapia alivió la depresión y la ansiedad de John y lo ayudó a superar una época extraordinariamente estresante de su vida. Pero su sufrimiento tampoco fue el único que disminuyó. El divorcio resulta complicado para los niños; de hecho, aumenta el riesgo de que ellos mismos sufran problemas de salud mental. Y tener un progenitor con depresión grave también incrementa este riesgo. El tratamiento permitió a John ser un padre mejor y más comprometido. Así pues, ayudarle a sentirse mejor benefició también a sus hijos. Y su centro de trabajo también resultó beneficiado. Mientras estaba deprimido, John iba a trabajar todos los días, pero no era capaz de concentrarse y hacía menos cosas. El éxito del tratamiento ayudó a John a ser un empleado más productivo.

Existen innumerables historias como la de John, y es fácil comprender por qué a los investigadores y médicos del campo de la salud mental les gusta contarlas. Es importante destacar que los tratamientos pueden funcionar. Es importante animar a la gente a buscar ayuda, hacerles saber que su sufrimiento puede terminar. Y los profesionales de cualquier campo quieren centrarse en sus éxitos. No suelen hacer publicidad de lo que no va bien. Sin embargo, y por desgracia, en el campo de la salud mental hay muchas cosas que no funcionan. No todo el mundo consigue un resultado positivo como el de John. De hecho, la mayoría no lo consigue.

La depresión es uno de los trastornos mentales más diagnosticados y tratados en Estados Unidos. En 2020, alrededor de veintiún millones de adultos experimentaron al menos un episodio depresivo, lo que representa el 8,4 por ciento de todos los adultos estadounidenses. Aproximadamente el 66 por ciento recibió algún tipo de tratamiento[15].

Entonces, ¿qué ocurre con todas estas personas que sí reciben tratamiento para la depresión? ¿Mejoran y, lo que es más importante, mejoran a largo plazo?

Un estudio intentó responder a esta pregunta reclutando a un grupo de individuos que buscaban tratamiento para la depresión grave en cinco centros médicos académicos diferentes y haciéndoles un seguimiento durante doce años[16]. Participaron 431 personas, y los investigadores evaluaron semanalmente sus síntomas de depresión. Lo que descubrieron fue que, incluso con tratamiento, el 90 por ciento tenía síntomas persistentes. Por término medio, durante el periodo de doce años, los participantes tuvieron síntomas de depresión el 59 por ciento del tiempo. Dichos síntomas fluctuaban, a veces desaparecían pero luego volvían, incluso con tratamiento, aunque tomaran la medicación todos los días. En otras palabras, el 90 por ciento de las personas no se curaban de la depresión. O bien seguían teniendo síntomas persistentes de grado bajo, o bien entraban y salían de episodios más graves. Se descubrió que la depresión es una enfermedad crónica, pero episódica, y se observó que, si las personas experimentaban solamente un episodio, como John, las probabilidades de una recuperación completa y duradera eran mayores. Sin embargo, estas personas no eran muchas.

Este estudio no es un caso atípico, sino un reflejo de lo que cualquiera que haya trabajado en el campo de la salud mental durante varios años ya conoce. Casi dos tercios de los pacientes depresivos no experimentan una remisión (es decir, no mejoran del todo, ni siquiera temporalmente) con el primer tratamiento que se les ofrece[17]. Como sugieren las estadísticas, muchas personas siguen sufriendo durante años, a pesar de probar un tratamiento tras otro. Tampoco es solo un fracaso de los medicamentos. Muchos pacientes prueban numerosos tratamientos: medicamentos, psicoterapia, terapia de grupo, meditación, pensamiento positivo, control del estrés y otros. Algunos incluso prueban la estimulación magnética transcraneal (EMT) o la terapia electroconvulsiva (TEC, también conocida como «terapia por electrochoque»). Se dice que aquellos para los que ningún tratamiento parece tener mucho éxito sufren «depresión resistente al tratamiento». Es cierto que son muchas más las personas que encuentran cierto alivio, aunque no de forma completa ni duradera. El hecho de que la depresión sea la principal causa de discapacidad en el mundo muestra claramente la falta de eficacia de nuestros tratamientos actuales. ¿Qué nos falta? ¿Por qué no conseguimos que la mayoría de las personas con depresión mejoren del todo y se mantengan sanas?

Es posible que te estés preguntando por las perspectivas de otros trastornos mentales. Lamentablemente, las estadísticas de muchos de ellos son aún peores. No voy a repasar los datos de cada enfermedad, pero trastornos como el TOC (trastorno obsesivo-compulsivo), el autismo, el trastorno bipolar y la esquizofrenia son al menos tan malos como los de la depresión, tanto en lo que se refiere al éxito del tratamiento como a la naturaleza crónica de sus afecciones[18]. A muchos de estos pacientes se les dice que padecen trastornos de por vida y que tendrán que rebajar sus expectativas sobre lo que podrán llegar a conseguir.

Es comprensible que muchos se sientan frustrados por la ineficacia de los tratamientos de salud mental. Oyen historias como la de John y asumen que deberían curarse como él. A menudo llegan a creer que los profesionales que les tratan son incompetentes, o que no han recibido el diagnóstico correcto, o que simplemente no han encontrado aún la píldora adecuada. Por desgracia, estas no suelen ser las razones por las que no mejoran. Para la mayoría de la gente, se debe simplemente a que nuestros tratamientos no funcionan del todo bien.

A algunos profesionales del campo de la salud mental no les gustará esta valoración ni aprobarán que la comparta de este modo. Es posible que teman que el pesimismo sobre el tratamiento disuada a la gente de buscar ayuda. Es una preocupación legítima. Es importante que quienes padecen enfermedades mentales busquen el apoyo de profesionales; a veces, esto puede bastar para mantener a alguien con vida durante una crisis suicida. No obstante, los datos que he presentado son exactos; afirmar que el tratamiento de salud mental funciona para todo el mundo (o incluso para la mayoría de la gente), y que funciona completamente, es engañoso en el mejor de los casos. Una preocupación mayor es que este tipo de afirmaciones pueden servir para avergonzar y estigmatizar aún más a quienes padecen trastornos mentales. Si se les dice que nuestros tratamientos funcionan, y luego ellos no mejoran, algunos culparán al tratamiento o a los profesionales, pero otros se culparán a sí mismos. Y no son solo los pacientes: si hacemos este tipo de afirmaciones a las familias, a otros profesionales sanitarios y a la población en general, ¿qué ocurre cuando el paciente no mejora? ¿Decimos que debe tener una versión del trastorno «resistente al tratamiento», dando a entender que padece una forma más grave de enfermedad mental (lo cual puede muy bien no ser cierto) y posiblemente aumentando el estigma que sufre? ¿O sugerimos que es culpa del paciente? ¿Es que la persona no se esfuerza lo suficiente en la terapia? ¿Es que de alguna manera «quiere» estar enferma? Por desgracia, este tipo de implicaciones son demasiado frecuentes por parte de médicos, familiares, amigos y otras personas. Y así volvemos al punto de partida, con la decisión de sincerarnos y de decir que, en la mayoría de los trastornos, los tratamientos no funcionan a largo plazo para la mayoría de las personas. Esto conlleva el riesgo de disuadir a quienes lo necesitan de buscar tratamiento.

Teniendo en cuenta todo lo que he expuesto en este capítulo (que estos trastornos son frecuentes, y cada vez más, que suponen una enorme carga para la sociedad, tanto en términos de impacto económico como de sufrimiento humano, y que nuestros tratamientos han demostrado no estar a la altura de la tarea de aliviarlos), parece claro que las enfermedades mentales son una emergencia sanitaria mundial. Hemos invertido dinero en investigación con la esperanza de arrojar luz sobre el problema y descubrir soluciones nuevas. En el año 2019, los Institutos Nacionales de Salud (NIH) de Estados Unidos gastaron 3200 millones de dólares en investigación sobre salud mental. ¿Qué podemos mostrar de la investigación realizada?

Esto es lo que dijo el doctor Tom Insel, exdirector del Instituto Nacional de Salud Mental (NIMH), en 2017, tras dejar el NIMH:

> Pasé trece años en el NIMH impulsando de verdad la neurociencia y la genética de los trastornos mentales, y cuando miro hacia atrás me doy cuenta de que, aunque creo que conseguí que científicos geniales publicaran un montón de artículos muy interesantes a un coste bastante elevado (creo que fueron 20 000 millones de dólares), considero que no hemos obtenido ninguna reducción del suicidio ni de las hospitalizaciones, que no hemos podido mejorar la recuperación de las decenas de millones de personas que padecen enfermedades mentales[19].

Fue valiente al reconocerlo. Quienes trabajan en el campo de la salud mental saben que es cierto. Así que, una vez más, ¿qué se nos está escapando?

El hecho es que, para poder avanzar de verdad, tenemos que ser capaces de responder a esta pregunta: ¿cuál es la causa de las enfermedades mentales? Y, hasta ahora, hemos fracasado.

Capítulo 2

¿Cuáles son las causas de las enfermedades mentales y por qué son importantes?

DEMENCIA, LOCURA, ANSIEDAD, MIEDO irracional, depresión constante, adicción, suicidio: las enfermedades mentales se han descrito en todas las culturas humanas de la tierra, desde la antigüedad hasta el día de hoy. Aunque hemos observado que están creciendo, distan mucho de ser una aflicción nueva. Sin embargo, la pregunta de cuáles son sus causas sigue desconcertándonos. Los antiguos eruditos, filósofos y poetas, junto con los neurocientíficos, médicos y psicólogos actuales, han estudiado sin tregua esta cuestión, pero no han dado con ninguna respuesta definitiva.

En los últimos milenios se han propuesto muchas teorías. Antiguamente se consideraba de forma generalizada que eran el resultado de fuerzas sobrenaturales. Una creencia muy extendida afirmaba que la enfermedad mental era un castigo de Dios. También la posesión demoníaca tuvo su momento de apogeo, y el exorcismo era el tratamiento más habitual. Aunque este tipo de conjeturas se han mantenido y han resurgido a lo largo de la historia, en cuanto las enfermedades en general empezaron a considerarse algo natural, más que sobrenatural, emergió una actitud más científica, y las enfermedades mentales comenzaron a verse como trastornos médicos. Hipócrates, el médico griego, fue uno de los que se tomaron en serio este tipo de problemas; postuló que podían deberse a un desequilibrio de los cuatro fluidos vitales del cuerpo, o «humores». Opinaba que un exceso de uno de ellos, la bilis negra, provocaba la depresión o melancolía. De hecho, este último término procede del griego 'bilis negra' (es interesante señalar que las sustancias corporales —en particular las heces, porque están relacionadas con la microbiota intestinal— están volviendo a tenerse en cuenta en la teoría de las enfermedades mentales. Más adelante analizaremos este tema más a fondo). Así como el nacimiento de la medicina transformó la perspectiva de los trastornos mentales, el desarrollo del campo de la psicología hizo lo mismo, naturalmente. Sigmund Freud teorizó, como es bien conocido, que este tipo de trastornos se debían a deseos o conflictos inconscientes y encuadró el trabajo de la mente en términos de entidades o fuerzas no físicas: el ello, el yo y el superyó. Desde entonces se han desarrollado otras teorías psicológicas, muchas de las cuales intentan explicar las enfermedades mentales de un modo más «científico», basándose en los conocimientos actuales sobre la conducta y la neurociencia. Las modernas teorías cognitivas o conductuales, por ejemplo, pueden considerar un trastorno de ansiedad como el resultado de unos patrones de pensamiento internalizados o abogar por cambios en determinadas conductas como medio para cambiar las experiencias mentales. Aunque las teorías psicológicas se siguen empleando hoy en día en el tratamiento, la mayoría de los profesionales médicos e investigadores no creen que puedan explicar *todos* los trastornos mentales. Desde mediados del siglo XIX hasta la actualidad contamos cada vez con más evidencia de que las enfermedades mentales tienen al menos algunos componentes o influencias biológicas. Se cree que los desequilibrios químicos, los cambios en el cerebro, las hormonas, la inflamación y los problemas del sistema inmunitario desempeñan posiblemente un papel como causantes de este tipo de enfermedades. De todas formas, algunas autoridades de este campo consideran que un modelo físico de estados mentales es demasiado «reduccionista». Afirman que reduce la complejidad de la conducta, la emoción y la experiencia humanas a un simple tema de química o biología y que nuestras moléculas simplemente no pueden explicar todos estos aspectos.

En el año 1977, el doctor George Engel, internista y psiquiatra, desarrolló un modelo de trabajo de las causas de las enfermedades mentales que todavía se utiliza ampliamente en la actualidad. Lo denominó *modelo biopsicosocial*[1]. Establece que existen (1) factores biológicos, como los genes y las hormonas; (2) factores psicológicos, como la crianza y las creencias rígidas, y (3) factores sociales, como la pobreza o la soledad, y que todos ellos se unen para que un individuo concreto desarrolle una enfermedad mental. Otro modelo muy popular es el *modelo diátesis-estrés*. «Diátesis» significa una predisposición biológica a enfermar, como la genética o un desequilibrio hormonal. El estrés puede ser cualquier elemento del entorno, como un despido laboral, el consumo de drogas o incluso una infección, capaz de empujar a la persona ya predispuesta a enfermar. Este modelo asume que la mayor parte de las personas que desarrollan trastornos mentales tenían probabilidades de hacerlo en algún momento u otro de su vida, y que sencillamente estaban esperando a que algo los disparara. Ambos modelos presentan una imagen de las enfermedades mentales que tiene en cuenta que son muchos factores diferentes los que contribuyen al desarrollo de estos trastornos.

Porque, de hecho, *hemos* identificado muchos factores que aumentan la probabilidad de desarrollar diversos trastornos mentales. Y hoy en día, cuando pensamos en qué es lo que los provoca, a menudo lo hacemos según estos factores de riesgo, que incluyen aspectos como el estrés, el consumo de drogas y alcohol, los problemas hormonales y un historial familiar de enfermedades mentales, entre otros. El problema es que, aunque conocemos muchos de estos factores de riesgo, ninguno de ellos está presente en todas las personas que padecen un trastorno concreto, y ninguno de ellos es *suficiente*, por sí solo, para provocar ningún trastorno específico.

Un ejemplo evidente es el TEPT, que hace que los que lo sufren experimenten miedo, recuerdos recurrentes, un exceso de ansiedad y sensación de entumecimiento durante meses o años después de haber vivido un acontecimiento traumático. Por definición, cualquier persona con TEPT debe haber estado expuesta a un suceso traumático, pero solo alrededor del 15 por ciento de los que viven este tipo de experiencias acaban desarrollando el trastorno. Incluso cuando dos personas sufren el mismo acontecimiento traumático, una de ellas puede acabar con un TEPT grave y la otra no presentar absolutamente nada. Dicho de otra forma, el trauma, por sí solo, no «causa» el TEPT. *Muy bien*, puedes decir, *eso se debe a que es el resultado de una combinación de factores de riesgo*. Por desgracia, tampoco existe ninguna combinación de factores que «garantice» su desarrollo. Y lo mismo sucede con casi todos los demás trastornos mentales. Por ejemplo, una mujer que vivió una infancia horrible, que sufrió malos tratos, que tiene un trastorno tiroideo y acaba de ser abandonada por su marido, con quien convivió durante diez años, por otra mujer puede desarrollar una depresión clínica. La mayoría de la gente entiende que puede estar deprimida porque tiene muchos factores de riesgo para desarrollar la enfermedad. Sin embargo, en otros casos, el problema mental parece surgir de la nada, sin ninguna razón que lo justifique.

Descifrando la depresión

Vamos a ver uno de los trastornos mentales más claramente definidos y conocidos: la depresión mayor. Todo el mundo se deprime, pero no todo el mundo padece depresión mayor. Las personas que la sufren se sienten tristes o deprimidas casi todo el tiempo, y pueden experimentar fatiga, problemas de concentración y trastornos del sueño. Esta enfermedad puede privar de toda capacidad de experimentar placer y disfrutar de la vida y provocar unos sentimientos abrumadores de desesperanza e incluso pensamientos suicidas. Hay nueve síntomas en total y para que una persona sea diagnosticada de depresión mayor debe experimentar al menos cinco de ellos durante un mínimo de dos semanas.

Existen muchos factores de riesgo claramente establecidos para el desarrollo de esta enfermedad. Entre ellos están la genética o los antecedentes familiares de depresión, el estrés, la muerte de un ser querido, la ruptura de una relación, los conflictos en el trabajo o en la escuela y los abusos físicos y sexuales. En esta lista aparecen también diversos problemas hormonales, como un nivel bajo de la hormona tiroidea, niveles elevados de cortisol y las fluctuaciones hormonales de la mujer, que pueden contribuir al riesgo de depresión en el periodo posparto o alrededor del momento de la menstruación. De hecho, la mera realidad de ser mujer duplica el riesgo con respecto a los hombres. El consumo excesivo de drogas o alcohol es otro factor de riesgo, e incluso, lo que resulta menos evidente, algunos medicamentos con receta, como ciertos antibióticos o fármacos para la tensión arterial. Luego están los problemas sociales, como sufrir acoso o burlas, no tener amigos o simplemente sentirse solo la mayor parte del tiempo. También la pobreza, la desnutrición y los entornos inseguros incrementan el riesgo, al igual que los trastornos del sueño: dormir demasiado o muy poco. En esta lista figuran también muchas enfermedades físicas como el dolor crónico, la diabetes, las cardiopatías y la artritis reumatoide. El cáncer es otro factor de riesgo, pero no necesariamente como podrías pensar. La mayoría de la gente se sentiría estresada por un diagnóstico de este tipo y asumiría que es natural que una enfermedad tan devastadora pueda deprimir. A algunas personas les ocurre. Sin embargo, hay pacientes que se deprimen clínicamente *antes incluso de saber* que la padecen. Esto es frecuente sobre todo en el cáncer de páncreas: la gente se deprime sin motivo aparente y, unos meses más tarde, le diagnostican cáncer de páncreas. Prácticamente todos los trastornos neurológicos, como los accidentes cerebrovasculares, la esclerosis múltiple, la enfermedad de Parkinson, la enfermedad de Alzheimer y la epilepsia, se asocian a tasas más elevadas de depresión. Y, curiosamente, todos los demás trastornos psiquiátricos aumentan notablemente el riesgo de desarrollar depresión mayor, añadida a las enfermedades ya existentes.

Son muchos factores de riesgo. Y varían enormemente. No solo por su tipo (biológicos, psicológicos y sociales), sino por el papel que se cree que desempeñan. Por ejemplo, aunque ser mujer constituye un riesgo de depresión grave, nadie diría que la cause. Sin embargo, algunos de estos factores contribuyen de una forma más directa y, de hecho, muchas teorías que compiten entre sí sostienen que uno u otro es la causa fundamental del trastorno. A diferencia de quienes se adhieren al modelo biopsicosocial, algunos profesionales creen que la depresión mayor tiene un origen puramente genético, puramente biológico o puramente psicológico, y que el resto de los factores de riesgo son solo un escaparate.

Una de las teorías de causa única más conocidas es la del *desequilibrio químico* de la depresión... y, de hecho, de las enfermedades mentales, que sugiere que la causa de todas ellas es un desequilibrio en las sustancias químicas del cerebro, llamadas *neurotransmisores*. Estas sustancias se encargan de transmitir información entre las neuronas. En el caso de la depresión, la creencia más popular es que los niveles del neurotransmisor serotonina están demasiado bajos y, por tanto, el tratamiento se basa en medicamentos que elevan estos niveles. Muchos de los fármacos más recetados para esta enfermedad pertenecen a una clase de antidepresivos llamados inhibidores selectivos de la recaptación de serotonina o ISRS (Prozac, Zoloft y Paxil, por ejemplo). A menudo *sí* ayudan a resolver los síntomas, lo que apoya la teoría de que la causa podría ser efectivamente un desequilibrio químico. Existen otro tipo de medicamentos que actúan sobre distintos sistemas de neurotransmisores y que también pueden aliviar la depresión, así que quizá no se trate solo de la serotonina; es posible que, en cada persona, el responsable sea un neurotransmisor diferente. No obstante, muchos psiquiatras e investigadores creen que, en su raíz, la depresión siempre se reduce a un desequilibrio químico.

Sin embargo, esta teoría plantea muchos interrogantes:

- ¿Cuál es la causa inicial del desequilibrio químico?
- Si las personas nacen con este desequilibrio químico, ¿por qué no están deprimidas todo el tiempo, desde su nacimiento?
- ¿Por qué medicamentos como los ISRS tardan semanas o meses en hacer efecto? Sabemos que cambian los niveles de los neurotransmisores en cuestión de horas, así que ¿por qué no funcionan inmediatamente?
- Si se trata de un desequilibrio químico fijo, ¿por qué los síntomas aumentan y disminuyen, incluso en periodos cortos de tiempo? Dicho de otro modo, ¿por qué la gente tiene días buenos y días malos, incluso cuando toma medicamentos de forma constante?
- ¿Por qué los medicamentos dejan de funcionar en tantas personas? ¿Por qué cambia el desequilibrio y, si lo hace, qué lo hace cambiar?

Estas preguntas están pidiendo respuestas, no solo en relación con el diagnóstico de depresión, sino para todos los diagnósticos psiquiátricos. Por desgracia, el planteamiento del desequilibrio químico no las ofrece.

Otra teoría muy conocida sobre la causa de la depresión mayor es la de la *indefensión aprendida*. En pocas palabras sostiene que, cuando las personas son incapaces de cambiar las circunstancias adversas de su vida, «aprenden» que están indefensas. Esto puede aplicarse a la incapacidad de entablar una relación amorosa a pesar de haberlo intentado muchas veces o, en casos más graves, a la actitud de un niño maltratado que intenta que su padre deje de pegarle. En cualquier caso, estas personas empiezan a sentirse impotentes, y entonces se deprimen. Al final dejan de intentar hacer nada. ¿Para qué van a molestarse? Algunos expertos afirman que la causa de la depresión de estas personas es su psicología. Han aprendido, y creen, que son impotentes. Obviamente, sacar al niño maltratado de ese entorno tiene una importancia vital, pero incluso años después puede seguir deprimido. El tratamiento suele basarse en la terapia cognitivo-conductual (TCC), una forma de terapia hablada que se centra en identificar y cambiar pensamientos, emociones y comportamientos y que se basa en la creencia de que, cuando las personas están clínicamente deprimidas, probablemente se deba a pensamientos relacionados no tanto con la realidad de su situación actual como con la mentalidad de impotencia desarrollada en el pasado. Su objetivo es capacitar a los pacientes para que cuestionen estos pensamientos y los sustituyan por otros no tan funestos y desesperanzados. Eso los ayudará a sentirse mejor y a hacer cambios en sus vidas, lo que hará que se sientan menos indefensos, y este ciclo se irá reforzando a sí mismo. El tratamiento funciona, al menos en algunas personas, lo que apoya de nuevo la teoría de que este tipo de problema puede ser una causa de depresión.

Existen muchas otras teorías sobre factores específicos que pueden ser considerados la causa de la depresión mayor: biológicos, psicológicos y sociales. Muchas han conducido al desarrollo de tratamientos e intervenciones concretas que funcionan con personas reales, al menos una parte del tiempo. De hecho, las propias teorías están a menudo conformadas por tratamientos que resultan eficaces para la depresión, utilizando la lógica de que, si un tratamiento funciona, aunque solo sea en algunas personas, entonces debe estar corrigiendo un problema que estaba provocando la enfermedad.

Los medicamentos utilizados para tratar la depresión mayor incluyen los conocidos específicamente como «antidepresivos», que suelen clasificarse en cinco clases diferentes. Cada una de ellas actúa sobre distintos neurotransmisores y receptores, incluidos los de la serotonina, la dopamina y la norepinefrina. Sin embargo, estos no son los únicos medicamentos utilizados para tratar esta enfermedad. Están también los ansiolíticos, los estabilizadores del estado de ánimo, los antipsicóticos, los estimulantes, los antiepilépticos, las hormonas, las vitaminas y una amplia variedad de suplementos, como la hierba de San Juan. Actúan de formas muy distintas, pero todos ellos se utilizan habitualmente para tratar la depresión, y todos han demostrado que funcionan al menos para algunas personas en determinadas ocasiones.

Las técnicas de psicoterapia para tratar la depresión también son muy variadas. Algunas se centran en las relaciones, otras, en los pensamientos y sentimientos, y otras, en los comportamientos; algunas se focalizan únicamente en cambios en el presente, y otras en revisar el pasado o la infancia. Por tanto, existen técnicas y enfoques muy diferentes, y la evidencia demuestra que la psicoterapia puede resultar útil al menos para algunas personas con esta enfermedad.

Por último, existen tratamientos más agresivos, como la estimulación magnética transcraneal (EMT), la terapia electroconvulsiva (TEC) e incluso la cirugía, en la que se seccionan partes del cerebro o se implantan electrodos para estimular el cerebro o el nervio vago, el nervio principal del sistema nervioso parasimpático.

Hay muchos tratamientos diferentes. Es difícil entender cómo pueden tratar todos ellos el mismo conjunto de síntomas. Sin embargo, ninguno funciona para todas las personas con depresión. ¿Por qué? ¿Se debe a que existen diferentes causas de depresión mayor que afectan a distintas personas y requieren diferentes tratamientos? Y por desgracia, como esbocé en el capítulo anterior, hay también millones de personas que prueban un tratamiento tras otro sin encontrar ni siquiera uno que les funcione.

Por otra parte, es importante señalar que no todas las personas con depresión mayor reciben tratamiento; de hecho, la mayoría de los afectados no lo reciben. Sin embargo, esta enfermedad suele resolverse por sí sola. Los síntomas pueden ir y venir, a veces duran unas semanas o meses y luego desaparecen espontáneamente. ¿Qué hace que los síntomas de algunas personas desaparezcan sin ningún tratamiento? ¿Por qué, para otros, la depresión se convierte en una enfermedad crónica y debilitante? Si comprendiéramos realmente las causas de este trastorno, podríamos responder a estas preguntas.

Pero el panorama se complica aún más. Además de los factores de riesgo o las teorías sobre las causas de la depresión mayor, tenemos pruebas fehacientes de cambios físicos en el cuerpo asociados con ella, es decir, que se encuentran con más frecuencia en quienes la padecen que en quienes no la padecen. Son cambios que se han observado en personas ya diagnosticadas, pero también pueden proporcionar pistas sobre la causa del trastorno.

La inflamación es una de las principales. Sabemos que, en comparación con quienes no padecen la enfermedad, las personas con depresión crónica tienen, por término medio, niveles más altos de inflamación, medidos por distintos biomarcadores, como la proteína C reactiva y las interleucinas[2]. Sin embargo, en este momento no sabemos con seguridad si la inflamación es la causante de la depresión o al revés. Si es la inflamación la que está provocando la depresión, ¿qué es lo que la desata? ¿Es uno o más de los factores de riesgo que hemos visto hasta ahora o algo diferente que todavía no hemos descubierto? Como de costumbre, existen muchas teorías diferentes. Algunas personas especulan con la posibilidad de que se trate de una infección crónica, o de una enfermedad autoinmune, o de una exposición a una toxina, o de una mala dieta, o de un «intestino permeable»... pero todas estas teorías no son respuestas. Es más, no todas las personas que padecen depresión crónica presentan niveles elevados de inflamación, al menos que podamos medir. Las investigaciones que los muestran se basan en comparaciones entre *grupos* de personas: cuando se examina a uno que tiene depresión y a otro que no, el primero presenta más inflamación... pero no todos los individuos de ese grupo tienen un nivel superior de inflamación que los del otro grupo. De hecho, los investigadores y el personal clínico no han identificado ningún parámetro para medir la inflamación en el cuerpo o en el cerebro que distinga siempre a las personas que sufren depresión de las que no lo hacen.

Además de los distintos niveles de inflamación, hemos identificado diferencias en el cerebro de las personas con depresión crónica. Algunas presentan *atrofia* de unas regiones cerebrales concretas que puede ir avanzando con el tiempo. Como este tipo de cambios se ven a menudo en los trastornos neurodegenerativos, algunos investigadores plantean la posibilidad de que la depresión pueda formar parte de estos o de que represente las etapas iniciales de otro trastorno neurodegenerativo como el alzhéimer o el párkinson[3]. Otros especulan con que estos cambios sean el resultado del aumento de la inflamación asociada a la depresión. Sabemos que una inflamación prolongada puede provocar daños en los tejidos. Por ejemplo, cuando una persona tiene una rodilla inflamada por la artritis, sabemos que a la larga puede ocasionar un daño permanente; cuanto más tiempo dure la inflamación, más progresará la lesión. Quizá en el cerebro esté sucediendo algo parecido: primero aparece la inflamación y provoca daños en esas regiones cerebrales.

Las investigaciones han descubierto también diferencias en el funcionamiento del cerebro de las personas deprimidas. Al comparar resonancias magnéticas funcionales de pacientes con depresión mayor con otras de personas que no sufren esta enfermedad, las primeras parecen tener menos actividad en algunas regiones cerebrales y más en otras, además de mostrar diferencias en la forma de comunicación de unas zonas del cerebro con otras[4]. De todas formas, como en todos los cambios cerebrales que hemos analizado, los estudios han mostrado solo diferencias relativas entre grupos. Y, una vez más, no sabemos si esos cambios son la causa de la depresión o una consecuencia de esta. ¿Podría haber otro proceso que estuviera provocando tanto la depresión como los cambios en el cerebro? Todavía no lo sabemos.

Por último, vamos a introducir otro elemento más entre las posibles causas biológicas: la *microbiota intestinal*. El aparato digestivo humano contiene billones de microorganismos, entre los que se incluyen bacterias, virus y hongos. Estos microorganismos producen hormonas, neurotransmisores y moléculas inflamatorias que se liberan en nuestro intestino y son absorbidos por nuestro torrente sanguíneo. Las investigaciones sugieren que estos microbios intervienen en la obesidad, la diabetes, las enfermedades cardiovasculares, la depresión, la ansiedad, el autismo e incluso la esquizofrenia[5]. De todas formas, estas investigaciones sobre la microbiota son relativamente recientes y todavía no sabemos en detalle qué microorganismos concretos podrían ser beneficiosos y cuáles perjudiciales o, en realidad, si lo importante es la mera presencia o ausencia de unos tipos determinados. Podría ser que la clave estuviera en el equilibrio entre los diferentes organismos. Más concretamente, aunque algunos trabajos hechos con ratones han encontrado cambios en los síntomas depresivos mediados por cambios en la microbiota intestinal, todavía desconocemos la forma de utilizar esta información para tratar de un modo eficaz la depresión y la mayoría de los demás trastornos[6].

Por tanto, este es un recorrido relámpago por la depresión mayor: muchos de los factores de riesgo, un repaso de algunas teorías acerca de cuáles pueden ser sus causas y los tratamientos dirigidos a ellas, así como algunos de los cambios biológicos y cerebrales que se observan en las personas que padecen este trastorno. Teniendo todo esto en cuenta, ¿cómo podemos responder a la pregunta de qué es lo que provoca la depresión mayor?

Este es el motivo que da sentido al *modelo biopsicosocial*: existen factores biológicos, psicológicos y sociales que pueden unirse de forma distinta en cada persona para dar como resultado una depresión mayor. Por decirlo de otro modo, existen causas diferentes para personas distintas. Algunos investigadores y profesionales clínicos afirman que debe haber distintos *tipos* de depresión: quizá uno provocado por estresores sociales y otro por factores biológicos. Es posible que existan docenas de tipos distintos, todos ellos causados por estos diversos factores de riesgo. Quizá unos factores concretos son responsables de unos síntomas determinados y, si consiguiéramos agruparlos con más precisión, podríamos identificar los tipos y controlar mejor las causas. Por desgracia, esta no parece ser la respuesta. Los profesionales clínicos y los investigadores llevan décadas luchando con ello y sigue apareciendo una y otra vez el mismo conjunto de síntomas en todas las categorías, con independencia de los factores de riesgo presentes o de las causas aparentes de la depresión, ya sean biológicas, psicológicas, sociales o alguna combinación de estas. Se ha encontrado la misma constelación de síntomas en innumerables personas y en incontables circunstancias. De hecho, los síntomas de la depresión mayor aparecen ya descritos en la Biblia, en textos históricos y literarios, en la poesía y en registros médicos desde los tiempos de Hipócrates. Por tanto, ¿qué es lo que la provoca? Tiene que haber una respuesta que una todos los datos de los distintos factores de riesgo, los tratamientos que funcionan y los cambios en el cerebro y en el cuerpo que vemos una y otra vez.

¿Podría ser que existan distintos procesos que den lugar al mismo conjunto de síntomas en diferentes personas y que sean completamente independientes unos de otros? Bueno, es posible, pero muy improbable. Quizá hayas oído hablar de la *navaja de Ockham*. Es una norma o directriz general también conocida como *ley de la parsimonia*. Por lo general se considera que la explicación más simple y unificadora es la que tiene más probabilidades de ser la correcta. Por ejemplo, en condiciones de igualdad, si un paciente entra en la consulta con fiebre alta, dolor de cuello y cefalea, es menos probable que el dolor de cabeza se deba a una hemorragia cerebral *y* el dolor de cuello a un nervio pinzado *y* la fiebre a una infección a que el problema sea que tiene meningitis, un diagnóstico que explica las tres señales y síntomas. En resumen, cuando nos enfrentamos con una situación como la que hemos descrito para la depresión mayor, una teoría unificadora que pueda conectar toda la evidencia de un modo lógico y plausible es la que tiene más probabilidades de ser correcta. De todas maneras, antes de avanzar demasiado hacia la respuesta, merece la pena que consideremos en primer lugar por qué es importante.

Por qué la causa es importante: tratar síntomas y no trastornos

A la hora de diagnosticar un trastorno a una persona, nos basamos en *señales* y *síntomas*. Muchas veces se emplea el término «síntomas» para abarcarlos a los dos, pero la diferencia entre ambos es crucial. Las *señales* son indicadores objetivos de una enfermedad que otra persona puede observar o medir. Pueden incluir factores como una convulsión, una medición de la tensión arterial, unos resultados de laboratorio o una anomalía observada en un escáner cerebral. Los *síntomas* son experiencias subjetivas de las que nos debe hablar el paciente. Pueden incluir elementos como el estado de ánimo, pensamientos o experiencias de dolor o entumecimiento. En psiquiatría hay muy pocas señales. La mayor parte de nuestros diagnósticos se basan en síntomas, como la irritabilidad, la ansiedad, el miedo, la depresión, percepciones o pensamientos anómalos y problemas de memoria. Los trastornos mentales pueden incluir también elementos que parecen más «físicos» que «mentales», como alteraciones del sueño, ralentización de los movimientos, fatiga e hiperactividad. Algunos pueden observarse, pero los profesionales suelen depender de que los pacientes les hablen también de ellos, con lo que se colocan en la categoría de síntomas y no de señales. Por desgracia, no existen análisis de laboratorio, escáneres cerebrales ni otras pruebas objetivas capaces de diagnosticar con precisión cualquier trastorno mental.

Todos los diagnósticos psiquiátricos se basan en el concepto de síndromes. Un *síndrome* es un conjunto de señales y síntomas que suelen aparecer juntos con una causa que todavía se desconoce. Un ejemplo médico que empezó en los años ochenta fue el síndrome de infecciones poco habituales y cánceres raros que denominamos sida: síndrome de inmunodeficiencia adquirida. Antes de saber que se debía a un virus, fue un síndrome. *En psiquiatría, todos los diagnósticos son síndromes*. Es algo inherente a la definición de un trastorno psiquiátrico. Cuando los síntomas médicos están provocados por una dolencia médica o neurológica, eso por sí solo ya excluye que se clasifiquen como un trastorno psiquiátrico. Las enfermedades neurológicas, los cánceres, las infecciones y las enfermedades autoinmunes pueden afectar al cerebro. Cuando los pacientes que los sufren presentan síntomas mentales, no se les diagnostica necesariamente un trastorno psiquiátrico. Si un paciente sufre irritabilidad, depresión y pérdida de memoria y una evaluación posterior revela que estos síntomas son el resultado de una infección o un cáncer, se le diagnostica esa enfermedad y le trata un especialista que no pertenece a la rama de psiquiatría, aunque sus síntomas mentales no puedan diferenciarse de los del paciente que «solo» tiene depresión. Los psiquiatras y otros profesionales de la salud mental se quedan con todos los demás, aquellos cuya causa exacta desconocemos.

Este es el núcleo de las dificultades que hemos encontrado para avanzar en la atención a la salud mental. Si no disponemos de una causa clara, acabamos tratando síntomas y no trastornos.

Algunos tratamientos están diseñados para atacar la raíz de una enfermedad. El mejor ejemplo es el de las infecciones. Una infección bacteriana puede provocar muchas señales y síntomas: fiebre, cambios en el conteo de células sanguíneas, escalofríos, dolor, tos y fatiga, por nombrar solo unos pocos. El tratamiento definitivo es un antibiótico que elimine la bacteria del cuerpo. Es lo que se conoce a veces como *tratamiento modificador de la enfermedad*. En este caso, *cura* la enfermedad; tras la ronda de antibióticos, la persona deja de padecer la infección. Sin embargo, existe también otro tipo de tratamientos que se emplean habitualmente en el campo médico; son los que se conocen como *tratamientos sintomáticos*. Están diseñados para reducir los síntomas, con lo que pueden ayudar al paciente a sentirse mejor, pero no cambian directamente el curso de la enfermedad. Por ejemplo, a las personas con infecciones bacterianas se les suelen recetar tratamientos sintomáticos como el paracetamol para reducir la fiebre. Este tipo de tratamientos pueden aliviar el sufrimiento y permitir a los enfermos trabajar y funcionar con normalidad, pero no están abordando la raíz del problema. Al final, con paracetamol o sin él, o bien el cuerpo acaba por sí solo con la infección, o bien la persona recibe un tratamiento antibiótico, o la infección sigue avanzando y al final el paciente muere. El paracetamol no influye en cuál es el resultado final.

En el campo de la salud mental, la realidad es que casi todos nuestros tratamientos son sintomáticos. En la mayoría de los casos, las medicaciones psiquiátricas, la TEC y la estimulación magnética transcraneal suelen ser de este tipo. No parecen combatir la raíz de la enfermedad. En algunos casos, pueden reducir los síntomas de una forma muy marcada. En otras, pueden poner la enfermedad en remisión, lo que significa que todos los síntomas mejoran por completo. Hay personas, como John, que pueden utilizar antidepresivos u otras medicaciones durante un año o dos y luego vivir felices para siempre sin ellos. ¿Significa esto que los medicamentos han modificado la enfermedad? En algunos casos, como el de John, es posible que sí, pero, dados los índices extremadamente altos de síntomas y recaídas constantes en la mayor parte de las personas con trastornos mentales, nuestros tratamientos no parecen modificar la enfermedad en sí misma.

Por lo que se refiere a la psicoterapia y las intervenciones sociales, hay quien cree que estos tratamientos *sí* están abordando las causas profundas. En algunos casos, parece ser así. Por ejemplo, si una mujer tiene una relación de maltrato y en consecuencia está clínicamente deprimida, ayudarla a que deje esa relación y se construya una vida nueva y mejor puede resolver la depresión. Muchos psicoterapeutas argumentan que la causa inicial de la enfermedad de esta mujer era la relación de maltrato. Sin embargo, sabemos que, como ha vivido la experiencia y ha desarrollado una depresión clínica, ahora tiene un riesgo mayor de volver a sufrir una depresión en algún momento, aunque jamás vuelva a tener una relación de maltrato. Teniendo esto en cuenta, parece que la depresión puede estar provocada por alguna otra cosa, además del maltrato, y que tratar solo este factor no abordará definitivamente la raíz del problema. ¿Qué hace que tenga un riesgo mayor de desarrollar depresión en el futuro? Si supiéramos de verdad qué es lo que provoca las enfermedades mentales, podríamos responder a esta pregunta.

Las personas pertenecientes al campo de la salud mental suelen utilizar la lógica circular para apoyar sus teorías acerca de las causas de las enfermedades mentales. Por ejemplo, afirman que, si algo consigue aliviar los síntomas, ha debido abordar la causa inicial. El hecho de que la mujer del ejemplo anterior encontrara alivio cuando cambió su situación se emplea como evidencia de que dicha situación era la raíz de su depresión clínica. El hecho de que muchas medicaciones psiquiátricas ayuden a aliviar los síntomas de las enfermedades mentales se usa como evidencia de que la raíz tiene que ser un desequilibrio químico. Por muy lógico que pueda parecer este razonamiento, no siempre es verdadero.

Veamos un ejemplo que ilustra algunos de sus fallos. Volvamos a la infección que provoca fiebre. Si no supiéramos nada sobre infecciones o sobre las causas de la fiebre y estuviéramos intentando averiguarlas, podríamos hacer escáneres cerebrales de personas con fiebre para buscar pistas. ¿Adivinas lo que encontraríamos? Veríamos que el hipotálamo está hiperactivo; es la parte del cerebro que controla la respuesta a la fiebre. Si ya supiéramos que el paracetamol reduce la temperatura, podríamos entonces hacer escáneres para ver cómo influye este en el cerebro. ¡Aleluya, observaríamos que disminuye el exceso de actividad del hipotálamo! Basándonos en esto, podríamos deducir por lógica que la causa de la fiebre es un trastorno cerebral relacionado con el hipotálamo. Tendríamos una prueba de que la actividad del cerebro de un paciente con fiebre es anormal y de que el paracetamol reduce esa anomalía. Sin embargo, resultaría profundamente erróneo concluir que hemos identificado la *causa* de la fiebre. Lo que hicimos realmente fue identificar una zona del cerebro que está implicada en la producción de fiebre y demostrar que el tratamiento que la reduce afecta también a esa parte del cerebro. Sin embargo, el paracetamol no cura las infecciones. Reducir la fiebre con ese tratamiento no cambiaría el curso de la enfermedad. Los escáneres cerebrales de la fiebre y el paracetamol solo identificaron un aspecto de la respuesta del cuerpo ante una infección. Entenderíamos mejor un *síntoma* de la enfermedad, o una parte de su mecanismo. Es una información útil, pero no nos ayuda a identificar el origen de la fiebre: una infección.

Correlaciones, causas y vías comunes

Para averiguar cuáles son las causas de las enfermedades mentales es importante pensar en cómo nos planteamos la investigación y en las herramientas y principios que utilizamos para encontrar respuestas. Cuando los investigadores médicos hacen su trabajo detectivesco para determinar cuáles son las causas de una enfermedad, a menudo estudian a un grupo de personas que la padecen y a otro que no para buscar *correlaciones*. Una correlación es una relación o conexión entre dos cosas o variables. Si dos variables están correlacionadas, eso *podría* implicar una relación de causa y efecto, que es, en último término, lo que los investigadores están buscando. Existen muchos tipos de estudios diseñados para buscarlas. Es posible realizar escáneres cerebrales de un grupo de personas con depresión y de otro sin depresión y buscar diferencias; la asociación con la inflamación que mencioné anteriormente es una correlación, el resultado de observar que dos variables (depresión e inflamación) parecen presentarse juntas con más frecuencia, lo que implica una relación. Un tipo muy habitual es el *estudio epidemiológico*, que evalúa variables en grandes grupos de personas y, con ello, busca correlaciones. Por ejemplo, se puede medir el peso de los participantes, seguirlos durante diez años y registrar cuántos sufren infartos en ese tiempo. Luego se consultarían los índices de infartos de diferentes grupos de personas basándose en su peso inicial para ver si ambos factores están relacionados. Si se descubre que las personas obesas han tenido una tasa más alta que las delgadas, se concluiría que existe una correlación entre la obesidad y el infarto. Observa que digo «correlación». Basándonos solo en ese estudio, no podríamos afirmar que estar obeso *provoca* infartos. Este es uno de los aspectos delicados de la investigación correlacional. A menudo se malinterpretan los resultados y se hacen suposiciones que no están garantizadas.

Correlación no equivale a causalidad. Casi todo el mundo ha oído esta afirmación. Significa que una correlación no nos dice necesariamente nada sobre la causa y el efecto. Por desgracia, aunque la mayor parte de la gente es consciente de este principio, no lo aplican cuando interpretan los resultados de las investigaciones. Si el estudio del ejemplo que acabo de analizar se publicara hoy, los titulares serían probablemente algo como: «Se ha demostrado que la obesidad provoca infartos», con lo que se perpetúa aún más la incorrecta interpretación de estudios como este. Puede parecer un problema semántico. Quizá estés pensando: «Claro que la obesidad provoca infartos. ¿Adónde quieres llegar?». Pues bien, lo cierto es que la obesidad, por sí misma, *no* provoca infartos. Es un factor de riesgo muy importante, pero no una causa definitiva. ¿Cuál es la diferencia? No todas las personas obesas sufren un infarto. Si la obesidad provocara infartos, todos los obesos los sufrirían, y probablemente a menudo. Además, hay muchísimas personas que sufren un infarto y no son obesas. Si la obesidad fuera la causante de los infartos, ¿por qué iba a tenerlos una persona delgada? Está claro que hay más infartos que obesidad. Entonces, ¿qué es lo que provoca un infarto? La respuesta correcta podría ser algo como «las arterias del corazón desarrollan aterosclerosis (engrosamiento o endurecimiento) y, en algún momento, se obstruyen, lo que hace que el músculo del corazón muera o quede dañado como consecuencia de una falta de sangre». ¿Y cuál es la causa de esto? Aquí es donde entra en escena la obesidad como factor de riesgo, pero hay también otros elementos que favorecen este proceso, como la genética, los niveles de colesterol y de lípidos, la tensión arterial, la falta de ejercicio físico, el estrés, dormir mal y el tabaco. Existe una *cascada de eventos* que conduce a un infarto, y esta cascada se va formando a lo largo de años. Es importante conocerla con detalle, porque ofrece numerosas oportunidades para intervenir con distintos tratamientos. Si asumimos que la causante es la obesidad y centramos todos nuestros tratamientos en este factor de riesgo, dejamos de prevenir el infarto en muchas personas. La forma de definir la *causa* de una enfermedad es importante. A todo el mundo le gustan las respuestas sencillas, sin embargo, la forma en la que acabo de definir la causa de un infarto resulta complicada. Como verás, esto es también lo que sucede cuando respondemos a la pregunta sobre las causas de las enfermedades mentales.

Las correlaciones, o relaciones entre dos variables, pueden existir por varias razones. Las interpretaciones más comunes son *causa* o *consecuencia*: una variable causa la otra o se da a consecuencia de la otra. Dicho de otro modo, si A y B están correlacionadas, podría ser porque existe una relación de causa y efecto en la que A causa B o B causa A.

Sin embargo, existe otra posibilidad, una que a algunas personas les cuesta comprender. Las correlaciones pueden también revelar una *vía común* o, en ocasiones, *una raíz común*.

Imaginemos que todavía no sabemos nada del virus del resfriado. Lo único que conocemos es que mucha gente está acudiendo al médico con moqueo y dolor de garganta. Algunas personas presentan también otros síntomas, como dolor de cabeza o fatiga. Hay quien presenta solo uno u otro (moqueo *o* dolor de garganta), pero en su mayoría tienen ambos. Los investigadores observan que existe una correlación entre el moqueo y el dolor de garganta. Puesto que hay una correlación, tiene que haber una relación. Pero ¿cuál? ¿Es de causa y efecto? En ese caso, ¿cuál de estos síntomas causa el otro? Muchas personas empiezan con dolor de garganta y luego desarrollan el moqueo, pero no todas; de hecho, en ocasiones es justo lo contrario. Entonces, ¿viene primero el dolor de garganta y causa el moqueo? ¿Es al revés? ¿O son ambos simplemente consecuencias de alguna enfermedad no identificada capaz de provocar ambos síntomas, y quizá alguno más?

Aunque la infección por el virus del resfriado resulte un ejemplo sencillo, en algún momento hubo que averiguar sus causas. Una fuente de confusión podría haber sido que las personas con alergia desarrollan moqueo y dolor de garganta cuando el nivel de polen es elevado. Estas presentarían los mismos síntomas, o similares, pero debidos a una causa inicial diferente: la alergia en lugar del virus del resfriado. Los investigadores tendrían que esforzarse mucho para separar ambos grupos, tratando de clasificar a los pacientes de distintas formas. Al final, los síntomas en cuestión serían probablemente indistinguibles: el moqueo es el moqueo, ya sea debido a una alergia o a un resfriado. Podrían tener más suerte si observaran aspectos como los patrones estacionales, o que algunas personas parecen contagiar sus síntomas a los demás (los que tienen el virus del resfriado) y las otras no (los alérgicos). Buscar y combinar patrones daría a los investigadores pistas clave sobre cómo distinguir ambos grupos. Al final, tendrían que abordar una pregunta importante: ¿existe alguna relación entre el moqueo y el dolor de garganta de estos dos grupos diferentes de personas? Después de todo, son los mismos síntomas. ¿Por qué?

La respuesta es que comparten una vía común: la inflamación, que forma parte del proceso corporal para reparar los tejidos y combatir un ataque, y que tiene lugar cuando se activa el sistema inmunitario. Cuando el cuerpo está montando una defensa, ya sea contra el virus del resfriado o contra un alérgeno, la inflamación provoca el moqueo y el dolor de garganta. Es la vía o proceso común que produce los síntomas en ambos grupos de pacientes, pero esa vía es posterior a la causa inicial. Para llegar a la raíz, los investigadores necesitan determinar qué es lo que origina la inflamación.

Los investigadores también podrían intentar comprender los síntomas del moqueo y el dolor de garganta y sus causas analizándolos por separado. No todo el mundo presenta ambos, y si se manifiestan los dos, uno es más acusado que el otro. Nuestros investigadores podrían hacer dos grupos: uno con aquellos que tienen sobre todo o únicamente moqueo y otro con los que tienen sobre todo o únicamente dolor de garganta. Resultaría lógico. Después de todo, la nariz no es lo mismo que la garganta. También es diferente el tratamiento de cada síntoma. El paracetamol aliviaría el dolor de garganta, pero no haría nada contra el moqueo. Los tratamientos más eficaces para este último serían sobre todo fármacos como la pseudoefedrina o la fenilefrina, los ingredientes de los medicamentos para la congestión nasal y para el resfriado y la gripe. Algunos tratamientos podrían aliviar ambos síntomas en algunos pacientes (por ejemplo, un antihistamínico para los que tienen alergia), pero el paracetamol aliviaría a casi todos los que sufren dolor de garganta y la pseudoefedrina a casi todos los que tienen moqueo, y ninguno de ellos influiría sobre el otro síntoma. Esta diferencia tan marcada en los tratamientos apoyaría la clasificación de los participantes en dos grupos: los del moqueo y los del dolor de garganta. Los investigadores podrían entonces etiquetar estos trastornos diferentes: el trastorno del moqueo y el del dolor de garganta.

Teniendo en cuenta que los tratamientos para ambos son también tan distintos, sería posible pensar en los trastornos según su relación con esos tratamientos. Se podría pensar que el grupo del dolor de garganta podría tener un trastorno de déficit de paracetamol: el dolor se debería a que las personas no tienen suficiente paracetamol en su organismo, porque en apariencia corregir este déficit corrige el problema. El otro grupo podría denominarse trastorno por déficit de pseudoefedrina, puesto que la eficacia del tratamiento indica claramente un desequilibrio de esta en el organismo.

Por muy jocoso que pueda parecer, es exactamente la misma lógica que empleamos para llegar a la conclusión de que la depresión es consecuencia de un déficit de serotonina y que la psicosis se debe a un exceso de dopamina. Resulta lógico, hasta que te lo planteas con un ejemplo como el del virus del resfriado, que entendemos muy bien. En este contexto, resulta ridículo. Sin embargo, eso es lo que estamos haciendo hoy en día en el campo de la salud mental. Observamos los tratamientos que funcionan y asumimos que eso nos indica qué es lo que está provocando los síntomas. Y los trastornos en sí mismos son simples conjuntos de síntomas que hemos etiquetado como trastornos; las etiquetas diagnósticas no significan nada en lo que se refiere a causa y efecto ni a lo que está sucediendo en el cuerpo o en el cerebro.

Volvamos a nuestros hipotéticos investigadores. Han identificado dos trastornos distintos: el del moqueo y el del dolor de garganta. Como tienen síntomas y tratamientos diferentes, están muy seguros de su sistema de clasificación. El problema es que, aunque hay personas que solo presentan uno o el otro, la *comorbilidad* es habitual; dicho de otra manera, hay muchas que tienen ambos. Es muy habitual que aquellas a las que se ha diagnosticado el trastorno del moqueo desarrollen también dolor de garganta. Pero también lo contrario es cierto. El moqueo y el dolor de garganta son un buen ejemplo de una *relación bidireccional*, es decir, si presentas cualquiera de ellos tienes un riesgo mucho mayor de desarrollar el otro. No importa cuál empiece primero. Una relación bidireccional significa a menudo que las dos cosas comparten alguna vía común. Para el moqueo y el dolor de garganta, como ya he expuesto, es la inflamación. En ocasiones, además de una vía común, una relación bidireccional puede implicar también la misma raíz. En este ejemplo, ya sabemos que existe una vía común (la inflamación) y distintas raíces (el virus del resfriado y la alergia, entre otras).

Dejando a un lado la comorbilidad, teniendo en cuenta que los síntomas y los tratamientos son diferentes, los investigadores y el personal clínico podrían abogar por mantener el trastorno del moqueo y el del dolor de garganta como dos diagnósticos independientes. Sin embargo, si alguien identifica la vía común o la raíz que produce ambos trastornos, eso debería cambiar. ¿Por qué? Recurriendo a la navaja de Ockham, la ley de la parsimonia. Si en medicina existe una explicación más sencilla de algo, tiene más probabilidades de ser cierta. En este caso, la explicación de que el virus (una causa raíz) provoca ambos trastornos es mucho más sencilla que la idea de que los pacientes desarrollen tanto un dolor de garganta (provocado por un déficit de paracetamol) como un moqueo (por un desequilibrio de pseudoefedrina) al mismo tiempo. Identificar que las alergias (otra raíz diferente) pueden provocar ambos trastornos sería una razón igualmente válida para cambiar el enfoque médico del diagnóstico basado en estos síntomas. Y, por supuesto, identificar la vía común (la inflamación) sería igual de útil, porque permitiría el desarrollo de tratamientos más eficaces... y explicaría también por qué los síntomas de dos trastornos con raíz diferente, un resfriado y una alergia, pueden ser idénticos.

Sin embargo, la misma raíz puede dar como resultado síntomas diferentes en distintas personas... sobre todo cuando entran en juego vulnerabilidades preexistentes. La gripe es un gran ejemplo. Las personas infectadas con este virus suelen presentar un abanico predecible de señales y síntomas: fiebre, dolor muscular, somnolencia, etc. Sin embargo, aunque sufran la misma enfermedad, cada persona puede mostrar síntomas distintos en diversos grados. Y en aquellas que sufren trastornos preexistentes, esta diferencia puede magnificarse. Un chico sano de veintiún años puede sentirse mal un fin de semana, con dolores y fiebre, y luego recuperarse rápidamente. Por el contrario, un niño que ya sufre de asma puede desarrollar una inflamación grave de las vías respiratorias y acabar en el hospital con un respirador. Un hombre delicado de ochenta años puede experimentar efectos devastadores que acaben provocándole daños orgánicos y la muerte. El sufrimiento de todos ellos ha surgido de una única raíz (la infección con el virus de la gripe), pero esa causa ha producido unas consecuencias muy diferentes.

Llegados a este punto, es probable que puedas ver por qué es importante la pregunta de cuáles son las causas de las enfermedades mentales y por qué sigue siendo tan difícil responder a ella. Los que pertenecemos al campo de la salud mental trabajamos con síndromes definidos por síntomas y tratamientos sintomáticos. En este momento estamos tratando las infecciones con paracetamol. El objetivo es conocer la fisiología de los trastornos mentales, lo que nos permitiría desarrollar tratamientos eficaces y, en el mejor de los casos, prevenirlos antes de que ocurran.

La causalidad consiste en demostrar que un suceso causa otro. Los estudios correlacionales por sí solos no pueden hacerlo. Pueden *sugerirla*, o al menos aportar pistas, pero para demostrarla hace falta algo más. Un tipo de estudio que *sí* puede demostrarla es lo que se denomina *ensayo controlado aleatorizado*. Por ejemplo, para demostrar que el virus del resfriado puede provocar moqueo, los investigadores pueden coger a un grupo de personas que no estén enfermas, exponer a la mitad de ellas al virus introduciéndoselo por la nariz, y a la otra mitad, a un placebo (introduciéndoles agua por la nariz). A continuación pueden registrar el número de personas de cada grupo que desarrollan moqueo a lo largo de los cinco días siguientes. Si está provocado por el virus del resfriado, el grupo expuesto a él tendrá un índice de moqueo mucho más alto que el grupo placebo. De hecho, estos estudios se han hecho, y han demostrado que es verdad.

Uno de los desafíos a la hora de demostrar la causalidad de un trastorno grave o que ponga en peligro la vida de las personas es que los ensayos controlados aleatorizados no son éticos. Por tanto, aunque tengamos una teoría plausible acerca de las causas del cáncer o de las enfermedades mentales, no sería ético exponer a personas a estas enfermedades para comprobar definitivamente la teoría. Por tanto, ¿qué podemos hacer en situaciones como esta? En ocasiones, los investigadores pueden realizar experimentos equivalentes con animales. En el campo de la salud mental, pueden tener su papel, pero la misma naturaleza de estos trastornos supone ciertas limitaciones. Otra alternativa sería desarrollar una teoría científica de lo que podría estar sucediendo en el cuerpo o en el cerebro de principio a fin: la cascada de eventos que conduce a la enfermedad mental, como aquella de la que hablamos antes en relación con el infarto. Una vez establecida, los investigadores pueden estudiar a personas que ya han estado expuestas a diferentes factores de riesgo y buscar evidencias de que se haya producido en ellas esta cascada de acontecimientos. Como verás, todas estas investigaciones ya se han realizado; la evidencia está recogida. El único problema es que nadie la ha reunido, y eso es lo que hacemos en este libro.

Capítulo 3
En busca de una vía común

UNO DE LOS DESAFÍOS a la hora de determinar cuáles son las causas de las enfermedades mentales estriba en definir en primer lugar qué es lo que constituye una enfermedad mental. Los diccionarios y los libros de referencia difieren en la definición exacta, pero una buena versión general podría ser la siguiente: *Una enfermedad mental implica cambios o anomalías en las emociones, la cognición, la motivación o las conductas que den lugar a aflicción o problemas para funcionar en la vida*. Sin embargo, el contexto también es importante. Una de las cosas más complicadas a la hora de definir este tipo de enfermedades es que muchos de los síntomas (la mayoría, incluso) se consideran «normales», al menos en algunas circunstancias.

Todos tenemos emociones, por ejemplo, tanto agradables como desagradables. Podemos sentir ansiedad cuando afrontamos situaciones difíciles o peligrosas. Podemos sentirnos deprimidos cuando sufrimos una pérdida significativa, como la muerte de un ser querido. Incluso algo como la paranoia puede tener un momento y un lugar apropiados. ¿Alguna vez has visto una película de miedo, alguna que realmente te haya aterrorizado? Entonces lo más probable es que después estuvieras un poco paranoico. Después de ver una película así, algunas personas examinan el interior del armario antes de acostarse o se aterran cuando escuchan algún ruido de la calle pues imaginan una escena similar a las de la película. Todo esto es normal. Sin embargo, en algún momento, los sentimientos y estados desagradables intensos deben disminuir, lo que te permite seguir con tu vida como antes. Por tanto, es importante que cualquier definición de enfermedad mental tenga en cuenta de alguna manera el contexto, la duración y la propiedad.

Por poner un ejemplo de lo que quiero decir, piensa en la «timidez». ¿Se le permite a la gente ser tímida? ¿Es algo normal? La mayoría respondería que sí. Por tanto, ¿en qué punto se convierte en un trastorno de ansiedad como la fobia social? La forma de trazar estas líneas constituye un tema de debate en el campo de la salud mental. Una de las controversias más importantes es la relacionada con la depresión: concretamente si, en algunas situaciones, estos síntomas son «normales» y no una enfermedad.

El *Manual diagnóstico y estadístico de trastornos mentales* estadounidense, o *DSM,* es la «biblia» de la psiquiatría. Define los diferentes trastornos, sus criterios diagnósticos y proporciona información y estadísticas relevantes. La última edición, actualizada en 2022, se conoce como *DSM-5-TR*. En *DSM-IV,* los criterios diagnósticos de la depresión incluyen una advertencia denominada *excepción del duelo*[1], que sugiere que, si una persona muestra síntomas de depresión en el contexto de la pérdida de un ser querido, los profesionales clínicos no deberían diagnosticar una depresión. Es evidente que un profesional podría ofrecer apoyo mediante terapias de conversación, pero no necesariamente resulta apropiado prescribir medicación. Esta excepción tiene límites, entre otros que la depresión no debe durar más de dos meses y que no debe producir pensamientos suicidas ni síntomas psicóticos. En el *DSM-5,* sin embargo, la excepción se ha eliminado por completo. Esto ha servido para animar a los profesionales clínicos a diagnosticar esta enfermedad incluso en el contexto de acontecimientos estresantes como la pérdida de un ser querido. Muchos clínicos e investigadores han considerado que la Asociación Psiquiátrica Estadounidense (que es la autora del *DSM)* ha ido demasiado lejos a la hora de patologizar experiencias como la tristeza. Por otra parte, los que apoyan la retirada de la exención citaron investigaciones que demuestran que los antidepresivos pueden disminuir los síntomas de la depresión incluso en el contexto del duelo y consideran que no diagnosticar el problema y ofrecer un tratamiento farmacológico puede ser innecesariamente cruel[2].

A pesar de estas controversias, existen muchas situaciones que parecen claras. Cuando una persona sufre alucinaciones y delirios incapacitantes, o un miedo y una ansiedad abrumadores cada vez que sale de casa, o pasa semanas sin poder levantarse de la cama por culpa de una depresión grave, la mayoría de nosotros estaríamos de acuerdo en afirmar que estamos ante una enfermedad mental. La naturaleza o el grado «inusual» o «inapropiado» de sus síntomas, la intensidad de su aflicción y su incapacidad para funcionar normalmente sugieren la existencia de un problema grave que merece el diagnóstico de trastorno.

La premisa del *DSM,* tanto de la versión actual como de las anteriores, es que existen trastornos mentales distintos con criterios claros que pueden utilizarse para separarlos. En algunos casos, estas distinciones son evidentes. La esquizofrenia es muy distinta de un trastorno de ansiedad. La demencia es diferente del TDAH. El objetivo de estas distinciones es ayudar a guiar el tratamiento, predecir lo que le va a suceder a personas con unos diagnósticos concretos (su prognosis), servir de herramienta a los profesionales clínicos y a los investigadores para que puedan comunicarse entre ellos de un modo más eficaz, etc.

En el *DSM* se da una importancia tremenda a los diagnósticos. Son necesarios para la atención clínica y para el reembolso por parte de las empresas aseguradoras. Casi siempre son necesarios para obtener financiación para la investigación, puesto que la mayoría de los estudios sobre enfermedades mentales se centran en un solo trastorno. Además, tienen una importancia crucial para el desarrollo y la difusión de tratamientos, pues, para que la FDA apruebe un medicamento, las empresas farmacéuticas deben realizar grandes ensayos clínicos de medicinas concretas para trastornos específicos y demostrar que se ha obtenido un beneficio. Hasta intervenciones como la psicoterapia suelen estudiarse en ensayos clínicos diseñados alrededor de un diagnóstico concreto. Por tanto, en muchos aspectos, el campo de la salud mental gira totalmente en torno a estas etiquetas diagnósticas.

Sin embargo, este campo ha estado plagado de debates sobre cómo diagnosticar trastornos mentales diferentes, sobre todo teniendo en cuenta (como vimos en el capítulo anterior) que no existen pruebas objetivas para diagnosticar definitivamente cualquiera de ellos. Lo que utilizamos son listas de síntomas y criterios. Preguntamos a los pacientes y a sus familiares sobre lo que sienten, observan y experimentan; investigamos, cruzamos referencias y exploramos y luego hacemos un diagnóstico basado en las mejores coincidencias.

En algunas situaciones, estas etiquetas diagnósticas resultan extremadamente útiles. ¿Te acuerdas de John, el hombre que desarrolló una depresión mayor? Su diagnóstico ayudó a establecer su tratamiento, y este funcionó. John mejoró totalmente. Después de un año sintiéndose bien, pudo dejar el tratamiento y siguió estando bien. Los criterios diagnósticos permitieron a su psiquiatra reconocer el trastorno, conocer distintas opciones de tratamiento, elegir aquellas que tenían más probabilidades de funcionar y luego dejar el tratamiento al cabo de un periodo de tiempo definido. Por desgracia, no siempre resulta tan sencillo, ni se obtiene tanto éxito, con otras personas.

Clasificar las similitudes

Uno de los desafíos del campo de la salud mental es que no hay dos personas con un trastorno mental que sean exactamente iguales, aunque se les diagnostique la misma enfermedad. Y esto se debe a dos razones fundamentales: la *heterogeneidad* y la *comorbilidad.*

La heterogeneidad hace referencia al hecho de que los síntomas, su gravedad, el nivel de impacto en la capacidad para funcionar y el curso de la enfermedad en personas diagnosticadas con el mismo trastorno pueden ser diferentes. Ninguno de los diagnósticos exige que se cumplan todos los criterios, sino solo un número mínimo; en una depresión mayor, por ejemplo, deben ser al menos cinco de nueve. Esto da lugar a una enorme variabilidad. Una persona con depresión mayor puede tener un estado de ánimo deprimido, dormir demasiado, le puede costar concentrarse, puede tener poca energía y comer mucho más de lo habitual, lo que da como resultado un aumento de peso. Otra con este mismo diagnóstico puede ser incapaz de dormir más de tres horas, haber perdido el apetito y adelgazado diez kilos y, además del estado de ánimo deprimido y la falta de energía, puede tener pensamientos suicidas. Estos pacientes muestran unos síntomas muy diferentes que exigen unos enfoques de tratamiento distintos. Uno está pensando en autolesionarse, y el otro, no. Uno no puede dormir, por lo que le podría ir bien un somnífero, y el otro duerme demasiado. A pesar de estas diferencias tan notables, a ambos podría beneficiarles un antidepresivo o la psicoterapia.

El doctor Alan Schatzberg, un importante investigador de la depresión y profesor de Psiquiatría y Ciencias de la Conducta en la Universidad Stanford, ha pedido que se replanteen los criterios diagnósticos para la depresión mayor[3]. Los profesionales de este campo se sienten frustrados por la falta de conocimiento de esta enfermedad común y los continuos malos resultados de los tratamientos; como ya he mencionado, la probabilidad de una remisión plena y completa de los síntomas con el primer antidepresivo que prueba el paciente es solo de entre el 30 y el 40 por ciento. Schatzberg señala que algunos síntomas habituales en personas diagnosticadas con depresión mayor no están incluidos en los criterios diagnósticos básicos. Por ejemplo, la ansiedad es un síntoma común en muchas personas con depresión, pero no está entre los nueve que aparecen en el *DSM*. Y lo mismo sucede con la irritabilidad, que experimentan entre el 40 y el 50 por ciento de los pacientes[4]. También es común el dolor, y está presente en aproximadamente el 50 por ciento de las personas con depresión mayor, en comparación con el 15 por ciento de la población general[5]. ¿Son tan malos los resultados de nuestros tratamientos porque no estamos incluyendo el tratamiento de otros síntomas diagnósticos?

Pero no solo la depresión provoca tanta confusión y debate. En todos los diagnósticos psiquiátricos existe una tremenda heterogeneidad. En ocasiones, las diferencias son muy marcadas y dramáticas. Algunas personas diagnosticadas de TOC son capaces de trabajar y funcionar normalmente en la vida, mientras que a otras los síntomas las incapacitan por completo. Las personas diagnosticadas con un trastorno del espectro autista pueden diferenciarse muchísimo entre sí. Algunas de las personas que padecen esta enfermedad han logrado ser empresarios multimillonarios, mientras que otras personas viven en hogares colectivos porque son incapaces de cuidar de sí mismas. Por tanto, ¿podemos afirmar que cada uno de estos diagnósticos constituye el mismo trastorno? ¿O están todos ellos en un espectro en el que algunas personas presentan formas graves de la enfermedad, y otras, leves? Por desgracia, las dificultades no acaban ahí.

La comorbilidad es el otro gran factor que explica las diferencias entre personas con el mismo diagnóstico. Alrededor de la mitad de los pacientes diagnosticados con cualquier trastorno mental sufren más de uno[6]. En el capítulo anterior hablamos por encima de la comorbilidad.

¿Recuerdas mi análisis sobre el trastorno del moqueo y el del dolor de garganta? Aunque algunas personas presentaban uno u otro, muchas tenían ambos. Un ejemplo similar en el campo de la salud mental es el de la depresión y la ansiedad. La mayoría de los pacientes diagnosticados con depresión mayor también sufren ansiedad, y la mayoría de las personas diagnosticadas con trastornos de ansiedad también tienen depresión mayor. Por ejemplo, en una encuesta realizada en más de nueve mil hogares estadounidenses, el 68 por ciento de las personas con depresión mayor cumplía también los criterios de un trastorno de ansiedad en algún momento de su vida, y varios estudios han revelado que entre la mitad y los dos tercios de los adultos con trastorno de ansiedad también cumplen los criterios de la depresión mayor[7]. Por lo general se suelen utilizar antidepresivos para tratar ambas enfermedades, y lo mismo sucede con los ansiolíticos. Por tanto, si los diagnósticos se solapan a menudo y los tratamientos son a veces idénticos, ¿se trata de verdad de dos trastornos diferentes? ¿Podría ser que fueran simplemente síntomas distintos del mismo trastorno? ¿Podrían la ansiedad y la depresión (como el moqueo y el dolor de garganta) compartir una vía común?

Por último, los diagnósticos pueden cambiar con el tiempo. Los síntomas pueden aparecer y desaparecer y transformarse en unos trastornos mentales muy diferentes, lo que complica aún más el tratamiento y el diagnóstico y entorpece la investigación de su naturaleza y su causa.

Veamos un ejemplo.

Mike es un hombre de cuarenta y tres años que padece un trastorno mental crónico e incapacitante. Pero ¿cuál? Cuando era niño le diagnosticaron TDAH y le recetaron medicamentos estimulantes. En cierto modo lo ayudaron, pero el colegio le seguía resultando difícil. A menudo sufría burlas y abusos. Informó de que estos estresores sociales le provocaban mucha angustia y recibió psicoterapia para un trastorno de ansiedad social. Algunos profesionales clínicos apuntaron la posibilidad de un síndrome de Asperger, que luego ha sido un diagnóstico propio en el espectro autista, pero no lo hicieron oficialmente. Al llegar a la adolescencia había desarrollado síntomas de depresión mayor, lo que no resultaba sorprendente dados sus estresores académicos y sociales. Se le empezó a administrar un antidepresivo y logró sentirse algo mejor. Sin embargo, al cabo de pocos meses, empezó a desarrollar síntomas de manía y rápidamente le diagnosticaron un trastorno bipolar. Sufría alucinaciones y delirios y le recetaron una medicación dirigida tanto a los síntomas psicóticos como a los del estado de ánimo. Fue hospitalizado varias veces. En el transcurso del siguiente año, dado que los síntomas psicóticos continuaban y no respondían al tratamiento, se cambió el diagnóstico por el de un trastorno esquizoafectivo. También durante este tiempo empezó a desarrollar obsesiones y compulsiones y le diagnosticaron también un TOC. Durante los años siguientes, además de los síntomas psiquiátricos, que continuaban estando presentes, empezó a fumar y a consumir drogas recreativas. Al final cayó en una adicción crónica a los opiáceos.

Por tanto, ¿cuál es su diagnóstico? Según el *DSM-5*, en la actualidad se le podría diagnosticar trastorno esquizoafectivo, trastorno por consumo de opiáceos, trastorno por consumo de nicotina, TOC y trastorno de ansiedad social. Sin embargo, en el pasado tuvo también TDAH, depresión mayor, trastorno bipolar y posiblemente incluso síndrome de Asperger. Se podría argumentar que el diagnóstico de depresión mayor fue un error; a muchas de las personas que sufren un trastorno bipolar se les diagnostica depresión antes de que tengan el primer episodio maníaco que aclare la situación. Lo mismo podría decirse sobre el cambio de trastorno bipolar a esquizoafectivo, pero, aunque eliminásemos uno o dos de estos trastornos, nos sigue quedando una lista muy larga de problemas supuestamente diferentes, con causas distintas y, sin duda alguna, tratamientos diferentes. Sin embargo, Mike solo tiene un cerebro. ¿Deberíamos pensar que es un individuo con una mala suerte extraordinaria que ha desarrollado media docena de trastornos independientes y distintos?

Aunque este caso es extremo, resulta habitual recibir más de un diagnóstico, y lo mismo sucede con los cambios en los síntomas y los diagnósticos. Además, los problemas de adicción también son comunes en las personas con trastornos mentales. Historias como la de Mike plantean unas dudas muy serias acerca de la validez de nuestras etiquetas diagnósticas. Si las que aparecen en el *DSM-5* son realmente enfermedades independientes y distintas, ¿por qué tanta gente presenta más de una? ¿Por qué cambian en el transcurso de la vida? ¿Es que algunos trastornos psiquiátricos conducen a otros? En ese caso, ¿cuáles aparecen primero y qué es lo que sucede exactamente para que provoquen otros? ¿O será, más bien, que son solo síntomas o fases diferentes del mismo problema subyacente? ¿Es algo similar al trastorno del moqueo y al del dolor de garganta, dos problemas aparentemente distintos que responden a diferentes tratamientos pero que comparten la vía común de la inflamación? ¿Existe alguna vía común para los trastornos mentales, incluso en aquellos que parecen ser tan profundamente distintos entre sí?

Una mirada más a fondo

Los investigadores llevan décadas intentando averiguar por qué cada trastorno es tan distinto de los demás en un nivel biológico. Curiosamente, todavía no disponen de ninguna respuesta clara. De hecho, como explicaré a continuación, las investigaciones realizadas hasta la fecha sugieren que los distintos trastornos podrían no ser en realidad tan diferentes unos de otros, aunque los síntomas varíen muchísimo.

Analicemos tres de las enfermedades psicóticas: esquizofrenia, trastorno esquizoafectivo y trastorno bipolar.

La principal característica de la esquizofrenia son los síntomas psicóticos crónicos, como las alucinaciones o la paranoia. El trastorno bipolar se diagnostica a personas que presentan sobre todo síntomas relacionados con el estado de ánimo: episodios maníacos y depresivos. Sin embargo, los pacientes con trastorno bipolar suelen presentar también síntomas psicóticos cuando están en la fase maníaca, e incluso a veces cuando se deprimen, aunque remiten cuando los síntomas relacionados con el estado de ánimo mejoran. El trastorno esquizoafectivo es un diagnóstico que incluye características tanto de la esquizofrenia como del trastorno bipolar, entre las que podemos citar síntomas psicóticos crónicos y destacados síntomas relacionados con el estado de ánimo. La mayoría de la gente considera que estos trastornos son inequívocamente «reales». Muchos de los profesionales sostienen que son diferentes de otros como la depresión y la ansiedad, a los que en ocasiones denominan trastornos «biológicos». Por tanto, ¿qué es lo que sabemos de ellos? ¿Qué es lo que hace que sean tan distintos entre sí?

Se ha invertido mucho dinero en la investigación de esta cuestión. El NIMH (Instituto Nacional de Salud Mental de Estados Unidos) financió un estudio multicéntrico denominado Red de Esquizofrenia Bipolar en Fenotipos Intermedios (B-SNIP), en el que se incluyó a más de 2400 pacientes con esquizofrenia, trastorno esquizoafectivo o trastorno bipolar, a sus parientes en primer grado y a personas que no sufrían ningún trastorno (controles normales). Los investigadores examinaron medidas biológicas y conductuales clave, con escáneres cerebrales, pruebas genéticas, electroencefalogramas, parámetros sanguíneos, niveles de inflamación y rendimiento en una variedad de pruebas cognitivas y descubrieron que los resultados de los pacientes con trastornos mentales eran distintos de los controles normales, pero no advertían diferencias entre los pertenecientes a los distintos grupos diagnósticos. Dicho de otro modo, en el cerebro y en el cuerpo de estas personas se observaban anomalías, pero ninguna diferencia significativa entre las que tenían trastorno bipolar, trastorno esquizoafectivo o esquizofrenia. Si todos ellos son trastornos realmente distintos, ¿cómo podemos explicar esta cuestión?

Por un lado, si tenemos en cuenta más información, quizá estos descubrimientos no resulten nada sorprendentes después de todo. En primer lugar, aunque se supone que la esquizofrenia no incluye síntomas destacados relacionados con el estado de ánimo, en realidad, una de las características comunes de esta enfermedad es un grupo de síntomas que se denominan *negativos* y que incluyen embotamiento de la expresión facial, capacidad de habla y de pensamiento gravemente reducida, pérdida de interés por la vida (apatía), incapacidad para sentir placer en ninguna actividad (anhedonia), un impulso reducido de interacción con los demás, pérdida de motivación y falta de atención a la higiene. Quizá observes un solapamiento significativo con los síntomas de la depresión. Es interesante señalar que el *DSM-5* advierte concretamente al personal clínico que no se debe diagnosticar depresión mayor en pacientes de esquizofrenia, aunque muchos de estos síntomas negativos coincidan con los de la depresión, y se aconseja diagnosticar un trastorno del espectro de la esquizofrenia. Lo que esto implica es que, aunque los síntomas se solapen, no debemos considerar que se trata de la misma enfermedad. ¿Y por qué no? ¿Existen datos científicos que respalden esta recomendación? En realidad, en los comentarios introductorios, el DSM-5 reconoce que desconocemos las causas de cualquiera de los diagnósticos psiquiátricos. Por tanto, si las personas presentan los mismos síntomas, ¿cómo podemos decir que no están provocados por el mismo proceso?

También los tratamientos para estos trastornos se solapan... más de lo que podrías pensar. Los estabilizadores del estado de ánimo, como el litio, el divalproato sódico y la lamotrigina, suelen utilizarse habitualmente para el trastorno bipolar, y la FDA los ha aprobado para estos casos. Sin embargo, a aproximadamente el 34 por ciento de las personas diagnosticadas con esquizofrenia también se le prescriben estos mismos estabilizadores, aunque por definición se supone que con este diagnóstico no deben tener síntomas significativos relacionados con el estado de ánimo[8]. Los antidepresivos se emplean también de forma habitual tanto para el trastorno bipolar como para la esquizofrenia. Los estudios demuestran que casi todos los pacientes bipolares reciben un antidepresivo en algún momento para tratar los episodios depresivos de su enfermedad, y lo mismo sucede con alrededor del 40 por ciento de los diagnosticados con esquizofrenia[9].

Por otro lado, los fármacos antipsicóticos, empleados para la esquizofrenia, el trastorno bipolar y el trastorno esquizoafectivo, se recetan para tratar *todos* los síntomas de estos trastornos, no solo los psicóticos. La FDA ha aprobado incluso muchos de estos medicamentos como «antipsicóticos» *y* como «estabilizadores del estado de ánimo».

Por otra parte, aunque todo esto sugiere bastantes coincidencias entre el trastorno bipolar, el trastorno esquizoafectivo y la esquizofrenia, también es cierto que los *síntomas* del trastorno bipolar y de la esquizofrenia pueden ser sumamente distintos. Muchos de los pacientes con trastorno bipolar no presentan jamás síntomas psicóticos, muchos no han sido nunca hospitalizados y su capacidad para funcionar con normalidad en la vida es bastante buena. Al mismo tiempo, casi todos los que sufren esquizofrenia experimentan un deterioro grave de su funcionamiento y la mayoría se consideran discapacitados[10]. Esto no significa que no haya esquizofrénicos con un funcionamiento muy bueno ni que el trastorno bipolar no pueda resultar discapacitante. De hecho, un estudio en el que se hizo seguimiento de 146 personas con trastorno bipolar durante casi trece años reveló que estaban sintomáticamente enfermas alrededor del 47 por ciento del tiempo a pesar del tratamiento[11]. Resulta difícil conservar un trabajo cuando estás mal prácticamente la mayor parte del tiempo. Sin embargo, existen diferencias claras en la presentación habitual de estos diagnósticos. ¿Podría ser que las personas con esquizofrenia tengan una forma más grave de la misma enfermedad, o una que responda en menor medida a los tratamientos actuales, mientras que las que sufren trastorno bipolar tengan una enfermedad más leve o síntomas que responden mejor al tratamiento, lo que da lugar a episodios de recuperación?

Cuando se realizó el estudio B-SNIP, el doctor Bruce Cuthbert, director en funciones del NIMH, sugirió: «Así como una fiebre o una infección pueden tener muchas causas distintas, múltiples procesos que provocan psicosis (y que operan a través de distintas vías biológicas) pueden provocar síntomas similares, lo que confunde la búsqueda de una atención mejor»[12]. De todas formas, el estudio fue incapaz de encontrar ningún marcador biológico distintivo que diferenciara estos diagnósticos. Lo que Cuthbert no mencionó es que sabemos que la fiebre es en sí misma un síntoma, con una vía biológica claramente definida: la inflamación que desencadena en el hipotálamo un incremento de la temperatura corporal. Sin embargo, son muchas las cosas que pueden desencadenar la inflamación, como las infecciones o las reacciones alérgicas. Infecciones distintas pueden tener los mismos síntomas, a través de vías comunes, aunque los agentes infecciosos (bacterianos o víricos) sean diferentes.

Parece muy plausible que los síntomas del trastorno bipolar, el trastorno esquizoafectivo y la esquizofrenia también compartan una vía común.

Desenmarañar los solapamientos

He sugerido que el trastorno bipolar, la esquizofrenia y el trastorno esquizoafectivo podrían ser una misma enfermedad, aunque en un espectro de síntomas y con distintas respuestas a los tratamientos existentes. En este mismo capítulo he propuesto también que la depresión mayor y los trastornos de ansiedad podrían estar relacionados de una forma parecida y compartir una vía común. Para muchos de los profesionales del campo de la salud mental, ninguna de estas aseveraciones resulta difícil de captar o de creer. Llevan décadas luchando con estas distinciones y conocen demasiado bien el solapamiento que existe en estos trastornos y en sus tratamientos.

Sin embargo, el solapamiento no se observa únicamente en estas enfermedades.

Los síntomas se solapan en todo tipo de diagnósticos mentales, no solo entre aquellos en los que es posible deducir una relación. Como ya he mencionado, muchos trastornos diferentes, tanto mentales como médicos, pueden dar lugar a síntomas psicóticos. De hecho, alrededor del 10 por ciento de los pacientes diagnosticados con depresión mayor los presentan[13]. También los síntomas de ansiedad son comunes a múltiples diagnósticos. La prevalencia general de los trastornos de ansiedad entre la población general es ya bastante elevada; en un año cualquiera, alrededor del 19 por ciento de las personas los van a experimentar. Cuando se analiza la prevalencia a lo largo de toda la vida, esa cifra sube hasta el 33 por ciento, lo que significa que una de cada tres personas cumplirá los criterios de un trastorno de ansiedad en algún momento de su vida[14]. Los índices de personas con depresión, trastorno bipolar, esquizofrenia y trastorno esquizoafectivo son mucho más elevados, casi el doble. A veces, podemos sencillamente racionalizar estos síntomas: «¿No tendrías ansiedad si *tú* sufrieras esquizofrenia?». Por muy atractivo e intuitivo que suene, no es tan sencillo. Existe una fuerte relación *bidireccional* entre la esquizofrenia y los trastornos de ansiedad, es decir, las personas que manifiestan en primer lugar un trastorno de ansiedad presentan un riesgo entre un 8 y un 13 por ciento mayor de desarrollar esquizofrenia o trastorno esquizoafectivo[15]. No es un aumento trivial, pero ¿a qué puede deberse?

En el año 2005, el doctor Ronald Kessler y sus colegas informaron de los resultados de la Réplica de la Encuesta Nacional de Comorbilidad de Estados Unidos, una encuesta a domicilio que incluía una entrevista diagnóstica a más de nueve mil personas representativas en todo el país[16]. En conjunto, el 26 por ciento de los encuestados cumplieron los criterios de un trastorno mental en los últimos doce meses… ¡eso significa uno de cada cuatro estadounidenses! De esos trastornos, el 22 por ciento eran graves, el 37 por ciento, moderados, y el 40 por ciento, leves. Los de ansiedad eran los más comunes, seguidos por los relacionados con el estado de ánimo y, a continuación, los del control de impulsos, que incluye diagnósticos como el TDAH. Cabe destacar que el 55 por ciento de las personas tenían solo un diagnóstico psiquiátrico, el 22 por ciento, dos, y el resto, tres o más. Esto implica que casi la mitad de las personas cumplían los requisitos de más de uno.

Resulta fácil descartar el solapamiento de los diagnósticos cuando hablamos de trastornos de ansiedad, porque la ansiedad es un estado mental que todos experimentamos. Por tanto, vamos a analizar el trastorno del espectro autista. La mayor parte de la gente no considera el autismo como una enfermedad puramente «mental» sino, más bien, como un trastorno del desarrollo o neurológico que se inicia en etapas muy tempranas de la vida. Sin embargo, el 70 por ciento de las personas que lo sufren tienen al menos otro trastorno mental, y casi el 50 por ciento, dos o más[17]. También es interesante señalar que en el criterio del trastorno del espectro autista están muchos de los síntomas del obsesivo-compulsivo (TOC).

¿Y qué sucede a la larga con las personas que lo padecen? ¿Tienen un riesgo mayor de desarrollar otros trastornos mentales adicionales? Una vez más, la respuesta es a menudo que sí. Una característica destacada del autismo es un problema con las habilidades sociales, por lo que resulta lógico pensar que a continuación podría hacerse un diagnóstico de trastorno de ansiedad social si las interacciones provocan ansiedad. En este caso, muchos asumirían que el trastorno del espectro autista apareció primero y que la ansiedad social fue una consecuencia lógica de este. Sin embargo, ahora está bien documentado que el autismo por sí mismo implica un riesgo mayor de desarrollar cualquier otro tipo de trastorno mental[18], entre los que podemos incluir trastornos relacionados con el estado de ánimo, psicóticos, conductuales, alimentarios y por consumo de sustancias. ¿A qué se debe? ¿Es solo que el autismo resulta estresante? Sabemos que el estrés supone un riesgo para todo tipo de trastornos mentales, y tener autismo es sin duda estresante. Sin embargo, como verás más adelante, la explicación es mucho más compleja.

Este fenómeno no se limita tampoco a los trastornos de ansiedad o del espectro autista. Si analizamos los alimentarios, la bulimia nerviosa está presente en alrededor del 1 por ciento de la población, la anorexia nerviosa, en el 0,6 por ciento, y el trastorno por atracón (el más novedoso de esta categoría), en alrededor del 3 por ciento[19]. En opinión de mucha gente, son trastornos sociales más que biológicos. Sin embargo, en conjunto, el 56 por ciento de los que sufren anorexia, el 79 por ciento de los que tienen trastorno por atracón y el 95 por ciento de las personas con bulimia presentan al menos un trastorno mental más[20]. Por tanto, debemos preguntarnos una vez más: ¿cuál fue el primero? ¿Son los trastornos alimentarios los que provocan otros trastornos mentales o la causa de los alimentarios son los otros? Ambos. Existe una relación bidireccional entre los trastornos alimentarios y otros trastornos mentales. ¿Y qué otros?, te preguntarás. *Todos*. Y lo mismo sucede con las adicciones. Una vez más, es una relación bidireccional. Las personas con cualquier trastorno por consumo de sustancias tienen un mayor riesgo de desarrollar un trastorno mental, y las personas con trastornos mentales tienen un riesgo mucho mayor de consumir sustancias adictivas y abusar de ellas. ¿A qué se debe?

Podría seguir así, diagnóstico por diagnóstico, pero no voy a hacerlo. Un importante estudio realizado en 2019 aclara el panorama general. En él, los investigadores utilizaron un registro de salud danés para analizar los diagnósticos psiquiátricos de casi seis millones de personas a lo largo de diecisiete años[21]. Lo que descubrieron fue que tener *cualquier* trastorno mental aumentaba de un modo drástico las posibilidades de desarrollar otro más tarde. ¡Existían fuertes relaciones bidireccionales para todos! Hasta para aquellos que la mayoría de la gente consideraría que no guardan ninguna relación: la esquizofrenia y los trastornos alimentarios, la discapacidad intelectual y la esquizofrenia. Mézclalos y emparéjalos como gustes. La razón de momios en todo el estudio estaba por lo general entre dos y treinta, lo que significa que, si te diagnostican cualquier trastorno mental, tienes entre dos y treinta veces más probabilidades de que más tarde te diagnostiquen otro. ¿Cuál? ¡Cualquiera! Aunque algunas de las razones de momios muy elevadas se deben al solapamiento de síntomas entre distintos trastornos, lo importante es que eran elevadas para *todos* los trastornos y en todas direcciones.

Es más, la relación bidireccional también se aplica a los trastornos mentales y los denominados trastornos mentales «orgánicos», el término utilizado para referirse a los síntomas de un trastorno mental que, según se cree, están provocados por una dolencia médica o una medicación. Ya lo vimos brevemente antes: por ejemplo, si una persona con cáncer pierde el apetito y se deprime, a menudo no le diagnostican depresión mayor. Se supone que estos síntomas son consecuencia del cáncer y no un verdadero trastorno «mental». Sin embargo, la evidencia de este estudio muestra ahora que, si una persona desarrolla síntomas «mentales» atribuidos a un problema médico, tiene muchas más probabilidades de desarrollar un trastorno mental en el futuro… y viceversa. Sin duda, este descubrimiento plantea la cuestión de si realmente tiene sentido separar los trastornos mentales «orgánicos» del resto.

En conjunto, este estudio plantea varias preguntas importantes. Las relaciones bidireccionales, sobre todo las que son especialmente fuertes en ambas direcciones, sugieren la existencia de una vía común. Aunque los síntomas puedan ser diferentes, quizá nuestros diagnósticos son mucho más parecidos de lo que habíamos creído hasta ahora.

El estudio danés no es el primero en sugerir que todos los trastornos mentales podrían compartir una vía común. En el año 2012, el doctor Benjamin Lahey y sus colegas estudiaron los síntomas y la prognosis de once trastornos mentales diferentes en treinta mil personas[22]. Compararon los trastornos «internalizantes» con los «externalizantes» (los internalizantes son aquellos en los que se cree que la aflicción se dirige hacia dentro, como en la depresión y la ansiedad, mientras que los externalizantes son aquellos en los que se cree que se dirige hacia afuera, como el consumo de sustancias o la conducta antisocial) y descubrieron un solapamiento enorme entre ellos, por lo que plantearon la posibilidad de un «factor general» que condujera a todos.

En 2018, los doctores Avshalom Caspi y Terrie Moffitt llevaron más lejos esta investigación al incluir *todos* los trastornos mentales en un artículo de revisión, «All for One and One for All: Mental Disorders in One Dimension» («Todos para uno y uno para todos: los trastornos mentales en una dimensión»)[23]. Revisaron una cantidad tremenda de investigaciones, entre las que se incluían estudios epidemiológicos, estudios por imagen cerebral y estudios de factores de riesgo conocidos de trastornos mentales, como la genética y los traumas infantiles. Los datos fueron exhaustivos y abarcaron trabajos con personas de distintas edades, incluidos niños, adolescentes y adultos, y encontraron unas correlaciones muy fuertes entre todos los trastornos mentales. Cuando analizaron los factores de riesgo, descubrieron que ninguno de ellos confería peligro solo para un trastorno específico, sino que todos y cada uno lo hacían para muchos. Por ejemplo, uno de los estudios que examinaron analizaba la genética de los trastornos psiquiátricos[24]. En él se evaluó a más de tres millones de hermanos con la esperanza de identificar qué genes conferían riesgo de depresión, ansiedad, TDAH, alcoholismo, abuso de drogas, esquizofrenia y trastorno esquizoafectivo. Teniendo en cuenta que son trastornos muy diferentes, uno esperaría que tuvieran asociados distintos genes. Pues bien, los investigadores descubrieron que la mayoría de las variaciones genéticas conferían riesgo para un amplio abanico. No había genes específicos de uno solo. Hasta el maltrato infantil confiere riesgo para la mayoría de los trastornos mentales, incluidos el síndrome por estrés postraumático, la depresión, la ansiedad, el consumo de sustancias, los trastornos alimentarios, el trastorno bipolar y la esquizofrenia.

Teniendo en cuenta el solapamiento inacabable de las correlaciones entre todos los trastornos mentales y todos sus factores de riesgo, Caspi y Moffitt utilizaron un complejo modelo matemático para analizar estas correlaciones con la esperanza de encontrarles sentido. Y este modelo ofreció una conclusión chocante. Sugirió que parece existir una vía común para todas las enfermedades mentales. Caspi y Moffitt lo denominaron el *factor p*, donde *p* significa psicopatología general. Sostuvieron que este factor aparece para predecir la propensión de una persona a desarrollar un trastorno mental, a tener más de uno o a tener uno crónico y puede incluso predecir la gravedad de los síntomas. Es común a cientos de síntomas psiquiátricos diferentes y a todos los diagnósticos psiquiátricos. Investigaciones posteriores realizadas con diferentes conjuntos de personas y métodos distintos confirmaron su existencia[25]. De todas formas, esta investigación no había sido diseñada para decirnos qué es el factor p. Solo sugiere su existencia, es decir, que existe una variable no identificada que está presente en todas las enfermedades mentales.

Nuestro trabajo consiste en averiguar cuál podría ser.

Capítulo 4
¿Podría ser que *todo* estuviera relacionado?

¿QUÉ PENSARÍAS SI TE dijera que esta vía común que estamos buscando podría no limitarse a los problemas de salud mental?

Como ya hemos visto, en la actualidad, el mundillo médico separa los trastornos mentales de otros tipos de trastornos médicos. Considera que pertenecen a categorías independientes que no tienen nada que ver la una con la otra.

Sin embargo, existen muchos trastornos médicos que conviven habitualmente con los mentales y viceversa. Sí, ya tenemos una vez más las relaciones bidireccionales: no es solo que los trastornos mentales tengan fuertes relaciones entre sí, sino que muchos desórdenes *metabólicos y neurológicos* también guardan conexiones con los mentales. Estas relaciones aportan pistas importantes acerca de la naturaleza de la vía común y nos ayudarán a resolver el rompecabezas de las enfermedades mentales.

Para analizarlas, me voy a centrar en tres trastornos metabólicos (obesidad, diabetes y enfermedades cardiovasculares) y en dos neurológicos (alzhéimer y epilepsia). Los cinco se suelen asociar con síntomas mentales como depresión, ansiedad, insomnio e incluso psicosis. En la otra cara de la moneda, las personas que padecen trastornos mentales tienen un riesgo mucho más elevado de desarrollar estos cinco problemas médicos. Está claro que no todas las personas que padecen estos trastornos médicos tienen una enfermedad mental y que no todas las que sufren una enfermedad mental desarrollan alguno de los médicos.

Cuando los pacientes con dolencias médicas presentan síntomas de enfermedad mental, en ocasiones se pasan por alto como reacciones normales ante enfermedades difíciles. Los que tienen insuficiencia cardíaca suelen estar deprimidos, lo que se presenta como algo comprensible dada la gravedad de su dolencia. Y si las personas con estas enfermedades que además experimentan síntomas mentales reciben un diagnóstico de un trastorno «mental» o no, depende de los profesionales clínicos, que tienen la facultad discrecional de atribuir estos síntomas mentales a las enfermedades «orgánicas». Al final, sin embargo, los síntomas son los mismos con independencia de a qué causa se atribuyan. Y con la depresión sucede lo mismo. Y con la ansiedad. Y con la paranoia. Los tratamientos también son los mismos: a las personas que padecen estos trastornos «orgánicos» se les administran habitualmente antidepresivos, ansiolíticos y antipsicóticos.

Un análisis más a fondo de estas enfermedades nos permitirá conocer la conexión entre el metabolismo, los trastornos metabólicos y los cerebrales, ya sean mentales o neurológicos. Nos ayudará a colocar en su sitio las últimas piezas del rompecabezas.

Trastornos metabólicos

Empecemos por nuestros tres trastornos metabólicos: la obesidad, la diabetes y las enfermedades cardiovasculares. El término «trastornos metabólicos» incluye en realidad muchos más, pero por lo general hace referencia a los que están asociados con el síndrome metabólico, que se diagnostica cuando las personas presentan tres o más de las siguientes afecciones: aumento de la tensión arterial, hiperglucemia, exceso de grasa corporal alrededor de la cintura, triglicéridos elevados y HDL (o «colesterol bueno») bajo. Quienes los padecen tienen un riesgo mayor de desarrollar diabetes de tipo 2, infartos de miocardio y accidentes cerebrovasculares.

Diabetes

La conexión entre la diabetes y las enfermedades mentales se conoce desde hace más de un siglo. En 1879, sir Henry Maudsley escribió: «La diabetes es una enfermedad que suele manifestarse en familias en las que predomina la locura». Muchos trastornos mentales están asociados a índices más elevados de esta dolencia. Las personas con esquizofrenia tienen tres veces más probabilidades de desarrollarla[1], mientras que, en las diagnosticadas de depresión, esta probabilidad es un 60 por ciento mayor[2].

¿Y al revés? ¿Las personas con diabetes tienen más probabilidades de desarrollar trastornos mentales? Sí. La mayoría de las investigaciones se han centrado en la depresión y la diabetes. Los diabéticos tienen entre dos y tres veces más probabilidades de desarrollar una depresión grave. Además, cuando se deprimen, la depresión les dura cuatro veces más que a los que no lo son. En un momento dado, aproximadamente una de cada cuatro personas con diabetes tiene una depresión clínicamente significativa[3]. Es más, la depresión parece afectar a los niveles de glucosa en sangre: los diabéticos con depresión tienden a tener lecturas de glucosa más altas que los no deprimidos. De todas formas, no es solo la depresión. Un estudio analizó los índices de enfermedades mentales de 1,3 millones de adolescentes durante diez años. Los que sufrían diabetes tenían más probabilidades de padecer un trastorno relacionado con el estado de ánimo, de intentar suicidarse, de visitar a un psiquiatra o de desarrollar *cualquier* trastorno psiquiátrico[4].

Obesidad

Sabemos que las personas con problemas mentales tienen más probabilidades de padecer sobrepeso u obesidad. Un estudio hizo un seguimiento durante veinte años a personas diagnosticadas de esquizofrenia y trastorno bipolar. Cuando se les diagnosticó por primera vez, la mayoría no eran obesas. Veinte años después, el 62 por ciento de los que padecían esquizofrenia y el 50 por ciento de los que padecían trastorno bipolar lo eran[5]. El índice de obesidad en ese momento para todos los adultos del estado de Nueva York, donde se realizó el estudio, era del 27 por ciento. Los niños con autismo tienen un 40 por ciento más de probabilidades de ser obesos[6]. Un metaanálisis de ciento veinte estudios descubrió que las personas con enfermedades mentales graves tenían tres veces más probabilidades de ser obesas que las personas que no padecían ninguna dolencia de este tipo[7].

Mucha gente asume que nuestros tratamientos son los causantes de esta obesidad. Aunque no cabe duda de que los medicamentos psiquiátricos están asociados al aumento de peso (de hecho, es un efecto secundario frecuente de los antidepresivos y los antipsicóticos), los tratamientos por sí solos no nos aportan una explicación completa. Por ejemplo, en un estudio se analizó a personas con TDAH tratadas con medicamentos y no tratadas y luego evaluó sus índices de obesidad durante los años siguientes en comparación con las personas sin la enfermedad. Se descubrió que todas las que sufrían TDAH, tratadas o no, tenían más probabilidades de desarrollar obesidad. Aunque el tratamiento primario de esta dolencia suele ser una medicación estimulante que por lo general suprime el apetito, las personas con TDAH tratadas con estimulantes seguían teniendo más probabilidades de desarrollar obesidad que las que no tenían TDAH, y los que no tomaban estimulantes tenían aún más probabilidades de ser obesos[8].

¿Y qué pasa con las personas obesas? ¿Tienen más probabilidades de desarrollar un trastorno mental? Una vez más, la respuesta es que sí. Las personas obesas tienen un 25 por ciento más de probabilidades de desarrollar depresión o ansiedad y un 50 por ciento más de desarrollar un trastorno bipolar. Un estudio reveló que el aumento de peso en la pubertad está asociado con un riesgo cuatro veces mayor de sufrir depresión al llegar a los veinticuatro años[9]. Se ha observado que la obesidad afecta a la función cerebral de un modo que, según se sabe, provoca también trastornos mentales. Por ejemplo, se ha descubierto que las personas obesas presentan, en una región del cerebro denominada hipotálamo[10], alteraciones habituales en personas con trastornos mentales.

Enfermedades cardiovasculares

Las enfermedades cardiovasculares (sobre todo los infartos de miocardio y los accidentes cerebrovasculares) también tienen relaciones bidireccionales con los trastornos mentales. Si analizamos de nuevo la depresión, observamos que el 20 por ciento de las personas que han sufrido un infarto de miocardio, el 33 por ciento con insuficiencia cardiaca congestiva y el 31 por ciento de las que han tenido un ictus sufren depresión grave en el año siguiente al problema o enfermedad[11]. Estas tasas de ocurrencia son de tres a cinco veces superiores a las de la población en su conjunto.

A primera vista, parece fácil de entender. Casi todo el mundo se sentiría preocupado o deprimido tras un acontecimiento traumático como un infarto de miocardio o un ictus. Sin embargo, estamos presenciando otra relación bidireccional que sugiere que se trata de algo más que una reacción psicológica.

Sabemos que la depresión afecta al corazón. En las personas que nunca han sufrido un infarto, una depresión grave aumenta entre un 50 y un 100 por ciento el riesgo de tenerlo en el futuro[12], y en aquellas que ya han sufrido uno, la depresión duplica las probabilidades de sufrir otro en el año siguiente.

Y esto no se reduce solo a la depresión. Las personas diagnosticadas de esquizofrenia y trastorno bipolar tienen un 53 por ciento más de probabilidades de desarrollar una enfermedad cardiovascular prematura[13]. Se ha comprobado incluso después de controlar factores de riesgo como la obesidad y la diabetes. Un estudio de trece años realizado sobre casi un millón de veteranos de guerra descubrió que las personas diagnosticadas de trastorno de estrés postraumático tenían el doble de probabilidades de sufrir un accidente isquémico transitorio (síntomas temporales de un ictus) y un 62 por ciento más de probabilidades de tener un ictus[14].

Hace tiempo que sabemos que las personas con trastornos mentales graves, como esquizofrenia, trastorno bipolar y depresión crónica grave, mueren a una edad mucho más temprana de lo que deberían. Por término medio, pierden entre trece y treinta años de su esperanza de vida normal[15]. Investigaciones recientes realizadas sobre una base de datos de población danesa de más de siete millones de personas sugieren algo más alarmante[16]. No son solo los trastornos mentales «graves» los que disminuyen la esperanza de vida, sino que *todos*, incluso los leves o comunes, como los trastornos de ansiedad o el TDAH, se asocian a esta disminución. Por término medio, los hombres con trastornos mentales pierden diez años de vida, y las mujeres, siete.

¿De qué mueren tan pronto estas personas? La mayoría piensa que el suicidio es el responsable, pero no es así. Aunque los índices de suicidio son definitivamente más altos en los enfermos mentales, las muertes prematuras en este grupo se deben principalmente a infartos de miocardio, accidentes cerebrovasculares y diabetes, es decir, a problemas metabólicos. Acabamos de ver que las personas con trastornos mentales tienen tasas mucho más elevadas de desarrollar estas afecciones.

Además, ahora sabemos que las personas con trastornos mentales crónicos parecen envejecer prematuramente. Podemos verlo a través de diversas mediciones del proceso de envejecimiento. Una de ellas es la longitud de los telómeros, los extremos de los cromosomas, que tienden a acortarse con la edad. Se han encontrado telómeros acortados en personas con enfermedades que cabría esperar que estuvieran asociadas al envejecimiento, como la obesidad, el cáncer, las enfermedades cardiovasculares y la diabetes. También se ha observado que son más cortos en personas con depresión, trastorno bipolar, TEPT y trastornos por consumo de sustancias[17].

Trastornos neurológicos

Aunque tanto los trastornos neurológicos como los mentales afectan al cerebro y ambos suelen incluir síntomas «mentales», se distinguen en una cosa: los neurológicos tienen al menos una prueba objetiva o un hallazgo patológico que puede utilizarse para diagnosticarlos. Puede tratarse de una anomalía observada en un escáner cerebral o un electroencefalograma, o de un hallazgo patológico específico en el tejido cerebral o en el líquido que rodea al cerebro. Como ya hemos visto, los mentales no tienen pruebas objetivas que puedan utilizarse en el diagnóstico.

La enfermedad de Alzheimer

El alzhéimer es la forma más común de demencia, término con el que se designa a un grupo de trastornos neurológicos que van deteriorando la función cerebral con el paso del tiempo. Los síntomas comunes a todos ellos incluyen alteraciones de la memoria, cambios en la personalidad y una capacidad de juicio limitada. Los hallazgos característicos de la enfermedad de Alzheimer son placas y ovillos en el cerebro. A medida que las personas envejecen, su riesgo de padecerla aumenta exponencialmente, duplicándose cada cinco años a partir de los 65. A los 85, aproximadamente el 33 por ciento de la población la padecerá[18]. Hay tipos de alzhéimer de aparición temprana que pueden estar provocados por mutaciones genéticas raras o por el síndrome de Down. Sin embargo, en todos los demás casos, no está claro cuál es la causa exacta. Además de la edad, algunos de los factores de riesgo conocidos son los antecedentes familiares de la enfermedad, los traumatismos craneoencefálicos... y los trastornos metabólicos.

La obesidad en la mediana edad, la diabetes y las cardiopatías aumentan el riesgo de desarrollarlo, al igual que los *factores de riesgo* de los trastornos metabólicos, como el tabaquismo, la hipertensión, la hipercolesterolemia y la falta de ejercicio. Curiosamente, uno de los factores genéticos de riesgo implica una variante genética denominada APOE4, que codifica una enzima relacionada con el metabolismo de las grasas y el colesterol.

Cosas que a menudo se consideran «mentales» también constituyen factores de riesgo. Tener depresión a una edad temprana duplica las probabilidades de que una persona desarrolle alzhéimer[19]. La esquizofrenia también las aumenta drásticamente: un estudio realizado con más de ocho millones de personas descubrió que, si alguien con esta enfermedad vive hasta la edad relativamente temprana de 66 años, tiene veinte veces más probabilidades de sufrir una demencia que las personas que no la padecen[20]. ¿Y recuerdas aquel gran estudio de la población danesa que halló relaciones bidireccionales entre todos los distintos trastornos psiquiátricos? La enfermedad de Alzheimer se incluyó en la categoría de *trastornos mentales orgánicos*, la etiqueta utilizada para clasificar los síntomas mentales debidos a afecciones médicas, como el delirio y otros tipos de demencia. En ese estudio, *cada* trastorno psiquiátrico aumentaba las probabilidades de desarrollar un trastorno mental orgánico, desde el 50 por ciento hasta veinte veces más. Por desgracia, el alzhéimer no se separó de las demás enfermedades mentales orgánicas, pero los dos trastornos de este tipo más frecuentes son el delirio y la enfermedad de Alzheimer.

Las primeras señales de esta enfermedad suelen ser olvidos y síntomas «mentales» como depresión, ansiedad o cambios de personalidad. Una vez diagnosticada, casi todos los pacientes desarrollan síntomas psiquiátricos (el 97 por ciento en un estudio)[21], que pueden incluir casi cualquier cosa que se te ocurra: ansiedad, depresión, cambios de personalidad, agitación, insomnio, aislamiento social, etc. Alrededor del 50 por ciento de los enfermos desarrollan síntomas psicóticos, como alucinaciones y delirios[22].

Así pues, con esta enfermedad pueden aparecer prácticamente todos los síntomas psiquiátricos. Si es así, ¿cuál es la causa de estos síntomas? ¿Es la misma que en las personas que desarrollan síntomas y trastornos mentales en etapas anteriores de la vida? Una cosa es cierta: este solapamiento de síntomas idénticos significa que no podemos abordar realmente la cuestión de qué causa las enfermedades mentales sin examinar la enfermedad de Alzheimer.

Epilepsia

La epilepsia es una enfermedad cerebral relativamente rara que también tiene una relación bidireccional con los trastornos mentales. Puede aparecer a cualquier edad, pero lo más frecuente es que empiece en la infancia, y afecta aproximadamente a uno de cada ciento cincuenta niños. A veces, la causa es una anomalía cerebral claramente identificada, como un ictus, una lesión cerebral, un tumor o una mutación genética rara, pero, en la mayoría de los casos, es desconocida.

Las personas que la sufren suelen tener síntomas psiquiátricos que, en ocasiones, dan lugar a un diagnóstico de trastorno mental. Otras veces, sin embargo, se supone que se deben a las propias crisis. Está claro que las crisis pueden provocar emociones, sensaciones o comportamientos inusuales, pero, de todos modos, estas personas también son más propensas a experimentar síntomas mentales incluso cuando no tienen convulsiones.

Entre el 20 y el 40 por ciento de los niños con epilepsia sufren también una discapacidad intelectual, TDAH o autismo[23]. Son frecuentes los trastornos de ansiedad y se dan en una proporción de tres a seis veces mayor que en la población general[24]. Un estudio reveló que el 55 por ciento de las personas con epilepsia sufren depresión, y un tercio de todos los epilépticos han declarado al menos un intento de suicidio[25]. Curiosamente, los intentos de suicidio se produjeron a menudo *antes* del diagnóstico de epilepsia[26]. Otros estudios han descubierto un aumento de seis veces en el trastorno bipolar y de nueve veces en la esquizofrenia[27]. Los datos dejan claro que los diagnósticos psiquiátricos (en todos los ámbitos) son extraordinariamente frecuentes con la epilepsia.

¿Y al revés? De hecho, parece que las personas con trastornos mentales tienen más probabilidades de padecer epilepsia o de sufrir convulsiones en general. Entre el 6 y el 27 por ciento de los niños con autismo desarrollarán crisis[28]. Las señales de epilepsia aparecen en los electroencefalogramas del 16 por ciento de los niños con TDAH[29]. Además, los niños que sufren crisis tienen dos veces y media más probabilidades de tener diagnosticado TDAH[30]. Más adelante, el diagnóstico de depresión mayor multiplica por seis las probabilidades de sufrir una crisis no provocada[31].

Las crisis epilépticas nos ofrecen una pista importante para averiguar nuestra vía común porque conectan aún más los puntos entre los trastornos metabólicos, los mentales y los neurológicos: existe una relación no solo entre la epilepsia y las enfermedades mentales, sino también entre la epilepsia y los trastornos metabólicos.

Hace tiempo que sabemos que la hipoglucemia (bajo nivel de azúcar en sangre) puede provocar convulsiones. Es algo frecuente en los diabéticos, tanto del tipo 1 como del tipo 2, que pueden sufrir bajones de azúcar por exceso de medicación o por no comer lo suficiente. Sin embargo, ¿tienen más probabilidades de sufrir convulsiones no relacionadas con una hipoglucemia grave? Sí. Los niños con diabetes de tipo 1 tienen tres veces más probabilidades de desarrollar epilepsia[32], seis veces más si la diabetes comienza antes de los seis años[33], y se ha descubierto que los adultos de 65 años o más con diabetes de tipo 2 tienen un 50 por ciento más de probabilidades[34].

¿Y la obesidad? Se podría creer que el peso no tiene nada que ver con la epilepsia y, sin embargo, un amplio estudio demostró que las personas con un peso extremadamente bajo o con sobrepeso tenían entre un 60 y un 70 por ciento más de probabilidades de desarrollarla que las que tienen un peso normal[35]. Que tanto el sobrepeso como la falta de peso sean factores de riesgo puede ser una sorpresa, pero, como explicaré más adelante, ambos extremos resultan estresantes para el metabolismo. Además, las mujeres obesas durante el embarazo tienen más probabilidades de dar a luz niños que desarrollen epilepsia, y las tasas aumentan a medida que las madres suben de peso. Las que tienen un IMC (índice de masa corporal) superior a cuarenta presentan un 82 por ciento más de riesgo de tener hijos epilépticos, casi el doble que la población general[36].

Esconderse a plena vista

Por tanto, nos encontramos ante el curioso hecho de que los trastornos mentales tienen relaciones bidireccionales no solo entre ellos, sino también con estos trastornos médicos aparentemente tan distintos. Recordemos que las relaciones bidireccionales sugieren una posible vía común, algo en común que causa o contribuye a todos estos trastornos. ¿Es posible?

Muchas personas creen que ya conocen la razón de algunas de estas conexiones, en especial de las que existen entre los trastornos metabólicos y los mentales. Ya hemos hablado del estigma que rodea a los trastornos mentales, pero, cuando se trata de trastornos metabólicos, es habitual que la gente se apresure también a juzgar. Se considera que quienes son obesos, diabéticos o sufren infartos lo son simplemente porque no se cuidan bien. Comen demasiado, fuman o no hacen suficiente ejercicio. En general, muchos creen que estas enfermedades se deben a la negligencia, que son culpa de los propios diagnosticados. Del mismo modo, a muchos les parece evidente que los trastornos mentales impulsan a los pacientes a no cuidarse bien. Por ejemplo, la depresión hace que pierdan energía y motivación. Cuando eso ocurre, se pasan el día sentados, viendo la televisión y comiendo. Engordan. No hacen ejercicio. Todo el mundo sabe que el «estrés» favorece unos hábitos poco saludables. Casi por definición, las personas con trastornos mentales tienen más estrés que la mayoría, o al menos eso les parece. Así que, de nuevo, los que sufren estos síntomas estresantes comen mal y no hacen suficiente ejercicio. No es de extrañar que las personas con trastornos mentales tengan tasas más elevadas de trastornos metabólicos. A ojos de muchos, se trata de una simple cuestión de fuerza de voluntad y disciplina.

Sin embargo, aquí está el misterio. Los índices de todos estos trastornos se han disparado en los últimos cincuenta años. Obesidad, diabetes, enfermedades cardiovasculares y trastornos mentales. ¿A qué se debe? ¿Hemos tenido en nuestra sociedad una epidemia de pereza o de comportamientos autodestructivos para la salud? ¿Es que la gente ya no es capaz de autodisciplinarse? ¿Se debe sencillamente a que no se preocupan por su salud? Si respondes afirmativamente a estas preguntas, que muchos lo harían, queda otra pregunta: *¿Por qué?* ¿Qué ha causado esta «epidemia de pereza»?

Como ya comentamos en el capítulo 1, algunos dirían que es la sociedad. El ritmo acelerado de todo y las exigencias que ese ritmo impone. El estrés de la vida moderna. Correos electrónicos constantes que atender. Las publicaciones en las redes sociales que se acumulan y compiten por nuestra atención. El impulso de coger el móvil y estar siempre mirando, buscando, desplazándote o comprobando. Otros dirán que son los alimentos: ingredientes artificiales y alimentos procesados.

Pues bien, es probable que todos estos factores favorezcan una mala salud, pero ¿son verdaderas causas? ¿Cómo llegamos de cualquiera de estas «causas» hasta la pereza, la apatía y el agotamiento que hacen que la gente coma en exceso y no haga ejercicio, lo que a su vez provoca que desarrollen trastornos mentales o metabólicos? ¿Cómo funciona realmente todo eso en el cuerpo y en el cerebro? ¿Y por qué no todas las personas sometidas a estas fuerzas acaban siendo diabéticas y estando deprimidas? ¿Dónde encajan las conexiones con los trastornos neurológicos, reconocidos como enfermedades físicas del cerebro, en toda esta charla sobre la vida moderna y los malos hábitos de salud? Aunque la mayoría de la gente piensa que estas relaciones mentales y metabólicas son fáciles de explicar, cuando se examinan los detalles de la fisiología humana, las cosas se vuelven bastante más turbias.

Cuando el personal sanitario habla con la gente sobre cambiar sus conductas de salud (comer menos o hacer más ejercicio), suelen obtener respuestas similares: «Me cuesta demasiado» o «No tengo suficiente energía». Estas respuestas suelen encontrar casi siempre una fuerte reprobación. Se consideran excusas, señales de que no se está tomando el asunto suficientemente en serio o de falta de disciplina. Pero ¿es posible que, en lugar de ser excusas, respuestas como «Me cuesta demasiado» y «No tengo suficiente energía» sean en realidad pistas que nos aportan una información importante? ¿Podrían la inercia y la falta de motivación ser *síntomas* de un problema metabólico? ¿Sería posible que estas personas no tuvieran *literalmente* suficiente energía?

Resulta que no solo es posible, sino que hay abundantes pruebas de que es cierto. El metabolismo implica la producción de energía dentro de las células. Como verás en los próximos capítulos, se ha descubierto que las personas que padecen enfermedades metabólicas o mentales producen poca dentro de sus células. Estas personas dicen la verdad. Realmente no tienen suficiente energía.

No es un problema de motivación. Es un problema metabólico.

Hemos pasado por alto un dato importante que nadie quiere tener en cuenta.

Hagamos una rápida recapitulación

- He descrito la situación actual en el campo de la salud mental y por qué lo que estamos haciendo no funciona.
- He analizado las pruebas sobre el solapamiento y los puntos en común entre los trastornos mentales, así como los límites de nuestros métodos actuales para diferenciar los diagnósticos. Hemos visto que cada trastorno mental conlleva una probabilidad mucho mayor de desarrollar otro trastorno mental, cualquiera de ellos. Estas relaciones bidireccionales sugieren que podría haber una vía común en todos ellos.
- También he analizado las pruebas de relaciones bidireccionales entre los trastornos mentales y al menos tres trastornos metabólicos y dos neurológicos: la obesidad, la diabetes, las enfermedades cardiovasculares, la enfermedad de Alzheimer y la epilepsia. Esto plantea la posibilidad de una vía común no solo para los trastornos mentales, sino para todos estos trastornos.

Esto ya puede parecer imposible de conciliar. Se puede decir a gritos que *¡son enfermedades diferentes!* La esquizofrenia no es lo mismo que un trastorno alimentario o un trastorno de ansiedad leve. Las enfermedades cardiovasculares, el trastorno bipolar, la epilepsia, la diabetes y la depresión son cosas distintas. Tienen síntomas diferentes. Afectan a distintas partes del cuerpo. Aparecen a edades diferentes. Algunas de ellas, como el ictus, pueden matar a la gente rápidamente. Otras, como la depresión leve que dura solo unos meses, pueden aparecer y desaparecer sin ninguna intervención.

Resulta difícil imaginar que todos estos trastornos compartan una vía común. Si existiera, tendría que estar implicada en muchos aspectos diferentes del funcionamiento del organismo. Tendría que unir todo lo que ya sabemos sobre estos trastornos: sus factores de riesgo y síntomas, los tratamientos que funcionan. Es un papel enorme para cualquier proceso o función corporal.

Como verás en la segunda parte del libro, el metabolismo cumple todos estos requisitos.

Sí, hemos llegado a nuestro hilo conductor, al factor subyacente que nos permite responder a nuestras enmarañadas preguntas sobre causas y tratamientos, síntomas y solapamientos.

Los trastornos mentales, todos ellos, son trastornos metabólicos del cerebro.

Segunda parte

LA ENERGÍA DEL CEREBRO

Capítulo 5
Los trastornos mentales son trastornos metabólicos

LA SIGUIENTE OBSERVACIÓN, REALIZADA en 1938 por los físicos Albert Einstein y Leopold Infeld, tiene una importancia crucial:

> Crear una teoría nueva no es como destruir un establo viejo y erigir un rascacielos en su lugar. Se parece más bien a escalar una montaña, lo que nos permite acceder a vistas nuevas y más amplias y descubrir conexiones inesperadas entre el punto de partida y su rico entorno. Sin embargo, el punto del que partimos sigue existiendo y todavía podemos verlo, aunque parece más pequeño y forma una parte diminuta de la amplia perspectiva que hemos ganado a medida que íbamos dominando los obstáculos que encontrábamos en nuestra aventurada ascensión[1].

Para que una nueva teoría se tome en serio debe incorporar lo que ya sabemos que es cierto. No puede limitarse a sustituirlo, sino que debe unir nuestro conocimiento y experiencia actuales para converger en una nueva perspectiva que ofrezca nuevos conocimientos.

Los profesionales de la salud mental tienen varios campamentos en la base de la montaña de Einstein e Infeld. Algunos creen que las enfermedades mentales tienen una base biológica y que surgen de un desequilibrio químico. Prescriben medicamentos porque han visto que funcionan. Otros se centran en cuestiones psicológicas y sociales. Ayudan a las personas a través de psicoterapia e intervenciones sociales porque han visto que estos tratamientos funcionan. Saben con certeza que determinados trastornos mentales implican cuestiones sociales; corregir estos problemas sin pastillas puede resolver el trastorno, al menos para algunos pacientes. En realidad, todas estas perspectivas son correctas. Que esto es así (y cómo) puede entenderse claramente desde el punto de vista de nuestra nueva teoría: la teoría de la energía del cerebro, que se basa en un concepto global: *los trastornos mentales son trastornos metabólicos del cerebro*.

En el mundo médico, las nuevas teorías nos permiten comprender mejor las conexiones entre los tratamientos y los trastornos que actualmente no podemos explicar, nos ayudan a predecir con mayor exactitud los resultados de próximas investigaciones y también a desarrollar tratamientos más eficaces para el futuro. Y esto es lo que la teoría de la energía cerebral consigue para los trastornos mentales. Sin embargo, su impacto va más allá de la salud mental. Une disciplinas médicas que la mayoría de la gente considera que no están interrelacionadas: psiquiatría, neurología, cardiología y endocrinología. Y también otras. Todas ellas tienen también sus propios campamentos en la base de la montaña. A veces colaboran entre sí y los médicos ven las conexiones entre ellas, pero con demasiada frecuencia no es así. Un paciente puede visitar a un cardiólogo para que le recete medicamentos para el corazón, a un endocrinólogo que gestione sus recetas para la diabetes y a un psiquiatra para que le recete medicación para el trastorno bipolar sin que estos especialistas se comuniquen nunca entre ellos. Tengo la esperanza de que la teoría de la energía del cerebro cambie esta situación y conduzca a una mejor colaboración entre especialidades y a una atención más eficaz e integral. Dado lo que ya hemos visto sobre las conexiones entre estos trastornos, este tipo de comunicación y colaboración parece lógico. Puede que pronto sea posible tratar o prevenir *todas* estas afecciones con un plan de tratamiento integrado.

Para demostrar, o al menos apoyar firmemente, la teoría de la energía cerebral, los próximos capítulos demostrarán que:

- Se han detectado sistemáticamente anomalías metabólicas en las personas con trastornos mentales, incluso en las que aún no padecen los trastornos metabólicos ya reconocidos de obesidad, diabetes o enfermedades cardiovasculares.

- Esencialmente, todos los factores de riesgo de los trastornos mentales y metabólicos son los mismos. La lista incluye elementos biológicos, psicológicos y sociales, que van desde la dieta y el ejercicio, el tabaquismo, el consumo de drogas y alcohol y el sueño... hasta las hormonas, la inflamación, la genética, la epigenética y la microbiota intestinal. La lista se extiende también a las relaciones, el amor, el hecho de tener un sentido y un propósito en la vida y los niveles de estrés. Puedes aislar cualquiera de estos factores y comprobar que se ha descubierto que aumenta el riesgo de padecer trastornos metabólicos y mentales.
- Cada uno de estos factores de riesgo puede vincularse directamente al metabolismo.
- Todos los síntomas de los trastornos mentales pueden relacionarse de un modo directo con el metabolismo o, más concretamente, con las mitocondrias, que son los reguladores maestros del metabolismo.
- Es probable que todos los tratamientos actuales en el campo de la salud mental, incluidas las intervenciones biológicas, psicológicas y sociales, actúen influyendo sobre el metabolismo.

A medida que vayamos analizando estas líneas de evidencia, no solo quedará claro que los trastornos mentales son realmente trastornos metabólicos del cerebro, sino también *por qué* este dato es importante y qué significa para el tratamiento.

El efecto dominó metabólico

Sugerir que tantos trastornos diferentes tienen su origen en problemas metabólicos puede parecer descabellado. Curiosamente, aunque en la actualidad el campo de la medicina agrupa la obesidad, la diabetes y las enfermedades cardiovasculares como trastornos metabólicos, no siempre ha sido así. Al fin y al cabo, tienen síntomas muy distintos y requieren medicamentos y tratamientos diferentes. Siguen existiendo especialidades centradas en cada uno de estos trastornos: medicina de la obesidad (obesidad), endocrinología (diabetes), cardiología (infartos de miocardio) y neurología (accidentes cerebrovasculares). Sin embargo, todos afectan a todo el organismo, y las personas que padecen uno de ellos tienen mayor riesgo de padecer algún otro. No todas las personas obesas sufren un infarto de miocardio o tienen diabetes. No todos los diabéticos son obesos. No todas las personas que sufren un ictus tienen diabetes. Sin embargo, aunque cada persona presente señales y síntomas diferentes, todos están interconectados.

Los efectos de los trastornos metabólicos en el organismo no se limitan a un mayor riesgo de padecer otros como obesidad, diabetes, infartos de miocardio y accidentes cerebrovasculares. Como ya hemos comentado, estas personas presentan también mayores índices de alzhéimer, epilepsia y problemas mentales. Pero, además, las personas con trastornos metabólicos también son más propensas a desarrollar innumerables enfermedades que no suelen considerarse metabólicas, como problemas hepáticos, renales, nerviosos, cerebrales, hormonales, articulares, gastrointestinales, autoinmunes e incluso cáncer, entre otras.

La mayoría de la gente piensa que los trastornos metabólicos son problemas sencillos con soluciones simples. Creen conocer las «raíces»: comportamientos como comer demasiado, no hacer suficiente ejercicio o fumar. Mientras la gente no coma en exceso, ni haga poco ejercicio, ni fume, estará perfectamente bien, metabólicamente hablando. ¿Lo ves? Muy sencillo.

Sin embargo, cuando hablamos del metabolismo, nada es sencillo.

Veamos un ejemplo. Mark era un hombre de cuarenta y cinco años, aparentemente sano, delgado y en forma, que desarrolló esclerosis múltiple (EM), un trastorno autoinmune. Para tratar la enfermedad, le recetaron un medicamento llamado prednisona, un corticosteroide. Al cabo de unas semanas, estaba hinchado y había engordado. Al cabo de un mes, desarrolló prediabetes y le recetaron un medicamento para la diabetes. Por desgracia, tanto el aumento de peso como la hiperglucemia son efectos secundarios conocidos de la prednisona.

En los seis meses siguientes, Mark engordó veinte kilos. No todo ese peso surgió de la nada; su comportamiento (en concreto, su dieta y su rutina de ejercicios) cambió drásticamente. Hasta que le diagnosticaron la enfermedad siempre había comido bien y había practicado ejercicio intenso varias veces a la semana. Sin embargo, se sabe que los corticoesteroides como la prednisona aumentan el apetito, y Mark había empezado a anhelar y comer mucha comida basura, algo que nunca había hecho antes. Intentó seguir con su rutina de ejercicios, pero, a medida que iba engordando, le iba resultando cada vez más difícil. Aún conseguía hacer algo, pero no tenía nada que ver con su rutina anterior. Sus marcadores de riesgo cardiovascular, como el aumento de la tensión arterial y los lípidos, empeoraron. Iba camino de sufrir un infarto de miocardio o un ictus. Ah... y también desarrolló ansiedad y una leve depresión. Pero ¿quién no estaría deprimido y ansioso en su situación? Su médico le dijo que probara el yoga y se pusiera a dieta. Por desgracia, ese consejo no le sirvió de mucho.

¿Cuál es la raíz de los trastornos metabólicos de Mark? A los seis meses de empezar a tomar corticoesteroides, desarrolló diabetes y obesidad. Las pruebas demuestran con una claridad abrumadora que la culpable fue la medicación, no la falta de fuerza de voluntad o de disciplina. Sus antojos y su falta de energía son síntomas de disfunción metabólica. Su depresión y su ansiedad también son efectos secundarios conocidos de esta medicación. En cierto modo, tuvo suerte de no volverse maníaco o psicótico, que también son otros posibles efectos secundarios.

Reacciones como la de Mark son muy frecuentes con medicamentos como la prednisona. Y existen otros fármacos que también pueden causar este tipo de problemas metabólicos, incluidos muchos de los que se recetan en psiquiatría. Lo importante de todo esto no es que no debamos tomar nunca estos medicamentos: los trastornos autoinmunes como el de Mark pueden provocar daños permanentes en los órganos, y a menudo se determina que los efectos secundarios del tratamiento son un precio que merece la pena pagar cuando se comparan con la gravedad de la enfermedad. La cuestión es que los problemas metabólicos no son sencillos, ni pueden evitarse por pura fuerza de voluntad. La medicación es solo una de las muchísimas causas posibles. Por ejemplo, es probable que alguien que haya sufrido horribles abusos en la infancia tenga alterados los niveles de cortisol, la hormona del organismo equivalente a la prednisona. Tal vez no resulte sorprendente que las personas con antecedentes traumáticos tengan más probabilidades de desarrollar trastornos metabólicos y también trastornos mentales. Y una vez que la gente desarrolla un problema metabólico, los síntomas y los cambios en el estilo de vida, como los de Mark, no son nada inusuales.

¿Qué es el metabolismo?

Cuando la mayoría de la gente oye la palabra «metabolismo», se imagina a nuestro cuerpo quemando grasa y calorías. La creencia generalizada es que las personas con un «metabolismo alto» son delgadas y les cuesta engordar, mientras que las que tienen un «metabolismo bajo» tienen sobrepeso y engordan con facilidad, aunque no coman mucho. Y, para casi todo el mundo, ahí es donde empieza y acaba la cuestión.

Sin embargo, el metabolismo abarca mucho más que quemar calorías, aunque ese proceso forme parte de él. Influye en todos los aspectos del funcionamiento de nuestro organismo.

Para producir energía, el cuerpo necesita alimentos, agua, vitaminas y minerales y oxígeno: inhalamos oxígeno y exhalamos dióxido de carbono, que es un producto de desecho del metabolismo. Cuando ingerimos alimentos, estos se descomponen en hidratos de carbono, grasas y aminoácidos, y a ellos se unen las vitaminas y minerales que esperemos que también estén ahí. Todo ello es absorbido por el torrente sanguíneo y transportado por todo el cuerpo. Una vez que los nutrientes son absorbidos por las células, estas los utilizan para construir proteínas o membranas, entre otras cosas. Algunos pueden almacenarse como grasa para cuando haga falta, pero la mayoría se convertirán en trifosfato de adenosina (ATP), que es la principal molécula energética de la célula y la que hace funcionar su maquinaria.

Esta es la versión básica, de biología de bachillerato, del metabolismo. Una definición en una sola frase podría ser la siguiente: *El metabolismo es el proceso de convertir los alimentos en energía o elementos de construcción para el crecimiento y mantenimiento de las células, así como la gestión adecuada y eficaz de los productos de desecho.* Es el funcionamiento de nuestras células. Determina nuestra salud celular, el desarrollo y funcionamiento del cuerpo y del cerebro y el modo de asignar recursos a distintas células en distintos momentos para optimizar nuestra supervivencia. Permite que algunas células crezcan y prosperen y deja que otras se marchiten y mueran en un complejo análisis de coste-beneficio que da prioridad a las sanas y ventajosas sobre las que podrían estar viejas o débiles o simplemente ser más prescindibles. Como sistema de gestión de los recursos del organismo, se basa en la adaptación. Nuestro entorno está constantemente cambiando, al igual que nuestras circunstancias. En consecuencia, nuestro metabolismo también cambia constantemente para adaptarse a las variaciones que se producen a nuestro alrededor. Estas adaptaciones del metabolismo nos permiten prosperar en entornos óptimos o simplemente sobrevivir en situaciones que resulten estresantes para el organismo, como la escasez de alimentos. Sin embargo, la disponibilidad de alimentos no es el único cambio al que responde: se ve influido por muchos otros factores, como el estrés psicológico, la exposición a la luz, la temperatura, la cantidad de sueño, los niveles hormonales y la cantidad de oxígeno disponible para las células. Al fin y al cabo, es la batalla del cuerpo para mantenerse vivo. Muchos expertos en biología dirían que define la vida misma.

Desequilibrios energéticos

El metabolismo es la manera en la que nuestro cuerpo crea y utiliza la energía. Por tanto, podemos considerar los problemas del metabolismo como *desequilibrios energéticos*.

Estos problemas dan lugar a trastornos en el funcionamiento de todas las células del cuerpo humano. Por ejemplo, cuando las células del corazón tienen un problema metabólico, no bombean la sangre igual de bien. Las células cerebrales requieren un control muy preciso. Necesitan activarse en los momentos adecuados y desconectarse cuando corresponde hacerlo. Si tienen un problema metabólico, estos procesos de encendido y apagado pueden verse alterados. En lo que respecta a la función cerebral, la precisión es fundamental y, como veremos, esta alteración puede dar lugar a lo que conocemos como síntomas de enfermedad mental.

El cerebro es el órgano más complicado del cuerpo humano. De hecho, se calcula que un cerebro adulto tiene unos cien mil millones de neuronas. Además, hay entre diez y cincuenta células gliales por neurona. Las neuronas son «células nerviosas», y las gliales suelen considerarse un apoyo para ellas. En conjunto, en el cerebro humano hay entre un billón y cinco billones de células. Un grupo de investigadores cuestionó esta estimación, sugiriendo que está más cerca de 86 000 millones de neuronas y 84 000 millones de células gliales, o 170 000 millones de células en total[2]. En cualquier caso, ¡son muchas!

¿Qué es lo que coordina las funciones de todas ellas? Mucha gente diría que los neurotransmisores, las sustancias químicas mensajeras de la célula. Podemos pensar en los neurotransmisores como señales de conexión o desconexión, y a menudo se clasifican como excitadores (conexión) o inhibidores (desconexión). Hay otras variaciones, pero por ahora nos bastan estas distinciones. Durante décadas han sido el principal objetivo de neurocientíficos y psiquiatras biológicos. Sin embargo, ¿qué es lo que controla los neurotransmisores? ¿Cómo saben las células cuándo deben segregarlos? Muchos dirían que esta liberación la desencadenan los neurotransmisores de otras células. Seguro que percibes las carencias que tiene esta respuesta. Es parcialmente correcta. Sin embargo, como trataré a lo largo del resto del libro, existen otros muchos factores que dictan la acción de las células cerebrales.

Hemos establecido que las células necesitan energía para funcionar. Esta energía se utiliza para todo tipo de cosas diferentes en todo el cuerpo, como hacer que los músculos funcionen, crear y regular hormonas y fabricar y liberar neurotransmisores. Las partes del cuerpo que necesitan más energía suelen ser las más afectadas por los problemas metabólicos. Como puedes imaginar, la lista la encabezan el cerebro y el corazón.

Aunque el cerebro constituye aproximadamente el 2 por ciento de la masa corporal, en reposo utiliza cerca del 20 por ciento de la energía total del cuerpo. Sus células son exquisitamente sensibles a las interrupciones en el suministro de energía y, cuando existe un problema metabólico en alguna parte del cuerpo, suele saberlo. Dado que nuestros cerebros son los centros de control de nuestros cuerpos, en última instancia controlan nuestras percepciones de la realidad. Cuando existe un problema metabólico en alguna parte del cuerpo, podemos percibir dolor, experimentar dificultad para respirar o sentirnos fatigados o mareados. Si este problema está en el propio cerebro, las señales y síntomas pueden adoptar casi cualquier forma. A veces son evidentes, como confusión, alucinaciones o pérdida total de conciencia, pero otras son más sutiles, como fatiga, problemas de concentración o depresión leve.

En ocasiones, los problemas metabólicos son *agudos*, lo que significa que son bruscos y dramáticos. Pueden adoptar la forma de un infarto de miocardio, un ictus o incluso la muerte. Un infarto de miocardio, por ejemplo, suele deberse a un coágulo de sangre en una de las arterias que alimentan el corazón, lo que hace que algunas de sus células dejen de recibir suficiente sangre y oxígeno. Eso les impide producir suficiente energía. Si el flujo sanguíneo no se restablece rápidamente, las células cardíacas mueren. Se trata de una crisis metabólica del corazón. Un ictus es una crisis metabólica aguda en el cerebro. La crisis metabólica definitiva es la propia muerte, en la que las células de todo el cuerpo dejan de producir energía. Son muchos los caminos que pueden conducir a este fallo energético de todo el organismo: ataques cardíacos, derrames cerebrales, intoxicaciones, accidentes graves, cáncer. Todos ellos provocan que las células del cuerpo dejen de producir suficiente energía, y es la falta de producción de energía lo que causa la muerte.

Los infartos de miocardio, las embolias y la muerte son ejemplos de problemas energéticos absolutos y agudos que dan lugar a la muerte celular. Sin embargo, hay situaciones menos dramáticas en las que el suministro de energía a las células se ve comprometido: en lugar de una parada completa de la producción energética, lo que sucede es solo que las células no reciben una cantidad suficiente. En lugar de morir, no funcionan del todo bien. Algunos de estos problemas metabólicos pueden durar solo unos minutos, y otros horas. La hipoglucemia, o nivel bajo de azúcar en sangre, es un buen ejemplo. Suele ocurrir cuando llevamos un tiempo sin comer. En los casos leves, provoca sensación de hambre, irritabilidad, fatiga o problemas de concentración. En los moderados, puede provocar dolor de cabeza o sensación de depresión. En los graves, puede causar alucinaciones, convulsiones o coma. Si avanza más, puede dar lugar a un fallo metabólico absoluto: la muerte. Sin embargo, antes de que las cosas se pongan tan graves, la mayoría de la gente pone en práctica la solución evidente: come algo. Esto eleva el nivel de azúcar en sangre y todo vuelve a funcionar con normalidad. Aunque no se coma nada, el organismo dispone de sistemas que suelen evitar las hipoglucemias graves. Sin embargo, para los diabéticos que se inyectan insulina o toman medicación para reducir de un modo más forzado el nivel de azúcar en sangre, estas graves consecuencias son una posibilidad real. Quizá hayas observado que los síntomas cerebrales dominan la lista anterior de efectos, aunque la hipoglucemia se produce en todo el organismo.

Hay otros problemas metabólicos que no son agudos, sino trastornos *crónicos* con síntomas duraderos, como la diabetes, por ejemplo. Mucha gente piensa que esta enfermedad es un nivel elevado de azúcar en sangre. Sin embargo, una forma paradójica e interesante de considerarla es como una escasez de energía o un déficit en la producción de energía. La glucosa es la principal fuente de combustible de las células. En los casos de diabetes, tienen problemas para convertirla en energía. Los niveles de glucosa en la sangre pueden ser altos, a veces muy altos, pero a esa glucosa le cuesta llegar a las células, donde puede utilizarse. Para que pase del torrente sanguíneo a las células se necesita insulina, una hormona producida por el páncreas. Los diabéticos tienen escasez de insulina o resistencia a la insulina, un trastorno en el que el organismo no responde bien a ella. Cuando las células no tienen suficiente glucosa, no son capaces de producir suficiente energía. Cuando no tienen suficiente energía, no funcionan bien.

Dado que la glucosa es la principal fuente de combustible para la mayoría de las células del organismo, la diabetes puede afectar a muchas partes diferentes del cuerpo. Pero no todo el mundo sufre los mismos problemas. Los síntomas pueden ser muy variados y cambiar con el tiempo. Al principio, suelen ser leves. Pueden incluir cosas como orinar demasiado o perder peso de forma inesperada. También pueden aparecer síntomas mentales como fatiga o problemas de concentración. A medida que la enfermedad avanza, pueden verse afectados distintos órganos. Algunas personas desarrollan problemas en los ojos, los nervios o el cerebro. Otros sufren infartos de miocardio o derrames cerebrales. Hay también quien sufre insuficiencia renal o contrae infecciones graves difíciles de tratar.

¿Por qué son tan diferentes los efectos en las personas? ¿Por qué no todos los diabéticos acaban con los mismos síntomas y les fallan las mismas partes del cuerpo? La respuesta es complicada y a menudo está relacionada con el metabolismo.

Sobre este influyen numerosos factores. Siempre está cambiando. Y en cada momento es diferente en las distintas células del cuerpo. Algunas pueden estar funcionando con normalidad mientras otras están muriendo. Algunas pueden ir funcionando mal gradualmente como resultado de una privación crónica de energía. El metabolismo no es un todo o nada. Se controla a varios niveles. Algunos de los factores que le afectan lo hacen de forma general, mientras que otros son específicos de distintas partes del cuerpo. Algunos son específicos de órganos concretos y otros son específicos de células concretas.

El metabolismo es como el flujo del tráfico

Imagínalo así: el cuerpo es una gran ciudad con muchas carreteras y autopistas. Hay mucho tráfico. Cada coche es una célula humana. En hora punta, este tráfico puede ser una locura. Si vas en coche, puede parecer un caos. Hay muchísimas cosas a las que prestar atención: semáforos, vehículos que cambian de carril, alguien que va hablando por el móvil y se desvía en tu dirección. Sin embargo, si lo observas desde arriba (digamos, desde lo alto de un rascacielos), parece bastante ordenado. Las carreteras están organizadas. Los coches y los camiones avanzan. Algunos se detienen mientras otros siguen circulando. Esperan su turno y vuelven a ponerse en marcha. Van despacio en ciertas carreteras, pero luego aceleran en las autopistas. Algunos cambian de carril, y los de alrededor tienen que reducir la velocidad para dejarlos pasar. Otros pueden tener problemas y quedarse parados en el arcén. Puede haber algún accidente de tráfico que haga que otros vehículos tengan que dar un rodeo. Si intentaras tener en cuenta los detalles de todos y cada uno de ellos al mismo tiempo, resultaría abrumador: son demasiados coches, demasiados semáforos, demasiados factores que tener en cuenta. Sin embargo, cuando contemplas el panorama general, el tráfico avanza. La ciudad funciona. La gente va a donde tiene que ir. La ciudad está viva. Tiene energía, puedes verla fluir. Así es como debemos ver el metabolismo en el cuerpo humano.

Volvamos a la pregunta que planteé antes: ¿por qué las personas con diabetes tienen síntomas diferentes? Y un punto más importante para la teoría de la energía del cerebro: si todos los trastornos mentales son metabólicos, ¿por qué no todas las personas con un trastorno mental tienen los mismos síntomas?

Las enfermedades y los síntomas son como los atascos. O el tráfico no fluye de forma óptima, o se detiene por completo. Una autopista podría representar el páncreas. Una carretera de acceso podría ser una región cerebral específica que controla la atención y la concentración.

¿Qué provoca un atasco en una carretera o una autopista determinada? Un sinfín de cosas. Accidentes de tráfico, obras, baches o señales de tráfico que no funcionan. El diseño y el mantenimiento de las carreteras desempeñan un papel importante, y los coches y los conductores, también. Algunas zonas de la ciudad tienen problemas de tráfico más frecuentes. Puede deberse a un diseño deficiente, a un mal mantenimiento o a que conductores más agresivos o despistados circulan por esas carreteras. Las zonas de la ciudad con problemas de tráfico frecuentes representan «síntomas» o «enfermedades»: lugares donde el tráfico no «funciona» correctamente.

Cuando hablamos de enfermedades y síntomas humanos, nos estamos refiriendo a partes del cuerpo o del cerebro que no funcionan como deberían. Suelen ser el resultado de un problema en una de estas tres áreas: el desarrollo, la función o el mantenimiento de las células humanas. Las células deben *desarrollarse* adecuadamente para satisfacer las necesidades del organismo. La *función* consiste en asegurarse de que todas las partes hacen lo que se supone que deben hacer, de la forma correcta y en el momento adecuado. El *mantenimiento* consiste en mantener todo en buen estado. Esto es análogo al tráfico, que necesita un diseño y una construcción adecuados de carreteras y puentes (desarrollo); que todos los coches, conductores y semáforos funcionen correctamente (función), y que todo el sistema se revise regularmente: coches puestos a punto, carreteras asfaltadas, semáforos comprobados, etc. (mantenimiento).

En los seres humanos, estas tres cosas (desarrollo, función y mantenimiento de las células) dependen en última instancia de un proceso: el metabolismo. Si hay problemas metabólicos, los habrá también en una o más de estas áreas. Si estos problemas son lo bastante importantes, habrá «síntomas».

Entonces, ¿qué cosas son las que le afectan? Igual que al tráfico en la ciudad, ¡muchas! La dieta, la luz, el sueño, el ejercicio, las drogas y el alcohol, los genes, las hormonas, el estrés, los neurotransmisores y la inflamación, por nombrar solo algunas. Sin embargo, cada una de ellas afecta a células distintas de maneras diferentes. Dependiendo de la mezcla de factores a la que una persona esté expuesta, se verán afectadas células y órganos diferentes, lo que dará lugar a síntomas y enfermedades distintos. Al igual que algunas carreteras son más susceptibles a los atascos, algunas células son más susceptibles a los fallos metabólicos. A veces, algunas partes del cuerpo funcionan con normalidad en momentos de baja demanda, pero empiezan a ir mal cuando esta aumenta, igual que un atasco en hora punta en una autopista de la ciudad desbordada por los viajeros.

Hemos establecido que el metabolismo define la vida misma, que determina cómo funcionan las células, que afecta y se ve afectado por innumerables factores. En cierto modo, es evidente que los trastornos mentales están relacionados con el metabolismo. En esencia, ¡*todo* lo está! ¿Y qué?

Lo que demostraré en los próximos capítulos es que el metabolismo es, de hecho, la única forma de conectar todos los puntos de las enfermedades mentales. Es el mínimo común denominador de *todos* los trastornos mentales, de *todos* los factores de riesgo de los trastornos mentales e incluso de *todos los tratamientos* que se utilizan en la actualidad. Y quizá el punto más importante es que, aunque el metabolismo es complejo, sus problemas suelen ser, por lo general, solucionables, y a menudo mediante intervenciones sencillas.

Sin embargo, antes de exponer las pruebas de todo esto, primero tengo que aclarar qué es un trastorno mental. Esta cuestión se ha debatido durante mucho tiempo en el campo de la salud mental y la respuesta se ha centrado en un asunto en particular: la diferencia entre los estados mentales normales (especialmente los estresantes y adversos) y los trastornos.

Capítulo 6
Estados mentales y trastornos mentales

COMO YA ANALIZAMOS EN la primera parte, uno de los dilemas del campo de la salud mental es la distinción entre las emociones humanas normales y los trastornos mentales, sobre todo porque los síntomas pueden ser los mismos. Todos nos angustiamos o nos deprimimos levemente de vez en cuando. Si sufrimos una pérdida devastadora, como la muerte inesperada del cónyuge, podemos estar un tiempo gravemente deprimidos. Son reacciones normales. Están grabadas en nuestro cerebro.

Sin embargo, cuando las personas se ven expuestas a numerosos factores de estrés al mismo tiempo, o cuando estos estresores son extremos o abrumadores (como cuando sufrimos una agresión violenta), estas reacciones iniciales normales y comprensibles pueden conducir rápidamente a lo que denominamos «enfermedad mental». Existen todo tipo de diagnósticos. El trauma o el estrés extremo pueden dar lugar a trastornos de ansiedad, depresión, estrés postraumático, trastornos alimentarios, consumo de sustancias, trastornos de personalidad e incluso psicosis. ¿Cómo conducen el estrés y el trauma a todos estos trastornos diferentes? ¿Dónde está la frontera entre una reacción normal ante la adversidad y un trastorno?

Existen dos asuntos que han dificultado muy en especial la respuesta a estas preguntas: (1) los síntomas son los mismos, y (2) tanto los estados mentales como los trastornos pueden provocar problemas de salud. De todas formas, distinguir entre estados mentales normales y trastornos mentales tiene una importancia crítica. Los estados mentales son reacciones adaptativas ante la adversidad, mientras que los trastornos representan un mal funcionamiento del cerebro. Estas diferencias tienen implicaciones directas en el tratamiento. Ayudar a las personas a hacer frente a la adversidad es algo muy distinto de tratar un cerebro que no funciona correctamente.

Comprender lo que significa «normal»: el estrés y la respuesta ante él

Los estresores son los factores psicológicos y sociales del modelo biopsicosocial, aquellos que la gente suele considerar las causas «mentales» de la enfermedad mental.

Muchos médicos e investigadores siguen considerando que los factores biológicos son independientes de los psicológicos y sociales. Por ejemplo, pueden creer que las alucinaciones se deben a un desequilibrio químico biológico, pero que alguien con esquizofrenia también puede sufrir baja autoestima, que es un problema psicológico. Es posible que intenten tratar ambos problemas, pero a menudo consideran que son cuestiones independientes y que no están relacionadas. Uno requiere medicación, y el otro, terapia de conversación. No estoy de acuerdo con esta visión dicotómica. Creo que los factores biológicos, psicológicos y sociales están interconectados y son inseparables. La biología influye en nuestra psicología y en cómo nos llevamos con los demás. Sin embargo, nuestra psicología y nuestras interacciones con otras personas influyen en nuestra biología. Estas conexiones pueden afectar a todos los síntomas mentales y metabólicos. Para empezar a desentrañar todo este asunto, permíteme hacer algunas observaciones generales sobre nuestra especie.

Los seres humanos estamos hechos para vivir en grupo. Buscamos a otras personas y establecemos lazos con ellas: padres, amantes, hijos, amigos, profesores y miembros de la comunidad. Estas conexiones forman una red de seguridad y apoyo para nuestra vida. Estamos biológicamente impulsados a querer, e incluso a necesitar, a estas personas. Sin embargo, existe un problema: aunque debemos vivir con otras personas, estas son en realidad las principales fuentes de estrés psicológico y social. La mayoría de los factores estresantes giran en torno a las relaciones, los roles, los recursos y las responsabilidades. Las personas pueden estresarse por lo que se espera de ellas, por problemas económicos, de rendimiento, de relación o de estatus en la sociedad. Algunas experimentan factores estresantes crónicos debidos a su situación socioeconómica, a los malos tratos, el abandono, la raza, la etnia, las creencias religiosas, las capacidades físicas, las capacidades cognitivas, la identidad de género, la orientación sexual, la edad y muchísimos factores más. Pueden verse perjudicadas o amenazadas por otras personas. A veces hacemos que los demás se sientan inseguros. A veces hacemos sentir a otros seres humanos que no son lo bastante buenos. Hay innumerables razones por las que los seres humanos estresan a otros seres humanos. Y, curiosamente, la ausencia de otros seres humanos, o la soledad, es también un poderoso factor de estrés en sí mismo.

Todos estos factores conducen a la *respuesta al estrés*, un complejo conjunto de transformaciones biológicas en el cerebro y el cuerpo que incluye cambios en cuatro ámbitos:

1. En el eje hipotálamo-hipófisis-suprarrenal (HPA), lo que hace que el cortisol fluya por el torrente sanguíneo.
2. En el eje simpático-suprarrenal-medular (SAM), lo que hace que la adrenalina (epinefrina y norepinefrina) fluya por el torrente sanguíneo.
3. Inflamación.
4. Cambios en la expresión génica, sobre todo en el hipocampo[1].

Todos estos cambios, a su vez, *afectan al metabolismo*. Constituyen la respuesta de una persona ante la adversidad. No son trastornos. Preparan el escenario para «luchar o huir». Sin embargo, en la mayoría de las situaciones estresantes cotidianas, no luchamos ni huimos, sino que nos quedamos quietos, pero nos enfadamos, o nos angustiamos, o nos sentimos irritados, abrumados, confusos, aterrorizados, heridos o tristes. Sin embargo, estos cambios fundamentales siguen produciéndose en nuestros cuerpos y cerebros.

Cada una de las situaciones estresantes provoca distintos comportamientos y emociones. Algunos factores estresantes despiertan el impulso de gritarle a alguien, como el conductor que te corta el paso en medio del tráfico y luego te hace la peineta sin motivo. Otros pueden hacerte cavilar y te impiden dormir bien, como cuando te sientes mal preparado para un examen importante al día siguiente. Otros pueden provocar que quieras hacerte un ovillo y llorar, como cuando te deja el amor de tu vida. Todas estas situaciones implican la respuesta al estrés. Aunque los mecanismos que intervienen son similares, hay diferencias claras que disparan distintas regiones cerebrales para crear respuestas diferentes.

Aunque es algo normal, la respuesta al estrés se cobra un peaje: *un peaje metabólico*. El cuerpo utiliza energía para producir estos cambios, lo que significa que hay menos disponible para otras funciones. Muchas de estas respuestas crean un estado de alerta máxima. En algunas situaciones, la persona se siente amenazada y se prepara para luchar o discutir con alguien. En otras, puede sentirse herida, vulnerable o impotente e intenta esconderse del mundo. En cualquier caso, se movilizan los recursos metabólicos. El corazón bombea más deprisa. Sube la tensión arterial. La glucosa en sangre aumenta. Las hormonas fluyen. Se liberan citocinas inflamatorias. El cuerpo está acumulando recursos y energía para su propia defensa.

Cuando el estrés es leve, las personas resistentes y metabólicamente sanas lo superan. Puede terminar en cuestión de segundos o minutos.

Sin embargo, si un organismo está metabólicamente comprometido, o si el estrés es extremo, las personas pueden verse llevadas al límite, y puede surgir rápidamente un nuevo trastorno mental o metabólico. Para quienes padecen trastornos preexistentes, los síntomas pueden agravarse aún más. Así es: *el estrés puede exacerbar todos los trastornos mentales y metabólicos conocidos*. Las personas con depresión pueden deprimirse más. Los alcohólicos pueden caer en el alcoholismo. Los esquizofrénicos pueden alucinar. Los enfermos de alzhéimer pueden volverse agitados y combativos. Los epilépticos pueden sufrir un ataque. Los diabéticos pueden experimentar una subida de azúcar. Y las personas con enfermedades cardiovasculares pueden notar dolor en el pecho o sufrir un ataque al corazón. La gente puede llegar a morir solo de estrés. Todas estas cuestiones están bien demostradas.

El campo de la medicina psicosomática o *medicina mente-cuerpo* ha intentado dar sentido a todo esto. Muchos profesionales sanitarios han observado la relación que existe entre los factores psicológicos y los sociales que afectan a la salud del cuerpo. Entienden que todos estos factores de riesgo desempeñan un papel en la fisiología humana. Son lo que suele denominarse *determinantes sociales de la salud.* Muchos de ellos, como la pobreza, los malos tratos o vivir en un barrio con un alto índice de delincuencia, pueden producir enormes consecuencias sobre la salud y la longevidad.

Algunos de los datos más convincentes al respecto proceden de los estudios sobre experiencias infantiles adversas (EIA), que se iniciaron entre 1995 y 1997 y analizaron el número de experiencias de este tipo que sufren los niños y adolescentes y sus efectos en su salud a largo plazo, tanto física como mental. Estos estudios, aún en curso, han analizado los factores estresantes presentes en etapas iniciales de la vida, como los abusos físicos y sexuales, la negligencia, el consumo de sustancias y las enfermedades mentales en el hogar, la exposición a la violencia doméstica y el divorcio de los padres, y luego han determinado si estas experiencias tempranas estaban asociadas a resultados posteriores en materia de salud. Un metaanálisis de 37 estudios de este tipo que analizaban veintitrés resultados de salud de más de 250 000 personas, realizado en el año 2017, concluyó que sí lo están[2]. Cuantas más EIA sufra un niño, más probabilidades tendrá de tener malos resultados de salud. Aumentan la probabilidad de inactividad física, obesidad y diabetes entre un 25 y un 52 por ciento. Se asocian a tasas entre dos y tres veces superiores de tabaquismo, mala salud autoevaluada, cáncer, cardiopatías y enfermedades respiratorias. Multiplican de tres a seis veces los índices de riesgo sexual, mala salud mental, consumo problemático de alcohol y consumo de drogas ilícitas. También multiplican por más de siete el de ser víctima o autor de actos violentos, por diez el consumo problemático de drogas y por treinta el intento de suicidio. Influyen claramente en la mortalidad. Un estudio realizado con 17 000 personas que analizó específicamente los datos de mortalidad estimó que tener seis o más AIE resta veinte años de vida a una persona en comparación con las que no las tienen[3].

Estos estudios han llevado a muchas personas a concluir que las AIE causan enfermedades tanto físicas como mentales. Algunos expertos han llegado a sugerir que estas, en particular los traumas y abusos infantiles, son probablemente la vía común a todos los trastornos mentales. Sin embargo, permíteme recordarte que se trata de correlaciones. No prueban la causalidad. Y lo que es más importante, no todas las personas con una infancia horrible desarrollan un trastorno mental, y muchas de las que acaban padeciendo trastornos mentales tuvieron una infancia perfectamente normal. No obstante, si estas experiencias adversas desempeñan algún papel en estos distintos trastornos, ¿cómo lo hacen? ¿Qué ocurre en el cuerpo y en el cerebro para causar todo esto?

Recursos limitados

Durante décadas, los investigadores han estudiado los efectos biológicos del estrés en el cerebro y en el cuerpo para comprender mejor estas relaciones, con la esperanza de identificar las vías de causa y efecto que van de los acontecimientos vitales estresantes a los malos resultados para la salud.

Sabemos que, cuando el cuerpo está estresado, los recursos metabólicos se desvían al sistema de lucha o huida. Esto deja menos energía disponible para otras funciones. Las células que ya estaban luchando pueden empezar a fallar, lo que puede acabar provocando síntomas metabólicos y mentales.

El estrés también merma la capacidad del organismo para mantenerse a sí mismo. Las células realizan a diario funciones de mantenimiento. Se deshacen de las partes dañadas de las células, de diversas moléculas de desecho y de proteínas mal plegadas y fabrican otras nuevas para que ocupen su lugar en un proceso que suele denominarse *autofagia*. *Auto* significa 'uno mismo', y *fagia*, 'comer', por lo que este término significa literalmente 'comerse a uno mismo'. Nuestras células degradan estas partes viejas en unos sistemas de eliminación de residuos llamados lisosomas. Parte de este material se recicla y se utiliza para fabricar piezas nuevas. Se ha descubierto que los niveles elevados de cortisol inhiben la autofagia, ralentizando o deteniendo este proceso de mantenimiento[4]. Se han detectado problemas con la autofagia en una amplia variedad de trastornos, como los neurodegenerativos, del neurodesarrollo, autoinmunes, inflamatorios, cáncer, esquizofrenia, trastorno bipolar, autismo, alcoholismo y depresión mayor[5]. Se sabe que sus alteraciones afectan a la neuroplasticidad y al mantenimiento de las células cerebrales[6].

Además de los problemas con la autofagia, cuando las células están estresadas, también ralentizan el proceso de fabricación de nuevas proteínas. Parece que de este modo conservan recursos metabólicos para el sistema de defensa del organismo. Una forma de retrasar la producción de estas proteínas es secuestrando moléculas de ARN mensajero (las instrucciones para las nuevas proteínas) en pequeñas burbujas denominadas «gránulos de estrés»[7], que se han asociado a trastornos neurodegenerativos, y los niveles elevados de cortisol estimulan su producción[8].

Otra forma en la que el estrés puede provocar problemas de mantenimiento es a través de la alteración del sueño. Está bien establecido que puede provocar insomnio. El sueño es de vital importancia para la salud física y mental. Es un momento en el que el cuerpo da prioridad a las funciones de mantenimiento. Cuando la gente no duerme bien, su cuerpo no realiza este trabajo de mantenimiento. Además, la privación de sueño, en sí misma, es estresante y puede elevar los niveles de cortisol, lo que puede agravar aún más el problema.

Todo este estrés, con independencia de cuándo se produzca, provoca un envejecimiento prematuro. Ya he mencionado que todos los *trastornos mentales* están asociados al envejecimiento prematuro, pero *el estrés por sí solo* también puede provocarlo. Un estudio intentó cuantificar sus efectos sobre el envejecimiento[9]. Para ello se reclutó a 58 mujeres premenopáusicas *sanas* que eran madres de niños sanos o enfermos crónicos. La edad media de las participantes era de 38 años, y aún no tenían problemas de salud identificados. Los investigadores evaluaron tres métricas del envejecimiento y pidieron a las madres que calificaran sus niveles percibidos de estrés. Aquellas que tenían unos niveles más altos durante periodos de tiempo más prolongados mostraron signos de envejecimiento acelerado en comparación con las menos estresadas. En promedio, envejecieron diez años más deprisa.

El estrés interviene claramente en la salud humana y tiene un grave coste metabólico. Utiliza una energía que, de otro modo, podría emplearse para el funcionamiento y el mantenimiento adecuados de las células. Cuando las personas se estresan de forma extrema o durante periodos prolongados, sus cuerpos pueden desgastarse y empezar a funcionar mal, lo que provoca diversos trastornos físicos y mentales o simplemente el envejecimiento. Si el cerebro o el cuerpo ya están comprometidos y son vulnerables, el estrés puede empeorar los síntomas, porque la energía que se necesita para responder a él no está llegando a estas células vulnerables.

Las prácticas de reducción del estrés, como el *mindfulness*, la meditación o el yoga, pueden desempeñar un papel muy potente en el tratamiento (en la tercera parte del libro trataremos más a fondo este tema). Sin embargo, no son la solución para todo el mundo. Si una persona vive en un entorno adverso, desactivar la respuesta al estrés puede ser imposible o incluso no aconsejable. Los soldados que luchan en una guerra están en peligro. Y aunque su servicio conlleva directamente un mayor riesgo de padecer trastornos mentales y metabólicos, su elevada respuesta al estrés les está protegiendo. Lo mismo se aplica a las personas que viven en barrios peligrosos. Enseñar a las que se encuentran en entornos peligrosos a respirar hondo y estar atentas no es la respuesta completa. Cuando se hayan puesto a salvo, estas estrategias pueden resultar útiles, pero para entonces el daño puede estar ya hecho.

Además, el estrés puede no ser en absoluto la causa de la enfermedad mental. En ese caso, es probable que las técnicas de reducción no sean tan útiles.

Comprender los «trastornos»: una nueva definición de la enfermedad mental

Como ya vimos en capítulos anteriores, la clasificación actual de los trastornos mentales está cargada de problemas: heterogeneidad, comorbilidad y falta de validez. Ninguno de los diagnósticos es por sí mismo un trastorno verdadero y diferenciado.

Los Institutos Nacionales de Salud de Estados Unidos lo reconocieron hace ya un tiempo y han desarrollado un nuevo marco: los criterios de dominio de la investigación (RDoC). Estos criterios parten de cero, ignorando nuestras etiquetas y clasificaciones diagnósticas actuales, y se centran en dominios de funcionamiento: emoción, cognición, motivación y comportamiento social. Asumen escalas en estos constructos que van de lo normal a lo anómalo y animan a los investigadores a estudiarlos desde una perspectiva distinta a la de una etiqueta diagnóstica. En su momento, los que proponían estos RDoC pedían una revisión completa de nuestros actuales criterios de diagnóstico psiquiátrico. Sin embargo, cambiar la psiquiatría y el campo de la salud mental no es tarea fácil, de modo que nuestros criterios diagnósticos actuales se mantienen, a pesar de todos los fallos que sabemos que tienen. De momento, los RDoC se aplican solo en el ámbito de la investigación, pero, para lo que nos interesa en este libro, voy a utilizar este modelo para definir la enfermedad mental en el contexto de la teoría de la energía del cerebro.

Empieza dejando de lado las etiquetas diagnósticas del *DSM-5* y centrándose en cambio en los síntomas. Esto no significa que algunos de los diagnósticos no sean útiles. Muchos lo son. Nuestras etiquetas diagnósticas actuales simplemente describen algunas de las formas más comunes de mal funcionamiento del cerebro. Al fin y al cabo, el cerebro funciona, o deja de funcionar, de formas predecibles, y podemos utilizar esas definiciones comunes a nuestro favor.

El cerebro humano es como una máquina, muy sofisticada y complicada, pero una máquina al fin y al cabo. Tiene muchas piezas, todas ellas diseñadas para realizar determinadas tareas. Algunas son bastante sencillas, como hacer que nuestros músculos se muevan o percibir lo que sentimos o vemos. Otras funciones del cerebro son más complicadas, como sofisticados algoritmos informáticos que se activan en determinadas situaciones. De un modo u otro, todas estas funciones cerebrales pueden estar relacionadas con ayudarnos a sobrevivir, adaptarnos a nuestro entorno o reproducirnos.

Dado que el cerebro humano tiene miles de millones, si no billones, de células, y que cada una de ellas es en sí misma una máquina complicada, nos enfrentamos a un problema potencialmente abrumador: con tantas células, podríamos decir que existe un número casi infinito de formas en las que todas estas «piezas» podrían no funcionar correctamente. Para bien o para mal, ahí es donde se ha centrado el campo de la salud mental, con investigadores que intentan comprender cómo funciona la máquina, paso a paso. El objetivo de cartografiar totalmente algo tan complicado como el cerebro humano es una tarea abrumadora, y es posible que el hecho de estar esperando a que este trabajo esté terminado haya limitado nuestro avance en la mejor comprensión y tratamiento de las enfermedades mentales.

Pero el objetivo no tiene por qué ser tan complicado. Resulta que todos los síntomas de las enfermedades mentales se corresponden en realidad con estados mentales o funciones cerebrales normales que han ido mal: que están presentes cuando no deberían estarlo, que se ausentan cuando deberían aparecer o que se muestran más o menos activas o persistentes de lo que sería conveniente. Estas funciones cerebrales incluyen aspectos relacionados con las emociones, la cognición, el comportamiento y la motivación. Como explicaré enseguida, incluso algunos de los síntomas más extraños de las enfermedades mentales, como los delirios y las alucinaciones, pueden estar relacionados con funciones cerebrales normales. Aunque no sabemos exactamente cómo actúan todas ellas, sabemos que existen, y eso nos basta para el objetivo de este libro.

Empecemos, pues, con una definición sencilla: la enfermedad mental se produce cuando el cerebro no funciona correctamente. Las funciones cerebrales normales están *hiperactivas*, *hipoactivas* o *ausentes*. Un ejemplo fácil es un ataque de pánico sin un motivo claro. El sistema del pánico resulta beneficioso cuando nos enfrentamos a un peligro. Nos pone en movimiento. Cuando se activa sin una razón evidente, resulta disfuncional y desadaptativo. A veces puede ocurrir lo contrario: funciones cerebrales que no se activan en las situaciones adecuadas. Piensa en el deterioro de la memoria de alguien con demencia o en la falta de habilidades sociales de una persona con autismo.

En lo que se refiere a los síntomas de enfermedad mental, mucha gente diría que es imposible que se correspondan con funciones cerebrales normales. Puede parecer que, de algún modo, el cerebro está haciendo cosas únicas y muy inusuales sin ninguna razón aparente. Yo lo veo de otro modo. Como las piezas de cualquier máquina, las partes del cerebro funcionan o no funcionan. Si realizan su función habitual, pero se encienden en el momento equivocado, pueden dar lugar a síntomas que parecen extraños. Lo mismo ocurre cuando las funciones cerebrales normales no se activan, o si dos funciones cerebrales no relacionadas se producen por error al mismo tiempo.

Un ejemplo sencillo: tres coches

Permíteme utilizar una analogía para explicar mi opinión sobre el modo en que las personas con enfermedades mentales difieren de las que tienen reacciones «normales» ante el estrés, aunque sus síntomas puedan ser los mismos y puedan conducir a resultados de salud deficientes. Voy a describir tres coches. Todos son de la misma marca y modelo, por lo que, en teoría, deberían tener la misma vida útil y la misma «salud» general. Cada uno representa a un ser humano.

El coche A vive en California, donde el cielo es azul y las carreteras están en buen estado. Su propietario no lo conduce mucho, quizá dos veces por semana. Está en un garaje y recibe un mantenimiento regular. Vive la buena vida.

El coche B vive en las montañas de New Hampshire, donde los inviernos pueden ser feroces y las carreteras secundarias están llenas de baches. El propietario conduce el coche todos los días y no tiene garaje. Cuando llega el invierno, el coche B lleva neumáticos de nieve, y a veces incluso cadenas. En una ventisca, utiliza sus faros, limpiaparabrisas, intermitentes, neumáticos de nieve y cadenas, y también su sistema de tracción a las cuatro ruedas. Los frenos se aplican con frecuencia para que el conductor no pierda el control. En estas situaciones, el coche B consume mucha gasolina en comparación con el A. También tiene más problemas de mantenimiento, dado el duro entorno invernal y las difíciles condiciones de conducción. Al final, tiene más «problemas de salud» y acaba teniendo una vida más corta que el coche A.

Los coches A y B son «normales»: ambos hacen lo que se supone que deben hacer, dadas las circunstancias ambientales en las que se encuentran. Ninguno de los dos tiene un trastorno. El coche B tiene más problemas de salud y acaba teniendo una vida más corta, pero, dada la adversidad a la que se enfrenta, es normal. Las adaptaciones que utiliza, como los neumáticos de nieve y las cadenas, la tracción a las cuatro ruedas y el frenado frecuente, son como respuestas al estrés: depresión, ansiedad, miedo, ira. Lo ayudan a desenvolverse en un entorno difícil y resultan extraordinariamente útiles. Sin ellas, estaría mucho peor.

Ahora voy a hablarte del tercer coche. El coche C vive en Indiana, donde el tiempo es menos duro que en New Hampshire y las carreteras están en buen estado. Lo conducen cinco días a la semana, a veces con buen tiempo y otras con mal tiempo. Pero tiene problemas. Enciende los limpiaparabrisas y los intermitentes incluso cuando hace sol. Las escobillas están muy gastadas porque se usan mucho y acaban rayando el parabrisas. A veces utiliza la tracción a las cuatro ruedas y solo circula a cuarenta kilómetros por hora en la autopista, aunque haga sol y todos los demás coches vayan a cien. Cuando conduce de noche, no enciende las luces, aunque sean necesarias. Este coche C tiene un trastorno comparable a una enfermedad mental. Aunque cuenta exactamente con las mismas funciones y estrategias adaptativas que los coches A y B, utiliza algunas de ellas en momentos y circunstancias equivocados y no emplea otras que debería usar. Acaba necesitando bastante mantenimiento. También tiene accidentes de tráfico. Su trastorno está afectando gravemente a su salud y seguridad y repercute en su capacidad para llevarse bien con otros coches de la carretera. Este coche acaba muriendo prematuramente.

Entonces... los coches A y B son «normales», y el C tiene un trastorno.

Las personas que luchan contra la adversidad, como el coche B, necesitan ayuda a menudo, aunque su cerebro no funcione mal. Su biología está respondiendo a sus experiencias vitales adversas de forma «normal», predecible y adaptativa. Para ayudarlos tenemos que cambiar su entorno o echarles una mano para que puedan responder de forma óptima a las duras condiciones. En su mayor parte, se trata de factores sociales, como la guerra, la pobreza, la inseguridad alimentaria, los abusos, el racismo sistémico, la homofobia, la misoginia, el acoso sexual, el antisemitismo y muchos otros «vendavales» sociales. La forma ideal de abordar estas cuestiones sería cambiar la sociedad para que estos ventisqueros dejaran de existir, pero, mientras tanto, también puede ser útil ayudar a estas personas a sobrellevar la situación lo mejor posible.

Los cerebros de las personas con trastornos mentales funcionan mal. Hacen las cosas en el momento equivocado o con la intensidad equivocada, o no hacen lo que deberían hacer, como en el caso del coche C. No hace falta saber exactamente cómo funcionan para determinar si hay un problema o no, igual que no hace falta comprender del todo el funcionamiento interno de un coche y su sistema limpiaparabrisas. Imagino que estás pensando que el problema del coche C no está en el coche en sí, sino en su conductor. De hecho, tienes razón. Enseguida hablaré de ello.

Es importante señalar que el estrés prolongado o extremo también *puede* provocar un trastorno. En algún momento, el coche B podría desarrollar fácilmente problemas de mantenimiento que hicieran que las estrategias adaptativas dejaran de funcionar: tal vez las luces dejen de encenderse y apagarse o los limpiaparabrisas se desgasten y ya no sean eficaces (funciones hipoactivas). O puede que los intermitentes no se apaguen (función hiperactiva). En ese momento, el coche B también tendría un trastorno.

Un ejemplo humano: el dolor

Ahora voy a intentar mostrarte que esto ocurre realmente en el cuerpo humano, y para ello me centraré en un ejemplo fácil y directo: el dolor. Puesto que está controlado por células nerviosas y regiones cerebrales, sirve de ejemplo perfecto para la mayoría de los síntomas mentales que voy a tratar.

El dolor es una experiencia normal y saludable para los seres humanos, aunque resulte bastante desagradable. Nos salva la vida. Impide que nos hagamos daño. Lo controlan los receptores del dolor, un nervio que va a la médula espinal, otro que sube al cerebro y luego las regiones del cerebro que lo perciben y lo procesan. La función y disfunción de estas neuronas y regiones cerebrales nos proporciona un marco sencillo que nos ayudará a comprender mejor los trastornos mentales.

En términos generales, los trastornos del sistema del dolor pueden agruparse en tres categorías basadas en la función de sus células: hiperactivas, hipoactivas y ausentes.

1. La **hiperactividad** del sistema del dolor se produce cuando se experimenta dolor con más frecuencia o intensidad de lo que se debería. Los médicos e investigadores suelen describirlo como *hiperexcitabilidad* del sistema del dolor. Por ejemplo, las personas con diabetes pueden desarrollar neuropatía, y las células nerviosas o las regiones cerebrales que procesan el dolor pueden dispararse o no apagarse cuando deberían. Esto provoca dolor

incluso cuando no hay ningún estímulo. En algunas personas puede llegar a causar un dolor crónico y debilitante.

2. La **hipoactividad** puede producirse cuando se sienten menos señales de dolor de las que se debería, lo que también puede ocurrir en personas con diabetes. Además de la hiperexcitabilidad, la neuropatía diabética también puede provocar una disminución de la sensibilidad, sobre todo en los pies. Los nervios no funcionan correctamente, lo que provoca una falta de actividad del sistema del dolor. Sabemos que los nervios siguen ahí y están vivos, porque a veces las personas sienten algo.
3. La **ausencia** de dolor puede producirse con una diabetes prolongada y grave, pero también con otras afecciones como lesiones medulares o accidentes cerebrovasculares. Las personas no sienten absolutamente nada porque las células están muertas o gravemente lesionadas y ya no funcionan.

Estas tres situaciones (hiperactividad, hipoactividad y ausencia de función) son trastornos. El sistema del dolor no funciona correctamente.

En algunos casos, puede resultar difícil trazar una línea divisoria entre el dolor normal y un trastorno. Un ejemplo sería una hernia discal en la zona lumbar que causa dolor. Cuando el disco se hernia por primera vez, no es un trastorno. El sistema del dolor está haciendo lo que se supone que debe hacer. Sin embargo, si el dolor se prolonga, incluso después de una intervención quirúrgica y múltiples medicamentos, en algún momento lo calificamos de trastorno del dolor. ¿Qué hace que se haya convertido en un trastorno? Los nervios pueden lesionarse por la presión de la hernia discal. Estos nervios lesionados pueden volverse hiperexcitables. Pueden enviar señales de dolor con demasiada frecuencia o intensidad. El punto en el que el dolor pasa de ser una respuesta normal a un trastorno es difícil de distinguir, si no imposible, basándose en las pruebas diagnósticas actuales. En algunos casos, no está claro si es normal o un trastorno. Sin embargo, cuando se vuelve crónico, grave y no provocado, lo llamamos trastorno.

Con independencia de si el dolor es una respuesta normal a una lesión o un trastorno, tratarlo siempre es adecuado. Por ejemplo, todos sabemos que la gente va a sentir dolor cuando la operen. Es normal y esperable. Sin embargo, seguimos ocupándonos del dolor para aliviar el sufrimiento.

Esta distinción entre lo normal y lo anómalo es importante. Los médicos que tratan el dolor deben tener buenas aptitudes clínicas. Deben comprender las muchas razones por las que alguien puede sentirlo y evaluar a sus pacientes en busca de estas causas antes de asumir que padecen un trastorno. Si una persona acude a la consulta con dolor en un pie, puede ser consecuencia de un esguince, un espasmo muscular, un hueso roto o un trozo de cristal clavado en la piel. Cada causa requiere tratamientos muy distintos. Tratarlo como si fuera un trastorno del dolor puede producir cierto alivio, pero no resolverá el problema. De hecho, puede empeorarlo. Sin embargo, si no hay causas evidentes que lo expliquen, entonces el médico podría diagnosticar un trastorno del dolor. Esta misma evaluación detallada de causa y efecto es necesario cuando se evalúa a las personas para detectar trastornos mentales. Una vez más, ayudarlas a hacer frente a la adversidad no tiene nada que ver con tratar un cerebro que funciona mal.

Volvamos a definir la enfermedad mental

Esta es nuestra nueva definición simplificada: *una enfermedad mental es cuando el cerebro no funciona correctamente*. Ahora vamos a ampliarla: *una enfermedad mental es cuando el cerebro no funciona correctamente durante un periodo de tiempo, lo que provoca síntomas mentales que conducen al sufrimiento o al deterioro del funcionamiento.*

Aunque se trata de una definición bastante breve y concisa, cada parte es importante, y ninguna puede sacarse de contexto. Esta definición incluye cuatro componentes necesarios:

1. El cerebro no funciona correctamente.
2. Esto provoca síntomas mentales.
3. Este mal funcionamiento se produce a lo largo de un periodo de tiempo.
4. Los síntomas causan sufrimiento o alteraciones en el funcionamiento.

Aunque parezcan conceptos sencillos, pueden complicarse rápidamente.

El primer componente *—el cerebro no funciona correctamente—* parece sencillo, pero en realidad resulta difícil de medir y evaluar con las tecnologías actuales, igual que el dolor. Disponemos de muchas pruebas que pueden medir la salud y el funcionamiento del cerebro, como los EEG y los estudios de neuroimagen, pero ninguna de ellas es lo bastante sensible y específica para diagnosticar con precisión un trastorno mental. Medir la función de las regiones microscópicas del cerebro es difícil. Por tanto, en el mundo real, ¿cómo sabemos si el cerebro no está funcionando correctamente?

Eso nos lleva al segundo componente de la definición: *esto provoca síntomas mentales*. Los síntomas son el mejor indicador de una función cerebral anómala. Sin embargo, al igual que el dolor, cuando se trata de síntomas de enfermedad mental, la mayoría pueden ser funciones cerebrales normales y sanas en las circunstancias adecuadas. Incluso algo como las alucinaciones puede darse en la mayoría de las personas en las circunstancias adecuadas. Todos las tenemos cuando soñamos: vemos y oímos cosas que no existen. Cuando estas cosas ocurren en el momento equivocado o cuando no se activan en el momento adecuado, pueden representar un trastorno. Podemos clasificar los síntomas en las mismas tres categorías básicas que utilicé para el dolor: hiperactividad, hipoactividad y ausencia de función.

El componente tres *—el mal funcionamiento se produce a lo largo de un periodo de tiempo—* recalca que la duración de los síntomas es importante. El cerebro de cualquier persona puede no funcionar perfectamente al menos durante un tiempo, y esto da lugar a lo que podríamos llamar síntomas. La mayoría de nosotros tenemos lapsus ocasionales de memoria. A veces creemos oír un ruido, pero nadie más lo oye. A veces «nos levantamos con el pie izquierdo» y nos sentimos deprimidos sin una razón aparente. Son ejemplos de que el cerebro no funciona correctamente. No se trata de enfermedades mentales, sino de sucesos comunes que pueden ocurrir debido a diversas circunstancias: haber dormido mal esa noche, una situación extraordinariamente estresante, el consumo de alcohol o drogas o simplemente tener un mal día. Suelen ser experiencias de corta duración (también relacionadas con el metabolismo) con una fácil solución cerebro-cuerpo. Las enfermedades mentales tienen que ser problemas *persistentes* de la función cerebral que den lugar a síntomas. Hoy en día, la persistencia de los síntomas forma parte de nuestro proceso de diagnóstico en el campo de la salud mental, pero la cantidad de tiempo varía según el diagnóstico.

Eso nos lleva al componente cuatro de nuestra definición: *los síntomas causan sufrimiento o alteraciones en el funcionamiento.* A lo largo de nuestra vida, todos experimentamos cambios en las emociones, la cognición, la motivación y los comportamientos. Aprendemos. Crecemos. Conocemos a gente nueva y hacemos cambios. Pasamos por experiencias desafiantes. Sufrimos pérdidas y reveses. Estas fluctuaciones por sí solas no constituyen una enfermedad mental. Solo cuando una persona se siente angustiada de forma inusual por estos cambios, o cuando estos le impiden vivir su vida, empezamos a considerar la posibilidad de que exista una enfermedad mental. No cabe duda de que esta parte de la definición es peliaguda, y los debates en torno a la cuestión del sufrimiento y la alteración del funcionamiento son complicados. Hay dos cuestiones especialmente importantes:

1. **Las personas tienen derecho a ser únicas, creativas, a hacer cambios en sus vidas y a ir en contra de la cultura dominante.** Ser diferente no es una enfermedad mental. Sin embargo, el rechazo de la singularidad por parte de otras personas puede causar sufrimiento. Por ejemplo, muchos adolescentes pasan por una fase rebelde. Suele ser una parte normal del crecimiento y de la separación de los padres. Esto por sí solo no suele ser una enfermedad mental. Muchas personas se ponen a dieta y controlan con frecuencia su peso. Empiezan a pensar más en lo que comen y en su aspecto. Esto no es automáticamente un trastorno alimentario. Ambas situaciones implican cambios en las emociones, la cognición, la motivación y los comportamientos, pero la angustia inusual y la incapacidad para funcionar no forman parte del cuadro.
2. **Algunas personas con trastornos mentales carecen de perspicacia.** No se dan cuenta de que sus síntomas son de algún modo anómalos. No reconocen que están afectando a su comportamiento y funcionamiento. Les cuesta entender por qué otras personas perciben estos cambios como inusuales. Pueden afirmar que son perfectamente normales. Sin embargo, si sus síntomas afectan gravemente a su capacidad para vivir en sociedad, hay que considerar que padecen una enfermedad mental.

Es frecuente que las personas con alucinaciones y delirios no sean conscientes de su enfermedad. Por ejemplo, las personas con paranoia dirán que realmente las están persiguiendo: no es algo «mental», sino real. Las personas con trastornos alimentarios hablan a veces de lo contentas que están de perder tanto peso y tener mejor aspecto. Consideran cualquier cambio en su funcionamiento, como dedicar menos tiempo a la escuela o a los amigos, como el sacrificio necesario para adelgazar y estar guapas. Pueden ignorar los graves problemas de salud que son evidentes para los demás. Ambas afirmarán que sus cambios en las emociones, la cognición, la motivación y los comportamientos son normales y esperables para cualquiera que pase por sus circunstancias. A menudo negarán cualquier alteración en su funcionamiento. Entonces, ¿se trata de trastornos mentales? Sí. Están causando un malestar significativo o un deterioro del funcionamiento (esto incluiría problemas de salud), aunque la persona no lo vea ni lo reconozca.

Estos dilemas matizados hacen a veces difícil, si no imposible, distinguir entre ser diferente y vivir en una sociedad implacable y rígida frente a padecer una enfermedad mental. A lo largo de los años, el campo de la salud mental ha ido cambiando su postura en torno a cuestiones como esta: en un momento dado se etiquetó la homosexualidad como un trastorno y luego se dio marcha atrás.

Síntomas de la enfermedad mental

Ahora que hemos llegado a una nueva definición de enfermedad mental y la hemos desentrañado, permíteme ponerla en práctica describiendo tres situaciones bastante generales que pueden producir síntomas de enfermedad mental. Siguen el modelo que esbocé para los trastornos del sistema del dolor: funciones cerebrales hiperactivas, hipoactivas o ausentes.

Funciones cerebrales hiperactivas

La hiperactividad o hiperexcitabilidad de las células y redes cerebrales se ha documentado en muchos trastornos mentales. A la hora de calibrar este fenómeno, buscamos síntomas o funciones cerebrales que se producen con más frecuencia o intensidad de lo que deberían, o en el momento equivocado.

Los **síntomas de miedo y ansiedad** pueden deberse a la hiperexcitabilidad de la amígdala, una de las regiones del cerebro implicadas en la respuesta de miedo. Estas neuronas pueden dispararse a destiempo o no dejar de dispararse, lo que provoca síntomas de ansiedad en momentos inadecuados o una respuesta de miedo exagerada.

Las **obsesiones y compulsiones** pueden ser el resultado de células y redes hiperexcitables en las áreas cerebrales asociadas a las conductas de acicalamiento y comprobación. Normalmente, todos nos aseamos y comprobamos las cosas. El TOC se produce cuando estos sistemas están hiperactivos.

Los **síntomas psicóticos**, como las alucinaciones y los delirios, se dan en muchos trastornos mentales y neurológicos. También se dan en muchas personas a las que nunca se diagnostica ningún trastorno.

Actualmente se desconocen las células y regiones cerebrales precisas que causan los síntomas psicóticos, a pesar de décadas de intensa investigación. No obstante, hay algunas formas de considerar lo que puede estar ocurriendo en el cerebro.

La forma más fácil de entender los síntomas psicóticos es la hiperexcitabilidad de las células cerebrales que procesan las percepciones. Por ejemplo, si las células y redes cerebrales que perciben el sonido están hiperexcitadas, la gente oirá algo que no existe: una alucinación auditiva. Los neurocirujanos pueden hacer que la gente «alucine» estimulando zonas cerebrales con un electrodo. Las células hiperexcitadas estarían haciendo esencialmente lo mismo.

El problema podría no estar en las neuronas que perciben el sonido, sino en otras que las regulan y ralentizan. Hay un grupo de neuronas llamadas «interneuronas corticales». Se sabe que son inhibitorias, ya que segregan ácido gamma-aminobutírico, o GABA, un neurotransmisor que ralentiza la actividad en sus células diana. Se han detectado anomalías en su funcionamiento en muchos trastornos, como la esquizofrenia, la enfermedad de Alzheimer, la epilepsia y el autismo. Esta falta de inhibición provocaría una hiperactividad de las neuronas a las que se supone que deben inhibir.

Otra posibilidad es que los síntomas psicóticos estén relacionados con los sistemas de sueño del cerebro. Como ya he dicho, todos tenemos alucinaciones y delirios cada día mientras dormimos. En esos momentos soñamos, oímos y vemos cosas que no existen. Podemos creer cosas descabelladas y locas. Muchas personas tienen pesadillas en las que son perseguidas. Si estas experiencias ocurren durante el sueño, son solo pesadillas, no trastornos mentales. Es posible que las mismas células y redes cerebrales que las crean por la noche estén hiperexcitadas y se disparen erróneamente durante el día en las personas con trastornos mentales.

En el caso de algunos delirios que pueden parecer extraños, como el síndrome de Capgras, en el que las personas creen que sus seres queridos han sido sustituidos por impostores, conocemos algunas de las redes cerebrales específicas implicadas en el proceso[10]. Estas zonas del cerebro parecen estar hiperactivas o hipoactivas.

Una observación importante es que las alucinaciones no son tan infrecuentes como la mayoría de la gente cree. Los investigadores han descubierto que entre el 12 y el 17 por ciento de los niños de nueve a doce años y el 5,8 por ciento de los adultos alucinan durante el día[11]. Además, el 37 por ciento de los adultos las experimentan cuando se están quedando dormidos; es lo que se conoce como «alucinaciones hipnagógicas»[12]. A la mayoría de estas personas no se les diagnostican trastornos mentales.

Funciones cerebrales hipoactivas

Se han documentado células y redes cerebrales hipoactivas en muchos trastornos mentales. Este concepto explica fácilmente al menos algunos de los síntomas que observamos. Distingo la función hipoactiva de la ausencia de función porque la primera implica que las células siguen vivas y son capaces de trabajar al menos una parte del tiempo. Este dato es importante, ya que significa que los síntomas tendrán altibajos. A veces las cosas pueden parecer normales y en otros momentos la persona puede tener síntomas. He aquí algunos ejemplos:

- Las personas con TDAH pueden tener una reducción de la actividad de las neuronas de la norepinefrina en el locus cerúleo que ayudan a concentrarse, planificar y mantenerse en la tarea, por lo que dicha reducción da lugar a síntomas de TDAH.

- Los problemas cognitivos, como el deterioro de la memoria, pueden deberse a una reducción de la función de las neuronas que intervienen en el almacenamiento y la recuperación de los recuerdos. Estas se ven claramente afectadas en la enfermedad de Alzheimer, pero también en la mayoría de los trastornos psiquiátricos crónicos. Las personas con trastornos mentales crónicos suelen presentar deterioro cognitivo, aunque no forme parte de sus criterios diagnósticos.
- Al menos un aspecto de la depresión puede implicar una reducción de la actividad de un sistema cerebral llamado red de modo por defecto[13]. Esto provoca una ralentización o desorganización de la función cerebral normal.
- «Regulación emocional» es un término que se utiliza para describir los síntomas de muchos trastornos diferentes, como los relacionados con el estado de ánimo y la personalidad y los de ansiedad. En el cerebro existen sistemas diseñados para ayudarnos a controlar nuestras respuestas emocionales y regular nuestros estados de ánimo. En algunas personas, estas áreas cerebrales parecen estar poco activas, lo que provoca síntomas como estados de ánimo inestables y arrebatos de ira.

Ausencia de funciones cerebrales específicas

Algunos trastornos mentales implican cambios permanentes en las células y conexiones cerebrales. Existen dos causas principales: problemas de desarrollo y muerte celular, que suelen asociarse a trastornos del neurodesarrollo y neurodegenerativos, respectivamente. La muerte celular también puede producirse por cosas como un ictus o una lesión cerebral, que son diferentes de los trastornos neurodegenerativos, pero también pueden dar lugar a síntomas mentales.

Existen muchos trastornos del neurodesarrollo. El autismo es un ejemplo. Las neuronas o las conexiones entre neuronas parecen faltar o, al menos, ser diferentes.

Los trastornos neurodegenerativos, como la enfermedad de Alzheimer, se asocian al encogimiento del cerebro y a la muerte de las neuronas. Una vez que las neuronas mueren, por lo general no hay forma de recuperarlas.

En ambos casos, las células o conexiones que se supone que deben estar presentes no lo están, por lo que el cerebro es incapaz de realizar esas funciones. Los síntomas debidos a estos cambios permanentes están siempre presentes. No aparecen y desaparecen. Las carencias sociales que se observan en el autismo son fijas. Al menos algunos de los déficits cognitivos de la enfermedad de Alzheimer también lo son. No cambian de un día para otro. Sin embargo, tanto el autismo como la enfermedad de Alzheimer se asocian también a síntomas mentales continuos que aumentan y disminuyen: ansiedad, psicosis y cambios de humor, por nombrar algunos.

Estas tres situaciones —funciones cerebrales hiperactivas, hipoactivas y ausentes— pueden explicar todos los síntomas de los trastornos mentales. Sin embargo, hay otras dos adicionales que merece la pena mencionar, porque a primera vista puede parecer que no encajan claramente en estas categorías: las adaptaciones cerebrales polifacéticas y los trastornos del comportamiento.

Adaptaciones cerebrales polifacéticas

A veces el cerebro muestra respuestas complicadas a situaciones que implican múltiples síntomas, algunos de los cuales representan la activación de algunas funciones cerebrales y la inactivación de otras. Hablaré de la depresión, la hipomanía y la respuesta al trauma. Todas ellas pueden ser normales y adaptativas cuando se producen en los momentos y circunstancias adecuados. Son similares a la activación de los sistemas nerviosos simpático y parasimpático, que implican un complicado conjunto de funciones cerebrales y corporales, algunas que se activan y otras que se desactivan.

La depresión es una reacción normal frente a muchos factores estresantes, adversidades y pérdidas. Casi todo el mundo ha estado deprimido al menos una vez. No suele durar de forma incesante dos o más semanas, pero es una respuesta cerebral normal. Aunque suele incluir cambios en el estado de ánimo, la energía, el apetito y el sueño, estos cambios pueden ser muy diferentes en cada persona. Algunas parecen tener una hiperactividad del sistema del apetito y otras una hipoactividad, lo que da lugar a que coman demasiado o demasiado poco, respectivamente. Del mismo modo, algunas pueden dormir demasiado y otras no lo suficiente. Dividir la depresión en síntomas distintos, algunos de los cuales representan regiones cerebrales hiperactivas o hipoactivas, es probablemente la forma más eficaz y precisa de comprender esta enfermedad, aunque a menudo implica muchos síntomas.

En muchos sentidos, la hipomanía es lo contrario de la depresión: las personas pueden sentirse bien o eufóricas, tener más energía, ser más productivas e incluso arreglárselas durmiendo menos. Esto también puede ser normal. De hecho, si ocurre de forma aislada, no es un trastorno diagnosticable, según el *DSM-5*. Casi todo el mundo ha experimentado síntomas de hipomanía en algún momento de su vida. Suele ocurrir cuando nos enamoramos, pero también cuando estamos entusiasmados con un proyecto o un logro, o cuando tenemos un despertar espiritual. De nuevo, puede que no dure cinco o más días, pero puede ocurrir, lo que sugiere que estas funciones cerebrales están programadas en todos nuestros cerebros.

La respuesta al trauma también es normal. Estos síntomas incluyen escenas retrospectivas y pesadillas, evitación de situaciones que recuerdan el suceso, efectos negativos sobre el estado de ánimo y el pensamiento (similares a la depresión), problemas para dormir, estar al límite e hiperalerta y otros síntomas. Un grupo de investigación estudió a mujeres poco después de ser violadas y descubrió que el 94 por ciento de ellas tenían este tipo de síntomas en las primeras semanas[14]. Así pues, todas estas respuestas pueden ser «normales».

Estas adaptaciones cerebrales multifacéticas se convierten en trastornos cuando están hiperactivas. Pueden activarse en el momento equivocado, durar demasiado o provocar síntomas excesivos o exagerados. En algunos casos, pueden activarse de repente, sin un motivo claro: una activación hiperexcitable del sistema. En otros, pueden hacerlo por una razón clara, como un factor estresante importante en la vida, pero luego no consiguen desactivarse tras un periodo de tiempo adecuado. Se quedan «atascadas» en una posición de «encendido» cuando deberían estar apagándose. Es algo similar a las células del dolor hiperexcitables en muchos trastornos del dolor. A veces pueden dispararse sin un motivo evidente, pero, otras veces, un leve lesión o simplemente moverse de forma incorrecta pueden desencadenar el dolor.

Trastornos del comportamiento

Algunos trastornos se consideran principalmente conductuales, en particular el consumo de sustancias y los trastornos alimentarios. Estos también merecen una atención especial. Recuerda que muestran fuertes relaciones bidireccionales con todos los trastornos mentales. He dicho que los trastornos mentales pueden entenderse en sentido amplio como funciones cerebrales hiperactivas, hipoactivas o ausentes. Pero estos otros son comportamientos que las personas «eligen» adoptar. ¿Qué tienen que ver con el mal funcionamiento del cerebro?

Hay tres formas de plantearlo. La primera es que comer y consumir sustancias adictivas son comportamientos controlados por nuestro cerebro. Existen vías claras que controlan los antojos, el apetito, la motivación, el autocontrol, la impulsividad y la búsqueda de novedades. Por tanto, en algunos casos, si estas partes del cerebro están hiperactivas o hipoactivas, pueden llevar a las personas a tener estos comportamientos, lo que puede provocar problemas. La segunda posibilidad es que las personas tengan síntomas de otros trastornos mentales (debidos a regiones cerebrales hiperactivas o hipoactivas) y consuman alcohol, drogas o cambien su conducta alimentaria para afrontarlos. Es lo que comúnmente se conoce como la *hipótesis de la automedicación*. La tercera posibilidad es que algunas personas pueden estar perfectamente bien y ser «normales» y empezar a tener estos comportamientos. Algunas pueden empezar a consumir drogas o alcohol, o a hacer dieta, solo por la presión de sus compañeros. Como expondré más adelante, todos estos comportamientos pueden tener poderosos efectos sobre el metabolismo y el cerebro. Pueden provocar anomalías metabólicas que a su vez pueden conducir a una hiperactividad o hipoactividad de determinadas funciones cerebrales que pueden atrapar a las personas en círculos viciosos a los que llamamos trastornos alimentarios y trastornos por consumo de sustancias.

Un rompecabezas complejo

Uno de los retos a la hora de identificar las causas de las enfermedades mentales es que los hallazgos que he mencionado aquí, como la reducción de la actividad de la red de modos por defecto que conduce a la depresión, no son consistentes entre las personas con el mismo trastorno, ni siquiera en la misma persona en distintos momentos. Salvo en los casos de anomalías del desarrollo o muerte celular, los síntomas aumentan y disminuyen, y también pueden hacerlo los hallazgos neurocientíficos. Por eso aún no disponemos de pruebas diagnósticas. Las anomalías del desarrollo tampoco se corresponden con trastornos concretos. Pueden afectar a una amplia gama de tipos de células y regiones cerebrales en distintas personas, incluso en personas diagnosticadas con el mismo trastorno. Cuando se examinan los cambios cerebrales y el modo en que funciona el cerebro en las enfermedades mentales, el quid de la cuestión son la heterogeneidad y la falta de coherencia de los hallazgos.

Es mucho lo que hay que tener en cuenta. No es de extrañar que el rompecabezas de la enfermedad mental haya sido tan difícil de resolver. ¿Qué hace que distintas partes del cerebro sean hiperactivas o hipoactivas, dando lugar a los síntomas de la enfermedad mental? ¿Qué hace que los síntomas aumenten y disminuyan? ¿Qué causa exactamente estas anomalías del desarrollo o zonas de contracción y muerte celular? ¿Por qué son diferentes en cada persona? Todas estas preguntas deben ser abordadas por cualquier teoría que intente explicar todos los trastornos mentales. Me complace compartir contigo que la teoría de la energía del cerebro puede hacerlo. Y todo ello a través de *una vía común*.

Capítulo 7
Magníficas mitocondrias

VOLVAMOS AHORA AL DEBATE sobre el metabolismo para seguir uniendo piezas del rompecabezas. Recuerda la analogía del tráfico que vimos en el capítulo 5 en la que cada coche era como una célula humana. En ella describí el metabolismo como algo muy complicado. Está constantemente cambiando y puede ser distinto en cada célula y en cada momento. Para ser precisos, no es en realidad *una vía común,* sino, más bien, cientos de vías metabólicas diferentes.

¿Qué es lo que controla el metabolismo? ¿Cómo saben los alimentos y el oxígeno dónde deben ir? ¿Qué es lo que cambia el índice metabólico en varias células? ¿Qué hace que algunas vayan más despacio mientras otras aceleran? ¿Qué es lo que dirige esta intrincada red del cuerpo humano?

Algunos dirían que es el cerebro, pero, aunque este desempeña un papel crucial, no puede controlar el metabolismo de todas las células del cuerpo en el momento correcto. Al igual que sucede con el tráfico en una ciudad, donde cada coche tiene que contar con un cierto nivel de control, en el caso del cuerpo humano, debe hacerlo cada célula, que recibe información de otras células que le indican que se detenga o avance. Las que están muy próximas también disponen de señales que hacen que las vecinas se paren o sigan adelante (es algo parecido a las luces de freno de un coche). Sin embargo, algunas de estas señales se envían por todo el cuerpo. Podrían originarse en una célula cerebral o hepática, pero luego recorren largas distancias para influir sobre otras de cualquier punto del cuerpo. Todos estos procesos conducen a una coordinación del metabolismo, igual que el tráfico se coordina en muchos niveles.

Hay muchas cosas que hacen que el tráfico urbano sea fluido: los distintos tipos de carreteras y autopistas, los diferentes límites de velocidad en las distintas carreteras, las señales de stop y los semáforos. Todas ellas son importantes para la organización y el flujo del tráfico urbano, pero, al final, la verdadera y principal fuerza de control reside en los conductores. Conocen las normas y las cumplen. Hacen que los coches circulen o se detengan. Utilizan los intermitentes. Están atentos a los problemas. Conducen para evitar problemas. Llevan los coches a su destino. Y, aunque no saben lo que ocurre con los demás coches en el resto de carreteras o autopistas, todo funciona.

¿Disponen las células humanas de «conductores» que las hagan parar y avanzar? Pues resulta que sí. Los conductores de las células humanas, y del metabolismo humano, se llaman *mitocondrias*. Y *ellas* son la *vía común* de los trastornos mentales y metabólicos.

Si alguna vez has hecho un curso de biología, probablemente recuerdes que las mitocondrias son las «centrales eléctricas de la célula». Producen energía convirtiendo los alimentos y el oxígeno en ATP (adenosín trifosfato). Sin embargo, aunque no cabe duda de que su papel en la producción de energía es fundamental, son mucho más que centrales eléctricas. Sin ellas, la vida tal como la conocemos no existiría.

En su libro *Power, Sex, Suicide: Mitochondria and the Meaning of Life*, escrito en el año 2005, el doctor Nick Lane nos muestra una historia exhaustiva y convincente de las mitocondrias y su papel en la evolución humana[1]. Aunque el título podría sugerir una lectura rápida de cultura pop, ofrece una rigurosa historia científica de las mitocondrias y su papel en la salud humana y en la vida misma.

Orígenes mitocondriales

Érase una vez la primera mitocondria, una bacteria. Los investigadores estiman que evolucionaron a partir de un organismo vivo independiente en algún momento hace entre 1000 y 4000 millones de años. Un artículo publicado en la revista *Nature* en 1998 sugiere que comparten muchos genes con la actual *Rickettsia prowazekii*, una bacteria que causa el tifus[2]. Hace miles de millones de años, otro organismo unicelular, una *arquea*, engulló a esta mitocondria ancestral. Sin embargo, la mitocondria no murió tras ser engullida, como suele ocurrir, sino que ambas sobrevivieron y se cree que este nuevo organismo evolucionó hasta convertirse en la primera célula *eucariota* (una célula con núcleo). La bacteria interior empezó a centrarse en producir energía y el organismo exterior en obtener alimento. No te equivoques: esto es importante. No es un hecho trivial.

Así pues, antes de que existiera un núcleo celular que albergara el ADN humano, y antes de que existieran otros orgánulos, había una mitocondria: una única mitocondria y una única célula huésped. Juntas, estaban decididas a sobrevivir. En realidad, no solo a sobrevivir, sino a prosperar. Como todas las formas de vida, estaban decididas a ganar. ¡Y lo consiguieron!

Con el tiempo, esta disposición simbiótica permitió la vida pluricelular, básicamente toda la que podemos ver con nuestros ojos hoy en día. En todos los organismos eucariotas, estas bacterias internas evolucionaron hasta convertirse en mitocondrias. En las plantas y las algas (también eucariotas), algunas de ellas también evolucionaron hasta convertirse en lo que hoy llamamos cloroplastos. Aunque las mitocondrias y los cloroplastos tienen nombres diferentes, su aspecto y funcionamiento son similares y se cree que descienden de la misma bacteria de hace miles de millones de años. Además, se cree que esta fusión solo ocurrió una vez, y que todas las plantas, animales, algas y hongos que existen hoy en día descienden de este mismo organismo. Para los que creen en Dios, este concepto de un único acontecimiento que inició la vida tal como la conocemos puede resultar tranquilizador. Para los no creyentes, solo fue uno de esos acontecimientos inusuales e improbables que dieron forma a la evolución durante miles de millones de años. Dejando a un lado las creencias, constituyó un acontecimiento importante en la historia de la vida.

En la evolución, ser el primero tiene mucha importancia. Por ejemplo, se considera que, por lo general, los genes que son compartidos por distintos organismos son más importantes que los exclusivos de especies concretas. Se cree que estos últimos se produjeron más recientemente en la línea temporal evolutiva, mientras que los comunes se desarrollaron mucho antes. Se cree que las cosas que han persistido durante mucho tiempo son más esenciales para la vida. Hay al menos dos razones para ello. La primera es que la evolución tiende a deshacerse de todo aquello que no es esencial o que no confiere alguna ventaja en términos de supervivencia o reproducción. Si los organismos evolucionan hasta dejar de necesitar un rasgo, este dejará de seleccionarse y a menudo acabará desapareciendo. La segunda es que los nuevos genes y rasgos deben desarrollarse con los genes y rasgos que ya existen y adaptarse a ellos. Las mitocondrias fueron las primeras en estar en las células eucariotas. Al principio, se trataba de una sola bacteria y una sola célula externa. Con el tiempo, se desarrollaron el núcleo y otros orgánulos. Por muy importantes que sean estos otros orgánulos, las mitocondrias ya estaban allí primero. Probablemente influyeron en el desarrollo de estas otras partes de la célula y se hicieron indispensables. De hecho, estas otras partes de la célula no funcionan correctamente sin ellas.

Mitocondrias modernas

Las mitocondrias ya no son capaces de replicarse fuera de una célula eucariota. En los seres humanos, transfirieron la mayor parte de su ADN al núcleo de la célula, donde reside el ADN humano. Unos mil quinientos genes mitocondriales están ahora integrados en el ADN humano. Estos mil quinientos genes fabrican proteínas necesarias para crear o mantener las mitocondrias, y estas proteínas se comparten con todas las mitocondrias de la célula. Sin embargo, no renunciaron a todo su ADN. Cada una de ellas sigue teniendo 37 genes, que puede utilizar por su cuenta y, por tanto, mantiene cierto grado de independencia, tanto respecto a las demás como con la célula en la que reside. Esto es muy poco habitual en biología y su finalidad es objeto de debate. Sin embargo, la cuestión es esta: las mitocondrias y las células humanas están comprometidas al cien por cien entre ellas. Ninguna puede sobrevivir sin la otra.

Las mitocondrias son diminutas. Por término medio, cada célula humana tiene entre trescientas y cuatrocientas[3]. Esto significa que en un cuerpo humano hay unos diez mil billones. A pesar de su diminuto tamaño, constituyen aproximadamente el 10 por ciento de nuestro peso corporal. En las células metabólicamente exigentes (como las del cerebro), una sola puede contener miles de mitocondrias, que constituyen más del 40 por ciento de su volumen.

Las mitocondrias tienen mucho trabajo. Aunque sin ellas el organismo puede producir pequeñas cantidades de ATP mediante un proceso denominado *glucólisis*, las mitocondrias producen la mayor parte del ATP, especialmente en las células cerebrales. En el adulto humano medio, producen unas 9×10^{20} moléculas cada segundo[4]. Un grupo de investigadores observó las células cerebrales mediante técnicas de imagen especializadas y descubrió que una sola neurona del cerebro humano utiliza unos 4700 millones de moléculas de ATP cada segundo[5]. ¡Una cantidad tremenda!

Las mitocondrias se mueven. Se trata de un descubrimiento bastante reciente basado en nuevas técnicas de estudio de células vivas[6]. Cuando se observa una célula muerta a través del microscopio, nada se mueve, por lo que es fácil comprender por qué los investigadores no creían que las mitocondrias fueran móviles. Otros orgánulos normalmente no lo son. El hallazgo de que se mueven por las células vivas fue muy inesperado. Si quieres ver un vídeo de mitocondrias moviéndose, lo encontrarás en este artículo de *PLOS Biology* recogido en las notas bibliográficas[7]. Hay muchos otros vídeos disponibles en Internet. Existe una red de microtúbulos y filamentos que recorre toda la célula, a menudo denominada *citoesqueleto*, y eso es lo que las mitocondrias utilizan para desplazarse. Hay muchos mecanismos implicados que escapan al objetivo de este libro, pero la cuestión es sencilla: algunas mitocondrias se mueven[8]. Sin embargo, parece que no todas lo hacen. Algunas permanecen en un lugar, mientras que otras se desplazan.

¿Por qué se mueven? Bueno, una razón es que parece ser que van a los lugares de la célula donde ocurren cosas y donde se necesita energía. La energía debe producirse en la cantidad adecuada, en el lugar adecuado, en el momento adecuado, y pasa por un proceso de reciclaje inimaginablemente rápido en el que intervienen las mitocondrias.

Las que no se mueven parecen permanecer en lugares donde siempre están ocurriendo cosas, ya sea cerca de fábricas de proteínas *(ribosomas)* o de sinapsis donde hay mucha actividad, lo que es un proceso muy importante relacionado con el funcionamiento del cerebro. Los investigadores que observan las células cerebrales al microscopio saben desde hace décadas cómo identificar dónde están las sinapsis: buscan las mitocondrias.

Las mitocondrias son recicladoras rápidas. El ATP es la moneda energética de las células humanas. Cuando se utiliza como energía, se elimina un grupo fosfato, lo que lo convierte en difosfato de adenosina, o ADP, que ya no puede suministrar mucha energía. Sin embargo, si se le vuelve a añadir un grupo fosfato, queda como nuevo. Eso es lo que hacen las mitocondrias. Cogen el ADP y lo vuelven a convertir en ATP añadiéndole un grupo fosfato, y luego lo transfieren al citoplasma celular, donde se necesita. Dan un ATP y reciclan un ADP simultáneamente. Si hay mucha actividad en una parte concreta de la célula, allí encontrarás mitocondrias. Tienen que proporcionar el ATP, pero también absorber todo el ADP y reciclarlo. Puedes imaginar las mitocondrias como pequeñas aspiradoras que recorren la célula, aspiran ADP y producen ATP.

¿Recuerdas que dije que cada segundo se utilizan miles de millones de moléculas de ATP en una sola célula cerebral? Pues bien, si no hay una o dos mitocondrias (bueno... quizá algunas más) en el lugar y en el momento adecuados, tanto para suministrar todo ese ATP como para reciclar todo el ADP, las cosas retrocederán rápidamente y se ralentizarán o dejarán de funcionar.

Sin embargo, la importancia del movimiento mitocondrial no se limita a asegurarse de que se suministra suficiente energía en el lugar y en el momento adecuados, también está relacionado con las interacciones mitocondriales con otros orgánulos y entre sí. Estas interacciones tienen una importancia fundamental para casi todas las funciones celulares e incluso para la expresión génica.

Para comprender el papel de las mitocondrias, tendremos que repasar primero cierta información básica sobre el funcionamiento de las neuronas. Aunque la función de cualquier célula es complicada, y la de las células cerebrales aún más, hay algunos aspectos básicos que están regulados directamente por las mitocondrias. Comprenderlos mejor me permitirá vincular el metabolismo y las mitocondrias a distintas funciones de las células cerebrales. Utilizaré el próximo capítulo para explicar cómo todos los síntomas de la enfermedad mental están directamente relacionados con las mitocondrias y el metabolismo.

Las neuronas tienen un potencial de reposo de la membrana. Básicamente, esto significa que el interior de la célula tiene una carga negativa, en comparación con el exterior. Esta carga es de vital importancia para el funcionamiento de la célula. La crean las bombas de iones, que bombean sodio, potasio, calcio y otros iones dentro o fuera de la célula o entre compartimentos dentro de ella. Todas estas bombas requieren energía.

Las células bombean muchos iones para prepararse para dispararse. Cuando la célula se dispara, desencadena una cascada de acontecimientos que posibilitan que haga su función, ya sea liberar un neurotransmisor o una hormona o cualquier otra cosa. Es como colocar una fila de fichas de dominó. Lleva tiempo y trabajo colocarlas, pero es fácil empujarlas todas golpeando ligeramente una de ellas. Cuando se caen todas, hay que volver a colocarlas. Eso requiere más trabajo. Las mitocondrias proporcionan casi toda la energía necesaria para hacer todo esto.

¿Qué más hacen las mitocondrias?

Los niveles de calcio desempeñan un papel importante en el funcionamiento de las células. Unos niveles elevados en el citoplasma pueden desencadenar todo tipo de cosas. En muchos sentidos, el calcio es un interruptor «on/off». Cuando los niveles son altos, la célula está «encendida». Cuando son bajos, la célula se «apaga». Las mitocondrias tienen una implicación directa en su regulación. Cuando se impide que funcionen correctamente, se interrumpe la regulación del calcio, y también este importante interruptor de «apagado»[9]. Por tanto, las mitocondrias son esenciales para conectar y desconectar las células. Proporcionan la energía necesaria para el bombeo de iones y también regulan los niveles de calcio que funcionan como señales esenciales de encendido y apagado.

La energía y las mitocondrias son necesarias para conectar *y* desconectar las células. Puede parecer paradójico, pero tendrá más sentido si imaginas el interruptor de «apagado» como los frenos electrónicos de un coche que requieren energía para funcionar. Si no contamos con la energía suficiente para accionarlos a fondo y con rapidez en los momentos adecuados, el coche quizá resulte imposible de controlar y cause grandes interrupciones en el flujo del tráfico. Es importante comprender estas consecuencias dicotómicas de la disfunción metabólica y mitocondrial. Algunas células, cuando estén privadas de energía, permanecerán encendidas demasiado tiempo, mientras que otras dejarán de funcionar. Volveré sobre esto muy pronto.

El encendido y apagado de las células tiene una importancia vital. Conocer esta función nos ayudará a explicar la mayoría de los síntomas de las enfermedades mentales. Sin embargo, la realidad es que las mitocondrias hacen mucho más que eso. Su papel en la salud humana es un área de investigación puntera y pujante que abarca casi todos los campos de la medicina.

Vamos a esbozar algunas de las otras funciones que desempeñan y que son importantes en relación con la salud mental.

Las mitocondrias ayudan a regular el metabolismo en general

En 2001 se informó por primera vez de que un péptido llamado *humanina* tenía unos efectos muy amplios sobre el metabolismo y la salud[10]. Su gen parece residir tanto en el ADN mitocondrial como en el ADN nuclear. Se descubrió por primera vez en la investigación sobre la enfermedad de Alzheimer. Desde entonces se han descubierto otros dos péptidos, MOTS-c y SHLP1-6, que se han añadido a una nueva clase de moléculas denominadas *péptidos derivados de la mitocondria*. Sus genes están en el ADN mitocondrial, y estos péptidos son producidos por las mitocondrias. En la actualidad son de gran interés para los investigadores. Se ha demostrado que tienen efectos beneficiosos en enfermedades como el alzhéimer, los accidentes cerebrovasculares, la diabetes, los infartos de miocardio y ciertos tipos de cáncer. También tienen amplios efectos sobre el metabolismo, la supervivencia celular y la inflamación[11]. Su existencia sugiere que las mitocondrias son capaces de comunicarse entre sí a través de estas señales peptídicas para regular el metabolismo en todo el organismo.

Las mitocondrias ayudan a producir y regular los neurotransmisores

Los neurotransmisores han sido uno de los principales focos de atención en el campo de la salud mental. Pues resulta que las mitocondrias desempeñan papeles críticos en su producción, secreción y regulación general.

Las neuronas suelen tener un neurotransmisor específico en cuya producción se especializan. Algunas producen serotonina. Otras, dopamina. El proceso de fabricación de un neurotransmisor requiere energía y componentes básicos. Las mitocondrias proporcionan *ambas cosas*. Desempeñan un papel directo en la producción de acetilcolina, glutamato, norepinefrina, dopamina, GABA y serotonina[12]. Una vez fabricados, los neurotransmisores se almacenan en vesículas, o pequeñas burbujas, hasta que llega el momento de utilizarlos. Estas vesículas llenas de neurotransmisores viajan por el axón para llegar a su lugar de liberación final. Eso requiere energía. La señal para liberar neurotransmisores depende del potencial de reposo de la membrana y de los niveles de calcio de los que ya he hablado. Cuando llega esa señal, la liberación real de neurotransmisores también requiere energía. Resulta fascinante observar que, cuando los han liberado en un lugar, las mitocondrias se desplazan a otro punto de la membrana celular para liberar un nuevo lote[13]. Una vez liberados, los neurotransmisores ejercen su efecto en el tejido diana, ya sea otro nervio, un músculo o una célula glandular. Cuando son liberados de los receptores de la célula diana, son aspirados de nuevo hacia las terminaciones del axón (un proceso denominado *recaptación*) y, como has adivinado, eso requiere energía. A continuación, se vuelven a empaquetar en vesículas para la siguiente ronda: más energía.

Las mitocondrias suelen encontrarse en gran cantidad en las sinapsis. Cuando se les impide llegar a ellas, los neurotransmisores no se liberan, aunque haya ATP[14]. Cuando las mitocondrias no funcionan correctamente, los neurotransmisores pueden desequilibrarse. Dado que los neurotransmisores son un medio importante para que las células nerviosas se comuniquen entre sí, los desequilibrios pueden alterar las funciones cerebrales normales.

El papel de las mitocondrias en la regulación de los neurotransmisores va mucho más allá de su mera participación en la síntesis, liberación y recaptación. De hecho, tienen receptores para algunos neurotransmisores, lo que indica un ciclo de retroalimentación entre ambos. También tienen algunas de las enzimas implicadas en la descomposición de los neurotransmisores, como la monoaminooxidasa. Participan en la regulación de la liberación de GABA y, de hecho, almacenan GABA en su interior[15]. Por último, se sabe que varios neurotransmisores regulan la función, la producción y el crecimiento mitocondriales. Está claro que los neurotransmisores son mucho más que simples mensajeros entre células que influyen en el estado de ánimo. Son reguladores esenciales del metabolismo y de las propias mitocondrias. Volveré sobre esto más adelante.

Las mitocondrias ayudan a regular el funcionamiento del sistema inmunitario

Las mitocondrias desempeñan también un papel esencial en el funcionamiento del sistema inmunitario[16], que incluye el combate contra virus y bacterias pero también la inflamación de bajo grado, un factor que se ha detectado, en diferentes niveles, en la mayoría de los trastornos metabólicos y mentales. Ayudan a regular la forma en la que las células inmunitarias se relacionan con los receptores inmunitarios. Cuando las células están muy estresadas, a menudo liberan componentes de las mitocondrias, que sirven como señal de alerta para el resto del organismo y activan la inflamación crónica leve[17].

En un estudio se analizaron unos tipos concretos de células inmunitarias denominadas macrófagos para ver cómo coordinaban los complicados procesos de reparación en la cicatrización de heridas. En cada una de las fases, las células hacen una cosa diferente. Hasta este estudio, se desconocía cómo saben las células cuándo y cómo cambiar de una fase a otra, y los investigadores descubrieron que son concretamente las mitocondrias las que controlan estos procesos[18].

Las mitocondrias ayudan a regular las respuestas al estrés

Ahora sabemos que las mitocondrias ayudan a controlar y coordinar la respuesta al estrés en el cuerpo humano ante estresores tanto físicos como mentales. Los físicos incluyen cosas como la inanición, la infección o la falta de oxígeno, mientras que los mentales son todo aquello que nos amenace o suponga un desafío (como ya vimos en el capítulo anterior).

Cuando las células se ven físicamente estresadas, inician un proceso denominado *respuesta integrada al estrés*, que constituye un esfuerzo coordinado de la célula para adaptarse y sobrevivir a circunstancias adversas mediante cambios en el metabolismo y en la expresión génica y otras adaptaciones. Muchas líneas de investigación muestran que el estrés mitocondrial en sí mismo conduce a ella[19]. Si la célula no es capaz de gestionar el estrés, pueden suceder dos cosas: o bien desencadena su propia muerte, un proceso denominado *apoptosis*, o bien entra en un estado «zombi» denominado *senescencia*, que se ha asociado con el envejecimiento y muchos problemas de salud, como el cáncer.

Hasta hace muy poco tiempo se desconocía cómo se coordinan todos los diferentes aspectos de la respuesta al estrés psicológico en el organismo. ¡Y se ha descubierto que las mitocondrias desempeñan en ella un papel de importancia vital! Un estudio brillante realizado por el doctor Martin Picard y sus colegas lo ha demostrado. El título lo dice todo: «Las funciones mitocondriales modulan las respuestas neuroendocrinas, metabólicas, inflamatorias y transcripcionales al estrés psicológico agudo»[20]. Estos investigadores estaban estudiando con ratones y manipularon genéticamente sus mitocondrias para ver qué efectos provocaban estas manipulaciones en la respuesta al estrés. Se centraron solo en cuatro genes distintos, dos situados en las propias mitocondrias y otros dos del núcleo celular que codifican proteínas utilizadas exclusivamente en las mitocondrias. Cada una de las manipulaciones genéticas provocó problemas diferentes en la función mitocondrial. Sin embargo, incluso con solo cuatro genes, descubrieron que todos los factores de la respuesta al estrés se veían afectados. Observaron cambios en los niveles de cortisol, en el sistema nervioso simpático, en los niveles de adrenalina, en la inflamación, en los marcadores del metabolismo y en la expresión génica del hipocampo. Su conclusión fue que las mitocondrias están directamente implicadas en el control de todas estas respuestas al estrés y que, si no funcionan correctamente, dichas respuestas se ven alteradas.

Las mitocondrias intervienen en la producción y liberación de hormonas y en la respuesta a ellas

Las mitocondrias son reguladoras clave de las hormonas. Las células que fabrican hormonas necesitan más energía que la mayoría. Las sintetizan, las empaquetan y las liberan, tal como he descrito en relación con los neurotransmisores. Para ello se necesita mucho ATP, y las mitocondrias están ahí para suministrarlo.

Para algunas hormonas, con nombres bien conocidos, como el cortisol, el estrógeno y la testosterona, entre otras, las mitocondrias tienen una importancia aún mayor. Las enzimas necesarias para iniciar su producción solo se encuentran en ellas. Sin mitocondrias, estas hormonas no se producen. Pero hay más. En ocasiones, las mitocondrias de otras células tienen receptores para estas hormonas, por lo que, en algunos casos, estas hormonas pueden empezar en las mitocondrias de un tipo de célula y acabar en las de otro tipo de célula.

Las mitocondrias crean especies reactivas de oxígeno (ERO) y ayudan a limpiar

Las mitocondrias queman combustible: hidratos de carbono, grasas o proteínas, lo que a veces puede crear productos de desecho. Cuando queman combustible, los electrones fluyen a lo largo de su cadena de transporte. Estos electrones son una fuente de energía que suele utilizarse para producir ATP o calor. Sin embargo, a veces se escapan del sistema habitual. En esos casos, forman lo que se denominan *especies reactivas de oxígeno* (ERO)[21]. Entre ellas se incluyen moléculas como el anión superóxido (O_2^-), el peróxido de hidrógeno (H_2O_2), el radical hidroxilo (•OH) y los peróxidos orgánicos. En cierto momento, los investigadores creyeron que las ERO eran simples productos de desecho tóxicos. Ahora sabemos que en pequeñas cantidades sirven para un proceso de señalización útil dentro de la célula. Por ejemplo, un trabajo publicado en la revista *Nature* en el año 2016 descubrió que eran las principales reguladoras de la producción de calor y del gasto energético, una medida amplia de la tasa metabólica[22]. Sin embargo, en grandes cantidades resultan tóxicas y provocan inflamación[23]. Puede que hayas oído hablar del *estrés oxidativo*: ¡pues es justo esto! Se sabe que las ERO dañan las mitocondrias y las células. Se las asocia con el envejecimiento y con muchas enfermedades. Dado que se producen justo en la mitocondria y son muy reactivas, suelen dañar primero a esta. El ADN mitocondrial está desprotegido, por lo que se sabe que grandes cantidades de ERO provocan mutaciones en él. Estas ERO también pueden dañar la propia maquinaria mitocondrial. Si se filtran fuera de la mitocondria, pueden provocar daños en muchas partes diferentes de la célula.

Por otra parte, las mitocondrias actúan como conserjes de las ERO. Además de producirlas, eliminan parte de estas mediante un elaborado sistema de enzimas y otros factores que sirven para depurarlas[24]. Las células disponen también de otros sistemas antioxidantes, pero la importancia de las mitocondrias es fundamental. Cuando este sistema de depuración falla, las ERO de desecho pueden acumularse y causar daños, lo que puede dar lugar a una disfunción celular, también conocida como envejecimiento, muerte celular y enfermedad.

Las mitocondrias cambian de forma

Las mitocondrias cambian de forma en respuesta a diferentes factores ambientales. A veces son largas y delgadas; otras, cortas y gruesas. En ocasiones son redondas. Además de cambiar de forma, interactúan entre sí en profundidad. Pueden fusionarse para formar una sola, un proceso que se denomina *fusión*. También pueden dividirse y formar dos mitocondrias, un proceso conocido como *fisión*. Estos cambios de forma son muy importantes para la función celular. En el año 2013, dos artículos publicados en la revista *Cell* demostraron que el proceso de fusión de las mitocondrias influye significativamente en el almacenamiento de grasa, los comportamientos alimentarios y la obesidad[25]. Los cambios mitocondriales de forma y su fusión entre ellas parecen producir señales capaces de influir en todo el cuerpo humano. Cuando se les impide hacerlo, se producen problemas metabólicos, no solo en las células afectadas, sino a veces en todo el organismo.

Las mitocondrias desempeñan un papel primordial en la expresión génica

El ADN nuclear es el lugar donde reside el genoma humano. Está contenido en el núcleo celular. Anteriormente, los investigadores creían que los genes controlaban todo lo relacionado con el cuerpo humano. Suponían que el núcleo era el centro de control de la célula. Sin embargo, ahora sabemos que no siempre son los propios genes en sí mismos, sino más bien lo que hace que unos concretos se activen o desactiven. Este es el campo de la *epigenética*.

Las mitocondrias son sus principales reguladores. Envían señales al ADN nuclear de varias formas diferentes. Es lo que a veces se denomina *respuesta retrógrada*.

Se sabe desde hace tiempo que la relación entre ATP y ADP y los niveles de ERO y de calcio pueden afectar a la expresión génica. Como ya sabes, todos ellos están directamente relacionados con la función mitocondrial. Sin embargo, dado que también son marcadores de la salud y de la función celular general, nadie pensó demasiado en ello. Desde luego, no se planteó como una forma de que las mitocondrias controlaran directamente la expresión de los genes en el núcleo.

En 2002 se descubrió que las mitocondrias son necesarias para el transporte de un importante factor epigenético, la proteína nuclear histona H1[26]. Esta proteína ayuda a regular la expresión génica y se transporta del citoplasma al núcleo, un proceso que requiere ATP. Sin embargo, los investigadores descubrieron que el ATP por sí solo no es suficiente. Las mitocondrias deben estar presentes para que se produzca esta transferencia. Sin ellas, no se produce.

En 2013 se descubrió que las ERO mitocondriales inactivan directamente una enzima llamada histona desmetilasa Rph1p, que regula la expresión epigenética de los genes en el núcleo celular[27]. Se observó que este proceso participa en la prolongación de la vida útil de la levadura y se cree que posiblemente también lo haga en la de los seres humanos.

En 2018, otros dos estudios demostraron aún más el papel de las mitocondrias en la expresión génica. El primero fue un informe de la bióloga molecular Maria Dafne Cardamone y sus colegas que demostraba que, en respuesta al estrés metabólico, las mitocondrias liberan una proteína, la GPS2[28]. El estrés metabólico puede estar causado por muchas cosas diferentes, pero la inanición es un ejemplo claro. Después de que las mitocondrias liberen GPS2, esta entra en el núcleo celular y regula una serie de genes relacionados con la biogénesis mitocondrial y el estrés metabólico.

Otro grupo de investigadores, el doctor Kyung Hwa Kim y sus colegas, descubrieron otra proteína mitocondrial, MOTS-c, que está codificada por el ADN de la mitocondria y participa en la expresión génica[29]. Fue algo muy inesperado. Hasta hace alrededor de veinte años, todo el mundo suponía que el ADN mitocondrial se limitaba a la maquinaria necesaria para la producción de ATP. El MOTS-c también se produce en respuesta al estrés metabólico. Después de producirse en las mitocondrias, se abre camino hasta el núcleo y se une al ADN nuclear. El resultado es la regulación de una amplia gama de genes relacionados con las respuestas al estrés, el metabolismo y los efectos antioxidantes.

Por último, y lo más espectacular de todo, el doctor Martin Picard y sus colegas manipularon experimentalmente el número de mitocondrias con mutaciones en las células y descubrieron que, a medida que aumentaba el número de mitocondrias disfuncionales, aparecían más problemas y cambios epigenéticos[30]. El impacto se produjo en casi todos los genes expresados en las células. En última instancia, en situaciones en las que casi todas las mitocondrias eran disfuncionales, las células morían. Este estudio aportó pruebas de que las mitocondrias no solo intervienen en la expresión de genes relacionados con el metabolismo energético, sino posiblemente en la expresión de todos los genes.

Las mitocondrias pueden multiplicarse

En las circunstancias adecuadas, las células fabrican más mitocondrias, un proceso denominado *biogénesis mitocondrial*. Algunas células acaban teniendo muchas, lo que les permite producir más energía y funcionar a mayor capacidad. Existe la creencia generalizada de que, cuanto mayor sea el número de mitocondrias sanas en una célula, más sana estará esta. Sabemos que el número de mitocondrias disminuye con la edad. También sabemos que disminuye con muchas enfermedades. Las personas que consideramos más «en forma» (los deportistas de élite) tienen más que la mayoría, y sus mitocondrias parecen estar más sanas.

Las mitocondrias intervienen en el crecimiento y la diferenciación celular

El crecimiento y diferenciación celular es un proceso complicado durante el cual una célula madre genérica se convierte en otra especializada. *Diferenciación* significa que las células se vuelven diferentes entre sí y asumen funciones especializadas. Algunas se convierten en células cardíacas. Otras, en células cerebrales. Dentro del cerebro, las distintas células asumen funciones diferentes. Las células cerebrales cambian a lo largo de la vida. Unas forman nuevas sinapsis. Otras podan partes innecesarias. Algunas crecen y se expanden cuando es necesario. Esto es la *neuroplasticidad.*

Este proceso de crecimiento y diferenciación implica la activación de genes específicos en las células adecuadas y en los momentos correctos. También implica muchas vías de señalización y, por último, la producción de elementos constructivos para nuevas células y nuevas partes celulares, equilibrada con las necesidades energéticas.

Hace tiempo que se sabe que las mitocondrias son esenciales para el crecimiento y la diferenciación celular. La mayoría de los investigadores suponían que se trataba simplemente de su función como central energética, ya que el crecimiento y la diferenciación celular requieren energía. Sin embargo, investigaciones recientes sugieren claramente un papel mucho más activo. Su regulación de los niveles de calcio y otras vías de señalización son esenciales para este proceso[31]. Su fusión parece enviar señales que activan genes en el núcleo. Cuando se impide que las mitocondrias se fusionen, las células no se desarrollan correctamente[32]. Otras investigaciones han demostrado que el crecimiento y la maduración mitocondrial son esenciales para una diferenciación celular adecuada[33]. Otras más han demostrado un papel directo y esencial de las mitocondrias en el desarrollo de las células cerebrales[34]. La conclusión es que las células no se desarrollan de un modo normal cuando las mitocondrias no funcionan correctamente.

Las mitocondrias ayudan a mantener las células existentes

En el capítulo anterior, hablé de la *autofagia* y el mantenimiento celular. Resulta que las mitocondrias también participan directamente en este proceso. Generan muchas de las señales, como las ERO y otros factores metabólicos, que desempeñan un papel clave en el proceso. También interactúan con otras partes de la célula, como los lisosomas, que intervienen en él. Además, el trabajo de mantenimiento requiere energía y elementos constructivos, y las mitocondrias están ahí para proporcionar ambas cosas.

Las mitocondrias parecen mantener un complicado ciclo de retroalimentación con la autofagia, ya que las disfuncionales pueden eliminarse y sustituirse por otras sanas en un proceso conocido como *mitofagia*. Pueden ser beneficiarias de la autofagia, pero también desempeñan un papel más amplio de estimulación para toda la célula[35].

Las mitocondrias eliminan las células viejas y dañadas

Todos los días mueren células. Existen dos tipos bien conocidos de muerte celular: la *necrosis* y la *apoptosis*. La necrosis se produce cuando una célula muere bruscamente, como una célula cardíaca durante un infarto. Es algo malo. La apoptosis, por su parte, se produce cuando las células envejecen o se dañan. Es un proceso planificado, a menudo denominado *muerte celular programada*: la señal para morir procede en realidad de la propia célula. En general, la apoptosis se considera algo extraordinariamente bueno para la salud y la supervivencia humanas. Permite que las células viejas sean sustituidas por otras nuevas. Elimina las células dañadas que podrían convertirse en cáncer. Cada día, unos diez mil millones de células del cuerpo humano mueren y son sustituidas por otras nuevas[36].

Antes se pensaba que los genes del núcleo controlaban la apoptosis, pero ahora sabemos que no es así. Las que lo hacen son las mitocondrias. Cuando experimentan niveles elevados de estrés y acumulan grandes cantidades de ERO, empiezan a degradarse. Cuando esto ocurre, liberan una proteína llamada *citocromo c*, que activa las denominadas «enzimas asesinas»: las *caspasas*. Estas enzimas degradan todo lo que hay en la célula hasta que esta muere, y muchas de sus partes se reciclan.

La autofagia y la apoptosis están en cierto modo interrelacionadas, pero son procesos diferentes. Por lo general, la autofagia sirve para reparar y sustituir partes dentro de una célula, pero esta suele permanecer viva. La apoptosis es la muerte de una célula entera. No obstante, ambas son necesarias para la salud y la longevidad, y las mitocondrias participan en las dos.

Existen aún más tipos de muerte celular, pero quedan fuera del objetivo de este libro. No obstante, una revisión pudo relacionarlos todos con las funciones de las mitocondrias[37].

Compendio

El cambio es complicado. Los modelos, las prácticas y los marcos conceptuales son difíciles de cambiar. Sin embargo, ¿y si nuestras ideas sobre el control de las células hubieran estado totalmente equivocadas?

Volviendo a nuestra analogía automovilística, sugerí que cada célula era como un coche inmerso en el tráfico congestionado de una gran ciudad. Si miramos dentro de él, veremos muchos conductores: todas las mitocondrias. En este nivel, podría ser más fácil cambiar la metáfora y considerar el interior de cada célula como una fábrica que recibe suministros, como glucosa, aminoácidos y oxígeno, y realiza una función. Algunas fabrican neurotransmisores. Otras fabrican hormonas. Algunas son células musculares y hacen que el cuerpo se mueva. Las mitocondrias son las obreras dentro de esas fábricas (las mitocondrias como operarias es una analogía que Nick Lane utilizó también en su libro)[38]. Realizan muchas funciones y tareas diferentes. Algunas ayudan en la producción y liberación de hormonas o neurotransmisores. Otras actúan como conserjes, ayudando a limpiar las

ERO y otros desechos. Unas ayudan a comunicarse con el núcleo, enviando señales para activar o desactivar genes. Son las reguladoras del calcio, las ERO y otras señales importantes en las células. Trabajan juntas y se comunican entre sí: se fusionan, se desplazan por las células y se comunican con las de otras células a través de hormonas, como el cortisol, y de otros mecanismos, como los péptidos derivados de las mitocondrias. Y, por supuesto, proporcionan la mayor parte de la energía, o ATP, que necesita la fábrica para funcionar. Cuando las trabajadoras de una célula no funcionan bien, eso no solo influye sobre el resto de las trabajadoras de esa célula, sino que también puede afectar a la mano de obra de otras.

En los últimos veinte años, muchas de las nuevas evidencias que han aparecido sobre el papel de las mitocondrias en la célula han sido sorprendentes e inesperadas. Casi nadie creía que pudieran controlar la regulación de los genes en el núcleo, tanto a diario como durante el crecimiento y la diferenciación celular. Su interacción con otros orgánulos, como el retículo endoplásmico y los lisosomas, y la regulación de estos también fueron sorprendentes. Normalmente se pensaba que eran fábricas de ATP relativamente insignificantes y muy pequeñas. A veces se describían como «pequeñas baterías». Y muchos investigadores siguen viéndolas así.

Durante siglos, los investigadores han intentado averiguar cómo funcionan las células. Hasta hace poco se habían centrado principalmente en todas las partes grandes e ignorado en gran medida a las diminutas mitocondrias. Muchos siguen pensando que el núcleo, con su codiciado genoma humano, es el centro de control. Otros creen que todo gira en torno a la membrana celular exterior y los diferentes receptores que están incrustados en ella. Diferentes neurotransmisores u hormonas hacen que las células hagan cosas. ¿Y si ambas opiniones tuvieran algo de verdad, pero la verdadera historia tuviera que ver con las mitocondrias, las obreras? Teniendo en cuenta todas las funciones que desempeñan en tantos aspectos diferentes de la función celular, ¿es posible que sean la verdadera respuesta para comprender cómo funcionan las células? ¿Y si todos los diferentes orgánulos no fueran más que grandes máquinas o lugares de almacenamiento que utilizan las mitocondrias para realizar distintas tareas en una célula? ¿Podría el núcleo ser simplemente un gran centro de almacenamiento del ADN, los planos de la célula, para que las mitocondrias lo utilicen cuando lo necesiten? ¿Podrían ser los otros orgánulos grandes máquinas, que fabrican proteínas (ribosomas) o máquinas de eliminación de residuos (lisosomas), para que las mitocondrias las utilicen con estos fines diferentes? Al fin y al cabo, las mitocondrias son los únicos orgánulos que se mueven por la célula e interactúan entre ellas y con todos los demás. Fueron las primeras que estuvieron en la célula. Fueron el primer orgánulo. También fueron, en un momento dado, un organismo vivo independiente. En muchos sentidos, las pruebas no pueden descartarlo.

Para que quede claro, no estoy sugiriendo que las mitocondrias tengan cerebro y tomen decisiones independientes sobre todas estas funciones, sino que son como pequeñas operarias robóticas que hacen aquello para lo que se las ha programado. Son sirvientas leales y trabajan desde hace mucho tiempo para las células humanas. Pero, como tantos sirvientes y trabajadores poco apreciados, quizá merezcan un poco más de respeto y reconocimiento por todo lo que hacen.

Te guste o no esta analogía, incluso si quieres seguir pensando que no son más que pequeñas pilas, una cosa está muy clara y es incontestable: cuando no funcionan, tampoco lo hacen el cuerpo ni el cerebro del ser humano.

Capítulo 8
Un desequilibrio en la energía del cerebro

EN EL CAPÍTULO ANTERIOR describimos en detalle qué son las mitocondrias y cúales son sus múltiples funciones. Su funcionamiento influye sobre todas las células del cuerpo humano. Su implicación en todos los aspectos de la función celular, los neurotransmisores, las hormonas, la inflamación, la función del sistema inmunitario, la regulación de la expresión génica, el desarrollo y el mantenimiento y la salud de las células da como resultado unos efectos muy extendidos por todo el cuerpo y el cerebro. Son las conductoras de las células y del metabolismo. Son la mano de obra del cuerpo humano.

Sin embargo, la pregunta sigue en pie: ¿tenemos evidencia de que los problemas metabólicos estén relacionados con los trastornos mentales? ¿Y de qué manera?

¡Sí! Existe muchísima evidencia que vincula los problemas del metabolismo con los trastornos mentales.

Como ya analicé en el capítulo 5, los médicos e investigadores saben desde hace bastante más de un siglo que los trastornos mentales parecen estar ligados a problemas metabólicos como la diabetes. La evidencia directa de la presencia de anomalías metabólicas en personas con trastornos mentales, incluso en aquellas que todavía no han desarrollado obesidad, diabetes ni enfermedades cardiovasculares, se remonta al menos a los años cincuenta. Entre las anomalías descubiertas en marcadores del metabolismo están las siguientes: diferencias en los niveles de ATP, marcadores redox (el equilibrio entre oxidantes, como las ERO, y antioxidantes), hormonas, neurotransmisores y lactato (un marcador de estrés metabólico). En los años ochenta se descubrió que inyectar lactato en la vena de una persona con un trastorno de pánico precipitaba a menudo un ataque inmediato[1]. Como ya he analizado, la desregulación del cortisol también parece influir, al menos en algunas personas, y el cortisol es una hormona metabólica.

Los estudios de neuroimagen han aportado una cantidad abrumadora de evidencia de diferencias metabólicas en el cerebro de personas con trastornos mentales. La resonancia magnética funcional (RMf) y las espectroscopias del infrarrojo cercano (NIR) pueden medir los cambios del flujo sanguíneo cerebral relacionados con la actividad neuronal, que es un marcador indirecto del metabolismo y la actividad cerebral. La tomografía por emisión de positrones (PET), las imágenes dependientes del nivel de oxígeno en sangre (BOLD) y la tomografía computarizada por emisión de fotón único (SPECT) indican alguna medición del metabolismo: niveles de glucosa, oxígeno o una molécula radiactiva que los investigadores inyectan en la vena de una persona. Todos estos estudios de imagen miden el metabolismo del cerebro, porque es un marcador de la actividad cerebral. Cuando las neuronas están activas, consumen más energía. Cuando están en reposo, consumen menos.

Estos estudios nos han proporcionado una plétora de datos que muestran diferencias en los cerebros de las personas con trastornos mentales en relación con los de los controles sanos. Algunas regiones están hiperactivas, mientras que otras están hipoactivas. Más recientemente, los investigadores han recurrido a los estudios de *conectividad cerebral funcional*, que examinan las interacciones de dos o más regiones cerebrales en un intento de determinar cuáles de ellas se comunican entre sí para realizar tareas concretas. Sin embargo, incluso con toda esta investigación, la heterogeneidad y los hallazgos inconsistentes están a la orden del día. Si no me crees, la Asociación Estadounidense de Psiquiatría publicó en 2018 un «Documento de recursos sobre neuroimagen» en el que llegaba a la siguiente conclusión: «Actualmente no existen biomarcadores de imagen cerebral que resulten clínicamente útiles para ninguna categoría diagnóstica en psiquiatría»[2].

Sin embargo, los investigadores que realizan este trabajo de neuroimagen saben desde hace décadas que existen diferencias en el metabolismo del cerebro de las personas con trastornos mentales. A primera vista, pueden pensar que la teoría de la energía cerebral no ofrece nada nuevo. «¡Es evidente que los trastornos mentales están relacionados con el metabolismo! ¡Siempre lo hemos sabido! El metabolismo lo es todo en biología. ¿Qué hay de nuevo aquí?».

Como espero que llegues a comprender, sí hay algo nuevo. Y no solo nuevo, sino revolucionario. Mientras estos investigadores se han perdido en la abrumadora complejidad del metabolismo y del funcionamiento del cerebro, tratando de averiguar qué hace que algunas regiones cerebrales sean hiperactivas y otras hipoactivas, no han logrado ver el panorama general del metabolismo. Y lo que es más importante, no han visto el papel de las mitocondrias en todo ello. Dando un paso atrás y observando el panorama general (aunque se desarrolle a nivel microscópico), podemos encontrar nuevas formas de entender lo que ocurre con el metabolismo y la salud mental y ver otras maneras de abordar estos problemas.

Disfunción mitocondrial y salud mental

El asunto es el siguiente: ¿tenemos pruebas de que las mitocondrias no funcionan correctamente en las personas con trastornos mentales?

¡Sí! Hoy en día disponemos de pruebas abundantes.

En las últimas décadas ha quedado claro que desempeñan en la salud humana un papel mucho más importante de lo que nunca se había imaginado. Cuando no funcionan correctamente, tampoco lo hace el cuerpo humano. *Disfunción mitocondrial* es el término que se utiliza con más frecuencia para describir el deterioro de la función mitocondrial. Son muchas las enfermedades y dolencias que se han asociado a esta, y la lista incluye *casi todos* los trastornos psiquiátricos. También incluye los trastornos metabólicos y neurológicos de los que he hablado: obesidad, diabetes, enfermedades cardiovasculares, enfermedad de Alzheimer y epilepsia. En realidad, incluye aún más dolencias: muchos cánceres y la enfermedad de Parkinson están entre ellas. No podré entrar en detalles sobre la influencia de la disfunción mitocondrial en cada una de estas enfermedades, pero el marco que estoy creando tambien se puede aplicar en estos casos.

Los trastornos psiquiátricos específicos en los que se ha identificado una disfunción mitocondrial son los siguientes: esquizofrenia, trastorno esquizoafectivo, trastorno bipolar, depresión mayor, autismo, trastornos de ansiedad, trastorno obsesivo-compulsivo, trastorno de estrés postraumático, trastorno por déficit de atención con hiperactividad, anorexia nerviosa, trastorno por consumo de alcohol (también conocido como alcoholismo), trastorno por consumo de marihuana, trastorno por consumo de opiáceos y trastorno límite de la personalidad. También se incluyen la demencia y el delirio, que suelen considerarse enfermedades neurológicas.

Esta lista no abarca todos los diagnósticos psiquiátricos recogidos en el *DSM-5*. Sin embargo, eso no se debe necesariamente a que la disfunción mitocondrial no exista en los demás; es simplemente que aún no se ha investigado sobre ellos. No obstante, esta lista es lo bastante amplia como para afirmar que la disfunción mitocondrial se ha encontrado en una amplia gama de diagnósticos que incluyen prácticamente todos los síntomas que se encuentran en psiquiatría.

Si todas estas pruebas existen desde hace tiempo, ¿por qué nadie más ha sugerido que la disfunción mitocondrial pudiera ser la vía común a los trastornos metabólicos o mentales?

Pues el caso es que... ¡sí lo han hecho! Para la mayoría de las personas que lean este libro, esta información puede parecer nueva. Sin embargo, no es el primero en afirmar la importancia de las mitocondrias en la salud y la enfermedad humanas.

En 1928, el doctor Raymond Pearl publicó un libro sobre la *teoría de la tasa de vida* en el que sostenía que la longevidad y las enfermedades del envejecimiento, que incluyen la mayoría de las enfermedades metabólicas, se deben a la tasa metabólica. En 1954, el doctor Denham Harman propuso la *teoría de los radicales libres del envejecimiento*, que se centraba en las ERO como causa de las enfermedades relacionadas con la edad. En 1972 la desarrolló aún más y propuso la *teoría mitocondrial del envejecimiento*, que reconocía el papel central de las mitocondrias en la producción de ERO. En los últimos años se ha producido una explosión de investigaciones sobre las mitocondrias y su relación con la obesidad, la diabetes, las enfermedades cardiovasculares y el propio envejecimiento, con decenas de miles de artículos de investigación publicados en la literatura médica.

La literatura psiquiátrica está repleta de artículos de científicos respetados que destacan el papel de las mitocondrias en los trastornos mentales. Una búsqueda en la literatura médica de 2021 dio como resultado más de cuatrocientos artículos relacionados con la esquizofrenia y el trastorno bipolar, más de tres mil relacionados con la depresión, más de cuatro mil relacionados con la enfermedad de Alzheimer y más de once mil relacionados con el consumo de alcohol. Algunas de estas investigaciones pioneras me han resultado muy cercanas, pues proceden de colegas respetados y de renombre internacional, como los profesores Bruce Cohen y Dost Ongur del Hospital McLean y la Facultad de Medicina de Harvard, donde he trabajado durante más de veinticinco años.

En 2017, el doctor Douglas Wallace, fundador del campo de la genética mitocondrial, publicó un artículo en la revista *JAMA Psychiatry*, una de las principales revistas psiquiátricas, en el que afirmaba audazmente (como hago yo en este libro) que todos los trastornos psiquiátricos son el resultado de una disfunción mitocondrial[3]. Como genetista, se centró en los genes mitocondriales, que mutan a menudo debido a las ERO y a la falta de protección del ADN mitocondrial. Argumentó que el cerebro es el órgano que se verá más afectado cuando exista un problema de producción de energía por parte las mitocondrias y que distintas partes del cerebro podrían fallar primero, probablemente porque son más sensibles a la falta de energía que otras. Es lógico, dado que la mayoría de las máquinas tienen «eslabones más débiles», es probable que en el cerebro suceda lo mismo. Así pues, una pequeña privación de energía podría dar lugar al TDAH o a la depresión, y una privación mayor podría ocasionar otros trastornos, como la esquizofrenia.

La refutación no se hizo esperar. El doctor Tamas Kozicz y sus colegas argumentaron que, aunque a la gente le gustan las explicaciones «sencillas», los trastornos psiquiátricos no se prestan a una explicación tan simple[4]. Reconocieron que en la mayoría de los trastornos psiquiátricos parece intervenir la «función mitocondrial subóptima», pero que centrarse únicamente en la producción de energía mitocondrial no puede explicar la diversidad de síntomas que observamos en los miles de millones de personas con trastornos mentales. Además, ni siquiera puede explicar la diversidad de síntomas que observamos en personas con enfermedades mitocondriales genéticas raras. Incluso aquellas que tienen la misma mutación genética mitocondrial pueden presentar síntomas diferentes. Argumentaron que los trastornos mentales son demasiado complejos y diferentes de una persona a otra como para explicarlos con un único factor.

Lo que estos investigadores no tuvieron en cuenta es cuántas otras funciones desempeñan las mitocondrias en las células, aparte de la producción de energía. Tampoco reconocieron cuántos factores diferentes influyen sobre la función y la salud de las mitocondrias. Cuando las mitocondrias no funcionan correctamente, tampoco lo hace el cerebro. Cuando el metabolismo cerebral no está bien controlado, el cerebro no funciona del modo adecuado. Los síntomas pueden ser muy variables, pero la disfunción mitocondrial es tanto *necesaria como suficiente* para explicar todos los síntomas de la enfermedad mental.

Definición de esta causa raíz

Como acabo de comentar en el capítulo anterior, las mitocondrias hacen muchas cosas diferentes. Definir lo que significa disfunción es difícil y ha constituido todo un reto para los científicos; puede significar cosas muy distintas en diferentes estudios de investigación.

Lo mismo puede decirse de los coches. Si decimos que un coche es «disfuncional», ¿a qué nos estamos refiriendo? Puede significar que el motor petardea al circular por la autopista, o que un neumático está pinchado y el coche no puede desplazarse por la carretera con la misma facilidad. Puede significar que las luces y los intermitentes no funcionan. Todos estos problemas son diferentes y se deben a causas distintas, pero hay algo importante: con independencia de lo que le ocurra al vehículo, si circula por la autopista con alguna avería, afectará al resto del tráfico. Será más probable que cause retenciones o que provoque un accidente. El tráfico puede ralentizarse o detenerse por completo. La autopista puede «dejar de funcionar» por culpa de un solo coche. En realidad, la inmensa mayoría de los accidentes de tráfico no tienen que ver con los coches en sí, sino con sus conductores, que también pueden ser «disfuncionales». Pueden estar hablando por el móvil. Pueden dormirse al volante. Pueden estar borrachos. Pueden estar drogados.

Pueden ser de los que se vuelven iracundos cuando conducen. Con independencia de cuál sea la causa de la disfunción, ya sea del coche o del conductor, estos coches y conductores incontrolables afectan al tráfico de forma similar.

Con la disfunción mitocondrial sucede lo mismo. Puede estar causada por muchas cosas diferentes y provocar distintos problemas a las mitocondrias y a las células en las que estas residen[5]. Medir la función de las mitocondrias es difícil. ¿Recuerdas lo diminutas que son? Suele haber cientos y a veces miles de ellas en una sola célula, y las células ya son bastante diminutas por sí solas. La disfunción mitocondrial puede derivarse de problemas con las propias mitocondrias. Esto incluye tanto mutaciones genéticas como una escasez de mitocondrias en la célula. Como ya he mencionado, tienen su propio ADN. No está protegido del mismo modo que el genoma humano; por tanto, es propenso a las mutaciones. Producen ERO y, si lo hacen en demasiada cantidad, estas pueden dañar el ADN mitocondrial u otras partes, lo que puede dar lugar a mitocondrias defectuosas. Cuando las mitocondrias son defectuosas, se supone que deben desecharse y reciclarse para que otras nuevas ocupen su lugar. Si esto no ocurre, una célula puede quedar con escasez de mano de obra. Está demostrado que el número de mitocondrias de nuestras células disminuye a medida que envejecemos, lo que se traduce en una menor capacidad metabólica celular.

Cuando escasea la mano de obra, ya sea por envejecimiento o por mal funcionamiento de las mitocondrias, disminuye la productividad. A medida que las mitocondrias siguen disminuyendo, la célula suele morir. Esto conduce a que los órganos y tejidos se encojan. Al morir las células, los órganos se debilitan y son más vulnerables al estrés. El cerebro se encoge. Se pierde masa muscular. El corazón no es tan fuerte. Este fenómeno también se observa en personas con trastornos mentales crónicos. Como ya he mencionado, se ha constatado un envejecimiento acelerado en *todos* los trastornos mentales.

La causa más importante del deterioro de las mitocondrias es lo que llamaré *desregulación mitocondrial*. Muchos de los factores que afectan a la función mitocondrial proceden del exterior de la célula e incluyen neurotransmisores, hormonas, péptidos, señales inflamatorias e incluso algo como el alcohol. ¡Sí! El alcohol afecta a la función de las mitocondrias. Me refiero a esto como desregulación, en contraposición a disfunción porque, en algunos casos, las mitocondrias funcionaban muy bien, pero su entorno se volvió hostil rápidamente y causó un deterioro; es algo parecido a lo que sucede con las personas que hacen lo que pueden cuando están muy estresadas.

Definir en qué funciones mitocondriales debemos centrarnos es de vital importancia y varía según los distintos estudios. Algunos de ellos se realizan mientras las mitocondrias están aún en células vivas *(in vivo)*, y otros, con mitocondrias desnudas en una placa de laboratorio *(in vitro)*[6].

Muchos investigadores se han centrado en la producción de ATP. Pueden medir su cantidad en relación con el ADP en el citoplasma celular y hacer suposiciones sobre el funcionamiento de las mitocondrias. Las implicaciones de esta investigación son sencillas: el ATP proporciona energía para que la célula funcione. Si los niveles se reducen, la célula no funcionará igual de bien. Los niveles de ATP respecto al ADP también son señales importantes dentro de las células. Esta relación afecta a numerosos aspectos de la función celular, incluida la expresión génica. Se han encontrado niveles reducidos de ATP en una amplia variedad de trastornos, como la esquizofrenia, el trastorno bipolar, la depresión mayor, el alcoholismo, el TEPT, el autismo, el TOC, la enfermedad de Alzheimer, la epilepsia, las enfermedades cardiovasculares, la diabetes tipo 2 y la obesidad. Aunque la mayoría de la gente piensa que la obesidad es un exceso de energía, en realidad muchas células del cuerpo y el cerebro de las personas que la padecen carecen de ATP, debido a la disfunción mitocondrial[7].

Otros investigadores se han centrado en el *estrés oxidativo*. Recuerda que este es un término utilizado para describir la acumulación de ERO. Recuerda que las mitocondrias crean ERO, pero que también ayudan a depurarlas mediante antioxidantes. Cuando las mitocondrias no funcionan correctamente, las ERO se acumulan y pueden causar daños a la célula en general, pero más a menudo a las propias mitocondrias, lo que conduce a un círculo vicioso de retroalimentación. Numerosos estudios han encontrado niveles más elevados de estrés oxidativo esencialmente en todos los trastornos metabólicos, neurológicos y mentales que he estado comentando. Esto se ha relacionado con el daño celular y el envejecimiento acelerado.

Hasta la fecha, la investigación sobre el papel de las mitocondrias en la salud y la enfermedad ha presentado tres grandes deficiencias:

1. **Centrarse en una sola función.** La mayoría de los estudios se han centrado en una sola función o aspecto de las mitocondrias. A menudo no tienen en cuenta toda su diversidad. Algunas funciones mitocondriales pueden ser normales, mientras que otras son anormales. Además, unas pueden afectar a otras. Por ejemplo, los estudios que han analizado la producción mitocondrial de ATP suelen considerar que esta es su función principal, y a veces la única. Cualquier resultado adverso que observen en las células que estudian se atribuye a este deterioro de la producción de ATP. En realidad, las mitocondrias que no producen suficiente ATP también pueden tener problemas para fusionarse entre sí, o pueden estar filtrando grandes cantidades de ERO, o pueden tener problemas para gestionar los niveles de calcio en la célula. Estas funciones pueden ser más importantes para los déficits celulares observados por los investigadores, aunque no se midieran dichas funciones. En algunos casos, la producción de ATP podría ser normal, mientras que estas otras funciones son anormales, y los investigadores podrían concluir que las mitocondrias funcionaban bien cuando, en realidad, no lo hacían.
2. **Diferencias entre células.** Las mitocondrias se ven afectadas por numerosos factores, tanto internos como externos a la célula. Su número y su salud no se distribuyen por igual entre todas las células del cuerpo y del cerebro. Algunas células pueden tener mitocondrias perfectamente sanas en abundancia, mientras que otras pueden tener mitocondrias defectuosas o insuficientes. Los investigadores deben estudiar células específicas para determinar si las mitocondrias de esas células participan en una enfermedad. Estudiar una célula inmunitaria sana puede no ofrecer ninguna información sobre lo que ocurre en otra cerebral que funciona mal.
3. **El papel de los circuitos de retroalimentación.** La cuestión de qué es primero, si el huevo o la gallina, ha llevado a muchos investigadores por mal camino. ¿La disfunción mitocondrial

causa la enfermedad? ¿O es la enfermedad la que causa la disfunción mitocondrial? ¿Son las mitocondrias simples espectadoras inocentes y víctimas de algún otro proceso destructivo?

Cuando se piensa en causas y consecuencias, las cosas pueden resultar confusas. La disfunción mitocondrial puede deberse a múltiples razones. También tiene muchas consecuencias. Llegaré a esto muy pronto. Sin embargo, lo que resulta confuso es que *las causas pueden llevar a las consecuencias, pero también las consecuencias pueden llevar a las causas*. Cuando vemos este tipo de patrón, tenemos que pensar en bucles de retroalimentación. A la hora de estudiar el metabolismo y las mitocondrias, casi todas las cosas se regulan en un bucle de retroalimentación.

Un ejemplo de esto es la investigación sobre la enfermedad de Alzheimer. Sabemos que la proteína anormal *beta-amiloide* se acumula en el cerebro de las personas con esta enfermedad. Esta proteína ha sido el principal objetivo de la investigación. Sabemos que, cuanta más beta-amiloide esté presente, más probable será que alguien desarrolle la enfermedad. También sabemos que es tóxica para las mitocondrias y que causa disfunción mitocondrial[8]. Muchos investigadores se han detenido ahí. Consideran que tienen pruebas suficientes de que las mitocondrias son espectadoras inocentes de esta proteína destructiva. ¿Qué provoca la acumulación de beta-amiloide? No lo saben. Siguen buscando esa causa. Sin embargo, lo que han pasado por alto es que la disfunción mitocondrial podría muy bien ser la causa de la propia acumulación de beta-amiloide. Tenemos pruebas de que dicha disfunción comienza antes incluso de que empiece a acumularse la beta-amiloide[9]. Es posible que se trate de un bucle de retroalimentación positiva. La disfunción mitocondrial provoca un problema de mantenimiento en las células. Esto provoca a su vez la acumulación de beta-amiloide (una proteína que debería eliminarse y reciclarse). Esta acumulación de beta-amiloide empeora aún más la disfunción mitocondrial. Este bucle de retroalimentación da lugar a la espiral descendente que llamamos enfermedad de Alzheimer.

Afortunadamente, la investigación de los últimos veinte años se ha ampliado sustancialmente en lo que respecta al alcance de la función mitocondrial: todas las distintas funciones mencionadas en el capítulo anterior proceden de diferentes estudios que analizan las diversas funciones que desempeñan las mitocondrias.

La disfunción o desregulación mitocondrial une de forma coherente todo lo que ya sabemos sobre los trastornos mentales y metabólicos. *Las mitocondrias son la vía común*. Para los científicos o puristas, un nombre mejor para esta teoría podría ser el de *teoría metabólica y mitocondrial de la enfermedad mental*, ya que incluiría las innumerables tareas de las mitocondrias y cómo estas pueden verse influidas por todas las cosas que afectan al metabolismo (en la tercera parte del libro hablaré de ello). Sin embargo, dado que la desregulación energética parece explicar la mayoría de los síntomas de la enfermedad mental, el título corto y pegadizo de «teoría de la energía del cerebro» me sirve.

Modo en que la disfunción mitocondrial conduce a la enfermedad mental

A continuación te mostraré cómo la disfunción mitocondrial puede dar lugar a todos los cambios y síntomas cerebrales que vemos en los trastornos mentales. Las mitocondrias influyen sobre el desarrollo del cerebro, la expresión de distintos genes, la formación y destrucción de sinapsis y la actividad cerebral. Afectan a los *problemas estructurales* y a los *problemas funcionales*. Vinculan mucho de lo que ya sabemos y lo ponen en una vía común. Vamos a hacer un repaso de algunos datos científicos.

Recordemos que, para que se entienda gran parte de la neurociencia existente sobre los trastornos mentales, necesito explicar por qué algunas zonas cerebrales pueden estar hiperactivas y otras hipoactivas, lo que da lugar a los síntomas. También busco razones por las que las células pueden desarrollarse de forma anómala y por las que algunas acaban encogiéndose y muriendo, lo que conduce a la ausencia permanente de determinadas funciones cerebrales. Estos mecanismos de acción concretos nos ayudarán a comprender los síntomas de las enfermedades mentales. Se ajustan al marco que esbocé en el capítulo 6.

Quizá recuerdes también que en el capítulo 5 dije que las enfermedades humanas suelen deberse a un problema en una de estas tres áreas: el desarrollo, la función o el mantenimiento de las células.

Pues resulta que las mitocondrias participan en todas ellas.

Ahora te guiaré a través de cinco consecuencias generales de la *disfunción y la desregulación mitocondrial* que pueden abordar todo esto: disminución del mantenimiento celular, funciones cerebrales hiperactivas, funciones cerebrales hipoactivas, problemas de desarrollo y retracción y muerte celular.

Disminución del mantenimiento celular

Una de las singularidades de las células vivas, a diferencia de las máquinas no vivas como los coches, es que necesitan energía y recursos metabólicos para mantenerse. Es imprescindible ir reparando y sustituyendo determinadas partes en una rotación constante e interminable. Todo ello requiere energía y componentes metabólicos. En un estudio se estima que alrededor de un tercio de la producción de ATP del cerebro se destina al mantenimiento celular o a funciones «domésticas»[10]. Ya he descrito el papel del estrés, el cortisol y las propias mitocondrias en el proceso de autofagia, que es de vital importancia para el mantenimiento celular, pero, como de costumbre, hay algo más.

Las mitocondrias interactúan con otros orgánulos para facilitar las funciones rutinarias de mantenimiento. Por ejemplo, con los lisosomas. Cuando en los experimentos se impiden estas interacciones, los productos de desecho se acumulan en estos últimos[11]. También interactúan con el retículo endoplásmico (RE), que tiene muchas funciones, entre ellas el plegamiento de las proteínas. Muchos trastornos neurodegenerativos están asociados a proteínas mal plegadas en el RE. Cuando estas proteínas mal plegadas se acumulan, un proceso denominado *respuesta a las proteínas desplegadas* (UPR) intenta mitigar el daño. Un grupo de investigadores descubrió que en la membrana externa de las mitocondrias existe una microproteína, PIGBOS, que desempeña un papel clave en la UPR. Cuando se eliminaba, las células tenían muchas más probabilidades de morir[12]. Esto sugiere claramente que las mitocondrias también desempeñan un papel clave en este proceso. Estas son solo algunas de las formas en las que la disfunción mitocondrial puede causar problemas de mantenimiento celular, lo que puede dar lugar a todos los trastornos de mantenimiento y defectos estructurales que se pueden observar en las personas con trastornos mentales.

En algunos casos, los defectos estructurales de las células pueden dar lugar a un ciclo de retroalimentación positiva que afecta al metabolismo y puede dificultar el funcionamiento de las células. Un ejemplo concreto es la mielina, una capa protectora externa de las neuronas fabricada por unas células de sostén llamadas *oligodendrocitos*, que facilita a las neuronas el envío de señales eléctricas. Si una neurona tiene defectos en su capa de mielina, necesitará más energía para funcionar. Un caso extremo de esto es la esclerosis múltiple, en la que la mielina se destruye por un proceso autoinmune. La disfunción mitocondrial se ha asociado a problemas en la producción y el mantenimiento de esta capa protectora. En consonancia con la teoría de la energía cerebral, se han identificado defectos en la mielina en los cerebros de personas con esquizofrenia, depresión mayor, trastorno bipolar, alcoholismo, epilepsia, enfermedad de Alzheimer, diabetes e incluso obesidad[13].

Los residuos en la célula, otro defecto estructural y problema de mantenimiento, pueden impedir que las mitocondrias se muevan. Por ejemplo, la enfermedad de Alzheimer está asociada a la acumulación de una proteína llamada *tau*, además de la beta-amiloide descrita anteriormente. Los investigadores que analizaron sus efectos en las mitocondrias descubrieron que limitaba gravemente la capacidad de estas para moverse por la célula[14]. Sus caminos quedaban obstruidos por todos los residuos y las proteínas tau interferían con el citoesqueleto que las mitocondrias utilizan para moverse. Cuando las mitocondrias no pueden moverse por la célula, esta tiene problemas para funcionar correctamente y puede encogerse o morir.

Funciones cerebrales hiperactivas

¿Recuerdas el debate sobre la hiperactividad o hiperexcitabilidad que vimos en el capítulo 6? ¡Puede deberse a una disfunción o desregulación de las mitocondrias! De nuevo, esto es probablemente lo más paradójico de la disfunción mitocondrial. Unas veces, cuando las mitocondrias no funcionan correctamente, algunas partes del cerebro pueden volverse hiperactivas en lugar de hipoactivas, aunque no tengan suficiente ATP.

En el mundo real, la hiperexcitabilidad de las células es bastante frecuente. Muchos trastornos médicos son reflejo de células hiperexcitables. Las convulsiones son un ejemplo claro y extremo en el cerebro. Una arritmia cardíaca puede deberse a células cardíacas hiperexcitables. Un espasmo muscular es una célula muscular hiperexcitable. El dolor crónico se debe a una célula nerviosa hiperexcitable. Todos estos son ejemplos de células que se disparan cuando no deben, o que no se detienen cuando deberían hacerlo.

La disfunción mitocondrial puede provocar hiperactividad e hiperexcitabilidad al menos de tres formas:

1. Recuerda que las mitocondrias participan en el bombeo de iones y en la regulación del calcio, dos factores necesarios para «desconectar» las células. Si las mitocondrias no funcionan correctamente, estos procesos tardarán más en realizarse y las células pueden volverse hiperexcitables.
2. En ocasiones, la hiperactividad o hiperexcitabilidad puede deberse a una disfunción de las células encargadas de frenar a otras células, como las GABA. Si las células GABA no funcionan correctamente, aquellas a las que deben inhibir se desatan y se vuelven hiperexcitables. Recuerda que en el capítulo 6 vimos que las interneuronas corticales son un ejemplo de ello, y su disfunción se ha detectado en muchos trastornos mentales y neurológicos.
3. Ya he hablado de cómo los problemas de mantenimiento pueden alterar la estructura de las células, como los trastornos con la mielina o el beta-amiloide. Estos problemas de mantenimiento pueden causar hiperexcitabilidad; por ejemplo, la falta de mielina puede permitir que se filtren iones en una célula y hacer que se dispare cuando no debería.

Suprimiendo en ratones una proteína, la sirtuina 3, conocida por ser esencial para la salud de las mitocondrias, un grupo de investigación demostró directamente que la disfunción mitocondrial provoca hiperexcitabilidad. Efectivamente, los ratones desarrollaron disfunción mitocondrial, hiperexcitabilidad y convulsiones, y murieron prematuramente[15]. Otro grupo de investigación convirtió células madre de personas con trastorno bipolar y de controles sanos en neuronas y descubrió que las de las personas con trastorno bipolar tenían anomalías mitocondriales y las células eran hiperexcitables[16]. Curiosamente, el litio redujo esta hiperexcitabilidad.

La hiperexcitabilidad de las neuronas se ha detectado en muchos trastornos mentales y metabólicos. Provoca convulsiones y puede medirse en los cerebros de las personas con epilepsia. También se ha detectado en los cerebros de personas con delirio, TEPT, esquizofrenia, trastorno bipolar, autismo, trastorno obsesivo-compulsivo y enfermedad de Alzheimer. Incluso se ha medido en roedores sanos sometidos únicamente a estrés crónico[17]. La hiperexcitabilidad puede ser difícil de medir, pero en realidad no necesitamos hacerlo. La gente suele saber cuándo se produce porque en su cuerpo o en su cerebro está ocurriendo algo que no debería ocurrir. La hiperexcitabilidad de una célula del dolor provoca dolor. La hiperexcitabilidad de las vías de la ansiedad en el cerebro provoca ansiedad. La hiperexcitabilidad de cualquier región cerebral que produzca una emoción, percepción, cognición o comportamiento humano producirá esa experiencia.

Funciones cerebrales hipoactivas

La disfunción o desregulación mitocondrial puede ralentizar o reducir la función celular. Las células necesitan energía para funcionar. Las mitocondrias la proporcionan. También son el interruptor de encendido/apagado de las células. Controlan los niveles de calcio y otras señales. Las células cerebrales necesitan energía para fabricar y liberar neurotransmisores y hormonas y para funcionar correctamente. La reducción de la función celular explica por sí sola muchas de las alteraciones de los niveles de neurotransmisores y hormonas que se observan en las personas con trastornos mentales. Además, las mitocondrias participan directamente en la fabricación de algunas hormonas, como el cortisol, los estrógenos y la testosterona, por lo que, si funcionan mal o están desreguladas, también pueden estarlo estos niveles hormonales.

Problemas de desarrollo

Desde la etapa incial del desarrollo en el útero hasta los primeros años de la edad adulta, el cerebro humano crece rápidamente y forma conexiones entre las neuronas y otras células cerebrales. Estas conexiones son de vital importancia, ya que sientan las bases, o el «cableado», para la vida. Hay *ventanas de desarrollo*, momentos en los que el cableado del cerebro debe conectarse de forma clara. Si el desarrollo no se produce con normalidad, esta ventana puede cerrarse, y el cerebro nunca volverá a tener la oportunidad de ser «normal». Las mitocondrias tienen una importancia fundamental para todas estas tareas. Como ya he comentado, desempeñan funciones cruciales en el crecimiento celular, la diferenciación y la formación de sinapsis. Cuando las mitocondrias son disfuncionales o están desreguladas, el cerebro no se desarrolla normalmente. Es importante tener esto en cuenta en los trastornos del neurodesarrollo que empiezan en la infancia o la niñez, como el autismo. Incluso al final de la vida, nuestro cerebro cambia de una forma predecible. El crecimiento y la diferenciación celular, así como la *neuroplasticidad*, o el cambio y la adaptabilidad de las neuronas, son importantes a lo largo de toda la vida. Cuando las mitocondrias no funcionan correctamente, pueden producirse problemas en todos estos procesos. Si faltan células o conexiones entre ellas, puede producirse una ausencia permanente de funciones cerebrales. Estos síntomas no aparecen y desaparecen porque, sencillamente, las células y conexiones necesarias para realizar estas funciones no están presentes.

Retracción y muerte celular

La disfunción mitocondrial puede provocar la retracción, o *atrofia*, celular. Si disminuye la cantidad o la salud de las mitocondrias, la célula se estresa. Recuerda que las mitocondrias se reparten por toda la célula. Algunas están siempre en movimiento, buscando trabajo que hacer. Si la mano de obra se reduce, no puede mantener en funcionamiento toda la célula. En algunos casos, las mitocondrias dejan de ir a las partes periféricas, como las terminales de los axones o las dendritas. Cuando eso sucede, esas partes de la célula mueren. Se produce una inflamación. La microglía, las células inmunitarias del cerebro, se ponen manos a la obra y absorben algunas de esas partes muertas de la célula[18]. A medida que se deterioran más y más mitocondrias, la célula se reduce cada vez más. Si el proceso continúa, acaba muriendo.

Está bien documentado que, con el paso del tiempo, los cerebros de las personas con trastornos mentales crónicos van mostrando signos de retracción celular. Recuerda que envejecen prematuramente. En cada persona se ve afectada una región del cerebro diferente. Algunas zonas, como el hipocampo, se ven afectadas con más frecuencia, pero incluso en personas con el mismo diagnóstico, como la esquizofrenia, puede haber numerosas diferencias en las regiones cerebrales afectadas[19]. Con esto volvemos una vez más a la *heterogeneidad*, que se explica por la disfunción y la desregulación mitocondrial. Dado que son numerosos los factores que influyen sobre la función mitocondrial (a los que me referiré más adelante, en la tercera parte del libro), también afectan a distintas zonas del cerebro. Así pues, dependiendo de la mezcla de factores de riesgo o causas que tengan las personas, sus cerebros se verán afectados de una forma diferente. Como ya he mencionado, el momento y el desarrollo también son importantes. El cerebro de una persona que no padece la enfermedad hasta los 39 años no sufrirá el mismo desgaste que el de una persona afectada a los catorce.

Vamos a unificar toda esta información utilizando nuestra analogía automovilística. Un coche se compone de múltiples elementos: un depósito de combustible, el combustible que va al depósito (gasolina), un motor, una batería para la energía eléctrica, un sistema de dirección y un sistema de frenado para detenerse. Los problemas pueden producirse en distintas partes, y pueden dar lugar a diferentes síntomas. En algunos casos, el coche puede petardear o moverse más despacio (funcionamiento hipoactivo) si entra agua en el depósito de gasolina o si se ha estropeado una bujía. Si la batería empieza a fallar, es posible que las luces se atenúen, o que los limpiaparabrisas vayan más despacio, o que la radio no funcione, o que el coche no arranque (todas ellas funciones hipoactivas). Son síntomas muy diferentes, pero todos están relacionados con la energía, y normalmente con una sola causa. Ahora hagamos que el coche sea como una célula viva. De repente necesita energía para funcionar y energía para mantenerse. Si no cuenta con un aporte suficiente, los neumáticos empiezan a desinflarse, las ruedas se tambalean, las puertas se oxidan y se estropean (problemas de mantenimiento). El motor y la batería envejecen. El ácido de la batería empieza a gotear por todo el motor (ERO). Hace tiempo que no se cambia el aceite, y las piezas del motor se estropean. Esta falta de mantenimiento empeora aún más el motor (ciclo de retroalimentación positiva). En algún momento, este coche se convertirá en un peligro para los demás y para el flujo del tráfico en la autopista. Los frenos dejan de funcionar (hiperexcitabilidad debida a un interruptor de apagado defectuoso). Al final, el vehículo puede acabar provocando un accidente y cerrar la autopista. Puede ser remolcado al desguace para su reciclaje (apoptosis). Si alguien intenta volver a conducirlo, seguirá suponiendo un peligro para los demás vehículos de la carretera y para el flujo del tráfico (trastornos metabólicos y mentales).

La teoría de la energía del cerebro en la realidad

Veamos ahora la teoría de la energía del cerebro en acción. Te voy a ir mostrando algunas pruebas centradas en tres trastornos mentales diferentes y en cómo podemos conceptualizar lo que está ocurriendo para producir los síntomas desde un punto de vista mitocondrial y metabólico.

Depresión mayor

Muchos estudios demuestran que, en las personas con depresión crónica, las mitocondrias no funcionan correctamente[20]. Por ejemplo, varias líneas de evidencia han descubierto que estas personas tienen niveles más bajos de ATP, no solo en las células cerebrales, sino también en las musculares y en las inmunitarias circulantes. También se ha observado una menor producción de ATP en modelos animales de depresión. Los estudios de autopsias que analizan el tejido cerebral de personas con depresión crónica han hallado anomalías específicas en las proteínas mitocondriales, lo que implica claramente una disfunción mitocondrial[21]. Y, como ya he mencionado, los niveles de estrés oxidativo son elevados.

Otra línea de pruebas incluye los biomarcadores sanguíneos de la depresión. Muchos investigadores han tomado muestras de sangre de miles de personas con depresión buscando anomalías o diferencias en comparación con los controles sanos. Se han identificado numerosos biomarcadores. Un metaanálisis de 46 estudios de este tipo intentó dar sentido a las diferencias para estudiar si podía haber una vía o tema común. ¡Y lo había! Los biomarcadores estaban relacionados principalmente con el metabolismo de los aminoácidos y los lípidos, ambos conectados con la función mitocondrial[22].

Un biomarcador específico de gran interés es la acetil-L-carnitina (ALC), una molécula que se fabrica en las mitocondrias y es importante para la producción de energía. Es fundamental para la función del hipocampo, una región cerebral implicada a menudo en la depresión. Un grupo de investigadores analizó los niveles de ALC en personas deprimidas y no deprimidas y descubrió que, por término medio, las deprimidas tenían niveles más bajos[23]. Además, estos niveles más bajos de ALC predecían la gravedad de la depresión, la cronicidad de la enfermedad, la resistencia al tratamiento e incluso una historia de abandono emocional. Un estudio posterior en 460 pacientes con depresión descubrió que los niveles de ALC mejoraban con tratamientos antidepresivos eficaces, y que estos niveles podían ayudar a predecir cuál de estos pacientes experimentaría una remisión completa[24]. Los investigadores llegaron a la siguiente conclusión: «Deberían explorarse nuevas estrategias dirigidas a las mitocondrias para mejorar los tratamientos del trastorno depresivo mayor».

Quizá la prueba más directa y sorprendente del papel de las mitocondrias en la depresión proceda de un estudio muy bien diseñado realizado en ratas[25]. Los investigadores identificaron a aquellas que tenían altos niveles de ansiedad y comportamientos similares a la depresión y luego estudiaron una parte específica de sus cerebros, el núcleo accumbens, para ver si había diferencias en la función mitocondrial o en el desarrollo de las células. Descubrieron ambas cosas. Las ratas ansiosas o deprimidas tenían menos mitocondrias por célula, así como diferencias en las formas en las que estas utilizaban el oxígeno para convertir la energía en ATP e interactuaban con otro orgánulo, el retículo endoplásmico (RE). Las propias neuronas también tenían un aspecto diferente. Siguiendo el rastro, los investigadores descubrieron que las mitocondrias de estas ratas tenían niveles más bajos de mitofusina-2 (MFN2), una proteína de las membranas mitocondriales importante para su capacidad de fusionarse entre sí y con el RE. Y ahora viene la parte sorprendente. Inyectaron a las ratas ansiosas o deprimidas un vector viral que aumentaba significativamente los niveles de MFN2... ¡y eso lo cambió todo! Las mitocondrias empezaron a funcionar con normalidad, las neuronas empezaron a tener un aspecto normal y cesaron los comportamientos de ansiedad y depresión. Esto sugiere firmemente un papel causal de las mitocondrias en la depresión y la ansiedad... al menos en las ratas.

Algunos de los síntomas de la depresión encajan perfectamente en la categoría de funciones hipoactivas o metabolismo reducido. Es probable que los cambios en el sueño, la energía, la motivación y la concentración estén relacionados con la reducción de la función de las células cerebrales. Es casi seguro que la fatiga se extiende a los músculos de todo el cuerpo, dado que también en ellos se ha detectado una disfunción mitocondrial. En algunos casos, las personas describen la «parálisis de plomo», una situación en la que sienten como si sus brazos y piernas fueran de plomo y les resultara difícil incluso moverlos. Esto podría explicarse por una disfunción mitocondrial de los músculos. Si sus músculos no tienen suficiente energía, tendrán dificultades para moverlos. La catatonia es una versión extrema del fallo metabólico: las personas pueden parecer paralizadas por su enfermedad y tener graves dificultades para moverse o hablar.

Trastorno bipolar

Las pruebas directas de anomalías metabólicas en el trastorno bipolar (y en la esquizofrenia) datan de 1956, cuando los investigadores observaron en los pacientes anomalías en el metabolismo del lactato[26]. Hay muchos estudios que documentan la disfunción mitocondrial en el trastorno bipolar, con hallazgos similares a los encontrados en personas con depresión. Sin embargo, una pregunta importante es: ¿qué distingue la depresión de la manía? Cualquiera que haya visto a personas con estas dos afecciones sabe que la diferencia entre ambas es importante.

En el año 2018, unos investigadores publicaron un artículo de revisión, «A Model of the Mitochondrial Basis of Bipolar Disorder» («Un modelo de la base mitocondrial del trastorno bipolar»), en el que proponían que los estados depresivos parecen ser energéticamente deficientes, mientras que los maníacos parecen implicar un aumento de la producción de energía en el cerebro[27]. Citaban varios estudios que demostraban que los estados maníacos están asociados a un incremento de la utilización de glucosa y lactato en el cerebro, lo que sugiere un aumento de la producción de energía mitocondrial. Además, se ha descubierto que hay dos neurotransmisores, el glutamato y la dopamina, que están elevados en los estados maníacos, lo que sugiere una mayor actividad de estas neuronas. Así pues, los estados maníacos parecen ser una de las pocas situaciones en las que las mitocondrias, al menos en algunas células cerebrales, producen más energía de lo normal. Aunque sorprendente, no deja de ser una disfunción o desregulación mitocondrial. Se supone que las mitocondrias se ralentizan en los momentos adecuados, como por la noche, para poder dormir. Se supone que las distintas células cerebrales se detienen en determinados momentos, como el tráfico en una gran ciudad. En los estados maníacos, las mitocondrias están hiperactivas en cuanto a su producción de energía, y esto hace que las células «sigan» cuando no deberían hacerlo. No están cediendo el paso ni frenando en los momentos adecuados. Muchas partes del cerebro parecen estar hiperactivas.

Varias líneas adicionales de pruebas apoyan este modelo[28]. Se ha descubierto que los pacientes bipolares tienen niveles de calcio superiores a los normales, especialmente cuando están maníacos, lo que concuerda con el mecanismo de hiperexcitabilidad que he descrito. De hecho, los investigadores han confirmado cambios en su excitabilidad neuronal. Para cualquiera que haya visto a personas con depresión o manía, esta afirmación tiene mucho sentido. Las personas con manía tienen claramente demasiada energía, mientras que las que sufren depresión no tienen suficiente. Es fascinante que esto se haya descubierto a nivel celular. Las personas con trastorno bipolar, una vez resuelto el episodio maníaco, siguen teniendo disfunción mitocondrial, pero esta se traduce en muy poca producción de energía en general. Un grupo de investigadores identificó recientemente un biomarcador mitocondrial en células sanguíneas que mostraba una disminución significativa del número de mitocondrias tanto en estados maníacos como depresivos, que se normalizaba cuando las personas se sentían bien[29]. Esto sugiere que, durante los estados de enfermedad, algo podría estar alterando la biogénesis mitocondrial o la mitofagia en todo el organismo, no solo en el cerebro.

Durante los episodios maníacos, uno de los mayores peligros del exceso de energía es su efecto sobre las células hiperexcitables, que son las que tienen mitocondrias dañadas, muy pocas mitocondrias o daños estructurales debidos a problemas de mantenimiento. El breve estallido de energía durante una fase maníaca no es suficiente para corregir los problemas de larga duración asociados a la disfunción mitocondrial. No es energía ni tiempo suficientes para reparar las células. En cambio, sí basta para causar problemas mayores, como síntomas psicóticos, ansiedad y agitación. Una forma fácil de imaginarlo es volviendo a nuestra analogía automovilística. Si un coche está en mal estado, con los neumáticos desinflados y desalineados debido a un mantenimiento deficiente, echarle de repente más gasolina resulta peligroso. No está preparado para manejar más energía o más velocidad. Es más probable que se estrelle y arda. Eso es lo que ocurre cuando aportas demasiada energía a una célula hiperexcitable.

Trastorno de estrés postraumático

El TEPT puede entenderse como un sistema hiperexcitable de respuesta al trauma. Es una respuesta normal a sucesos que ponen en peligro la vida, pero, cuando existe un trastorno, se enciende cuando no debe o no se apaga cuando debería hacerlo. En algunas personas, este sistema parece desarrollar un umbral de activación más bajo. Por ejemplo, muchas con antecedentes traumáticos tienen «desencadenantes» claramente identificados que disparan sus síntomas. Pueden ser lugares, personas, olores, palabras o incluso pensamientos.

Suelen verse afectadas dos zonas del cerebro: la amígdala y el córtex prefrontal medial (CPFm). La amígdala desencadena la respuesta de miedo y se ha descubierto que, en el TEPT, está hiperexcitable. El CPFm es una zona del cerebro que inhibe la acción de la amígdala. De modo que puede detener una reacción de pánico cuando la persona se da cuenta de que no hay necesidad de entrar en ella. Se ha descubierto que esta zona del cerebro es poco activa en las personas con TEPT, lo que significa que la persona tendrá problemas para detener una reacción de pánico. Varias líneas de evidencia han demostrado la disfunción mitocondrial en este tipo de personas, incluidos estudios de autopsias que muestran anomalías en la expresión génica mitocondrial, reducciones en el total de mitocondrias, mayores niveles de estrés oxidativo y niveles reducidos de ATP[30].

UN EJEMPLO UNIFICADOR

Ahora bien, ¿pueden deberse realmente todos los trastornos mentales al metabolismo y la disfunción mitocondrial?

Es posible que a algunas personas todavía les resulte difícil admitir esta nueva forma de conceptualizar los trastornos mentales, ya que agrupar todos ellos bajo la vía del metabolismo y la disfunción mitocondrial puede parecer una exageración.

Para ayudar a abordar esta preocupación deberíamos ser capaces de observar situaciones en las que sabemos que la función mitocondrial se deteriora bruscamente y ver cómo surgen esencialmente todos los síntomas psiquiátricos. Pues bien, resulta que tenemos un ejemplo claro de esta prueba: el delirio.

El delirio es una afección grave definida como *alteración mental aguda*. La palabra «aguda» significa que se produce rápidamente. La «alteración mental» puede ser cualquier síntoma psiquiátrico: confusión, desorientación, distracción, fijación en determinados temas, alucinaciones, delirios, cambios de humor, ansiedad, agitación, retraimiento, cambios drásticos en el sueño y cambios de personalidad. Pueden aparecer todos y cada uno de los síntomas de cualquier trastorno psiquiátrico. Incluso se han observado cambios en las conductas alimentarias y en la percepción de la imagen corporal que imitan un trastorno alimentario.

Pues bien, ¿y qué es lo que causa el delirio? La respuesta estándar en este momento es la siguiente: nadie sabe con seguridad cómo funciona todo esto, pero sí que, cuando las personas están gravemente enfermas, puede aparecer. Casi todos los trastornos médicos pueden provocarlo. Esto incluye dolencias como infecciones, cáncer, trastornos autoinmunes, infartos de miocardio y accidentes cerebrovasculares. Cuanto más graves sean, más probabilidades hay de que lo causen. Las personas ingresadas en unidades de cuidados intensivos (UCI) tienen muchas más probabilidades de padecerlo: según los estudios, entre el 35 y el 80 por ciento de los pacientes en estado crítico son diagnosticados de delirio[31].

También los medicamentos pueden provocarlo. Las personas que empiezan a tomar una medicación nueva pueden experimentar este tipo de reacciones. La abstinencia de medicamentos o sustancias, incluso tóxicas, como el consumo excesivo de alcohol, puede causarlo. El delirio por abstinencia de alcohol tiene un nombre específico, *delirium tremens*. Puede ser muy grave y poner en peligro la vida de la persona. Los ancianos son especialmente vulnerables y las personas con demencia preexistente, como la enfermedad de Alzheimer, tienen una vulnerabilidad aún mayor. Las causas son innumerables y, como pronto explicaré, todas ellas afectan a la función mitocondrial.

¿Cómo se diagnostica el delirio? Cuando comienzan los síntomas, hay veces que la causa es evidente. En algunos casos, los síntomas iniciales pueden considerarse una respuesta normal a una afección médica. Muchas personas que sufren infartos tienen ansiedad. Es difícil imaginar no estar ansioso ante una situación potencialmente mortal. Los médicos suelen administrar medicamentos psiquiátricos, como las benzodiacepinas, para reducirlo. En esta fase inicial, no se suele diagnosticar delirio ni trastorno psiquiátrico, aunque se prescriba un medicamento psiquiátrico. La ansiedad suele considerarse una reacción normal y comprensible. Sin embargo, si estos síntomas son el inicio del delirio, suelen hacerse más dramáticos. Se pueden desarrollar ataques de pánico y ansiedad grave. Esto puede progresar rápidamente a confusión, desorientación y alucinaciones. Es frecuente en personas frágiles y ancianas con infarto de miocardio. Aunque los síntomas pueden ser idénticos a los de la demencia o la esquizofrenia, los médicos no asignan estos diagnósticos, sino que diagnostican delirio.

Ahora bien, ¿cómo conciben esta distinción? La mayoría de los profesionales sanitarios saben que, sencillamente, el cerebro no funciona bien bajo el estrés de un infarto y le atribuirán *todos y cada uno* de los nuevos síntomas psiquiátricos. Todo vale. Obsesiones. Compulsiones. Confusión. Depresión. Agitación. Delirios. Cualquier cosa. Los profesionales agruparán todos los síntomas bajo el diagnóstico de delirio. Las personas que lo padecen no van a mostrar todos los síntomas de todos los trastornos mentales. Pueden tener solo unos pocos. Algunas desarrollarán síntomas de TOC. Otras parecerán más deprimidas y retraídas. Otras se mostrarán maníacas y agitadas. Esto tampoco importa. Cualquier combinación de síntomas que aparezca es irrelevante. Todos se deben al delirio.

A veces, el delirio puede aparecer de forma más gradual. Una de las causas más frecuentes en los ancianos es una infección de las vías urinarias, o IVU, que puede resultar más difícil de reconocer y diagnosticar. Es habitual que estas personas no sepan que la padecen. Y el que muestra las primeras señales del problema es el cerebro, no la vejiga. Los ancianos que por lo demás estaban bien unas semanas antes pueden empezar a desarrollar confusión y problemas de memoria. Los familiares o los profesionales sanitarios suelen preocuparse por la posibilidad de que exista un alzhéimer. Los síntomas son exactamente iguales. Estas personas pueden confundirse a menudo. Pueden perderse conduciendo. Pueden tener problemas para recordar los nombres de personas a las que ven todos los días. Una vez llevados a un profesional sanitario, un examen médico puede revelar el problema: una IVU. Tratarla puede resolver todos los síntomas. Aunque se debía a una infección en la vejiga, los síntomas procedían del cerebro. ¿Por qué? Porque el cerebro es el órgano más sensible a la privación de energía, o disfunción mitocondrial. Es el eslabón más débil. Casi siempre es el que muestra primero al menos algunas señales sutiles.

¿Cómo conducen estos diferentes trastornos médicos al desarrollo de prácticamente todos los síntomas psiquiátricos? Los expertos especulan sobre los neurotransmisores, las respuestas al estrés y la inflamación[32]. Todo ello es cierto. Ahora bien, ¿cómo encajan exactamente entre sí y conducen a los síntomas psiquiátricos? En este momento, la comunidad médica no tiene una teoría coherente, pero la teoría de la energía cerebral ofrece una.

No soy el primero en sugerir que el delirio se debe a problemas metabólicos. En 1959, George Engel, creador del modelo biopsicosocial, propuso que es consecuencia de una alteración del metabolismo energético cerebral, o «insuficiencia metabólica cerebral»[33]. Desde entonces, muchos investigadores han ampliado esta hipótesis[34]. Por ejemplo, los estudios de imágenes PET han revelado una disminución del metabolismo cerebral de la glucosa en personas con delirio[35]. Se sabe que muchas enfermedades graves afectan directamente al metabolismo y a la función mitocondrial. Sin embargo, dado que la comunidad médica no ha sido capaz de explicar los síntomas mentales, no ha quedado claro si estas anomalías metabólicas y mitocondriales podrían desempeñar un papel en la causa de los síntomas mentales, ni cómo lo hacen.

¿Cómo se trata el delirio? El tratamiento depende de la causa o causas subyacentes y de los síntomas específicos. Una vez identificada la afección médica que lo provoca, se aplican los tratamientos estándar para ella. Puede ser un antibiótico para la IVU o protocolos cardiológicos estándar para el infarto de miocardio. ¿Qué ocurre con los síntomas mentales? Aunque caigan bajo la etiqueta de delirio, en psiquiatría utilizamos casi cualquier cosa para controlar los síntomas. Se suelen emplear medicamentos sedantes: antipsicóticos, estabilizadores del estado de ánimo, antidepresivos, ansiolíticos y somníferos. Si los síntomas del delirio son depresión extrema y falta de energía, a veces se utilizan estimulantes. Estos medicamentos sirven solo para aliviar los síntomas, pero, en realidad, esperamos a que se trate completamente la enfermedad médica subyacente. Los síntomas del delirio suelen desaparecer cuando se resuelve la enfermedad. Es un caso temporal de disfunción mitocondrial.

¿Importa realmente el delirio? Una vez identificada la afección médica primaria, como el infarto de miocardio, ¿es realmente importante si la persona tiene síntomas mentales o no? Mucha gente piensa que no. No se los toman muy en serio. Los consideran problemas molestos que solo dificultan la prestación de una buena asistencia. Por ejemplo, algunos cardiólogos ignoran los síntomas mentales en el contexto de un infarto de miocardio. Para ellos, el problema está claro: es un infarto. Que la persona esté ansiosa o no, en realidad da igual. Incluso si está alucinando, pueden pensar que eso tampoco importa. Es un problema del que debe ocuparse un psiquiatra. No tiene nada que ver con el corazón ni con el trabajo del cardiólogo. Por desgracia, esta perspectiva tan habitual es miope. Ignora una enorme cantidad de investigaciones que demuestran que el delirio sí importa. En ocasiones, constituye la diferencia entre la vida y la muerte.

Si la teoría de la energía cerebral es correcta, las personas con delirio deberían presentar una disfunción mitocondrial más generalizada o grave que las que no lo tienen. Los síntomas «mentales» nos están dando una señal de alarma. Si esto es cierto, una disfunción mitocondrial más generalizada y grave debería significar toda una serie de cosas. Debería significar que las personas con delirio tendrán más probabilidades de desarrollar un trastorno mental, demencia o un ataque. También debería significar que tendrán más probabilidades de morir. ¿Alguna de estas cosas es cierta? Resulta que todas lo son.

Los trastornos mentales, como la ansiedad, la depresión y el TEPT, son frecuentes tras un episodio de delirio. Se han documentado sistemáticamente tasas más altas de demencia y deterioro cognitivo tres, doce y dieciocho meses después del alta hospitalaria en personas con delirio, en comparación con otras con las mismas enfermedades que no lo tuvieron[36]. De hecho, el delirio en personas mayores multiplica por ocho el riesgo de demencia posterior. También está bien documentada la hiperexcitabilidad de las células cerebrales, cuya consecuencia más extrema son las convulsiones. En un estudio de personas con delirio se observó que el 84 por ciento tenía electroencefalogramas (EEG) anormales y que el 15 por ciento mostraba una clara actividad convulsiva[37]. Estas personas tienen más probabilidades de morir de forma prematura. Durante un ingreso hospitalario, las personas con delirio tienen el doble de probabilidades de morir prematuramente que las que no lo padecen[38]. Tras el alta hospitalaria, las tasas de mortalidad a un año de las personas con delirio son de entre el 35 y el 40 por ciento, mucho más altas que las de quienes no lo padecen[39].

¿Qué sentido tiene todo esto? El delirio nos indica la existencia de una disfunción mitocondrial en el cerebro. A veces puede ser reversible, y la persona se recupera completamente. Sin embargo, no siempre es así. Lo que sugieren estos datos es que la disfunción mitocondrial puede persistir o progresar. Las mitocondrias de las células pueden dañarse, lo que reduce su fuerza de trabajo. Esto hace que las células sean más vulnerables a una disfunción continuada. Algunas células pueden llegar a morir y no ser sustituidas. Todo ello provoca una reducción de la capacidad de reserva de distintas regiones cerebrales, y cualquiera de ellas puede provocar trastornos mentales, enfermedad de Alzheimer o convulsiones.

¿Qué ocurre con las personas que muestran signos de un trastorno mental más sutil, por ejemplo depresión, durante una estancia en la UCI? Si la depresión también se debe a una disfunción mitocondrial, entonces deberíamos esperar que se asociara a mayores tasas de mortalidad o convulsiones. ¿Es así? Sí, lo es. Recuerda que hablé de la investigación que revela que las personas deprimidas tras un infarto tienen el doble de probabilidades de sufrir otro durante el año siguiente. Y las personas mayores con depresión tienen seis veces más probabilidades de sufrir convulsiones. Se han realizado investigaciones similares en pacientes con una amplia variedad de enfermedades médicas. Tras una estancia en la UCI, los pacientes con depresión tenían un 47 por ciento más de probabilidades de morir que los que no padecían depresión en los dos años siguientes al alta[40]. Esta y otras investigaciones sugieren que cualquier síntoma mental, aunque no se diagnostique formalmente como delirio, está asociado a tasas más elevadas de muerte prematura. Podría decirse que los síntomas mentales son como el canario en la mina de carbón; a veces son el primer indicio de un fallo metabólico y mitocondrial.

¿Qué ocurre con las personas que padecen trastornos mentales de larga duración? Si estos trastornos se deben realmente a una disfunción mitocondrial, deberían ser más propensas a desarrollar delirio si, de hecho, el delirio se debe a una disfunción mitocondrial. ¿Es esto cierto? Sí, lo es. Recordemos el estudio poblacional danés realizado con más de siete millones de personas[41]. En él se descubrió que las personas con trastornos mentales (cualquiera de ellos) tenían más probabilidades de desarrollar problemas mentales «orgánicos», que incluyen el delirio y la demencia. En total, según el diagnóstico, estas personas tenían entre dos y veinte veces más probabilidades de desarrollarlos. Las enfermedades mentales crónicas son como la luz de alarma de un coche. Nos abren una ventana a la salud metabólica de una persona. Nos dicen que el cerebro no funciona bien debido a una disfunción metabólica o mitocondrial. Si lo ignoramos, a veces se corregirá solo. Si continúa y hacemos la vista gorda, lo normal es que empiecen a aparecer síntomas y otras enfermedades.

Si el ejemplo del delirio no te ha convencido, quizá este sí lo haga: el proceso de la muerte. En algunas facultades de Medicina se enseña a los estudiantes un mantra del proceso de morir: «convulsiones, coma, muerte». Es la secuencia de acontecimientos que suelen ocurrir cuando la gente se está muriendo. Lo que se omite es el delirio, que es casi universal. La gente suele alucinar, desorientarse, tener síntomas relacionados con el estado de ánimo o desarrollar cualquiera de los otros síntomas mentales. Sus cerebros están fallando porque las mitocondrias de sus células cerebrales están fallando. El proceso de la muerte está inequívocamente asociado al fallo mitocondrial. Esta breve secuencia de acontecimientos —delirio, convulsiones, coma y muerte— pone de manifiesto todas las consecuencias de la disfunción mitocondrial que he estado comentando. Pone de relieve la paradoja tanto de la reducción de la función celular como de la hiperexcitabilidad de las células en el contexto de un rápido fallo mitocondrial que culmina en la muerte.

La cuestión del lenguaje y nuestro camino hacia el tratamiento

La teoría de la energía del cerebro sugiere que todos los trastornos mentales tienen en común la vía de las mitocondrias. Cuando las mitocondrias no funcionan bien, tampoco lo hace el cerebro. Si esto es cierto, ¿qué importancia tienen nuestras etiquetas diagnósticas? ¿Cómo deberíamos llamar a los trastornos mentales?

Es probable que nuestras etiquetas diagnósticas actuales persistan durante algún tiempo. El cambio es difícil y lleva tiempo. Además, los diagnósticos con que contamos hoy en día proporcionan una información útil. Describen constelaciones de síntomas que presentan las personas. Y los síntomas son importantes porque requerirán tratamientos diferentes, al menos tratamientos sintomáticos diferentes.

Sin embargo, dado el solapamiento entre diagnósticos que ya hemos comentado, y el hecho de que personas con exactamente el mismo diagnóstico puedan tener síntomas diferentes, es evidente que hay un margen de mejora. La disfunción o desregulación mitocondrial ofrece una explicación para un número ilimitado de síntomas en distintas personas. Hemos visto que, dependiendo de qué células y redes cerebrales estén implicadas y de qué factores estén afectando a la función de las mitocondrias, las personas van a presentar síntomas diferentes. Esto establece que está justificado un cambio en nuestra forma de plantearnos los trastornos mentales.

Un modelo sencillo sería llamar delirio a todos los trastornos mentales. Podríamos quizá separar el delirio transitorio del crónico. El delirio transitorio se resuelve en dos o tres meses, y el crónico dura más tiempo. Esta etiqueta recordaría a todos los profesionales clínicos que deben seguir buscando la causa o causas de la disfunción cerebral metabólica, en lugar de limitarse a administrar tratamientos sintomáticos. Seguiría en gran medida los protocolos actuales de tratamiento del delirio ya en vigor, pero los ampliaría a todos los que actualmente están etiquetados como «enfermos mentales».

Como algunos se opondrán al uso de «delirio» para todos los trastornos mentales, podríamos, alternativamente, llamarlos a todos «disfunción cerebral metabólica» y añadir especificadores para los distintos síntomas que experimentan las personas. Por ejemplo, alguien con síntomas de ansiedad prominentes podría recibir el diagnóstico de «disfunción cerebral metabólica con síntomas de ansiedad». Una persona con esquizofrenia podría recibir el diagnóstico de «disfunción cerebral metabólica con síntomas psicóticos, depresivos y cognitivos». En todos los casos, el diagnóstico principal seguiría siendo el mismo, «disfunción cerebral metabólica», pero los síntomas irían cambiando a medida que fueran funcionando los tratamientos o que la enfermedad progresara o remitiera. En lugar de tener múltiples diagnósticos, como suele ocurrir ahora, las personas tendrían un solo trastorno, disfunción cerebral metabólica, con los distintos síntomas de este trastorno.

La teoría de la energía del cerebro... en pocas palabras

He aquí un rápido resumen de la teoría de la energía del cerebro:

Los trastornos mentales son trastornos metabólicos del cerebro. Aunque la mayoría de la gente piensa que el metabolismo consiste en quemar calorías, es mucho más que eso. Afecta a la estructura y función de todas las células del cuerpo humano. Entre sus reguladores se incluyen muchas cosas, como la epigenética, las hormonas, los neurotransmisores y la inflamación. Las mitocondrias son los reguladores maestros e intervienen en el control de los factores que acabamos de enumerar. Cuando no funcionan correctamente, al menos algunas de las células de tu cuerpo o cerebro no lo van a hacer tampoco.

Los síntomas de la enfermedad mental pueden entenderse como funciones cerebrales hiperactivas, hipoactivas o ausentes. La disfunción o desregulación mitocondrial puede causar todo esto a través de cinco mecanismos distintos: (1) la actividad celular puede ser hiperactiva; (2) la actividad celular puede ser hipoactiva; (3) algunas células pueden desarrollarse anormalmente (lo que conduce a la ausencia de funciones cerebrales); (4) las células pueden encogerse y morir (lo que también conduce a la ausencia de funciones cerebrales), y (5) las células pueden tener problemas para mantenerse (lo que puede contribuir a la hiperactividad, hipoactividad o ausencia de funciones cerebrales). Por ejemplo, si las células que controlan la ansiedad están hiperactivas, tendrás síntomas de ansiedad. Si las células que controlan la memoria están poco activas, tendrás problemas de memoria. Si los problemas metabólicos se producen a una edad temprana, el cerebro puede desarrollarse de forma anormal, lo que puede ocurrir en el autismo. Si los problemas metabólicos se producen durante largos periodos de tiempo, las células pueden encogerse y morir, lo que ocurre en la mayoría de los trastornos mentales crónicos y en la enfermedad de Alzheimer. Y, por último, los problemas de mantenimiento pueden dejar a las células en un estado de deterioro y contribuir a cualquiera de estos otros problemas.

Así pues, probablemente te preguntes cuál es la causa de la disfunción o desregulación metabólica y mitocondrial. La respuesta es... muchas cosas. Lo bueno es que probablemente muchas de ellas ya te resulten familiares. Serán el tema central de la siguiente y última parte del libro. Y lo bueno también es que la mayoría de estas causas pueden identificarse y abordarse.

Tercera parte

CAUSAS Y SOLUCIONES

Capítulo 9
¿Cuál es la causa del problema y qué podemos hacer para solucionarlo?

ES HORA DE VOLVER a analizar todos los factores de riesgo y teorías conocidas acerca de las causas de las enfermedades mentales a través de la nueva lente de la energía del cerebro, o del metabolismo y las mitocondrias. Si todos los trastornos mentales son trastornos metabólicos y si las mitocondrias son realmente la vía común, entonces todos los factores de riesgo de las enfermedades mentales que se conocen deben vincularse directamente a ellos y deben poder encajarse de alguna manera. Necesitamos ver pruebas de causa y efecto. La mayor parte de lo que voy a analizar son factores de riesgo bien establecidos e irrefutables. Hasta ahora, sin embargo, nadie había sido capaz de conectarlos. En los capítulos siguientes iré enlazando cada uno de estos factores con el metabolismo y las mitocondrias, demostrando el vínculo que ha faltado durante mucho tiempo en el campo de la salud mental.

El término *factor de riesgo* resulta apropiado cuando se desconocen las relaciones causa-efecto, pero eso es algo que la teoría de la energía cerebral cambia. Por tanto, voy a empezar a utilizar el término *causas coadyuvantes* en lugar de factores de riesgo. En la mayoría de los casos, existen varias que confluyen para dar lugar a la enfermedad; no suele ser una única causa raíz.

Una nota rápida sobre terminología: en esta sección, en algunas ocasiones me referiré al metabolismo y en otras hablaré de mitocondrias. Están estrechamente relacionados, pero no son lo mismo. Volviendo a nuestra analogía del tráfico, puede ser útil imaginar la diferencia de la siguiente manera: el metabolismo es el flujo del tráfico, mientras que las mitocondrias son los conductores y trabajadores que viajan en el interior de los coches. Como ya hemos dicho, aunque los conductores son los principales responsables de dicho flujo, no son el único factor determinante. El tráfico también se ve afectado por el entorno, el tiempo y los obstáculos imprevistos, como la conducción diurna o nocturna; las tormentas de lluvia, nieve o granizo; las obras en las carreteras y otros factores que escapan al control de los conductores, pero que también exigen que estos respondan. Así pues, las mitocondrias siempre están implicadas en el metabolismo, pero los problemas o retos metabólicos no siempre se deben a una «disfunción» mitocondrial. En ocasiones, estas hacen lo que se supone que deben hacer dadas las circunstancias, pero el entorno plantea retos metabólicos. Por poner un ejemplo fácil, una mujer podría estar metabólicamente sana, pero, si toma un alucinógeno, empezaría a alucinar de inmediato. La droga desregula su metabolismo y sus mitocondrias, provocando síntomas, pero sería injusto para las mitocondrias decir que son «disfuncionales». Simplemente están haciendo lo que pueden dadas las circunstancias, igual que los conductores pueden estar haciendo lo que está en su mano en medio de una granizada.

Muchas de las causas coadyuvantes de las que hablaré sencillamente ralentizan las mitocondrias y su función. Sin embargo, algunas de ellas son auténticas agresiones. Unas pueden destruir las mitocondrias de las células. Otras pueden influir sobre su capacidad para producir energía. Algunas pueden afectar a su capacidad para realizar otras funciones, como fusionarse entre sí o enviar señales al ADN. Aunque algunas de ellas pueden ser menores y pasar inadvertidas al principio, si se unen a otras agresiones adicionales, pueden dar lugar a un deterioro mitocondrial suficiente para producir síntomas mentales. Otras pueden ser agresiones decisivas y catastróficas a las mitocondrias que producen síntomas mentales graves de inmediato, como los venenos mitocondriales. Estas agresiones graves no suelen afectar únicamente al cerebro (pueden verse afectadas todas las células del cuerpo, por ejemplo), y a veces pueden producir situaciones potencialmente mortales.

Algunas de las causas coadyuvantes estimulan las mitocondrias y aumentan su producción de energía, al menos a corto plazo. En ocasiones, esto puede ser beneficioso. Puede mejorar los síntomas de una función celular reducida, como la fatiga. Otras, sin embargo, puede provocar problemas de exceso de energía. Puede ser algo tan simple como la incapacidad para dormir por la noche después de beber café. La cafeína estimula las mitocondrias. Ahora bien, ¿te acuerdas de las células hiperexcitables? Si reciben demasiada energía, pueden generar problemas: ansiedad, psicosis o convulsiones. Por muy diferentes que sean estos síntomas, te sorprenderá ver que a veces un solo factor puede desencadenarlos todos. Los estimulantes que se venden con receta, como el Ritalin o el Adderall, estimulan las mitocondrias. Pueden proporcionar un alivio adecuado de los síntomas en algunas personas, pero también provocar ansiedad, psicosis o convulsiones en otras.

A la hora de revisar las distintas causas coadyuvantes, conviene tener en cuenta tres temas importantes:

1. Todas afectan directamente al metabolismo y a las mitocondrias.
2. Todas están asociadas a una amplia variedad de síntomas de trastornos mentales. Ninguna de ellas es específica de un solo trastorno o síntoma. Esto es coherente con la observación de que todos los trastornos mentales tienen una vía común: las mitocondrias.
3. Todas están relacionadas también con trastornos metabólicos y neurológicos: obesidad, diabetes, enfermedades cardiovasculares, enfermedad de Alzheimer y epilepsia. También están vinculadas a muchos otros diagnósticos médicos, pero me centraré en estos cinco. Los factores de los que hablaré también pueden desencadenar exacerbaciones de estos trastornos «físicos», lo que respalda la observación de que las enfermedades mentales comparten una vía común con estos trastornos médicos y neurológicos.

No voy a presentar una revisión científica exhaustiva de cada factor. Disponemos de una enorme cantidad de datos científicos que respaldan cada uno de ellos. Mi objetivo aquí es proporcionar una visión general de cómo todas estas causas coadyuvantes se relacionan con el metabolismo, las mitocondrias y la salud mental.

Empezaré por los factores biológicos y terminaré con los psicológicos y sociales. Esto no implica que los biológicos sean más importantes. En muchos casos, no lo son. Sin embargo, repasarlos en primer lugar sentará las bases para saber cómo influyen los psicológicos y sociales sobre el metabolismo y las mitocondrias.

Por qué cada persona presenta unos síntomas y trastornos diferentes... y por qué persisten las conexiones entre ellos

Empecé a tratar este tema en la segunda parte del libro, pero, a la hora de examinar las causas y los tratamientos específicos que contribuyen a ello, merece la pena volver a plantear dos cuestiones. La primera:

> Si todos los trastornos mentales se deben a una disfunción o desregulación mitocondrial, ¿por qué hay tanta variabilidad en los síntomas? ¿Cómo es posible que el mal funcionamiento de las mitocondrias y el peaje metabólico hagan que una persona acabe con depresión y otra con TOC, por ejemplo?

Hay dos respuestas principales:

1. **Diferencias en las vulnerabilidades preexistentes.** Cada persona es diferente. Esto incluye a los gemelos idénticos. Incluso cuando dos personas comparten el mismo código genético, siguen siendo distintas. Al fin y al cabo, todos somos producto de nuestros esquemas biológicos (genética) *y también* de las experiencias que hemos vivido y de las exposiciones ambientales a las que hemos estado sometidos. Naturaleza *y* crianza. Las *experiencias* y las *exposiciones* incluyen las experiencias psicológicas y sociales que hemos tenido, pero también las exposiciones ambientales metabólicas. Todas ellas comienzan en la concepción. Nuestro cuerpo está constantemente respondiendo al entorno y a su acceso a nutrientes y oxígeno, a las hormonas, a la temperatura, a la luz y a otros muchos factores. Todos ellos influyen sobre nuestro metabolismo y sobre las mitocondrias, pero hay algunos específicos que afectan a unas células y no a otras. Con el tiempo, desarrollamos partes de nuestro cerebro y de nuestro cuerpo que son fuertes y resistentes, pero también

otras que son más débiles y vulnerables. El fallo metabólico de células o redes cerebrales específicas es lo que causa los síntomas mentales, por lo que estas áreas de vulnerabilidad influyen en qué síntomas se desarrollan primero. En esencia, nuestro metabolismo es tan fuerte como su eslabón más débil.

Es algo parecido a los músculos del cuerpo. Algunos son más fuertes que otros. Si tienes que levantar algo muy pesado (un factor de estrés importante), es probable que los músculos más débiles fallen primero. Esta situación puede ser diferente para cada persona. Si tres levantan el mismo objeto pesado, una puede sufrir un esguince de muñeca, otra un tirón muscular en la pierna y la tercera puede lesionarse la espalda. El mismo factor estresante provocará lesiones diferentes (con síntomas concretos) que requerirán tratamientos diferentes debido a las distintas vulnerabilidades.

2. **Diferencias en lo que reciben.** Las células y las mitocondrias que contienen se ven afectadas por muchas de las cosas que reciben, que afectan a distintas partes del cuerpo y del cerebro en momentos diferentes. En los capítulos siguientes, hablaré de las causas coadyuvantes que afectan a las mitocondrias de un modo u otro. La mayoría de ellas son factores de riesgo bien conocidos de enfermedad mental. Algunas afectarán a todas las células del cuerpo y del cerebro. Sin embargo, la mayoría no lo hará. Muchos de estos factores solo afectan a algunas, pero no a otras. Ante distintas situaciones o tareas, cada una de las partes del cuerpo o regiones del cerebro necesita una cantidad de energía diferente. Si la energía se distribuyera por igual en todo el cuerpo y el cerebro, no solo se derrocharía en las células que no la necesitan, sino que desviaría una cantidad preciosa de energía que no llegaría a aquellas células que la necesitan. Esto significa que algunas de estas causas coadyuvantes van a afectar a algunas regiones cerebrales, pero no a otras, lo que puede dar lugar a síntomas diferentes.

Estas respuestas conducen directamente a una segunda pregunta:

> Si existen claras distinciones entre las vulnerabilidades individuales y otros factores que conducen a diferencias en la disfun-

> ción, ¿cómo están relacionados entre sí todos los trastornos mentales y metabólicos? ¿Por qué tener problemas metabólicos en un tipo de célula guarda cierta relación con el funcionamiento de otros tipos de células?

Para responder a esto, volvamos a nuestra analogía del metabolismo: el tráfico en una ciudad. Hay muchos factores que determinan si fluye sin problemas o no. Lo mismo ocurre con el metabolismo. Y, al mismo tiempo, todo está interconectado.

Un problema de tráfico puede empezar en una pequeña zona de la ciudad: un accidente de un solo coche que bloquee una calle muy transitada. Del mismo modo, un problema metabólico puede comenzar en un grupo de células y provocar síntomas relacionados con las funciones de esas células. Al principio, el problema puede quedar circunscrito únicamente a esas células debido a vulnerabilidades preexistentes o a entradas diferentes, como acabo de señalar.

Sin embargo, si los problemas persisten, los síntomas pueden extenderse. En lo que respecta al tráfico urbano, si el vehículo accidentado no se retira rápidamente, el atasco se generalizará y afectará al tráfico en otras partes de la ciudad. Si los problemas de tráfico se deben a un mantenimiento deficiente de las carreteras, pueden provocar problemas a largo plazo. Lo mismo ocurre con el metabolismo. Un problema en una zona del cuerpo suele extenderse con el tiempo. ¿Por qué? Porque el metabolismo está muy interconectado. Depende de circuitos de retroalimentación en todo el cuerpo. Por tanto, si una zona no funciona bien, el resto del cuerpo puede verse afectado. Si el problema no se corrige, irá pasando factura poco a poco y se extenderá, a veces durante años o décadas.

Tratamientos e historias de éxito

Para cada una de las causas que contribuyen a la enfermedad mental esbozaré algunas estrategias que pueden utilizarse para abordar los problemas cuando sea posible. Algunas de ellas son tratamientos estándar ya existentes (repito una vez más que una teoría nueva no sustituye a lo que ya sabemos que funciona). Otras serán tratamientos nuevos que probablemente no hayas considerado antes. En principio, se dividen en las siguientes categorías generales:

1. Tratamientos que eliminan o reducen los factores que desregulan las mitocondrias o el metabolismo, como una dieta inadecuada, trastornos del sueño, consumo de alcohol o drogas, algunos medicamentos o factores de estrés psicológico o social.
2. Tratamientos que corrigen los desequilibrios metabólicos, como los desequilibrios hormonales o de los neurotransmisores.
3. Tratamientos que mejoran el metabolismo. Divido estas estrategias en tres categorías:
   - Biogénesis mitocondrial: existen formas de aumentar el número de mitocondrias de las células. Al incrementar la mano de obra, se mejora la capacidad metabólica.
   - Mitofagia: deshacerse de las mitocondrias viejas y defectuosas y sustituirlas por otras nuevas y sanas también puede influir. Al rejuvenecer la mano de obra, se mejora el metabolismo.
   - Autofagia: reparar el daño estructural que se ha producido en las células como consecuencia de problemas metabólicos de larga duración puede ser esencial para la curación a largo plazo.

En el capítulo 20 ofrezco un enfoque general y las estrategias básicas que debes utilizar para desarrollar un plan de tratamiento integral. Por favor, no pongas en práctica ninguno de los tratamientos que comento hasta que llegues al final del libro. Necesitarás comprender *todas* las causas coadyuvantes y los enfoques de tratamiento antes de decidir cuáles pueden ser adecuados para ti.

Por el camino te iré contando también historias de personas reales que han mejorado su salud mental utilizando intervenciones metabólicas. Sus nombres se han cambiado para proteger su intimidad, pero sus historias son reales.

Capítulo 10

CAUSA COADYUVANTE

La genética y la epigenética

LOS TRASTORNOS MENTALES VIENEN de familia. Es algo que se sabe desde hace siglos y que hoy en día es un hecho establecido gracias a una cantidad ingente de investigación. Esta observación ha llevado a muchas personas a la conclusión de que la raíz de las enfermedades mentales, al menos en algunos casos, debe estar en los genes. Cuando una enfermedad viene de familia, en gran medida se da por supuesto que debe ser genética, porque los genes son la vía a través de la cual se transmite la información de padres a hijos. Hoy en día sabemos que la cosa no es tan sencilla.

Genética

Entre 1990 y 2003, una comunidad internacional de investigadores comenzó uno de los proyectos científicos más ambiciosos de nuestro tiempo: el Proyecto Genoma Humano (PGH). Empezaron a secuenciar y mapear todos los genes humanos: tres mil millones de letras, o pares de bases, de ADN. Todo el mundo estaba emocionado y lleno de esperanza ante su potencial para acabar con todo tipo de enfermedades, en particular aquellas que se creía o se sabía que eran hereditarias. En psiquiatría, imaginábamos que, con un mapa genético completo, podríamos identificar los genes responsables de cada trastorno, descubrir qué proteína codificaban, desarrollar medicamentos para abordar esos problemas y posiblemente incluso encontrar curas.

Desde que se completó este estudio, los investigadores han descubierto unos mil ochocientos genes responsables de diversas enfermedades y han desarrollado unas dos mil pruebas genéticas que pueden medir el riesgo hereditario de padecer determinadas enfermedades. Algunos pacientes pueden someterse a análisis para saber si van a metabolizar los medicamentos demasiado despacio o muy rápido. El esfuerzo ha dado sus frutos en muchos aspectos pero, por desgracia, no en psiquiatría.

En la búsqueda de los genes que provocan las enfermedades mentales hemos acabado, en gran medida, con las manos vacías. Y no ha sido por falta de intentos. Los investigadores han rastreado el genoma humano, buscando los genes de los neurotransmisores, las enzimas que los producen y sus receptores. Estos eran los objetivos obvios, las sustancias químicas de la teoría del desequilibrio químico: la serotonina, la dopamina y otras. Por desgracia, no se ha encontrado ninguna relación significativa entre estos genes y la enfermedad mental.

A continuación, decidieron explorar todo el genoma en busca de genes que pudieran estar relacionados con la enfermedad mental mediante estudios de asociación del genoma completo (GWAS). Mantuvieron la mente abierta y examinaron todos los genes, incluso los que aparentemente no estaban relacionados con el cerebro ni con la psiquiatría, con el fin de encontrar aquellos que provocaban las enfermedades mentales. Tras estas búsquedas exhaustivas, identificaron una plétora de genes que podrían estar relacionados con los trastornos psiquiátricos, pero no encontraron casi ninguno que confiriera un riesgo significativo a una parte importante de las personas que sufren los trastornos. *Sí* se identificaron algunos muy raros que pueden conferir altos niveles de riesgo, pero, para la mayoría de las personas con trastornos mentales, los genes específicos no implican un riesgo muy elevado. Además, la gran mayoría de los que se han encontrado no son específicos de trastornos concretos sino que confieren riesgo de muchos trastornos psiquiátricos, metabólicos y neurológicos diferentes. Por ejemplo, algunos genes de riesgo de psicosis confieren riesgo de esquizofrenia, trastorno bipolar, autismo, retraso del desarrollo, discapacidad intelectual y epilepsia[1]. Así pues, uno solo confiere riesgo de muchos trastornos. En el caso de la depresión mayor existe un debate, ya que algunos estudios sugieren que hay genes que confieren pequeñas cantidades de riesgo (pronto te hablaré de un par de ellos), pero otros indican que no se ha encontrado ni uno solo siquiera que confiera un riesgo significativo, a pesar de haber analizado más de 1,2 millones de variaciones genéticas en el ADN humano[2].

La decepción que ha supuesto no encontrar respuestas genéticas a estos trastornos hereditarios no se limita a la psiquiatría, sino que se aplica también a los trastornos metabólicos de la obesidad, la diabetes y las enfermedades cardiovasculares. Todas ellas son también hereditarias, a menudo en las mismas familias que padecen enfermedades mentales, y han eludido las respuestas fáciles en el ADN humano.

Aunque miles de genes confieren pequeñas cantidades de riesgo, ¿cómo podemos entenderlo en el contexto de la teoría de la energía cerebral? Si todos los trastornos mentales se pueden explicar recurriendo a las mitocondrias y el metabolismo, ¿qué tienen que ver los genes en este asunto?

Para empezar, muchos de ellos están directamente relacionados con las mitocondrias y el metabolismo. Por ejemplo, uno llamado DISC1 confiere riesgo de esquizofrenia, trastorno bipolar, depresión y autismo. Los investigadores siguen estudiando todos los papeles que desempeña esta proteína en la función celular, pero se ha encontrado dentro de las mitocondrias y se sabe que influye en su movimiento, su fusión y su contacto con otras partes de la célula. Esto, a su vez, afecta al desarrollo y a la plasticidad de las neuronas[3]. Uno de los genes de riesgo más potentes para los trastornos del estado de ánimo, el CACNA1C, desempeña un papel importante en el estrés oxidativo y la integridad y función mitocondriales[4].

Otro ejemplo es el APOE, que aumenta el riesgo de padecer alzhéimer. Este gen codifica una proteína, la apolipoproteína E, que está relacionada con el transporte y el metabolismo de las grasas y el colesterol. Se presenta en tres formas: APOE2, APOE3 y APOE4. Aproximadamente el 25 por ciento de las personas son portadoras de una copia de APOE4, y entre el 2 y el 3 por ciento tienen dos. Los que tienen una copia presentan entre tres y cuatro veces más probabilidades de desarrollar alzhéimer, y los que tienen dos, entre nueve y quince veces más[5]. En apoyo de la teoría de la energía cerebral, este gen ejerce una gran influencia tanto en el metabolismo como en las mitocondrias. Las personas de veinte años con el APOE4 tienen más probabilidades de mostrar ya signos de alteración del metabolismo de la glucosa en el cerebro, y esta alteración empeora con el tiempo[6].

La apolipoproteína E parece tener efectos directos sobre las mitocondrias. Los investigadores observaron a personas con distintos tipos de APOE y midieron las proteínas que influyen en la biogénesis mitocondrial, la dinámica (su fusión y fisión entre sí) y el estrés oxidativo[7]. Las que tenían el alelo APOE4 mostraban niveles más bajos de estas importantes proteínas mitocondriales, y los niveles se correlacionaban directamente con los síntomas del alzhéimer. En otro estudio se analizaron los astrocitos, importantes células de apoyo del cerebro, y se descubrió que la APOE4 deteriora la autofagia, la función mitocondrial y la mitofagia[8]. La buena noticia es que se descubrió también que la administración de un fármaco que estimula la autofagia podría invertir algunas de estas anomalías.

¿Podemos decir entonces que la APOE4 aumenta el riesgo de desarrollar todos los trastornos metabólicos y mentales? Es cierto que incrementa el riesgo de sufrir enfermedad cardiovascular, *algunos* trastornos mentales y epilepsia, pero paradójicamente parece *disminuir* el de obesidad y diabetes tipo 2[9]. Aquí es donde entra en juego la complejidad del metabolismo. La apolipoproteína E no está presente por igual en todas las células del cuerpo humano. En el cerebro se encuentra principalmente en los astrocitos y la microglía, unas células con unas funciones concretas. Parece ser que la APOE4 provoca una disminución muy lenta y gradual de su funcionamiento, y estas células están más relacionadas con los síntomas cognitivos que con otros síntomas. Así pues, estas «partes» del cerebro son las que se desgastarán y con el tiempo empezarán a fallar, lo que ocasionará unos síntomas concretos. Y cuando comienzan a fallar por completo es cuando se inician los demás síntomas mentales del alzhéimer, debido a las interconexiones de estas regiones cerebrales. Así pues, como ya he comentado, se trata de un ejemplo de una vulnerabilidad preexistente (un gen de riesgo) y de diferencias en lo que reciben las distintas células, y ambos factores participan en la causa de algunos síntomas y no de otros. No obstante, esta línea de investigación sigue implicando directamente al metabolismo y a las mitocondrias como la vía común hacia la enfermedad.

La genética mitocondrial es también complicada porque las mitocondrias están influidas por genes tanto del núcleo como del interior de la propia mitocondria. Los que están en su interior son mucho más susceptibles a las mutaciones, y estas se han relacionado directamente con numerosos aspectos de la función cerebral, como el comportamiento, la cognición, la ingesta de alimentos y la respuesta al estrés[10]. Por desgracia, estos genes mitocondriales no se han analizado a fondo en grandes estudios de población porque la mayoría de los investigadores han dado por sentado que no tienen demasiada importancia.

Incluso los genes relacionados con otras proteínas que desempeñan unas funciones distintas en las células van a influir en el metabolismo. Los genes son los planos de las distintas proteínas que componen el cuerpo humano. Al igual que sucede con las distintas piezas de un coche, y todas sus variantes en las distintas marcas y modelos de automóviles, algunos son más fiables y consumen menos que otros. Algunos están adaptados a condiciones adversas y tienen una vida más corta, mientras que otros están diseñados para la eficacia del combustible y la longevidad. Según cuáles heredes, pueden influir en la función de tus células, tu metabolismo y tu salud en general. También pueden conferir distintos grados de susceptibilidad al fallo metabólico. En lo que respecta al metabolismo, siempre hay un «eslabón más débil». Cuando las partes de una célula son diferentes, algunas van a ser más vulnerables al fallo que otras.

Dicho esto, es casi seguro que, para la mayoría de las personas con enfermedades mentales, la respuesta a su problema no reside en los genes. Y si estos no pueden explicar del todo por qué los trastornos mentales son hereditarios, entonces ¿a qué podrían deberse?

Epigenética

La epigenética, que analizamos brevemente en la segunda parte del libro, es el campo dedicado a comprender qué hace que los genes se activen o desactiven. La mayoría de las personas tenemos unos genes similares; en líneas generales, contamos con los mismos planos de cómo debe funcionar el cuerpo. Está claro que existen variantes evidentes, como la estatura, el color de la piel y del pelo, que se deben a diferencias en nuestros genes, pero la mayoría son básicamente los mismos. El cuerpo humano funciona de la misma manera en la mayoría de las personas, lo que es claramente diferente es la expresión de todos estos genes.

Las células de la piel, el cerebro y el hígado tienen el mismo ADN. Sin embargo, la epigenética es la responsable de que las distintas células del cuerpo humano sean distintas entre sí. Estas células diferentes expresan genes diferentes.

A lo largo del día, los genes se van activando o desactivando en las células. Esto va cambiando constantemente en función de las circunstancias ambientales y de las necesidades del organismo. En otras palabras, el cuerpo está en todo momento adaptándose. A veces necesita producir una hormona, por lo que esos genes se activan. En otros momentos necesita reparar una célula, y entonces se activan esos genes. Una vez cumplida su tarea, se apagan. Las células no malgastan recursos.

Hay cambios en la expresión génica que parecen durar más que estos que fluctúan constantemente. Algunos están asociados a rasgos de las personas. Unas personas tienen músculos grandes, otras son delgadas, y otras, obesas. La expresión génica es diferente en estas personas durante periodos de tiempo más largos, aunque todas tengan genes subyacentes similares. Existen patrones específicos de expresión génica que se han asociado a diferentes rasgos, tanto físicos como mentales. Estos cambios epigenéticos de larga duración son los que permiten que el cuerpo elabore una estrategia metabólica y se atenga a ella. La epigenética proporciona una memoria de lo que el cuerpo ha vivido.

El organismo tiene muchas formas de controlar la expresión de los genes. Una de ellas es modificar el propio ADN aplicando grupos metilo a puntos específicos. Estos grupos metilo influyen en los genes que se activan o desactivan. Pueden añadirse o eliminarse según sea necesario, pero, al menos en algunos sitios, parecen volverse más estables con el tiempo. Otra de las maneras que tiene el cuerpo de influir en la expresión de los genes es a través de las histonas, unas proteínas alrededor de las cuales se enrolla el ADN. También influyen en qué genes se activan o desactivan. De todas formas, además de la metilación y las histonas, en la epigenética intervienen muchos otros factores. Cada año se descubren más y más. Entre ellos encontramos algunos como micro-ARN, hormonas, neuropéptidos y demás. Este campo se vuelve rápidamente confuso y abrumador, porque son muchísimos los factores que intervienen en el control epigenético de nuestro ADN.

Sin embargo, si das un paso atrás y observas el campo desde una perspectiva más amplia, las cosas se vuelven menos confusas. ¿Qué influye en la epigenética? ¿Qué desencadena que todos estos factores diferentes cambien la expresión genética? Casi todos giran en torno al metabolismo y las mitocondrias. Entre los factores que se cree que influyen en la epigenética están la dieta, el ejercicio físico, el consumo de drogas y alcohol, las hormonas, la exposición a la luz y el sueño, y todos ellos están relacionados con el metabolismo y las mitocondrias (como verás muy pronto). Como ejemplo concreto, los fumadores tienden a tener menos metilación del ADN del gen AHRR en comparación con los no fumadores[11]. Sin embargo, si dejan de fumar, este cambio en la metilación es reversible.

En definitiva, es importante considerar la epigenética como los planos metabólicos de las células. Simplemente refleja los patrones genéticos que permiten a las células hacer todo lo posible para sobrevivir y hacer frente a su entorno. Sin embargo, si se atascan en un patrón inadaptado o no se envían las señales apropiadas, pueden surgir problemas.

Recordemos que las mitocondrias son reguladoras de la epigenética. Influyen en la expresión génica a través de los niveles de ERO, de glucosa y aminoácidos y de ATP. Recuerda también que parecen controlar la expresión de prácticamente todos los genes de una célula. Ya te hablé del estudio que descubrió que, a medida que aumenta el número de mitocondrias defectuosas en una célula, también aumenta el número de anomalías en la expresión génica.

Y se ha comprobado que los factores epigenéticos son hereditarios. Esto ocurre de diferentes maneras. Voy a comentar algunas de ellas.

Entorno del útero

Mientras el feto está creciendo dentro del útero, está bañado en señales metabólicas. Los alimentos, el oxígeno, las vitaminas y los minerales desempeñan un papel obvio y fundamental. Sin embargo, también intervienen las hormonas de la madre, los neuropéptidos, el consumo de alcohol, drogas y medicamentos y muchos otros factores.

Un ejemplo de que la epigenética desempeña un papel claro en la transmisión de trastornos metabólicos y mentales es la famosa hambruna invernal holandesa, que tuvo lugar entre 1944 y 1945 como consecuencia de la ocupación alemana. Los investigadores han estudiado a los bebés que fueron concebidos o gestados durante este periodo y los han comparado con la población general e incluso con sus propios hermanos, que nacieron cuando las madres tenían acceso normal a los alimentos. Los nacidos durante la hambruna tenían más probabilidades de desarrollar *trastornos metabólicos y mentales* en el futuro. Este y otros estudios dieron lugar a la *hipótesis del fenotipo ahorrador*, que propone que los bebés privados de una nutrición adecuada en el útero tienen más probabilidades de desarrollar obesidad, diabetes y enfermedades cardiovasculares más adelante. Por desgracia, esta hipótesis pasa por alto o ignora el hecho de que también tienen más probabilidades de desarrollar trastornos mentales. Se descubrió que tienen el doble de riesgo de padecer esquizofrenia y trastorno antisocial de la personalidad, así como mayores tasas de depresión, trastorno bipolar y adicción[12]. Los investigadores han estudiado el páncreas para comprender las elevadas tasas de diabetes, el corazón para comprender las elevadas tasas de enfermedades cardiovasculares y el cerebro para comprender los trastornos psiquiátricos y neurológicos, pero no han logrado encontrar la conexión metabólica entre todos ellos.

Vida temprana

Algunos de los factores que regulan la epigenética, el metabolismo y las mitocondrias se transfieren al bebé después del nacimiento a través de los comportamientos y las experiencias de la vida temprana. Muchos estudios han analizado las conductas de los cuidadores hacia los bebés en los primeros años de vida y su impacto a largo plazo en la salud de estos. Suelen coincidir con los realizados sobre las EIA (experiencias infantiles adversas) que ya he descrito. La negligencia del cuidador y su ausencia producen en los niños efectos profundos y vitalicios que incluyen trastornos metabólicos y mentales, en los que intervienen los mecanismos epigenéticos.

Un ejemplo concreto a nivel molecular es la transmisión de un factor metabólico de la madre al niño a través de la leche materna. Una de estas moléculas es la nicotinamida adenina dinucleótido, o NAD. Se trata de una coenzima de importancia crítica que puede derivarse de la vitamina B_3 (niacina) o que el cuerpo fabrica utilizando el aminoácido triptófano de las proteínas. Es esencial para que las mitocondrias produzcan energía, pero también interviene en el mantenimiento del ADN y la epigenética. Se sabe que unos niveles bajos de esta enzima perjudican la función mitocondrial y provocan cambios epigenéticos, y se han asociado al envejecimiento y a muchas enfermedades[13]. Un grupo de investigadores se dedicó a estudiar ratones y los resultados a largo plazo de sus bebés tras suplementar a las madres primerizas con NAD o no[14]. Las que recibieron NAD extra perdieron más peso tras el parto, un agradable beneficio metabólico, ¡pero fueron sus bebés los que realmente se beneficiaron de ello! Las crías mejoraron el control de la glucosa en sangre y el rendimiento físico y experimentaron muchos cambios cerebrales, como menos ansiedad, mejor memoria, menos signos de «indefensión aprendida» (un marcador de depresión), e incluso tuvieron más neurogénesis en la edad adulta. Claramente, esta coenzima metabólica/mitocondrial administrada en la infancia influyó en sus cerebros y síntomas «mentales» de por vida. De forma natural, las madres tienen distintos niveles de esta coenzima que transfieren a sus bebés.

Transmisión intergeneracional del trauma

El fenómeno más estudiado de la relación entre la epigenética y la salud mental es la transmisión intergeneracional del trauma. La doctora Rachel Yehuda, una destacada autoridad en este campo, resumió décadas de investigación en un exhaustivo artículo de revisión: «Intergenerational Transmission of Trauma Effects: Putative Role of Epigenetic Mechanisms» («Transmisión intergeneracional de los efectos del trauma: papel aparente de los mecanismos epigenéticos»)[15]. Este campo se remonta a 1966, cuando una astuta psiquiatra, la doctora Vivian Rakoff, observó que, en ocasiones, los hijos de los supervivientes del Holocausto parecían tener formas de enfermedad mental más graves que las de sus padres, a pesar de que eran estos los que habían estado en los campos de concentración. Afirmó que, de algún modo, ambas cosas estaban conectadas. Muchos en aquella época no la creyeron. Los que lo hicieron suponían que los padres debían estar enseñando de algún modo a sus hijos a tener miedo, ansiedad o depresión, y que esta debía ser la razón de la conexión. Debía tratarse de una causa psicológica o social. A raíz de esto se realizaron numerosos estudios que empezaron a identificar un patrón de trauma parental y malos resultados de salud mental en sus hijos, e incluso en sus nietos. Pero aun así, casi todo el mundo suponía que se debía a la educación. Los padres debían estar enseñando a sus hijos a estar estresados y a tener miedo del mundo.

Esta suposición se cuestionó por primera vez en los años ochenta, cuando los investigadores descubrieron diferencias en la forma de responder al cortisol. Las personas expuestas a un trauma (*y* sus hijos) tienen distintos niveles de sensibilidad a los glucocorticoides. En particular, la exposición a altos niveles de cortisol en el útero parece «programar» a los niños, lo que da lugar a un mayor riesgo de desarrollar trastornos mentales y metabólicos en el futuro. Con la revolución genética y epigenética llegó el descubrimiento de que muchas de estas personas presentan diferencias en los patrones de metilación del receptor de glucocorticoides y otras regiones del ADN (regiones promotoras) asociadas al sistema de respuesta al estrés. Más recientemente se ha descubierto que incluso los padres podrían estar transmitiendo sus experiencias traumáticas a través de mecanismos epigenéticos en el esperma, como las moléculas de micro-ARN (miARN), que se sabe que modifican la expresión génica. Los estudios han demostrado ahora que el esperma, tanto en ratones como en hombres, tiene miARN que se transmiten a la descendencia. Se ha demostrado que los niveles de miARN específicos (449 y 34) se ven directamente afectados por los niveles de estrés que se remontan a las experiencias de la primera infancia de los padres[16]. En los ratones expuestos a acontecimientos vitales estresantes tempranos, estos niveles se redujeron drásticamente en los espermatozoides, y su descendencia masculina también tenía estos mismos niveles bajos en sus espermatozoides, lo que demuestra la transmisión transgeneracional del estrés. En los estudios en humanos, se presentó a los hombres el cuestionario EIA y se observó que los hombres con los niveles más altos de acontecimientos vitales estresantes tenían los niveles más bajos de estos mismos miARN hasta una reducción de hasta trescientas veces.

Parece ser que el momento del estrés es importante y puede influir en la función cerebral de distintas maneras[17]. La exposición del feto al estrés de la madre da lugar a tasas más elevadas de trastornos del aprendizaje, depresión y ansiedad en etapas posteriores de la vida. En los primeros años de vida, separar a un niño de su madre puede dar lugar a niveles más altos de cortisol a lo largo de la vida, mientras que el maltrato grave puede dar lugar a niveles más bajos. Aunque resulte paradójico, ambos estados se cobran un peaje metabólico y pueden vincularse directamente a las mitocondrias, dado que estas son las que inician la producción de esta hormona.

Esta línea de investigación continúa hasta hoy, pero lo que demuestra claramente es que la epigenética parece desempeñar un papel importante en la transmisión de los trastornos mentales de padres a hijos, e incluso a nietos.

Lo que la genética y la epigenética pueden decirnos sobre las causas y el tratamiento

Aunque algunos se han sentido decepcionados por nuestra incapacidad para encontrar genes específicos relacionados con los trastornos mentales, a fin de cuentas, creo que es algo bueno. Ahora sabemos que, por lo general, no hay genes «anormales» que causen enfermedades mentales. Es mucho más probable que la transmisión de padres a hijos de este tipo de trastornos se produzca a través de mecanismos epigenéticos. El aspecto esperanzador de esta idea es que se sabe que la mayoría de estos mecanismos son *reversibles*.

Los efectos del estrés intrauterino, los niveles de micro-ARN y los niveles de NAD son modificables, y en ocasiones solo se requieren unas intervenciones en el estilo de vida. El otro aspecto esperanzador de esto es que las personas no suelen nacer con «genes malos» que les imposibiliten estar sanas.

Recuerda mi analogía de los tres coches: A, B y C. Todos eran de la misma marca y modelo y, por tanto, tenían los mismos planos (o genes). Sin embargo, eran muy diferentes entre sí. Las dos razones principales de las diferencias que podíamos observar en su salud, su mantenimiento y su longevidad eran (1) el entorno y (2) un conductor disfuncional que aplicaba estrategias adaptativas en los momentos equivocados o no las utilizaba cuando era necesario. En términos humanos, esto significa que las causas principales de las enfermedades mentales no suelen estar en nuestros genes, sino en nuestro entorno o en los conductores de nuestras células, es decir, en las mitocondrias. Así pues, probablemente te preguntes qué hace que estas últimas sean disfuncionales. En el resto del libro iré analizando muchos de estos factores.

Incluso las personas con el alelo del gen APOE4 (que deteriora la función mitocondrial con el paso del tiempo) tienen esperanza de curación. No todas las que lo tienen desarrollan la enfermedad de Alzheimer. He mencionado el estudio que descubrió que aumentar la autofagia puede disminuir el problema. Hablaré de más tratamientos en los capítulos siguientes, incluidos algunos que mejoran específicamente la autofagia, pero, por ahora, debes saber que las enfermedades mentales, incluso las que son como el trastorno bipolar y la esquizofrenia, probablemente no se deban a defectos genéticos permanentes y fijos. Los problemas metabólicos son reversibles.

Capítulo 11

CAUSA COADYUVANTE

Desequilibrios químicos, neurotransmisores y medicaciones

VOLVEMOS A LA TEORÍA del desequilibrio químico. La teoría de la energía del cerebro no cuestiona las observaciones de que los desequilibrios de los neurotransmisores intervienen en los trastornos mentales ni los ensayos clínicos que han demostrado una mejoría en los síntomas gracias al uso de medicaciones que influyen en ellos. Y desde luego no pretendo cuestionar tampoco la experiencia empírica de las muchas personas a las que las medicaciones psiquiátricas han ayudado e incluso salvado. Todo ello es real y está basado en numerosas evidencias. Sin embargo, como ya he señalado, la teoría del desequilibrio químico deja muchas preguntas sin respuesta y son demasiadas las personas que no consiguen recuperar su vida con estos tratamientos.

La teoría de la energía cerebral nos ofrece una forma nueva de entender los desequilibrios de los neurotransmisores y los efectos de los medicamentos. Las mitocondrias y el metabolismo aportan una explicación de la hipoactividad y la hiperactividad/hiperexcitabilidad de células cerebrales concretas que provocan tanto estos desequilibrios como el problema de una actividad excesiva o insuficiente de los neurotransmisores. Sin embargo, los neurotransmisores también producen sus propios efectos en las células diana, dando lugar a la estimulación o inhibición de las mitocondrias en esas células. Esto se convierte rápidamente en una cadena en la que la alteración metabólica en un conjunto de células provoca problemas en otras.

Mucha gente considera que los neurotransmisores son entidades simples con funciones sencillas. La serotonina nos hace sentir bien. La dopamina impulsa la psicosis y la adicción. La norepinefrina nos ayuda a concentrarnos. Aunque hay algo de verdad en estas afirmaciones, estas visiones simplistas de los neurotransmisores y los trastornos asociados a ellos son casi una farsa. El cerebro, los neurotransmisores y los trastornos mentales son algo mucho más complejo.

Los neurotransmisores no son simples señales de encendido/apagado entre células. Las investigaciones realizadas en la última década han ampliado enormemente nuestra perspectiva de su papel en el metabolismo y la función mitocondrial. Los neurotransmisores y las mitocondrias se retroalimentan mutuamente. Las mitocondrias influyen sobre el equilibrio de los neurotransmisores y estos a su vez influyen en el de las mitocondrias y en su función.

Como ya mencioné en el capítulo 7, las mitocondrias desempeñan un papel clave en la producción de muchos neurotransmisores, como la acetilcolina, el glutamato, la norepinefrina, la dopamina, el GABA y la serotonina. También tienen, directamente en sus membranas, receptores para algunos importantes como las benzodiacepinas y GABA. No están presentes en todas las mitocondrias de todas las células, pero se han identificado al menos en algunos tipos celulares. Las mitocondrias poseen, además, una enzima importante muy conocida por la mayoría de los psiquiatras, la monoaminooxidasa, que interviene en la degradación y regulación de algunos neurotransmisores muy importantes, como la dopamina, la epinefrina y la norepinefrina. Todos estos neurotransmisores influyen directamente en la función de las mitocondrias, y estas a su vez lo hacen en el equilibrio de estos neurotransmisores.

La serotonina, un neurotransmisor muy conocido por su papel en la depresión y los trastornos de ansiedad, cumple una función muy destacada y compleja en el metabolismo y la función mitocondrial[1]. Es un neurotransmisor primitivo y muy conservado que se encuentra en todos los animales, gusanos, insectos, hongos y plantas. Se sabe que controla a grandes rasgos el apetito, las funciones del aparato digestivo y el metabolismo de los nutrientes. De hecho, alrededor del 90 por ciento de la serotonina presente en el cuerpo humano se localiza en el tubo digestivo, no en el cerebro. Investigaciones recientes han demostrado su intervención directa en la regulación de la producción y función de las mitocondrias dentro de las neuronas corticales para aumentar su producción de ATP y disminuir el estrés oxidativo[2]. Así pues, no solo incrementa la función mitocondrial de forma inmediata, sino que da lugar a la biogénesis mitocondrial, ¡una de las formas de mejorar el metabolismo! Además de este vínculo claro y directo, hay algo más. La serotonina se convierte en melatonina, una hormona importante en la regulación del sueño, que también desempeña un poderoso papel en el metabolismo. Es también el producto de una importante vía metabólica, la vía de la cinurenina, que implica el destino del aminoácido triptófano. Cuando las personas ingieren proteínas que contienen triptófano, este tiene muchos destinos posibles. Dos importantes son convertirse en serotonina o en cinurenina. La cinurenina conduce finalmente a niveles más elevados de la importantísima molécula NAD, de la que ya te he hablado. La NAD influye profundamente en la salud y la función de las mitocondrias porque es esencial para la producción de energía y la gestión de los electrones. Se han detectado problemas en la vía metabólica de la cinurenina en muchos trastornos psiquiátricos y neurológicos, como la depresión, la esquizofrenia, los trastornos de ansiedad, el síndrome de Tourette, la demencia y otros. Obviamente, los medicamentos que influyen sobre los niveles de serotonina tendrán un impacto directo en el metabolismo y las mitocondrias a través de todos estos mecanismos. Este hecho explica probablemente por qué y cómo funcionan estos medicamentos para trastornos como la depresión y la ansiedad.

También el GABA es un importante neurotransmisor con una amplia gama de funciones. La más conocida es su papel en los trastornos de ansiedad, porque los medicamentos que aumentan su actividad, como el Valium, el Klonopin y el Xanax, producen un efecto calmante y ansiolítico. Sin embargo, también se han detectado anomalías de la neurotransmisión de GABA en otros trastornos, como la esquizofrenia y el autismo. Las mitocondrias influyen directamente en él y a veces controlan su actividad. Un grupo de investigadores descubrió que los niveles de ERO mitocondriales regulan la fuerza de su actividad[3].

De una forma fascinante, otro grupo de investigación demostró una relación más directa entre el GABA, las mitocondrias y los síntomas mentales. Este estudio se realizó en moscas e incluyó un defecto genético conocido, pero poco frecuente, asociado tanto al autismo como a la esquizofrenia. Los investigadores demostraron que las mitocondrias secuestran el GABA en su interior, controlando así directamente su liberación. Cuando el defecto genético impedía este proceso, se producían déficits sociales. Cuando los investigadores corrigieron los niveles de GABA o la función de las mitocondrias, se corrigieron esos déficits. Estos investigadores relacionaron directamente un defecto genético conocido, pero poco frecuente, con la función mitocondrial, el GABA y los síntomas de déficit social[4].

El GABA no solo afecta a las funciones mentales, sino que también interviene en trastornos metabólicos como la obesidad. Un grupo de investigadores descubrió que desempeña un papel importante en el tejido adiposo marrón, un tipo especial de grasa que se activa cuando tienes frío y que también interviene de un modo decisivo en el metabolismo corporal general. Los problemas con la señalización del GABA en este tipo de grasa provocan una sobrecarga de calcio mitocondrial y anomalías metabólicas que suelen darse en las personas obesas[5]. Así pues, estos pocos ejemplos ilustran cómo las mitocondrias pueden controlar la actividad del GABA, y la actividad del GABA puede afectar a la función mitocondrial, creando un ciclo de retroalimentación.

Un último ejemplo es la dopamina. Se libera de las neuronas, se une a los receptores y después suele volver a la neurona liberadora para hacer otra ronda. Sin embargo, una parte de ella acaba dentro de las células y necesita ser gestionada por, como habrás adivinado, las mitocondrias, que poseen la enzima monoaminooxidasa que la degrada. Este proceso estimula directamente a las mitocondrias para que produzcan más ATP[6]. Pero la historia no acaba aquí. Un descubrimiento reciente ha demostrado que la dopamina interviene directamente en la regulación de la glucosa y el metabolismo[7]. El receptor de dopamina D2 es bien conocido por la mayoría de los psiquiatras, porque casi todos los medicamentos antipsicóticos afectan a este receptor en concreto. Ahora sabemos que estos receptores no se localizan solo en el cerebro, sino que también están presentes en el páncreas y desempeñan un papel fundamental en la liberación de insulina y glucagón. Hace tiempo que se sabe que los medicamentos antipsicóticos pueden afectar al peso, la diabetes y el metabolismo. Ahora la ciencia se está poniendo al día para explicar por qué. Sin embargo, lo más intrigante es la posibilidad de que estos efectos sobre la insulina desempeñen un papel directo en el efecto antipsicótico. Es posible que no tenga nada que ver con los receptores de dopamina D2 del cerebro. En el próximo capítulo hablaré más sobre la insulina y por qué esto podría ser posible.

Estos pocos ejemplos ilustran algunas de las conexiones que existen entre los neurotransmisores, las mitocondrias y el metabolismo.

Medicamentos psiquiátricos, metabolismo y mitocondrias

Los medicamentos que aumentan o disminuyen los niveles de serotonina, GABA o dopamina influyen claramente en las mitocondrias y el metabolismo a través de los mecanismos que ya he descrito. Entre ellos se incluyen muchas clases de antidepresivos, ansiolíticos y antipsicóticos.

Por ejemplo, todos sabemos que el Valium puede reducir la ansiedad. En un estudio se analizó directamente su efecto sobre ella y sobre los comportamientos de dominancia social en ratas para determinar con precisión cómo actuaba[8]. Los investigadores ya sabían que la reducción de la función mitocondrial en una zona del cerebro llamada núcleo accumbens (NAc) provoca comportamientos de ansiedad social, por lo que querían determinar si el Valium afectaba de algún modo a esta zona, y descubrieron que actúa activando otra zona del cerebro llamada área tegmental ventral (ATV), que envía dopamina al NAc. Esta dopamina aumenta la función mitocondrial en el NAc, lo que se traduce en mayores niveles de ATP, y esto provoca una reducción de la ansiedad y una mejor adaptación social. Cuando los investigadores bloquearon los efectos de la dopamina, se perdió este efecto terapéutico. Pero aquí está el truco: cuando bloquearon la respiración mitocondrial en el NAc, también se perdieron los efectos terapéuticos, aunque esas células seguían recibiendo la dopamina mejorada. Su conclusión fue que sus hallazgos «ponen de relieve la función mitocondrial como posible diana terapéutica para las disfunciones sociales relacionadas con la ansiedad»[9].

Cada medicamento afecta a las mitocondrias de una forma muy diferente. Un artículo de revisión, «Effect of Neuropsychiatric Medications on Mitochondrial Function: For Better or for Worse»[10] («Efectos de las medicaciones neuropsiquiátricas sobre la función mitocondrial: para bien o para mal»), pone de relieve una paradoja: algunos parecen *mejorar* las funciones mitocondriales, mientras que otros las *perjudican*.

Los inhibidores de la monoaminooxidasa, una clase de antidepresivos, aumentan, justo en el exterior de las mitocondrias, las cantidades de epinefrina, norepinefrina y dopamina, que estimulan la actividad mitocondrial. Se ha descubierto que el litio, un estabilizador del estado de ánimo, aumenta la producción de ATP, potencia las capacidades antioxidantes y mejora la señalización del calcio dentro de las células, todo ello relacionado con las mitocondrias[11].

Se sabe que bastantes antipsicóticos provocan problemas neurológicos graves, a veces permanentes, como temblores, rigidez muscular y discinesia tardía (DT), un trastorno del movimiento involuntario. Muchos estudios han documentado alteraciones de la función mitocondrial a nivel celular, incluida una menor producción de energía y un mayor estrés oxidativo, causadas por estos medicamentos[12]. Uno de ellos analizó el líquido cefalorraquídeo de pacientes con esquizofrenia, algunos de los cuales padecían DT, y halló una correlación directa entre los marcadores de alteración del metabolismo energético mitocondrial y los síntomas de la DT[13]. Estos y muchos otros investigadores han llegado a la conclusión de que la disfunción mitocondrial es la explicación más probable de estos efectos secundarios neurológicos.

En mi propio trabajo con pacientes desde hace más de veinticinco años, he visto de primera mano cómo los medicamentos psiquiátricos pueden alterar el metabolismo. El aumento de peso, el síndrome metabólico, la diabetes, las enfermedades cardiovasculares e incluso la muerte prematura son efectos secundarios bien conocidos de muchos de ellos.

¿Qué sentido tiene todo esto? Si los síntomas mentales se deben a la disfunción o desregulación de las mitocondrias, ¿cómo es posible que su deterioro reduzca aún más los síntomas mentales?

La respuesta está en las células hiperexcitables. Cuando una célula es hiperexcitable, hay dos formas de reducir los síntomas:

1. Mejorar la función mitocondrial y la producción de energía para que la célula pueda repararse y volver a funcionar con normalidad. Sin embargo, esta estrategia conlleva el riesgo de que los síntomas empeoren al principio, dado que a veces las células hiperexcitables no son capaces de detenerse a sí mismas. Por tanto, cuando inicialmente obtienen más energía, pueden

no estar preparadas para gestionarla de forma adecuada y puede producirse hiperexcitabilidad.

2. Gestionar estas células apagándolas; en otras palabras, suprimir su función inhibiendo sus mitocondrias. Esto detendrá los síntomas, al menos a corto plazo. Sin embargo, esta estrategia conlleva el riesgo de empeorar la situación con el tiempo, ya que puede agravar la disfunción mitocondrial.

Evidentemente, se trata de una situación muy preocupante. Un tratamiento que puede ayudar a corto plazo, a la larga puede empeorar la situación. Por desgracia, el dilema de la hiperexcitabilidad ni siquiera es así de sencillo. El cerebro es complicado, y este problema también lo es. Y deben tenerse en cuenta otras dos cosas:

1. Es probable que no todas las células se vean afectadas de la misma manera. Recuerda que cada una recibe cosas diferentes. Los medicamentos se dirigen a unas concretas. Algunas pueden mejorar su función mitocondrial, mientras que otras pueden no verse afectadas y otras sufrir un deterioro. En todos los estudios realizados, los investigadores tuvieron que elegir células específicas para estudiarlas. Desde luego, no estudiaron todas las células del cerebro y el cuerpo.
2. Aunque los medicamentos perjudiquen la función mitocondrial en general, debemos considerar las consecuencias de no tratar a la persona. Se sabe que las células hiperexcitables que expulsan montones de neurotransmisores, como el glutamato o la dopamina, son tóxicas para el cerebro. Aun así, los beneficios generales para la persona pueden superar los riesgos. Un ejemplo extremo es cuando alguien sufre convulsiones: está claro que padece un caso de células cerebrales hiperexcitables. Detenerlas es de vital importancia. Cuando se sufren convulsiones durante demasiado tiempo, se puede llegar a morir. Y, de hecho, se sabe que muchos tratamientos de la epilepsia, como el Depakote, alteran la función mitocondrial, lo que ralentiza y, con suerte, detiene la hiperexcitabilidad[14].

Sé que la gente ansía respuestas sencillas a dilemas como este. «Entonces, ¿se deberían tomar medicamentos que se sabe que son perjudiciales para las mitocondrias? ¿Sí o no?». Por desgracia, no puedo ofrecer una respuesta universal a esta pregunta, porque cada situación requiere unas intervenciones diferentes. Evidentemente, en situaciones peligrosas o potencialmente mortales, estos medicamentos pueden salvar la vida. Sin embargo, he esbozado algunas de las cuestiones que hay que tener en cuenta. La buena noticia es que estas cuestiones pueden abordarse en estudios, por lo que una mayor investigación podría informar mejor nuestros enfoques de tratamiento en el futuro. Sin embargo, lo que ya está claro es que suprimir la función mitocondrial a largo plazo no es un camino hacia la curación. Como mucho, es un camino para reducir los síntomas.

La teoría de la energía del cerebro responde a numerosas preguntas que el campo de la salud mental ha sido incapaz de atender hasta la fecha. Explica por qué los medicamentos dirigidos a la serotonina, la norepinefrina y la dopamina pueden utilizarse para tratar la depresión. Todos ellos mejoran la función de las mitocondrias. En ese caso, una pregunta lógica sería la siguiente: «¿Por qué no todo el mundo responde a los mismos medicamentos?». Esto se debe a las vulnerabilidades preexistentes y a las diferentes cosas que recibe cada célula. Por ejemplo, los síntomas de la depresión proceden de muchas regiones del cerebro, no solo de una. Los circuitos cerebrales están interconectados y se comunican entre sí. Si una zona funciona mal, eso afectará a las demás. Algunas responderán más a la serotonina, mientras que otras responderán más a la norepinefrina, y sin embargo están conectadas. Así pues, si una región del cerebro está comprometida metabólicamente, repercutirá en las demás, igual que un atasco en una zona de la ciudad va poco a poco retrasando el tráfico en otras. Los problemas metabólicos están interconectados y pueden propagarse.

Esta teoría también nos ayuda a entender por qué los medicamentos tardan en hacer efecto. Por ejemplo, es probable que los ISRS actúen aumentando la biogénesis mitocondrial y mejorando la función de las mitocondrias. Este proceso lleva tiempo; no ocurre de la noche a la mañana, aunque los ISRS aumenten la serotonina en cuestión de horas. No es la serotonina *per se* lo que produce la mejora, sino el impacto que tiene en las mitocondrias y en el metabolismo. Restablecer la salud metabólica lleva tiempo (probablemente de dos a seis semanas), que es también lo que suelen tardar los ISRS en empezar a hacer efecto.

También podemos entender por qué un medicamento puede utilizarse para una gran variedad de trastornos. Por ejemplo, los antipsicóticos pueden utilizarse para la esquizofrenia, el trastorno bipolar, la depresión, la ansiedad, el insomnio y la agitación en la demencia, porque reducen la hiperexcitabilidad de muchos tipos de células. La supresión de la función mitocondrial puede detener los síntomas problemáticos, pero cualquiera que haya tomado estos medicamentos sabe que tienen efectos secundarios, como la reducción del funcionamiento de áreas cognitivas del cerebro y el aumento del apetito. En los ancianos incluso vienen con la advertencia de un mayor riesgo de muerte.

Además, ahora podemos entender por qué algunos medicamentos psiquiátricos pueden inducir otros síntomas. Es el caso, por ejemplo, de los antidepresivos, que provocan ansiedad, manía y psicosis en algunas personas. En general, estos fármacos aumentan la energía del cerebro y, en personas con vulnerabilidades preexistentes que ya tienen células metabólicamente comprometidas, eso puede conllevar rápidamente hiperexcitabilidad y síntomas asociados con ella.

Además de los medicamentos psiquiátricos habituales, la teoría de la energía cerebral ofrece motivos por los que los medicamentos «metabólicos» también podrían servir para la salud mental. Curiosamente, los psiquiatras llevan décadas utilizando algunos de ellos.

En psiquiatría se emplean muchos fármacos para la tensión arterial, como la clonidina, la prazosina y el propranolol. Se recetan para una amplia variedad de trastornos, como el TDAH, el TEPT, los trastornos de ansiedad, los trastornos por consumo de sustancias y el síndrome de Tourette.

Un estudio analizó tres clases de medicamentos «metabólicos» en más de 140 000 pacientes con esquizofrenia, trastorno bipolar u otros trastornos psicóticos, para ver si producían algún efecto sobre las autolesiones o la necesidad de hospitalización *psiquiátrica*[15], y descubrieron que sí. Entre ellos se incluían «estatinas» para el colesterol (inhibidores de la hidroxilmetilglutarilcoenzima A reductasa), medicamentos para la tensión arterial (antagonistas de los canales de calcio tipo L) y fármacos para la diabetes como la metformina (biguanidas). En general, surtieron efecto en la métrica «mental», sobre todo en la reducción de las autolesiones. La teoría de la energía cerebral ofrece explicaciones de por qué pueden resultar útiles. Se sabe que las estatinas alteran la función mitocondrial y reducen la inflamación, los bloqueantes de los canales de calcio reducen la hiperexcitabilidad al disminuir la cantidad de calcio en las células, y también se sabe que la metformina interviene directamente en la función mitocondrial. Sin embargo, esta última se vuelve confusa rápidamente, ya que los efectos parecen depender de la dosis. La mayoría de los estudios han descubierto que deteriora la función mitocondrial, pero algunos han revelado un aumento de la biogénesis mitocondrial y de la producción de ATP[16].

Por último, quiero señalar que reducir o suspender la medicación psiquiátrica puede ser difícil y peligroso. Debe hacerse siempre con la supervisión de un profesional médico. Los síntomas pueden empeorar rápidamente y pueden surgir otros nuevos. Muchos pacientes se vuelven agudamente depresivos, suicidas, maníacos o psicóticos cuando la dejan bruscamente o la disminuyen con demasiada rapidez. Esto no significa que la gente no pueda interrumpirla, sino solo que no es algo que se deba emprender por cuenta propia.

En resumen

- Los medicamentos psiquiátricos han ayudado a infinidad de personas con trastornos mentales y seguirán teniendo importancia para muchas.
- La teoría de la energía del cerebro ofrece nuevas formas de entender cómo y por qué funcionan los medicamentos.
- Es importante saber cómo afectan los medicamentos al metabolismo y a las mitocondrias.
- Los medicamentos que elevan el metabolismo y favorecen la función mitocondrial pueden mejorar los síntomas de las células hipoactivas, pero conllevan el riesgo de exacerbar los relacionados con las hiperactivas o hiperexcitables.
- Los medicamentos que alteran la función mitocondrial deben utilizarse con precaución. Aunque está claro cómo y por qué pueden reducir a corto plazo los síntomas de las células hiperexcitables, es posible que a la larga interfieran en la capacidad de curarse y recuperarse. En algunos casos, podrían incluso ser

la causa de los síntomas. No obstante, en situaciones peligrosas y potencialmente mortales, pueden salvar vidas.

Historia de éxito. Jane: «agitada» en la residencia de ancianos

Al principio de mi carrera trabajé en algunas residencias de ancianos como asesor psiquiátrico. Una de las personas a las que conocí fue Jane, una mujer de 81 años con alzhéimer. Me llamaron porque estaba «agitada». Las enfermeras me informaron de que se pasaba la noche despierta y gritando, y otras veces dormía más de doce horas seguidas. Sus gritos molestaban a los demás residentes, por lo que me pidieron que le recetara algo para poner fin a ese comportamiento. Llevaba así más de seis meses y ya le habían recetado cinco medicamentos tranquilizantes, incluidos dos antipsicóticos y ansiolíticos. Sin embargo, nada funcionaba. Ya le habían hecho un reconocimiento médico y no pudieron encontrarle nada anormal.

Estuve con ella solo cinco minutos en el comedor, donde estaba sentada en una trona para adultos. Cuando me senté a hablar con ella, no me entendía. Decía palabras y frases al azar (lo que en psiquiatría se llama «ensalada de palabras») y manchaba la ropa y la trona con la comida. Aquello me dio suficiente información para hacer mi diagnóstico. Deliraba. ¿La causa más probable? Los sedantes. Escribí mi nota y le indiqué al médico que le retirara todos los medicamentos posibles cuanto antes, pero que tuviera en cuenta que algunos tendrían que ir reduciéndose poco a poco. El médico suspendió la mayoría de ellos de inmediato.

Volví tres semanas después. Mientras caminaba por el pasillo, me encontré con una mujer mayor a la que no conocía. Me preguntó si yo era el doctor Palmer y le dije que sí. Me abrazó con lágrimas en los ojos y me dio las gracias por haber salvado a su hermana. Le dije que debía de estar equivocada; no la conocía ni a ella ni a su hermana. Entonces me dijo que su hermana era Jane. Resulta que durante los dos últimos años había estado yendo a visitarla tres veces por semana. Solían mantener conversaciones agradables mientras comían juntas, pero los últimos seis meses habían sido una pesadilla. Jane estaba enfadada, confusa y ya no era «humana». A su hermana se le rompía el corazón al presenciarlo. Sin embargo, unos diez días antes, según me contó, las cosas empezaron a cambiar. Jane había dejado de gritar y dormía algo mejor. Volvía a conocer a su hermana y podían mantener conversaciones.

Cualquiera que haya visitado una residencia de ancianos sabe que esta no es una historia rara. Representa un dilema habitual. Las personas con demencia pueden agitarse y alterarse por diversos motivos: una infección, dormir mal o incluso un factor de estrés aparentemente menor, como el cambio de habitación. Todos ellos pueden causar delirio. Es probable que Jane delirara cuando empezaron sus síntomas, seis meses antes de que la conociera, *antes* de que le recetaran ningún medicamento psiquiátrico. Los gritos y la interrupción del sueño fueron las razones por las que se los prescribieron. Y probablemente la ayudaron, al menos de forma temporal. Es probable que las enfermeras y los médicos vieran que esos medicamentos sedaban a Jane y disminuían sus gritos, por lo que siguieron recetándoselos. Cuando reaparecieron los síntomas, intentaron aumentar las dosis o añadir otros nuevos.

A primera vista, resulta comprensible que Jane acabara tomando tantas medicinas. Sin embargo, se sabe que varias de ellas alteran la función mitocondrial. Esto significa que pueden ayudar a corto plazo, pero a la larga conllevan el riesgo de empeorar las cosas. Eso parece ser lo que le ocurrió a Jane. Cuando la vi, lo más probable es que ya no siguiera presente la causa de su delirio inicial y deliraba por culpa de los tratamientos que estaba recibiendo.

La mayoría de los profesionales sanitarios saben que a veces los medicamentos tranquilizantes pueden hacer delirar a los ancianos. Lo que va a resultar más difícil de abordar en el campo de la salud mental es la posibilidad de que esto ocurra también en los jóvenes. La teoría de la energía cerebral sugiere que podría suceder, y mi propia práctica clínica de los últimos veinticinco años me indica que probablemente ocurre, al menos en algunos casos. Más adelante te hablaré de una de esas personas.

Esto no significa que no deban utilizarse medicamentos antipsicóticos y estabilizadores del estado de ánimo, ni que no puedan hacer remitir los síntomas. Creo que funcionan para algunas personas, y yo sigo recetándolos hoy en día. Pero, en el caso de Jane, está claro que acabaron empeorando sus síntomas mentales, por lo que la retirada de los fármacos perjudiciales consiguió que se recuperara.

Capítulo 12

CAUSA COADYUVANTE

Hormonas y reguladores metabólicos

LAS HORMONAS SON MENSAJEROS químicos producidos en un tipo de célula que recorren todo el cuerpo para influir sobre otras células. El cuerpo humano produce muchas y todas ellas afectan a la función mitocondrial y provocan cambios epigenéticos en sus células diana. Cambian el metabolismo celular. Por ello, pueden desempeñar un papel en los trastornos tanto mentales como metabólicos.

Como ya he explicado, las mitocondrias aportan energía para la producción y liberación hormonal e inician el proceso de varias hormonas fundamentales.

Son muchos los factores que pueden influir sobre los niveles hormonales. Pueden ser biológicos, psicológicos y sociales. Las hormonas son un mecanismo del cuerpo para responder al estrés y a las oportunidades del entorno. En algunos casos, la mera liberación normal de determinadas hormonas puede afectar al estado de ánimo, la energía, los pensamientos, las motivaciones y los comportamientos. La testosterona es un ejemplo evidente. Piensa en todos los efectos que puede tener en los hombres. Los desequilibrios hormonales pueden deberse a muchos factores, como los trastornos autoinmunes, el estrés, el envejecimiento y la disfunción mitocondrial de las células que producen las hormonas.

Existen muchos otros reguladores del metabolismo y de la función mitocondrial, aparte de las hormonas y los neurotransmisores. Entre ellos se incluirían los neuropéptidos, las mitocinas, las adipocinas, las miocinas, las moléculas de ARN y otros mensajeros. ¿Por qué tantos factores? La respuesta es que cada uno de ellos controla diferentes aspectos de la función metabólica en distintas células y circunstancias. Si pensamos en el control del tráfico, la mayoría de los semáforos de una ciudad se activan de forma independiente. Sin embargo, en las grandes avenidas, los semáforos suelen estar coordinados entre sí. Las hormonas y los reguladores metabólicos, al igual que los diferentes semáforos, controlan el metabolismo en distintas células para lograr los efectos deseados. En el cuerpo humano existen muchas carreteras y efectos deseados, de ahí la necesidad de tantos reguladores.

No voy a hacer un repaso de todas las hormonas y sus relaciones con la salud mental y metabólica, ya que este tema daría para un libro entero, pero describiré brevemente algunas de ellas (cortisol, insulina, estrógeno y hormona tiroidea) para ilustrar algunas de las conexiones entre hormonas, metabolismo y mitocondrias.

Cortisol

No hay duda de que el cortisol, el metabolismo, las mitocondrias y los síntomas mentales están interconectados, como he expuesto en capítulos anteriores. El cortisol desempeña un papel importante en la respuesta al estrés. Los niveles elevados de esta hormona se han asociado a todos los trastornos metabólicos y a numerosos síntomas mentales, como la ansiedad, el miedo, la depresión, la manía, la psicosis y el deterioro cognitivo. Los niveles elevados de cortisol en el útero influyen sobre el desarrollo fetal e intervienen en la epigenética, y pueden conducir a la posterior aparición de trastornos metabólicos y mentales.

Las mitocondrias contienen la enzima que inicia su producción. Después de liberarse en el torrente sanguíneo, penetra en las células y se une al receptor de glucocorticoides (GR), que activa o desactiva miles de genes uniéndose a puntos específicos del ADN denominados elementos de respuesta a los glucocorticoides (ERG). A partir de ese momento, las proteínas de estos genes producen amplios efectos en las células, todos ellos relacionados con el metabolismo. Además de los GR del citoplasma y los ERG situados en el núcleo celular, también se localizan directamente encima o dentro de las mitocondrias. En cierto modo, podemos decir que el cortisol empieza y acaba en las mitocondrias.

En un momento dado, la psiquiatría contempló con esperanza la posibilidad de que el cortisol fuera el primer biomarcador definitivo de la enfermedad mental. Se estudió en profundidad la prueba de supresión con dexametasona, que mide las fluctuaciones del cortisol a lo largo del día. Por desgracia, los niveles pueden ser demasiado altos *o* demasiado bajos en distintos pacientes psiquiátricos. Algunas personas tienen niveles elevados a lo largo del día, mientras que otras, sobre todo las que tienen antecedentes traumáticos graves, pueden tener niveles anormalmente bajos. La historia se complica rápidamente, y aún se debate cómo y por qué ocurre esto. Sin embargo, mi propósito es simplemente ilustrar que el cortisol es una hormona que conecta directamente el metabolismo y las mitocondrias con los trastornos metabólicos y mentales. Eso está claro y es inequívoco.

Insulina

La mayoría de la gente conoce la insulina por su papel en la diabetes. Las personas con diabetes tipo 1 tienen niveles bajos porque el páncreas no produce una cantidad suficiente. Quienes padecen diabetes tipo 2 son «resistentes a la insulina», lo que significa que esta hormona no funciona de un modo eficaz para permitir que la glucosa se utilice como fuente de energía. Ya he hablado de las fuertes relaciones bidireccionales entre la diabetes y los trastornos mentales.

Las pruebas que han ido apareciendo en los últimos quince años sugieren que las mitocondrias son unas reguladoras importantes de la producción y secreción de insulina. Participan en el metabolismo de la glucosa y detectan cuánta hay disponible, y entonces aumentan la producción y secreción de insulina según sea necesario[1].

Se sabe que desempeñan un papel importante tanto en la diabetes tipo 1 como en la de tipo 2, y algunos expertos plantean la posibilidad de que la disfunción mitocondrial pueda ser la causa principal de ambas enfermedades. Numerosas líneas de evidencia apoyan esta tesis. Un documento de revisión que resume algunas de las pruebas sugiere que parece ser importante para la causa, las complicaciones, la gestión y la prevención tanto de la diabetes tipo 1 como de la tipo 2[2]. La propia insulina estimula a las mitocondrias para que produzcan más ATP y también activa la biogénesis mitocondrial, según se ha podido medir en el tejido muscular[3]. Sin embargo, cuando los investigadores realizaron este estudio en personas con diabetes tipo 2, estos efectos se atenuaron o desaparecieron, lo que significa que los diabéticos, con el tiempo, pueden desarrollar una disfunción mitocondrial aún mayor debido a la resistencia a la insulina. De este modo se desencadena un círculo vicioso. La resistencia a la insulina podría ser tanto una causa como una consecuencia de la disfunción mitocondrial.

Sin embargo, la diabetes es solo el principio de la historia de la insulina en la salud del cerebro. Esta hormona desempeña también un papel importante y directo en la función cerebral[4]. Sus receptores están repartidos por todo el cerebro y participan en la regulación del metabolismo, el apetito, las funciones reproductivas, las funciones hepáticas, las reservas de grasa y la temperatura corporal. Además, la insulina cerebral modula la actividad de los neurotransmisores y la función mitocondrial dentro de las células del cerebro. Los cambios en su señalización se han asociado con el deterioro de la función neuronal y de la formación de sinapsis.

Se ha comprobado que influye específicamente en las neuronas GABA, y en los neurotransmisores serotonina y dopamina[5]. Un grupo de investigadores demostró que la insulina por sí sola puede aumentar la actividad de GABA[6]. Sabemos que en el cerebro puede producirse resistencia a ella. Cuando eso sucede, puede generarse una disfunción mitocondrial, lo que puede provocar desequilibrios en los neurotransmisores, y esto a su vez puede dar lugar a una hiperactividad o hipoactividad de las neuronas. A continuación, expondré algunas pruebas que apoyan esta afirmación.

Además de localizarse en las neuronas, los receptores de insulina se encuentran también en las células de apoyo, como los astrocitos, que desempeñan un papel en el suministro de energía a las neuronas. Estas células pueden influir sobre el estado de ánimo y el comportamiento. En experimentos con animales, cuando se eliminaron genéticamente estos receptores de insulina, se produjeron cambios en el metabolismo energético cerebral y también comportamientos ansiosos y depresivos[7]. La resistencia a la insulina tendría efectos similares.

Otro estudio con animales relacionó de una forma más directa la insulina cerebral con la disfunción mitocondrial y las anomalías del comportamiento[8]. Los investigadores eliminaron genéticamente los receptores de insulina específicos del cerebro, lo que provocó una disfunción mitocondrial, medida por la disminución de la producción de ATP y el aumento de ERO. Y, efectivamente, los animales mostraron ansiedad y comportamientos de tipo depresivo.

Hay pruebas de que la resistencia a la insulina también podría desempeñar un papel en la salud mental de las personas. La doctora Virginie-Anne Chouinard y algunos colegas míos de Harvard y del Hospital McLean realizaron escáneres cerebrales a personas con esquizofrenia y trastorno bipolar y observaron los niveles de resistencia a la insulina en sus cerebros[9]. Incluyeron a personas con psicosis de inicio reciente, pero también a sus hermanos, que no tenían síntomas psiquiátricos, y a controles sanos. Sabemos que los hermanos tienen un mayor riesgo de desarrollar un trastorno mental, puesto que sus familiares lo desarrollaron. Lo que descubrieron fue fascinante. Los cerebros de las personas con psicosis presentaban resistencia a la insulina en comparación con los controles sanos, pero los hermanos normales también mostraban señales de ella, lo que sugiere que podría ser un factor de riesgo hereditario. Además, los investigadores descubrieron diferencias en la función mitocondrial entre los pacientes con psicosis y sus hermanos sanos. Todo esto sugiere que la resistencia a la insulina podría ser el primer eslabón, que luego conduce a la disfunción mitocondrial, que a su vez conduce a la psicosis. Curiosamente, ninguno de los grupos (pacientes, hermanos y controles) difería en cuanto a índice de masa corporal, grasa corporal, niveles de colesterol o actividad física, por lo que nunca podrías intuir que tenían resistencia a la insulina en el cerebro observando su aspecto exterior o hablando con ellos sobre ejercicio físico.

Un estudio aún más convincente hizo un seguimiento de casi quince mil niños mientras iban creciendo, desde el año de edad hasta los veinticuatro[10]. Los investigadores midieron los niveles de insulina en ayunas a los nueve, quince, dieciocho y veinticuatro años. También midieron el riesgo de psicosis de los niños. Lo que descubrieron fue alarmante. Los que tenían niveles de insulina persistentemente elevados (señal de resistencia a la insulina) a partir de los nueve años tenían cinco veces más probabilidades de estar en riesgo de psicosis, lo que significaba que mostraban al menos algunos signos preocupantes, y tres veces más probabilidades de estar ya diagnosticados de trastorno bipolar o esquizofrenia al cumplir los veinticuatro años. Este estudio demostró claramente que la resistencia a la insulina es lo primero, y luego viene la psicosis.

También se sabe que la enfermedad de Alzheimer implica resistencia a la insulina en el cerebro. Algunos la llaman «diabetes tipo 3». Han surgido pruebas sólidas de que los cerebros de las personas con esta enfermedad no obtienen suficiente energía de la glucosa debido a la resistencia a la insulina, y que esto provoca una disfunción mitocondrial. Las zonas del cerebro más afectadas son las que presentan más placas y ovillos, las características distintivas de este trastorno[11].

La insulina como tratamiento

Así pues, basándonos en todas estas pruebas, ¿podría la insulina desempeñar un papel en el tratamiento de los trastornos mentales?

Curiosamente, su uso en psiquiatría no es nuevo. Desde 1927 hasta los años sesenta, la terapia del coma insulínico fue muy utilizada en el tratamiento de trastornos mentales graves. Los médicos inyectaban a los pacientes grandes dosis de esta hormona hasta que entraban en coma. El proceso se repetía varias veces por semana. La mayoría de los informes de aquella época sugieren que era un tratamiento muy eficaz, al menos para algunas personas. Durante un periodo de tiempo, fue el tratamiento más utilizado para la psicosis y la depresión grave en el mundo occidental. Cayó en desgracia con la llegada de los medicamentos psiquiátricos. De ninguna manera quiero que este tratamiento vuelva a emplearse. Sin embargo, la insulina *está* reapareciendo en el campo de la salud mental.

Los investigadores de la enfermedad de Alzheimer llevan unos años utilizando *insulina intranasal* en ensayos clínicos. Introducirla en la nariz es la forma más fácil y rápida de hacer llegar altos niveles directamente al cerebro, lo que anula la resistencia a esta hormona. Los primeros resultados fueron prometedores. Un ensayo piloto en 105 participantes con deterioro cognitivo leve o alzhéimer demostró que se mantenían las capacidades cognitivas y mejoraba el metabolismo cerebral de la glucosa, según las mediciones de la PET, durante cuatro meses[12]. Por desgracia, un ensayo posterior más amplio realizado con 289 personas durante doce meses no mostró ningún beneficio, pero se temió que el dispositivo de administración de insulina pudiera haber funcionado mal[13].

Un estudio de investigación utilizó insulina intranasal en 62 pacientes con trastorno bipolar para ver si podía mejorar su función cognitiva durante ocho semanas. Las personas que la recibieron mostraron una mejoría de la función ejecutiva en comparación con las que recibieron un placebo[14].

Está claro que se necesitan más investigaciones antes de que la insulina llegue a la práctica clínica, pero algunos investigadores están trabajando en ello.

Sin embargo, mucho más importante para el tratamiento es medir los *niveles de insulina y glucosa en sangre* para identificar problemas como la resistencia, la hipoglucemia y otras cuestiones. Aunque la correlación entre lo que ocurre en el cerebro y lo que puede medirse en la sangre de las venas no siempre es directa, esta información puede ser útil, y a veces inestimable. Hay muchas pruebas y herramientas disponibles: niveles de glucosa e insulina en ayunas, pruebas orales de tolerancia a la glucosa, dispositivos de monitorización continua de la glucosa y demás. Tendrás que solicitarlas a tu profesional sanitario. Si identificas un problema, es muy probable que pueda estar influyendo en tus síntomas mentales. Hay muchas formas de abordar este problema, según explicaré en los próximos capítulos. Los cambios en el estilo de vida pueden ser una intervención poderosa, en particular la dieta y el ejercicio físico.

Estrógeno

La mayoría de la gente considera el estrógeno por su relación con la capacidad reproductiva de la mujer, pero esa es solo una de sus muchas funciones. El título de un artículo científico lo dice todo: «Estrogen: a Master Regulator of Bioenergetic Systems in the Brain and Body» («Estrógeno: un regulador maestro de los sistemas bioenergéticos del cerebro y el cuerpo»)[15].

Ejerce efectos profundos sobre el metabolismo. Se sabe que desempeña un papel importante en la salud mental, la obesidad, la diabetes y las enfermedades cardiovasculares. También influye directamente en el metabolismo cerebral y tiene amplios efectos en el estado de ánimo, la cognición y otras funciones cerebrales.

Lo fabrican las mitocondrias. Como en el caso del cortisol, son ellas las que controlan el primer paso de su síntesis. Además, contienen receptores de esta hormona. Al igual que sucede con el cortisol, en ocasiones el estrógeno puede empezar y terminar en ellas. Sin embargo, la mayoría de los receptores no están en las mitocondrias, sino en el exterior de las células. Estos receptores están ampliamente repartidos por todo el cerebro, en las neuronas y en las células gliales, tanto en hombres como en mujeres. También se encuentran en el resto del cuerpo. No obstante, muchas de las vías de señalización del estrógeno, incluso cuando se une al receptor fuera de la célula, acaban convergiendo en las mitocondrias.

Los niveles de estrógeno fluctúan a lo largo del mes en las mujeres que menstrúan. Muchas experimentan síntomas «mentales» y «metabólicos» relacionados con estos cambios, que pueden incluir variaciones en el estado de ánimo, el apetito y los antojos. De hecho, existe un diagnóstico —trastorno disfórico premenstrual (TDPM)— para describir algunos de los síntomas mentales cuando son graves. Sin embargo, en las mujeres diagnosticadas con otros trastornos mentales, los síntomas también pueden fluctuar como un reloj en torno a la menstruación. Esto es válido para todos los síntomas mentales (depresión, ansiedad, síntomas bipolares, síntomas psicóticos, problemas de concentración, etc.), según la teoría de la energía del cerebro. Como he comentado antes, las mujeres tienen el doble de probabilidades que los hombres de desarrollar depresión. Estas fluctuaciones hormonales y sus efectos sobre su metabolismo pueden explicar en parte este hecho. Además, la pérdida de sangre de la menstruación da lugar a la pérdida de recursos metabólicos, como el hierro, que también puede pasar factura en términos metabólicos.

El embarazo y el puerperio son épocas de alto riesgo de síntomas mentales, probablemente debido tanto a los cambios hormonales como, lo que es más importante, al peaje metabólico del embarazo. Los nutrientes y recursos metabólicos que se necesitan para gestar un hijo son enormes. Esto deja al cuerpo de la mujer metabólicamente vulnerable. Si lo piensas, el embarazo conlleva grandes riesgos de trastornos metabólicos y mentales: aumento de peso (más del necesario para gestar un niño sano), diabetes gestacional, eclampsia (que incluye hipertensión y convulsiones) y, por supuesto, exacerbaciones de la mayoría de los trastornos mentales. La depresión posparto es bien conocida, pero algunas mujeres experimentan manía o psicosis posparto.

La menopausia se asocia a una caída en picado de los niveles de estrógenos. Muchas mujeres experimentan síntomas mentales, como depresión, ansiedad, manía e incluso psicosis. Las que tenían depresión con anterioridad muestran cinco veces más probabilidades de deprimirse en esta época. El metabolismo energético cerebral disminuye en un sentido muy amplio. Un estudio analizó a 43 mujeres durante su transición a la menopausia y descubrió que no solo disminuía el metabolismo energético cerebral, sino que esto se relacionaba directamente con una reducción de la salud mitocondrial[16]. Se sabe que, tras la menopausia, las mujeres tienen un riesgo elevado de desarrollar alzhéimer en comparación con los hombres. En algunas, estas anomalías del metabolismo cerebral pueden corregirse por sí solas con el tiempo, pero en otras parecen volverse permanentes, lo que probablemente aumenta el riesgo de padecer trastornos mentales y alzhéimer. Los investigadores hallaron, en monos Rhesus, una relación directa entre la memoria, el estrógeno y las mitocondrias[17]. Descubrieron que las hembras con mala memoria tenían más mitocondrias malformadas, con forma de rosquilla, en las sinapsis de la corteza prefrontal. Cuando indujeron quirúrgicamente la menopausia en las monas, estas mostraron señales de deterioro de la memoria y aumentó el número de mitocondrias malformadas en forma de dónut. Cuando les administraron una terapia de sustitución de estrógenos, tanto los problemas de memoria como las anomalías mitocondriales mejoraron.

El estrógeno como tratamiento

Millones de mujeres utilizan anticonceptivos orales. Estas píldoras suelen contener estrógeno y progesterona. A veces tienen efectos adversos sobre el estado de ánimo, pero, paradójicamente, también se utilizan en ocasiones para tratar síntomas relacionados con este, como el TDPM. Por tanto, puede resultar confuso: ¿ayudan o perjudican? Al final, es probable que haya diferencias entre las distintas mujeres, ya que algunas experimentan beneficios y otras, efectos adversos. Un estudio analizó a más de un millón de mujeres de entre 15 y 34 años que tomaban píldoras anticonceptivas y descubrió que tenían algo más de probabilidades de sufrir depresión o de utilizar un antidepresivo en comparación con las que no las tomaban[18]. Otro estudio analizó a medio millón de mujeres de quince años y descubrió que las que tomaban anticonceptivos tenían el doble de probabilidades de intentar suicidarse y tres veces más de llegar a hacerlo[19]. Las píldoras anticonceptivas no tienen los mismos niveles de hormonas que se producen de forma natural en el cuerpo, lo que podría explicar estos resultados. Es importante que las mujeres con síntomas anímicos colaboren con sus médicos para controlar el riesgo de embarazo no deseado y también sus necesidades de salud mental.

La terapia hormonal sustitutiva tras la menopausia puede desempeñar un papel importante en algunas mujeres. De hecho, con todas estas pruebas emergentes sobre el papel del estrógeno en el cerebro, puede ser necesario reevaluar las dosis de estrógeno necesarias para optimizar la salud cerebral.

Hormona tiroidea

La hormona tiroidea es conocida como *el* regulador maestro del metabolismo. Según los investigadores, actúa en todas las células del cuerpo humano. Aumenta el metabolismo, activando las mitocondrias. Desempeña un papel muy importante en el crecimiento, el desarrollo, la regulación de la temperatura y la función de todos los órganos, sobre todo del cerebro. Cuando se tiene demasiada cantidad o muy poca, los problemas son casi siempre evidentes.

Aunque algunos de sus mecanismos de acción aún se están desentrañando, lo que está claro y es inequívoco son sus efectos sobre las mitocondrias. Directa o indirectamente, las estimula para que produzcan ATP o calor. Las mitocondrias tienen receptores de hormona tiroidea, por lo que a veces reciben la señal de forma directa. Sin embargo, esta hormona actúa también a través de genes en el núcleo, que luego repercuten en las mitocondrias. También se sabe que estimula la biogénesis mitocondrial, aumentando el número total de mitocondrias en las células[20]. Además, induce la mitofagia, el proceso de reparación mitocondrial[21]. Como ya sabrás a estas alturas, todo ello ejerce poderosos efectos sobre la salud humana.

El hipotiroidismo consiste en que la glándula tiroides es hipoactiva y produce menos hormona tiroidea de la que necesita el organismo. Lo más frecuente es que se deba a un trastorno autoinmune, pero también hay otras causas. Puede provocar muchos síntomas metabólicos y mentales, como aumento de peso, obesidad, enfermedades cardíacas, fatiga, niebla mental y depresión. Lo que es menos conocido es que también está relacionado con el trastorno bipolar, la esquizofrenia y la demencia[22]. Cuando se produce durante el desarrollo, puede provocar profundos déficits neurológicos (cretinismo). La teoría de la energía cerebral ofrece nuevas formas de entender todo esto. Conecta todas estas enfermedades aparentemente diferentes a través de una vía: las mitocondrias.

La hormona tiroidea como tratamiento

La hormona tiroidea lleva décadas empleándose como tratamiento de los trastornos mentales, incluso cuando las personas tienen niveles normales. Se utiliza habitualmente en la depresión resistente al tratamiento y en el trastorno bipolar. Sin embargo, este campo no ha sido capaz de explicar cómo ni por qué funciona. La teoría de la energía cerebral ofrece una explicación obvia. La hormona tiroidea aumenta no solo el metabolismo de forma inmediata, sino también la salud y el número de mitocondrias. Al incrementar la mano de obra, las células funcionan mejor. Sin embargo, aumentar el metabolismo conlleva el riesgo de sobreestimular las células, en especial las hiperexcitables. Así que, para algunas personas, puede causar o exacerbar síntomas no deseados.

En resumen

- Las hormonas y otros reguladores metabólicos desempeñan un papel muy importante en la salud metabólica y mental.
- Si tienes signos o síntomas de desequilibrios hormonales, debes hablar con tu profesional sanitario para que los evalúe y trate.

- Si tienes síntomas mentales o metabólicos crónicos sin una explicación clara, deberías plantearte una evaluación exhaustiva de tu estado hormonal.
- Es importante hacer un inventario de los tratamientos hormonales que utilizas actualmente, como los anticonceptivos o los tratamientos para la diabetes, ya que podrían estar influyendo en tu salud mental (para bien o para mal).

Historia de éxito. James: «es mi tiroides»

Cuando lo conocí, James era un hombre de 54 años con un historial de treinta años de trastorno bipolar. Tenía depresiones recurrentes cada otoño que duraban hasta la primavera, a pesar de haber probado más de veinte antidepresivos y medicamentos estabilizadores del estado de ánimo. Su depresión era paralizante, y a menudo le impedía levantarse de la cama. También le habían diagnosticado hipotiroidismo, hipertensión, colesterol alto y apnea del sueño. Sus dosis normales de medicación tiroidea (suficientes para aumentar sus niveles hormonales hasta el intervalo «saludable») no habían mejorado en absoluto su depresión, pero decidimos probar una dosis alta como tratamiento. ¡La diferencia fue enorme! Los niveles eran ahora anormalmente elevados, así que tuvimos que vigilar los efectos secundarios, como arritmias cardíacas y osteoporosis, pero, en general, los toleró bastante bien y le cambiaron la vida. Sus depresiones recurrentes prácticamente habían desaparecido. Tras unos diez años de tratamiento con una dosis elevada de hormona tiroidea, pudo reducirla a un intervalo normal y hasta hoy le ha seguido yendo bien. Sigue utilizando ocasionalmente una dosis baja de antidepresivos y medicación para dormir, pero hace ya muchos años que no sufre una depresión grave. Cuando utilicé este tratamiento con James, no sabía cómo ni por qué funcionaba. Ahora sí: por la energía del cerebro.

Capítulo 13

CAUSA COADYUVANTE

Inflamación

LA INFLAMACIÓN DESEMPEÑA UN papel importante en el metabolismo, en la función mitocondrial y en la salud mental y metabólica. Por tanto, también lo desempeña en la teoría de la energía cerebral.

Empecemos con una observación general: mucha gente cree que la inflamación es mala. Es muy habitual que las personas con trastornos metabólicos y mentales presenten inflamación de grado bajo. Mucha gente plantea la posibilidad de que la neuroinflamación pudiera ser la causa fundamental de al menos algunos trastornos mentales y neurológicos. Las tormentas de citocinas (una respuesta inflamatoria hiperactiva) pueden matar a las personas con covid. La inflamación persistente es uno de los principales sospechosos de la covid prolongada, en la que las personas manifiestan síntomas mentales y neurológicos durante meses o años después de la infección. Los trastornos autoinmunes se producen cuando la inflamación y el sistema inmunitario atacan al propio organismo de una persona. Un «intestino permeable» puede causar inflamación crónica. Por todas estas razones, siempre hemos oído que la inflamación es la causante de gran parte de lo que nos aflige. Se nos dice que debemos reducirla.

Sin embargo, no siempre es mala. Se está produciendo constantemente. Suele ser un proceso normal que desempeña innumerables funciones beneficiosas en el cuerpo humano. Interviene en la lucha contra las infecciones y en la curación de las lesiones. Cumple importantes funciones de señalización. Interviene en la respuesta normal al estrés. Las citocinas inflamatorias son una forma de enviar señales de estrés por todo el cuerpo y el cerebro. Las células microgliales, las células inmunitarias del cerebro, intervienen en el desarrollo cerebral, el aprendizaje y la memoria. Sin inflamación, moriríamos.

Inflamación, metabolismo y estados mentales

La inflamación es una de las formas que tiene el cuerpo para asignar y utilizar los recursos metabólicos, y eso afecta directamente al metabolismo.

Cuando se liberan citocinas inflamatorias, fluye más sangre a esa zona del cuerpo, que aporta oxígeno, glucosa, aminoácidos y grasas para que sean utilizados de alguna manera. La inflamación está «pidiendo» estos recursos, y el cuerpo está asignando energía y suministros. La inflamación puede deberse a infecciones o lesiones o en respuesta a células viejas o moribundas.

La inflamación puede desencadenar la producción de más células inmunitarias y anticuerpos, que pueden salvarnos la vida al combatir virus, bacterias e incluso células cancerosas recién formadas, pero su producción requiere energía y recursos. El cuerpo da prioridad a hacer frente a estas situaciones, ya que amenazan su supervivencia. En otras ocasiones, el organismo está asignando recursos para realizar cambios adaptativos, como aumentar el tamaño de los músculos después de un entrenamiento o dirigir recursos metabólicos a regiones cerebrales específicas para nuevos aprendizajes. Incluso en estas situaciones, la inflamación está pidiendo recursos para estos lugares. En todos estos escenarios, los recursos metabólicos disponibles para todas las demás células del cuerpo disminuyen. En otras palabras, la inflamación se cobra un peaje metabólico.

Los niveles elevados de inflamación pueden cambiar las emociones, los pensamientos, las motivaciones y los comportamientos. Por ejemplo, cuando las personas tienen una infección vírica o un cáncer, los altos niveles de inflamación provocan también cambios mentales. Los pacientes se vuelven letárgicos, retraídos, desmotivados, menos seguros de sí mismos y más propensos a querer meterse en la cama y descansar. Todo esto es adaptativo. Son cambios normales y saludables que permiten conservar los recursos metabólicos, aunque hagan que la gente se sienta desgraciada. El cuerpo lucha por su supervivencia. No es momento de salir a jugar, hacer ejercicio o incluso reproducirse. Hay que utilizar todos los recursos disponibles para sobrevivir. Algunos investigadores han llamado a esto *conducta de conservación-retirada* y han utilizado estas observaciones para comprender mejor algunos de los síntomas de la depresión.

Pero también puede ir en la otra dirección. Los estados mentales pueden provocar inflamación. Un estudio fascinante observó a humanos y monos que se sentían *solos* y descubrió que la soledad aumentaba la respuesta al estrés e inducía un patrón específico de activación de las células inmunitarias[1] que dejaba tanto a unos como a otros con una inflamación crónica de bajo grado. También eran más vulnerables a contraer una infección vírica. Los investigadores llegaron a infectar a los monos con un virus y, efectivamente, los individuos solitarios tenían una respuesta inmunitaria deficiente. Esto ayuda a explicar por qué un síntoma mental como la soledad se ha relacionado con tasas más elevadas no solo de trastornos mentales, sino también de enfermedades cardiovasculares, alzhéimer y muerte prematura[2].

Cuando la inflamación se produce durante un periodo prolongado, o cuando es extrema, el peaje metabólico puede desencadenar o exacerbar los trastornos mentales y metabólicos. Cuando se disparan las infecciones, las alergias, los cánceres y los trastornos autoinmunes, puede producirse un aumento de los trastornos mentales de nueva aparición o una exacerbación de los síntomas mentales en personas con problemas ya existentes. Por poner un ejemplo sorprendente, las personas con goteo nasal (rinitis) por algo como la fiebre del heno tienen un 86 por ciento más de probabilidades de desarrollar depresión[3]. Estas afecciones inflamatorias son también causas bien conocidas de delirio en los ancianos. Asimismo, pueden incrementar los síntomas de los trastornos metabólicos. El azúcar en sangre aumenta en las personas con diabetes. Las personas con enfermedades cardiovasculares pueden sufrir un aumento de la tensión arterial, experimentar dolor torácico o sufrir otro infarto.

Un gran estudio poblacional realizado sobre más de un millón de niños en Dinamarca descubrió que los hospitalizados por infecciones graves tenían un 84 por ciento más de probabilidades de desarrollar un trastorno mental posterior y un 42 por ciento más de que se les recetara un medicamento psiquiátrico[4]. El mayor riesgo se producía en los tres meses siguientes a la infección. En los adolescentes, el TOC se multiplicaba por ocho. En caso de que estés pensando que los niños solo estaban «ansiosos» porque habían sido hospitalizados, los diagnósticos más frecuentes incluían esquizofrenia, TOC, trastornos de la personalidad, retraso mental, autismo, TDAH, trastorno negativista desafiante, trastorno de conducta y trastornos por tics. Se trata de problemas cerebrales graves, no solo de «ansiedad» debida a una hospitalización. Y, como observarás, los diagnósticos son generalizados, no específicos de ningún trastorno, lo cual es coherente con la teoría de la energía del cerebro.

Estos son solo un par de ejemplos de la investigación que demuestra que las afecciones inflamatorias pueden provocar el desarrollo o la exacerbación tanto de trastornos mentales como metabólicos. Pero ¿hay pruebas de que las mitocondrias estén implicadas en ellos?

Inflamación y mitocondrias

La inflamación y las mitocondrias forman un complejo bucle de retroalimentación. Las mitocondrias intervienen en muchos aspectos de la respuesta inflamatoria normal, activándola y desactivándola. La inflamación, a su vez, puede perjudicar la función mitocondrial. Además, la disfunción mitocondrial, incluso por otras causas, puede provocar inflamación. Todo es un círculo vicioso. Te mostraré algunas de las pruebas que apoyan esto.

Las mitocondrias intervienen en la inflamación normal. En el capítulo 7 comenté el estudio que demuestra que son responsables de las distintas fases de la cicatrización de heridas, en las que participan los macrófagos. Un artículo científico, «Mitochondria in Innate Immune Responses» («Las mitocondrias en las respuestas inmunitarias innatas»), revisó las formas múltiples y complejas en las que intervienen de manera directa o indirecta en muchos aspectos de la respuesta inmunitaria, incluida la lucha contra virus y bacterias, pero también desempeñando un papel en el daño celular y el estrés[5]. Otro artículo publicado en la revista *Cell* descubrió que parecen intervenir en la muerte de las células inmunitarias cuando llega el momento de desactivar la respuesta inmunitaria[6]. Si no funcionan correctamente en estas células, habrá problemas con la inflamación y la función de estas. Puede dar lugar a una respuesta inmunitaria e inflamatoria hiperactiva o hipoactiva. Esto se ha observado en muchos trastornos mentales y metabólicos.

La inflamación afecta directamente a la función de las mitocondrias. Por ejemplo, se ha descubierto que el factor de necrosis tumoral (TNF), una citocina inflamatoria, la inhibe directamente[7]. Un ejemplo más importante es el del interferón, otra citocina inflamatoria. Su producción está fuertemente influida por las mitocondrias, pero también se ha demostrado que inhibe de forma directa tres genes mitocondriales, lo que provoca cambios en la función mitocondrial[8]. Además, se ha demostrado que suprime directamente la producción mitocondrial de ATP en algunas células cerebrales[9]. Lo que hace que este ejemplo sea tan importante es que puede administrarse a las personas como medicamento en el tratamiento de infecciones o cánceres graves. Poco después de empezar a tomarlo, puede desatarse el infierno en lo que respecta a los síntomas psiquiátricos: básicamente, todo vale. La lista incluye depresión, fatiga, irritabilidad, insomnio, comportamiento suicida, síntomas maníacos, ansiedad, síntomas psicóticos, dificultades de concentración y delirio[10]. Todos los trastornos mentales existentes pueden empeorar con él. Así que ya estamos otra vez. Un fármaco, el interferón, puede producir todos los síntomas conocidos por la psiquiatría. ¿Por qué? Por las mitocondrias.

La inflamación, las células inmunitarias y las citocinas pueden afectar de muchísimas otras maneras a la función de las mitocondrias, pero, para nuestros fines, lo esencial es que *la inflamación puede provocar disfunción mitocondrial.*

También puede afectar al desarrollo cerebral. En un feto o un niño pequeño, las afecciones inflamatorias pueden provocar un desarrollo anormal del cerebro. Por ejemplo, las mujeres embarazadas que sufren infecciones tienen un 80 por ciento más de probabilidades de tener un hijo con autismo[11]. Existen muchos modelos animales de autismo en los que los investigadores inyectan moléculas inflamatorias en hembras de ratón preñadas para inducirlo en la descendencia. ¿Cómo podemos relacionar todo esto? A través de las mitocondrias.

La inflamación también puede ser *consecuencia de una disfunción mitocondrial*. Además de que la disfunción mitocondrial en las células inmunitarias incide directamente en la respuesta inflamatoria e inmunitaria, si las mitocondrias de otros tipos de células no funcionan correctamente, eso también puede provocar la inflamación crónica de bajo grado que vemos en muchas personas con trastornos metabólicos y mentales.

Las células que están comprometidas metabólicamente pueden caer en un estado de deterioro. Pueden tener problemas de mantenimiento, encogerse o morir. Pueden tener niveles elevados de estrés oxidativo. Todo ello desencadena inflamación. Las células envían señales, patrones moleculares asociados a daños (DAMP), de que necesitan reparación. Las células muertas necesitan ser eliminadas adecuadamente. La inflamación sirve a estos fines. De hecho, se sabe que las propias mitocondrias, o al menos partes de ellas, son potentes DAMP. Cuando se liberan de una célula en apuros, se desencadena la inflamación. En estos casos, la inflamación es una respuesta normal; no es el problema principal, sino un síntoma de un problema metabólico. Lo más probable es que, interfiriendo en ella, no cambiemos nada. De hecho, en algunos casos, podríamos empeorar las cosas, ya que podríamos entorpecer el proceso normal de curación. La inflamación de bajo grado asociada a todos los trastornos mentales y metabólicos es probablemente consecuencia de una disfunción metabólica generalizada. Para abordar el problema tenemos que saber en primer lugar qué es lo que está causando los problemas metabólicos. Esto puede incluir una amplia variedad de factores, como una dieta inadecuada, estrés, problemas hormonales, falta de sueño, consumo excesivo de alcohol o drogas y otras toxinas. En las siguientes páginas entraré a comentar en profundidad algunos de ellos. Para abordar el problema debemos tratar la disfunción metabólica de las células. Si podemos restablecer la salud metabólica, la inflamación se detendrá.

El papel de la inflamación en el tratamiento

Durante décadas, la supresión de la inflamación ha sido un área de gran interés para los investigadores. Se han estudiado los antioxidantes y los agentes antiinflamatorios tanto para los trastornos metabólicos como para los mentales. Se han gastado miles de millones de dólares en estas investigaciones. La lista de agentes incluye cosas como vitamina E, ácidos grasos omega-3, N-acetilcisteína y antiinflamatorios no esteroideos como el ibuprofeno. Dicho todo esto, no parecen ser demasiado eficaces como tratamientos. Su uso en la depresión, la esquizofrenia, la enfermedad de Alzheimer, las enfermedades cardiovasculares, la obesidad y la diabetes ha sido, en el mejor de los casos, decepcionante, a pesar de que todos estos trastornos se han asociado a niveles más elevados de inflamación crónica. Un metaanálisis mostró ligeros beneficios de *algunos* de estos agentes para *algunos* trastornos mentales, pero las mejoras fueron mínimas y, por lo general, no resultaron clínicamente significativas[12]. Además, dado que la inflamación desempeña un papel importante en las funciones cerebrales y corporales normales, es posible que suprimirla con medicamentos tenga, a largo plazo, consecuencias adversas no deseadas.

Entonces, ¿la inflamación es importante para el tratamiento? Sí.

En primer lugar, como ya hemos comentado, hay muchos factores relacionados con el estilo de vida que pueden provocar una disfunción metabólica generalizada, lo que a su vez puede conducir a una inflamación crónica. Abordar estos factores puede tener una gran importancia para disminuir la inflamación y en el tratamiento de los trastornos metabólicos y mentales. Sin embargo, tomar un antioxidante para contrarrestar los efectos negativos de estos factores del estilo de vida no funciona.

Los trastornos autoinmunes se asocian a niveles elevados de inflamación e intervienen en los trastornos mentales y metabólicos. Es importante abordarlos. A veces, pueden requerir tratamientos antiinflamatorios. En otros casos, puede ser necesario tratar las deficiencias hormonales. Tendrás que consultar a tu profesional sanitario sobre todo esto.

Las infecciones crónicas también pueden ser un problema grave. Cuando el organismo es incapaz de eliminar una infección vírica o bacteriana, se cobra un peaje metabólico y puede provocar problemas. El VIH, la enfermedad de Lyme crónica, la hepatitis y otras pueden influir en la salud metabólica y mental. Tendrás que trabajar con tu profesional sanitario para abordarlas de forma óptima.

Las alergias también pueden provocar inflamación crónica. A veces, los alérgenos pueden evitarse, pero en otras ocasiones tendrás que consultar a tu profesional sanitario para seleccionar los tratamientos adecuados.

La higiene dental también puede influir sobre la inflamación y, a su vez, puede repercutir en los trastornos metabólicos y mentales. Es importante cepillarse los dientes y usar hilo dental con regularidad y someterse a revisiones dentales periódicas. Esta es una forma de reducir una fuente de inflamación en el organismo.

En resumen

- La inflamación desempeña un papel muy importante en la salud mental y metabólica.
- La inflamación siempre afecta al metabolismo, y los problemas metabólicos suelen aumentar los niveles de inflamación.
- Para muchas personas, la mala alimentación, la falta de ejercicio, dormir mal, fumar, consumir alcohol o drogas y otros factores relacionados con el estilo de vida son las causas principales de la inflamación de bajo grado. Abordarlas directamente es más importante que intentar reducir la inflamación por otros medios, como tomar una pastilla antioxidante.
- La inflamación influye en los estados mentales, y los estados mentales pueden causar inflamación.
- Las mitocondrias están directa e indirectamente implicadas en la inflamación y en la función de las células inmunitarias.
- La inflamación y las mitocondrias forman parte de un complejo ciclo de retroalimentación, y esto puede desempeñar un papel importante en la salud metabólica y mental.

Capítulo 14

CAUSA COADYUVANTE

El sueño, la luz y los ritmos circadianos

EL SUEÑO, LA LUZ y los ritmos circadianos están interconectados entre sí. Desempeñan un papel muy importante en el metabolismo, la función mitocondrial, los trastornos metabólicos y los problemas mentales Aunque la biología de estos temas es compleja, te voy a ofrecer un repaso de nivel elevado y una muestra de distintas evidencias para demostrar que todas estas causas coadyuvantes están presentes en la teoría de la energía del cerebro.

Cuando dormimos por la noche, nuestro cuerpo y nuestro cerebro entran en un estado de «descanso y reparación». El ritmo metabólico general y la temperatura corporal disminuyen y las células realizan funciones de mantenimiento y efectúan las reparaciones necesarias, vitales para la salud a corto y largo plazo. El cerebro experimenta muchos cambios neuronales que, según se cree, intervienen en el aprendizaje y la consolidación de la memoria. Si no dormimos, las células pueden caer en un estado de deterioro y empezar a funcionar mal.

El sueño forma parte de la estrategia metabólica general del organismo. Se rige por los ritmos circadianos. El cuerpo tiene «relojes», tanto en el cerebro como en prácticamente todas las células, que controlan muchos procesos biológicos, y todos ellos están relacionados con el metabolismo. Una zona del hipotálamo llamada núcleo supraquiasmático (NSQ) desempeña un papel clave en todo esto. Detecta la luz que reciben los ojos y genera respuestas hormonales y del sistema nervioso. Estas señales, a su vez, influyen en los relojes periféricos de todas las células del cuerpo, activando o desactivando miles de genes en todo el organismo. El ritmo circadiano está impulsado en gran medida por dos cosas: la luz y la comida. Se sincroniza con los ciclos de *luz u oscuridad* y de *alimentación o ayuno.*

La cantidad óptima de sueño para los adultos es de entre siete y nueve horas por noche, pero varía según las personas. En ella influyen la edad, el nivel de actividad y otros factores. Los bebés y los niños necesitan dormir más porque su cuerpo está creciendo. Los ancianos necesitan dormir menos. Cuando las personas están enfermas, durante un tiempo necesitan dormir más, ya que el sueño ayuda a conservar la energía. Permite dedicar los recursos metabólicos a las funciones de crecimiento, mantenimiento y reparación.

Cuando la seguridad de una persona está amenazada, el sueño debe esperar. El descanso y la reparación nunca son tan importantes como la supervivencia. Esto incluye no solo la supervivencia física, sino también preservar el estatus social. Cualquier cosa que nos preocupe, incluidos la mayoría de los factores estresantes psicológicos y sociales, puede alterar el sueño. Es algo normal, no un trastorno.

Los problemas de sueño pueden definirse como sueño excesivo, insuficiente o de mala calidad. Cualquiera de ellos puede pasar factura metabólica. Pueden exacerbar todos los trastornos mentales y metabólicos. La privación de sueño puede empeorar la depresión, la manía, la ansiedad, la demencia, el TDAH, la esquizofrenia y los trastornos por consumo de sustancias. También puede exacerbar los trastornos metabólicos. Los problemas de sueño pueden aumentar el nivel de azúcar en sangre de los diabéticos. Las personas con obesidad pueden engordar más. Quienes han sufrido un infarto pueden sufrir otro. Todos estos son ejemplos de problemas de sueño que empeoran trastornos ya existentes. Sin embargo, también pueden ser causas que contribuyan a la aparición de dichos trastornos. Se han realizado muchos estudios sobre la privación de sueño en personas normales y sanas. Si es extrema, puede provocar depresión, ansiedad, deterioro cognitivo, manía y psicosis. Los estudios genéticos han descubierto una asociación entre los genes del reloj y el autismo, el trastorno bipolar, la esquizofrenia, la depresión, la ansiedad y los trastornos por consumo de sustancias[1]. Los estudios a largo plazo que analizan a las personas que no duermen lo suficiente han descubierto que también tienen más probabilidades de desarrollar todos los trastornos metabólicos. Además, la falta de sueño puede provocar y agravar la epilepsia y la enfermedad de Alzheimer.

El sueño está en un ciclo de retroalimentación con los trastornos mentales y metabólicos. Estos trastornos pueden por sí mismos causar problemas de sueño, que a su vez pueden agravar aún más los trastornos. Está bien descrito que los problemas de sueño son un síntoma común de la mayoría de los trastornos mentales. Lo que es menos conocido es que los problemas de sueño también son más frecuentes en personas con obesidad, diabetes, enfermedades cardiovasculares, enfermedad de Alzheimer y epilepsia.

Hay muchos tipos distintos de trastornos del sueño, como la *apnea obstructiva del sueño*, cuando las personas tienen obstruidas las vías respiratorias por la noche y dejan de respirar, y el *síndrome de las piernas inquietas*, cuando las personas no pueden dejar de mover las piernas por la noche. Sin embargo, el más frecuente es el viejo y conocido insomnio.

Así pues, encontramos fuertes relaciones bidireccionales entre los trastornos del sueño, los mentales y los metabólicos. Está claro que aquí pasa algo. Sabemos que los problemas de sueño provocan una respuesta de estrés y aumentan los niveles de inflamación. Ya he comentado la manera en que pueden influir en los trastornos mentales y metabólicos. Pero, de nuevo, hay algo más. Tenemos varias líneas de pruebas que demuestran un ciclo de retroalimentación entre las mitocondrias, el sueño y los ritmos circadianos.

El sueño y los ritmos circadianos influyen en la función mitocondrial

Las mitocondrias están sincronizadas con nuestros ritmos circadianos. La producción de energía disminuye por la noche para permitir el sueño y aumenta durante el día para que podamos salir al mundo a trabajar y jugar.

Los investigadores han identificado una proteína específica, la *DRP1*, que desempeña un papel fundamental en la fisión mitocondrial y la producción de ATP[2]. Sincroniza la función mitocondrial con nuestro ritmo diario y está controlada por el reloj circadiano. Curiosamente, es necesaria para retroalimentar a este reloj, lo que sugiere que las mitocondrias pueden influir en los propios relojes a través de este mecanismo de retroalimentación.

Otro estudio con ratones analizó los efectos de la privación de sueño sobre la función mitocondrial en cuatro regiones diferentes del cerebro. Se descubrió que los animales a los que se impedía dormir presentaban un deterioro de la función mitocondrial en las cuatro regiones cerebrales, pero especialmente en el hipotálamo, una zona que regula el metabolismo y muchas hormonas, como el cortisol[3].

También las hormonas participan en el sueño y la función mitocondrial. Los niveles anormales de cortisol durante la noche pueden deberse a problemas de sueño, y pueden entonces repercutir en la función cerebral y el deterioro cognitivo[4]. Se ha descubierto que la melatonina, que aumenta por la noche y disminuye por la mañana, estimula directamente la mitofagia. En ratones, la falta de mitofagia inducida por la melatonina se ha relacionado con déficits cognitivos[5]. Esta investigación sugiere que dormir mal conduce a la disfunción mitocondrial, que a su vez conduce al deterioro cognitivo, que puede desembocar en la enfermedad de Alzheimer. Esta hipótesis fue corroborada por otro grupo de investigación que privó a ratones de sueño durante nueve meses y luego observó la función mitocondrial y la acumulación de beta-amiloide. Efectivamente, los ratones privados de sueño tenían niveles más altos de disfunción mitocondrial y acumulación de beta-amiloide en comparación con el grupo de control[6]. Esta investigación nos ayuda a comprender por qué y cómo la privación crónica de sueño es un factor de riesgo conocido para la enfermedad de Alzheimer.

Un ejemplo más: ¿recuerdas la NAD? Esta coenzima metabólica está controlada por los relojes circadianos e influye directamente en la actividad mitocondrial, lo que se traduce en una mayor producción de ATP[7]. Así pues, cuando tu ritmo circadiano está alterado, tu producción de NAD también lo estará, lo que alterará tu función mitocondrial y tu salud mental y metabólica.

Las mitocondrias intervienen en el control del sueño

En la regulación del sueño intervienen numerosas neuronas y neurotransmisores, y aún se están estudiando muchos aspectos. No se trata en absoluto de un tema sencillo.

Sin embargo, investigaciones recientes revelan al menos un papel directo de las mitocondrias. Un artículo publicado en la revista *Nature* en 2019 examinó las neuronas que se sabe que inducen el sueño en la mosca de la fruta para determinar qué hace que se enciendan y se apaguen. En otras palabras, qué hace que estas moscas se duerman. Los investigadores descubrieron que son las mitocondrias. Sus niveles de ERO se relacionaron directamente con receptores específicos que inducen el sueño. Los investigadores resumieron de este modo la importancia de este hallazgo: «El metabolismo energético, el estrés oxidativo y el sueño —tres procesos implicados de forma independiente en la duración de la vida, el envejecimiento y las enfermedades degenerativas— están, pues, conectados mecánicamente»[8]. Lo que dejaron de lado fueron los trastornos mentales, que también están relacionados con todo esto.

Otro grupo de investigadores estudió moscas de la fruta con defectos mitocondriales y descubrió que también tenían alterados los ritmos circadianos y los patrones de sueño, lo que implica aún más a las mitocondrias como actores cruciales en este proceso[9]. Un estudio en humanos con defectos mitocondriales descubrió que casi el 50 por ciento tenía problemas respiratorios relacionados con el sueño[10].

La luz influye sobre las mitocondrias y el cerebro

La luz estimula las mitocondrias, y cada una de sus distintas longitudes de onda tiene unos efectos diferentes. La luz roja, por ejemplo, tiende a estimular la producción de ATP mientras que la azul, sin embargo, tiende a inhibirla y, en cambio, a aumentar la de ERO[11]. Las distintas longitudes de onda influyen sobre diferentes proteínas de las mitocondrias. Si se aplica demasiada cantidad de cualquier espectro de luz, las mitocondrias pueden producir demasiadas ERO. Este estrés oxidativo puede dañar a las propias mitocondrias y a todas las demás partes de la célula.

El ejemplo más claro de «demasiada» luz se da en las células de la piel. Cuando la gente se tumba al sol, los fotones de luz estimulan las mitocondrias de la piel. Cuando la exposición es excesiva, puede provocar el envejecimiento prematuro de la piel (lunares y arrugas) o incluso cáncer de piel[12]. Se cree que las mitocondrias desempeñan un papel importante en todo esto.

La exposición a la luz también afecta al cerebro. Esto ocurre al menos de tres formas:

1. Como hemos comentado al principio del capítulo, el NSQ detecta la luz a través de nuestros ojos y envía señales circadianas a todo el cerebro y el cuerpo. Estas, a su vez, influyen en la función mitocondrial.
2. La exposición a la luz en la piel aumenta la presencia en el torrente sanguíneo de una molécula llamada ácido urocánico (UCA), esta viaja al cerebro y estimula las neuronas que producen glutamato, y eso influye de forma directa en el aprendizaje y la memoria[13]. Por tanto, la exposición a la luz puede ayudarte a pensar mejor.
3. Los investigadores pueden administrar luz roja y cercana al infrarrojo en el cuero cabelludo e incluso dentro de la nariz. Este tratamiento se denomina fotobiomodulación cerebral. Estas luces aumentan la producción de ATP, modifican los niveles de calcio y estimulan las señales epigenéticas mediante acciones directas sobre las mitocondrias. Se cree que mejoran la capacidad metabólica de las neuronas, tienen efectos antiinflamatorios y estimulan la neuroplasticidad[14].

El efecto del sueño, la luz y los ritmos circadianos en los síntomas

Los humanos modernos estropeamos el sueño de innumerables formas. Nos llevamos el móvil a la cama. Leemos en la cama, con luz, por supuesto. Nos despertamos en mitad de la noche y encendemos el ordenador o la televisión. Nos quedamos hasta tarde jugando o dándonos panzadas de Netflix. Trabajamos en turnos de noche. Salimos de fiesta toda la noche. Nos pasamos la noche en vela para terminar proyectos importantes para el día siguiente. Viajamos lejos y tenemos desfase horario. Todos estos comportamientos afectan a nuestros ritmos circadianos y al sueño, y se cobran un peaje metabólico.

Otros *no* pueden dormir, por mucho que lo intenten. Sus mentes funcionan a toda velocidad rumiando preocupaciones y ansiedad. Se inquietan. Se despiertan presas del pánico y no pueden volver a dormirse. Roncan fuerte y se despiertan constantemente. Tienen recuerdos de los malos tratos sufridos en la infancia. Tienen miedo a dormir. Sus camas se han convertido en cámaras de tortura. Esto también tiene un coste metabólico.

A diario, el sueño, la luz y los ritmos circadianos producen efectos importantes sobre los síntomas. Las personas con trastornos relacionados con el estado de ánimo pueden experimentar fluctuaciones en función de las distintas horas del día, lo que se denomina *variación diurna*. Algunas se despiertan muy deprimidas, pero su estado de ánimo va mejorando a medida que avanza el día. Las personas con demencia pueden agitarse y sentirse más confusas por la noche, lo que se denomina *síndrome del ocaso* o *sundowning*. Del mismo modo, algunas personas con esquizofrenia pueden volverse más sintomáticas por la noche. La teoría de la energía cerebral ofrece una nueva forma de entender estos fenómenos bien conocidos a través de las mitocondrias y el metabolismo.

También las estaciones pueden influir sobre los síntomas. Se cree que las personas con *trastorno afectivo estacional*, o depresión durante los meses de invierno, sufren en gran medida una menor exposición a la luz solar. Las personas con trastorno bipolar pueden experimentar episodios maníacos y depresivos en torno al cambio de estación. La teoría de la energía cerebral también ofrece una nueva forma de entender estos cambios.

El sueño, la luz y los ritmos circadianos como tratamiento

El sueño adecuado tiene una importancia vital para la salud mental y metabólica. Son muchas las formas en las que puede intervenir en el tratamiento.

En primer lugar, quizá te apetezca evaluar tu sueño mediante estas preguntas básicas (cualquier respuesta negativa es preocupante):

- ¿Duermes entre siete y nueve horas cada noche?
- ¿Duermes bien toda la noche?
- ¿Te despiertas sintiéndote renovado?
- ¿Eres capaz de dormir bien sin tomar pastillas o sustancias?
- ¿Te sientes razonablemente despierto y alerta a lo largo del día? (Las siestas frecuentes o las cabezadas son signos preocupantes).

Si tienes problemas crónicos de sueño, habla con tu profesional sanitario para determinar cuál puede ser la causa. Es posible que tengas apnea obstructiva del sueño, síndrome de piernas inquietas, un desequilibrio hormonal o algún otro factor que pueda motivar tu problema de sueño. El tratamiento puede implicar intervenciones como la *higiene del sueño* y la *terapia cognitivo-conductual para el insomnio (TCC-I)*. Pueden realizarse en persona con un terapeuta, pero ahora también se puede acceder a ambas por Internet.

Los somníferos, incluidos los suplementos de venta libre como la melatonina, pueden ser útiles como intervenciones a corto plazo en situaciones inusualmente estresantes. Sin embargo, alteran la arquitectura normal del sueño, lo que puede afectar a algunos de los beneficios del sueño natural. Con el tiempo, también pueden alterar el metabolismo y la función mitocondrial, por lo que su uso crónico puede empeorar tus problemas. Intenta normalizar el sueño sin utilizar pastillas. Si llevas años tomando somníferos, quizá necesites ayuda profesional para dejarlos.

A continuación, evalúa tu exposición a la luz (cualquier respuesta negativa puede ser problemática):

- ¿Te expones a la luz natural la mayoría de los días, aunque solo sea a través de una ventana?
- ¿Sales al exterior?
- ¿Abres las cortinas o persianas para que entre la luz?
- Cuando duermes, ¿estás en una habitación oscura con luces mínimas o sin ellas?

- ¿Evitas la exposición a pantallas de vídeo mientras estás en la cama (teléfono, televisión, tableta, etc.)?

El tratamiento puede implicar corregir cualquier problema con la exposición a la luz, ya sea insuficiente durante el día o excesiva por la noche.

La terapia de luz brillante es una intervención que consiste en sentarse delante de una luz cada mañana durante unos treinta minutos. Se trata de luces especiales de 10 000 lux (una medida de la intensidad de la luz) que imitan la exposición a la luz solar, pero que suelen ser seguras para los ojos. Esta terapia se ha utilizado en una amplia variedad de trastornos, como el trastorno afectivo estacional, el trastorno bipolar, la depresión mayor, la depresión posparto, el insomnio, las lesiones cerebrales traumáticas y la demencia[15]. Curiosamente, la exposición a la luz podría incluso intervenir en el tratamiento de la obesidad, la diabetes y las enfermedades cardiovasculares[16]. La terapia de luz puede ayudar a regular los ritmos circadianos y normalizar el sueño, lo cual, como ahora sabes, puede tener efectos muy poderosos sobre el metabolismo y las mitocondrias. Debo advertirte que he visto a algunos pacientes con trastorno bipolar desarrollar hipomanía e incluso manía con la terapia de luz brillante, así que utilízala con precaución si has tenido manía en el pasado.

También he mencionado la *fotobiomodulación cerebral*. Aún se considera experimental, pero se está estudiando para diversas afecciones, como la demencia, la enfermedad de Parkinson, el ictus, la lesión cerebral traumática y la depresión.

En resumen

- El sueño, la luz y los ritmos circadianos están interconectados.
- Todos ellos desempeñan un papel importante en el metabolismo, la función mitocondrial, la salud mental y la salud metabólica.
- Diagnosticar la causa de los problemas de sueño es importante, ya que puede requerir tratamientos específicos.

- Es posible tomar diferentes medidas para regular el sueño.
- Controlar la exposición a la luz o utilizar una terapia de luz brillante puede servir como tratamiento para algunas personas.

Historia de éxito. Kaleb: un niño de doce años con dificultades en la escuela

Kaleb vivía en una ciudad de clase media-alta y tenía una vida razonablemente buena, aunque sus padres estaban divorciados (uno de los casos de la lista de experiencias infantiles adversas). Su historial familiar de enfermedades mentales era bastante amplio: su madre, su padre, sus tíos y sus abuelos habían sufrido depresión, intentos de suicidio, abuso de sustancias, trastorno bipolar o esquizofrenia. A una edad muy temprana, Kaleb ya tenía dificultades. A medida que fue creciendo, cumplía claramente los criterios del TDAH; a veces se desbocaba y a menudo se distraía. Se frustraba con las tareas escolares y tenía rabietas.

Empezó a asistir a sesiones de psicoterapia. Sus padres y profesores probaron muchas intervenciones, tanto estrategias disciplinarias como recompensas conductuales, pero nada funcionó. Empezó a tomar un estimulante para el TDAH, que lo ayudó durante una semana, pero luego le impidió dormir, lo que no hizo más que empeorar los problemas. Se probaron distintas dosis y distintos estimulantes, pero los problemas de sueño no mejoraban. Se sopesó el tratamiento con somníferos, pero sus padres decidieron suprimir el estimulante.

Sus problemas escolares empeoraron. Su cociente intelectual y su capacidad de aprendizaje eran altos; el problema no era ese. Recibió apoyo en la escuela mediante un programa educativo individualizado (PEI) y, finalmente, se le matriculó en un programa de educación especial para alumnos con problemas sociales o emocionales. Empezó a manifestar depresión crónica. Cuando se sentía frustrado, se autolesionaba con un lápiz afilado. Cuando estaba muy frustrado, amenazaba con suicidarse. En séptimo curso, tanto el colegio como su terapeuta empezaron a recomendar un estabilizador del estado de ánimo para un presunto trastorno bipolar. Sus padres se negaron y, en su lugar, optaron por probar un plan de tratamiento «metabólico».

Elegimos dos intervenciones basadas en la base metabólica del trastorno bipolar. Uno de los problemas que nos propusimos abordar fue la resistencia a la insulina. Durante los dos últimos años, Kaleb había estado ganando peso, sobre todo alrededor de la cintura, que es un marcador de resistencia a la insulina. Había empezado a comer muchos dulces inmediatamente después del colegio «para hacer frente al estrés del día» y también después de cenar «como un capricho». Sus padres se lo permitían, dado lo estresante que le había resultado el colegio. Para solucionarlo, le recomendamos que suprimiera todos los dulces durante la semana escolar. No le entusiasmó esta parte del plan de tratamiento, pero aceptó intentarlo. La segunda intervención tenía como objetivo regular mejor sus ritmos circadianos y el sueño que, según se sabe, desempeñan un papel en el trastorno bipolar. Utilizábamos terapia de luz brillante todas las mañanas durante al menos treinta minutos. Se ha demostrado que es eficaz para la depresión bipolar, al menos en algunas personas, y tiene pocos efectos secundarios[17]. Ya jugaba a videojuegos todas las mañanas «para despertarse», así que introdujimos la luz brillante mientras lo hacía para que no tuviera que cambiar su rutina.

Al cabo de un mes, las cosas empezaron a mejorar. Cesaron sus rabietas en el colegio. Su depresión y su concentración mejoraron. La escuela se le hacía más llevadera.

Al año siguiente, en octavo curso, sacó las mejores notas de su vida: todo sobresalientes. En 2020, dos años después de comenzar estas intervenciones, empezó el instituto durante la pandemia de la COVID-19. Aunque muchos de sus compañeros luchaban contra la depresión, la ansiedad y el aislamiento social, él prosperó. Volvió a sacar sobresalientes y le quitaron el PEI después del primer semestre. En el nuevo colegio no se podían creer que este alumno tan bueno y con tan buen comportamiento estuviera en un PEI.

Ahora lleva cuatro años con este plan de tratamiento y sigue prosperando. Es evidente que este plan específico no va a funcionar en todos los niños con dificultades, pero a Kaleb le sirvió. La teoría de la energía del cerebro nos ayuda a entender cómo y por qué.

Capítulo 15

CAUSA COADYUVANTE

La alimentación, el ayuno y el intestino

LO QUE COMEMOS, CUÁNDO y cuánto comemos ejercen efectos directos sobre el metabolismo y las mitocondrias. Todo el mundo sabe que la dieta interviene en la obesidad, la diabetes y las enfermedades cardiovasculares, pero lo que la mayoría de la gente quizá no sepa es que también ejerce unos efectos profundos sobre la salud mental y el cerebro.

Este campo es ingente. Decenas de miles de artículos de investigación e innumerables libros de texto han explorado los efectos de la dieta sobre el metabolismo y las mitocondrias. La mayor parte de ellos se han centrado en la obesidad, la diabetes, las enfermedades cardiovasculares, el alzhéimer, el envejecimiento y la longevidad. Aunque estos investigadores no suelen ver la conexión que tiene con la salud mental, espero que a estas alturas *tú* si lo hagas.

Las conexiones van mucho más allá de las correlaciones. Se solapan en los circuitos neuronales del cerebro y, por supuesto en toda la red del metabolismo y las mitocondrias del cuerpo humano. Por ejemplo, los circuitos neuronales que impulsan el apetito y las conductas alimentarias también están directamente implicados en la adicción al tabaco, el alcohol y la heroína[1]. A la mayoría de la gente no le suele sorprender. Lo que quizá resulte más chocante es que los circuitos neuronales de la soledad se solapan directamente con los que advierten de la inanición[2]. Este estudio, publicado en la revista *Nature*, reveló que el aislamiento social crónico en las moscas de la fruta conducía a comer más *y* dormir menos. Un problema «social» dio lugar a cambios en el apetito y en el sueño. Cuando los investigadores estimularon artificialmente el circuito neuronal del aislamiento social, las moscas comieron más y durmieron menos. Otro estudio identificó circuitos neuronales específicos del GABA y la serotonina directamente implicados en la obesidad *y* en la ansiedad y la depresión[3]. Un circuito neuronal desempeña un papel en lo que pesas *y* en cómo te sientes.

Este campo, que estudia el papel de la dieta en la salud mental, recibe en ocasiones la denominación de *psiquiatría nutricional.* A mí me parece una denominación demasiado estrecha. Abarca algo más que el modo en que la dieta influye sobre la función cerebral. Está también relacionado con la forma en la que nuestros estados mentales afectan al metabolismo, lo que puede influir sobre el apetito y la conducta alimentaria, que a su vez puede afectar a la salud general. Es una relación bidireccional. El aspecto metabólico influye sobre el mental y el mental hace lo mismo sobre el metabólico.

Como ya he dicho, es un campo ingente. Sería imposible hacerle justicia en un solo capítulo. De todas formas, voy a ofrecerte una diminuta *degustación* (¿te has dado cuenta de lo que acabo de hacer?) de cómo se relaciona con la salud mental. Para ello voy a repasar varios temas relacionados con la comida para observar cómo actúan como causas coadyuvantes según la teoría de la energía del cerebro.

Vitaminas y nutrientes

Uno de los puntos de partida más fáciles es el de las vitaminas y los nutrientes. Se conocen varios déficits vitamínicos que provocan trastornos mentales y neurológicos. En ocasiones, si se solucionan, el problema se resuelve por completo. Junto con los desequilibrios hormonales, las carencias vitamínicas son uno de los pocos ejemplos en psiquiatría en los que existe un problema claramente diferenciado y con un tratamiento sencillo.

Tres de las carencias vitamínicas más conocidas que pueden provocar síntomas mentales y neurológicos son los de la tiamina, el folato y la vitamina B_{12}. Sus niveles deben comprobarse rutinariamente en los pacientes con trastornos psiquiátricos y neurológicos porque, si están bajos, existe un tratamiento claro para solucionarlo. ¿Qué es lo que hacen estas vitaminas? Todas ellas son necesarias para el metabolismo de la energía en el interior de las mitocondrias. Si una persona tiene carencia de estas vitaminas, tendrá una producción deficiente de energía en las mitocondrias, es decir, una disfunción mitocondrial.

Según la teoría de la energía cerebral, los síntomas asociados a estas deficiencias están muy extendidos e incluyen la mayoría de las categorías diagnósticas. Muchos de ellos son físicos, y otros, mentales. Estos últimos incluyen depresión, apatía, pérdida de apetito, irritabilidad, confusión, alteraciones de la memoria, trastornos del sueño, fatiga, alucinaciones y delirios, por nombrar solo unos cuantos. Los déficits de estas vitaminas en las mujeres embarazadas pueden también provocar anomalías en el desarrollo del feto, lo que pone de relieve el papel de las mitocondrias en el desarrollo.

Hay muchas otras vitaminas y nutrientes que pueden relacionarse fácilmente con las mitocondrias y el metabolismo, pero seguiré adelante. Como he dicho, este campo es enorme.

Calidad de los alimentos

Nuestro suministro de alimentos ha cambiado drásticamente en los últimos cincuenta años. Las plantas se han modificado genéticamente. Al ganado vacuno, a los cerdos y a los pollos se los atiborra de antibióticos y hormonas de crecimiento para que engorden. Los alimentos procesados están repletos de ingredientes artificiales y a menudo carecen de nutrientes como fibra, vitaminas, minerales y fitonutrientes. El conocimiento de los efectos de todas estas hormonas y sustancias químicas en el metabolismo humano dista mucho de estar claro, pero las investigaciones sugieren que sí influyen.

La comida basura suele calificarse como tal no solo porque carece de nutrientes importantes, sino también porque suele contener ingredientes muy procesados y poco naturales que se han relacionado con una mala salud metabólica. Todos hemos oído discusiones sobre qué ingredientes son malos para las personas. Algunos culpan a las grasas; otros, a los hidratos de carbono; otros, a los productos de origen animal. Las controversias son interminables. Repasaré tres ejemplos de factores dietéticos que se han relacionado directamente con la función mitocondrial y la salud metabólica y mental.

Los ácidos grasos trans (AGT) son grasas artificiales y procesadas que en un principio se comercializaron como una alternativa más saludable a las grasas saturadas. Se nos dijo que la «manteca vegetal saludable» era mucho mejor que la de cerdo. Durante años, los AGT fueron omnipresentes en los alimentos de los países occidentales. Lo trágico es que se ha comprobado que, en realidad, son tóxicos para la salud humana, y ahora están prohibidos en algunos países. Su uso se ha relacionado con un mayor riesgo de enfermedades cardiovasculares, depresión, agresividad conductual, irritabilidad y enfermedad de Alzheimer[4]. Aunque los mecanismos de acción exactos siguen sin estar claros, un estudio con animales intentó averiguarlo evaluando el efecto que podrían tener en las ratas y sus crías[5]. Los investigadores suministraron a las ratas embarazadas y lactantes, o bien AGT, o bien aceite de soja o de pescado con la dieta. Cuando nacieron las crías, fueron alimentadas con una dieta normal sin AGT. A los sesenta días, las crías de las madres que recibieron AGT mostraron mayor ansiedad, niveles más altos de ERO, mayor inflamación y una reducción de los receptores de glucocorticoides en el hipocampo. Este único estudio demuestra cómo varias cosas de las que he hablado hasta ahora están interconectadas. Un único factor de la dieta de una madre acabó influyendo sobre la ansiedad, la función mitocondrial, la inflamación y los niveles de receptores de glucocorticoides de sus hijos, factores todos ellos que intervienen en la respuesta al estrés. ¡Caramba! Por suerte, desde el año 2018 están prohibidos en algunos países, pero ¿podría algo así explicar las mayores tasas de depresión y ansiedad existentes entre los jóvenes? He descrito cómo los padres pueden transmitir una vulnerabilidad a las enfermedades mentales a partir de su propia historia de traumas. Lo que sugiere esta investigación es que, si tu madre comió grasas trans mientras estaba embarazada de ti, es posible que esto haya influido en tu salud metabólica.

A veces, la comida basura no se llama basura por las cosas «malas» que contiene, sino por las «buenas» que no contiene. Vamos a echar un vistazo a la fibra. Como probablemente sepas, está presente en la fruta, la verdura y los cereales integrales, y hoy en día se recomienda mucho. La mayoría de los expertos están seguros de que desempeña un papel beneficioso en la salud metabólica y el envejecimiento. Algunos estudios sugieren que también interviene en la salud mental. Un nivel elevado de adherencia a la dieta mediterránea, que incluye mucha fruta, verdura, cereales integrales y aceite de oliva, se ha asociado a tasas más bajas de depresión y deterioro cognitivo[6]. Uno de los mayores beneficios de la fibra es que los microbios del intestino la convierten en butirato, un ácido graso de cadena corta. Este, a su vez, sirve como fuente primaria de combustible para las mitocondrias de las células intestinales (colonocitos) e influye sobre las células hepáticas. Un grupo de investigación descubrió que modifica directamente la función, la eficacia y la dinámica mitocondrial (fusión/fisión), y que estos cambios repercuten directamente en la resistencia a la insulina, la acumulación de grasa en el hígado y el metabolismo en general[7]. Existen fuertes conexiones entre el intestino y el cerebro a las que me referiré en breve, pero, curiosamente, ¡se ha observado que el butirato parece desempeñar directamente un papel en el sueño! Y aún más fascinante es que el mecanismo parece estar localizado en el hígado o en la vena que va al hígado (vena porta). Para averiguarlo, los investigadores experimentaron con ratones[8] a los que inyectaron butirato en el intestino o en la vena porta y descubrieron que los animales dormían entre un 50 y un 70 por ciento más. Cuando lo inyectaron en otras partes del cuerpo, el sueño no mejoró. Otro estudio de investigación descubrió que el butirato disminuye la neuroinflamación en ratones que envejecen, algo que podría proteger contra la enfermedad de Alzheimer[9].

A veces, no se trata de un ingrediente concreto, sino que puede tener más que ver con la cantidad que comemos. La comida basura puede ser adictiva, al menos para algunos de nosotros. Todos conocemos la frase publicitaria de «No podrás comer solo una». ¿El problema es entonces comer en exceso? Puede provocar niveles elevados de insulina y glucosa en sangre, sobre todo en personas con resistencia a la insulina. Ya te he contado que la resistencia a la insulina está relacionada con los trastornos mentales y las mitocondrias. ¿La glucemia elevada desempeña un papel más directo? Algunas investigaciones sugieren que sí.

Un estudio en ratas diabéticas descubrió que los niveles elevados de glucosa perjudicaban directamente a las mitocondrias, según lo medido por la disminución de la producción de ATP, el aumento del estrés oxidativo y la disminución de las capacidades antioxidantes, y que probablemente todo esto daña a las neuronas[10].

Otro estudio analizó las células endoteliales humanas (células que recubren las arterias) para ver si los niveles elevados de glucosa afectan a su función mitocondrial. Se descubrió que sí. Aunque no modificaron la producción de energía basal, cuando las células se estresaron, aquellas que estaban expuestas a niveles elevados de glucosa vieron mermada su capacidad de producir más energía. De nuevo, una paradoja. *Más* glucosa, o combustible, conducía a niveles más *bajos* de ATP[11].

Otro estudio examinó a veinte personas diabéticas para ver qué impacto tenía la hiperglucemia sobre su estado de ánimo y su función cerebral[12]. Para ello utilizaron una tecnología clamp para controlar artificialmente la glucosa en sangre y expusieron a todas las personas a niveles de glucosa normales y altos. Los elevados provocaron alteraciones en la velocidad de procesamiento, la memoria y la atención, y también redujeron los niveles de energía y aumentaron la tristeza y la ansiedad. Esta investigación sugiere que, si las personas con resistencia a la insulina comen alimentos reconfortantes en exceso, esto podría provocarles tristeza y ansiedad, así como deterioro cognitivo.

Por último, un metaanálisis de 46 estudios que incluyeron a más de 98 000 participantes que aún no padecían diabetes analizó los niveles de glucosa en sangre para ver si aumentaban el riesgo de sufrir cambios cerebrales relacionados con la enfermedad de Alzheimer. Los investigadores descubrieron que los niveles elevados de glucosa en sangre incrementaban el riesgo de niveles más altos de amiloide y de atrofia cerebral[13].

¿Podría la glucemia elevada explicar las tasas más altas de depresión y enfermedad de Alzheimer en las personas con diabetes? Todas estas investigaciones sugieren que podría ser un factor importante.

Pero espera un momento… ¡es otro bucle de retroalimentación! Resulta que las mitocondrias desempeñan un papel directo en el control de los niveles de glucosa. Un estudio publicado en la revista *Cell* reveló que las mitocondrias de las células del núcleo ventromedial del hipotálamo (VMH), una zona del cerebro conocida por regular los niveles de glucosa en todo el cuerpo, eran fundamentales en esta regulación[14]. Su fisión entre sí y sus niveles de ERO controlan directamente los niveles de glucosa en todo el cuerpo. Así pues, si estas mitocondrias no funcionan correctamente, la regulación de la glucosa estará desactivada. Esto, a su vez, podría causar tristeza, ansiedad y aumentar la probabilidad de desarrollar alzhéimer.

Obesidad

La obesidad es un tema complejo. La mayoría de la gente la considera un problema de sobrealimentación: se ingieren más calorías de las que se queman. Sin embargo, eso de «ingerir más calorías de las que se queman» tiene dos partes. A veces, efectivamente se come demasiado, en cuyo caso la cuestión es *por qué*. Pero está también la segunda parte de la ecuación: quemar calorías. Algunas personas con problemas de obesidad comen muy poco y aun así no consiguen adelgazar. Por tanto, sería mejor plantear la cuestión de la siguiente manera: *¿por qué los obesos almacenan tanta grasa o no la queman?* La realidad es que casi todo el mundo come en exceso de vez en cuando. Piensa en lo que sucede en las grandes celebraciones. Las personas delgadas pueden sentirse hartas incluso hasta el día siguiente, y eso las lleva a comer menos. O su metabolismo aumenta para quemar el exceso de calorías. En cualquier caso, siguen estando delgadas. Las obesas no responden de la misma manera. A veces, de hecho, cuando adelgazan, su metabolismo cae en picado. Se opone a sus esfuerzos por adelgazar.

Son temas complejos y no voy a tratar de abordarlos aquí. Lo único que pretendo es destacar que la obesidad desempeña un papel en el metabolismo y en la función mitocondrial, y que las mitocondrias desempeñan un papel en la obesidad. Y ambas cosas, a su vez, están relacionadas con la salud mental.

Ya he mencionado que la soledad, la ansiedad, la depresión y el sueño comparten algunos circuitos neuronales con el apetito y los comportamientos alimentarios. ¿Qué le ocurriría a una persona si estos circuitos neuronales estuvieran hiperexcitables? Pues que se sentiría deprimida, ansiosa, inapropiadamente sola, tendría problemas para dormir y comería en exceso. ¿Conoces a alguien así? Puedo decirte que he conocido a muchos en mi carrera de psiquiatra.

Tanto la obesidad como los trastornos mentales están asociados a la disfunción mitocondrial. Cuando se padecen ambos, pueden agravarse mutuamente. Los trastornos mentales pueden provocar un aumento de peso aún mayor. La obesidad puede provocar aún más depresión, ansiedad y síntomas bipolares. En un estudio se analizó a pacientes bipolares, algunos obesos y otros no, y se descubrió que los obesos tenían más episodios depresivos que los delgados[15]. La propia obesidad desempeñaba un papel en sus síntomas relacionados con el estado de ánimo.

Una forma de entender parte de esto es a través de la insulina. Ya te he dado alguna información sobre esta hormona, la función mitocondrial y la función cerebral. Las personas con obesidad suelen tener resistencia a la insulina tanto en el cuerpo como en el cerebro. Un grupo de investigadores buscó en concreto si la disfunción mitocondrial intervenía en esto y, efectivamente, encontraron signos de deterioro mitocondrial tanto en el cerebro como en el hígado de ratas resistentes a la insulina[16].

Sin embargo, la resistencia a la insulina tiene vida propia. El páncreas responde bombeando más. Si un poco no funciona, envía mucha. ¡Eso ayuda! Pero el problema es que, con el tiempo, los niveles más altos de insulina suelen empeorar la resistencia. Estimulan el hambre y el aumento de peso. Y uno de los problemas de estos niveles cada vez más altos es que la resistencia a la insulina inhibe por sí sola la biogénesis mitocondrial, lo que agrava el problema metabólico[17].

En el cerebro, la insulina interviene directamente en la respuesta de las mitocondrias ante el estrés. Cuando la señalización de la insulina funciona bien, las mitocondrias responden al estrés con eficacia. Una forma de estresar las mitocondrias en ratones es alimentarlos con una dieta rica en grasas (HFD), que suele conducir a la obesidad. Los investigadores estudiaron ratones con resistencia a la insulina alimentados con una HFD y descubrieron un deterioro de la respuesta al estrés en las mitocondrias[18]. Cuando les administraron insulina intranasal, las mitocondrias volvieron a responder con normalidad y, curiosamente, los ratones engordaron menos. Así pues, ayudar a las mitocondrias a funcionar correctamente ayudó a los ratones a enfrentarse más eficazmente a la HFD.

Otro grupo de investigación examinó el papel de las mitocondrias en las células cerebrales de ratones a los que se había administrado una HFD y descubrieron que las células microgliales causaban inflamación cerebral en respuesta a la dieta[19]. Esto ocurrió *antes* de que los ratones engordaran. Cuando examinaron más a fondo qué estaba provocando los cambios en las células microgliales, descubrieron que eran las mitocondrias. Se había producido un aumento de una proteína mitocondrial específica, la UCP2, que impulsaba cambios en la dinámica mitocondrial (movimiento, fusión y fisión). Cuando los investigadores suprimieron esta proteína, los ratones dejaron de tener inflamación cerebral y, sorprendentemente, *no desarrollaron obesidad,* aunque siguieron teniendo acceso a la dieta rica en grasas. Al contrario, acabaron comiendo menos y quemando más calorías. Este estudio sugiere que las mitocondrias son, de hecho, actrices clave en el modo en que el cerebro y el cuerpo responden a los alimentos hipercalóricos. Otros dos estudios publicados en la revista *Cell* confirman una participación directa de las mitocondrias de las células cerebrales en la regulación de los comportamientos alimentarios, la obesidad y la resistencia a la leptina[20].

Cuando leí este estudio por primera vez, me sentí confuso. Los investigadores demostraban claramente una intervención directa de las mitocondrias tanto en la inflamación cerebral como en la obesidad subsiguiente. Sin embargo, interfirieron en lo que las mitocondrias hacían normalmente. Así pues, una forma de ver este estudio es pensar que las mitocondrias microgliales eran disfuncionales y que los investigadores evitaron que cometieran un error. Otra forma de verlo es que estas mitocondrias estaban recibiendo señales erróneas de algún otro lugar del cuerpo, quizá la microbiota intestinal, o las células intestinales, o el hígado. O puede que se debiera a la resistencia a la insulina, como he descrito antes. Sin embargo, *otra* posibilidad distinta es que las mitocondrias estuvieran haciendo exactamente aquello para lo que están programadas; velar por la salud a largo plazo del organismo. En este momento, no sabemos cuál debería ser la respuesta correcta a una dieta tóxica. Quizá la obesidad sea una mejor estrategia de supervivencia cuando se consumen alimentos tóxicos. No podemos estar seguros de que prevenir la inflamación y la obesidad en este caso vaya a producir mejores resultados de salud o longevidad, pero supongo que ese estudio sería bastante fácil de hacer. Como puedes ver, el tema es complicado. Y sin embargo... no lo es. Si quieres prevenir la obesidad en ratones, no los alimentes con la dieta tóxica.

Para que conste, la «dieta rica en grasas» también puede contener otros ingredientes poco saludables, como la sacarosa: a menudo es la combinación maligna la que engorda tanto. Menciono esto porque pronto hablaré de otro tipo de dieta rica en grasas que suele producir pérdida de peso y niveles más bajos de inflamación, por lo que no se trata de la grasa en sí misma.

Ayuno, inanición y trastornos alimentarios

Ayunar es estar sin comer. Durante cualquier cantidad de tiempo, en realidad. Todos ayunamos cuando dormimos. Por eso la primera comida del día se llama desayuno: estamos acabando con el ayuno. Cuando es prolongado, provoca muchos cambios en el metabolismo y en las mitocondrias. Curiosamente, también puede tener efectos profundos y beneficiosos en el cuerpo humano. Para la mayoría de la gente, este dato resulta sorprendente. Solemos pensar que nuestro cuerpo necesita alimentos y nutrientes. Todos hemos oído decir que tenemos que hacer tres comidas al día. A algunos nos han dicho que debemos comer seis u ocho veces a lo largo de la jornada. Necesitamos seguir alimentando nuestro cuerpo. Necesitamos energía.

Para los lactantes, esto es inequívocamente cierto: la mayoría necesita comer cada dos horas. Para los niños que están creciendo, también puede ser cierto. En el caso de los adultos, sin embargo, ahora disponemos de una enorme cantidad de datos científicos que sugieren que estar todo el tiempo comiendo resulta perjudicial para la salud.

El ayuno incita al cuerpo a ser frugal y fomenta la autofagia, que tiene un enorme potencial curativo. El organismo se atrinchera y se las arregla con lo que tiene. Es hora de aprovechar esas reservas de grasa. Todos sabemos que eso puede ser bueno. Sin embargo, hay algo más. Todas y cada una de las células responden, y las mitocondrias están ahí para dirigir las cosas. Inmediatamente cambian de forma. Se alargan, se fusionan entre sí y forman largas redes tubulares[21]. Lo que viene a continuación es una limpieza a fondo, por así decirlo. Las células identifican las proteínas y las partes celulares viejas y defectuosas, que son las primeras en desaparecer en una campaña de reciclaje masivo. Estas proteínas y trozos de células se transportan a los lisosomas para su degradación.

A continuación, se reciclan: algunos se utilizan para obtener energía, mientras que otros pueden emplearse para fabricar nuevas proteínas y partes celulares esenciales. Las células buscan cualquier cosa prescindible en un reinicio cuidadosamente orquestado.

¿Y las mitocondrias de las células? ¿También se destruyen? Bueno, las defectuosas sí, ya que la mitofagia también se activa durante este proceso. Sin embargo, las sanas trabajan ahora unas con otras en las largas redes tubulares. Durante este proceso mantienen el ritmo de producción de ATP, y estas redes las protegen de ser recicladas. Cuando la persona vuelve a comer, las partes de la célula que se destruyeron se sustituyen. Estas partes sustituidas son nuevas y sanas, ¡y a menudo incluyen algunas mitocondrias nuevas!

Sin embargo, si la persona pasa demasiado tiempo sin comer, en algún momento entra en un estado de inanición. El cuerpo monta una estrategia de defensa. Reduce ampliamente el metabolismo para conservar energía. La frecuencia cardíaca disminuye. La temperatura corporal baja. Las personas se vuelven perezosas, irritables, desmotivadas, distraídas, obsesionadas con la comida y algo deprimidas. Paradójicamente, en la primera o segunda semana de inanición pueden aparecer síntomas de hipomanía. Es probable que se trate de una estrategia adaptativa para dar a la persona hambrienta suficiente energía, motivación y confianza para conseguir comida, pase lo que pase.

Como seguro que sabes, esto no es nada bueno. Supone un peligro de muerte. Las células empiezan a funcionar mal y a morir. Los órganos, incluido el cerebro, luchan. La lista de síntomas y diagnósticos mentales incluye depresión, irritabilidad, insomnio, manía, trastornos alimentarios, confusión, alteraciones de la memoria, alucinaciones y delirios.

Quizá la mejor prueba de los efectos mentales de la inanición proceda del famoso Experimento de Inanición de Minnesota, en el que 36 hombres sanos fueron sometidos a dietas de semiinanición (la mitad de sus calorías diarias normales) durante veinticuatro semanas, y luego recibieron veinte semanas de «rehabilitación». Perdieron cantidades significativas de peso y mostraron signos de metabolismo ralentizado. Experimentaron síntomas mentales muy variados y a veces graves, como depresión, ansiedad, fatiga, falta de concentración y obsesión por la comida. Algunos se volvieron transitoriamente hipomaníacos. Curiosamente, fue durante el periodo de realimentación cuando algunos tuvieron más dificultades. La depresión empeoró en algunos de ellos. Otros empezaron a darse atracones y a purgarse. Algunos desarrollaron problemas de imagen corporal. Un hombre se cortó tres dedos. Hoy en día, este estudio se utiliza a menudo para comprender algunos de los síntomas de la anorexia y la bulimia. La propia inanición puede provocar síntomas mentales[22].

Y esto nos lleva a hablar de los trastornos alimentarios.

Para algunas personas, un trastorno alimentario puede empezar por la presión social para perder peso y estar delgadas. Las jóvenes bailarinas de ballet son un ejemplo evidente. A muchas se les dice sin ambages que tienen que estar delgadas para competir. La presión para adelgazar es tremenda. Las chicas y las mujeres que siguen estas recomendaciones pueden llegar a pasar hambre, lo que puede iniciar el círculo vicioso de las alteraciones metabólicas que afectan a la función cerebral. Las partes del cerebro que controlan los comportamientos alimentarios se ven afectadas, pero también las que interpretan cómo se percibe el propio cuerpo. Estas personas pueden desarrollar graves distorsiones de la imagen corporal, pensando que están gordas cuando en realidad están esqueléticas. A veces llegan a rozar el delirio, porque la forma en la que se perciben a sí mismas puede estar muy alejada de su aspecto real. Los investigadores examinaron un modelo de ratón de anorexia para ver si, de hecho, existía una alteración mitocondrial en el cerebro, y efectivamente, descubrieron estrés oxidativo y alteración de partes específicas de las mitocondrias dentro del hipotálamo[23]. Un estudio realizado con cuarenta mujeres, la mitad de las cuales sufría anorexia y la otra mitad no, descubrió disfunción mitocondrial en los glóbulos blancos de las que la padecían[24].

Otras personas, sin embargo, pueden desarrollar un trastorno alimentario debido a una vulnerabilidad preexistente. Las conductas alimentarias afectan al metabolismo, tanto si se come en exceso como si no. Para algunos, esto puede dar lugar a sensaciones gratificantes a corto plazo.

Los atracones pueden hacer que algunas personas se sientan mejor porque proporcionan más insulina y glucosa a las células cerebrales en apuros y estimulan los centros de recompensa del cerebro. Esta puede ser la forma más rápida y fácil de superar la resistencia a la insulina:

comer mucho azúcar. Por desgracia, como acabo de comentar, con el tiempo acaba empeorando la situación. Para otros restringir la comida puede mejorar el estado de ánimo porque puede proporcionar hormonas del estrés o cetonas (pronto te hablaré más de ellas) que pueden ser útiles para las células cerebrales en apuros. Estos dos extremos, comer en exceso y no comer, pueden producir experiencias gratificantes en distintas personas. Así pues, para los que tienen trastornos mentales preexistentes, cambiar las conductas alimentarias puede resultar atractivo. Para algunos puede convertirse en una forma de vida, aunque les cause problemas de salud. Es probable que esto explique por qué las personas con todos los trastornos mentales tienen más probabilidades de desarrollar un trastorno alimentario. Buscan formas de sentirse mejor.

El eje intestino-cerebro y la microbiota

En las últimas décadas, un número creciente de investigaciones sugiere que nuestro tracto intestinal desempeña un papel importante tanto en la salud metabólica como en la mental. Se envían muchas señales del tubo digestivo al cerebro, y viceversa. Parece que existen muchos mecanismos por los que se produce esta comunicación. Examinaré brevemente algunos de ellos.

En primer lugar, cada vez está más claro que los billones de bacterias, hongos y virus de nuestros intestinos desempeñan un importante papel en la salud humana, sobre todo en la obesidad, la diabetes y las enfermedades cardiovasculares. Por ejemplo, estudios con animales han demostrado que los microbios intestinales pueden influir sobre el peso. En uno de ellos, los investigadores descubrieron que la microbiota de los ratones obesos extrae más nutrientes y calorías de los alimentos que el de los ratones delgados. Cuando esta microbiota de obesidad se transfiere a ratones delgados, los animales engordan[25].

También hay cada vez más pruebas de la participación de la microbiota intestinal en los trastornos mentales. Modelos animales y pequeños ensayos en humanos han demostrado que parece intervenir en la depresión, la ansiedad, el autismo, la esquizofrenia, el trastorno bipolar y los trastornos alimentarios. También hay pruebas de su participación en la epilepsia y los trastornos neurodegenerativos.

Las bacterias intestinales tienen prioridad para todos los alimentos que ingerimos. Producen una serie de metabolitos, neurotransmisores y hormonas que segregan en nuestros intestinos y que luego son absorbidos por el torrente sanguíneo y pueden afectar al metabolismo y a la función cerebral.

Una segunda forma de enviar señales del intestino al cerebro es a través de las hormonas y neuropéptidos que se producen en las células que recubren el tracto intestinal. También se sabe que viajan por todo el cuerpo, incluido el cerebro, y tienen amplios efectos sobre el metabolismo y la función cerebral.

Por último, el intestino posee un intrincado sistema nervioso propio que se comunica directamente con el cerebro y viceversa. El nervio vago desempeña un papel importante en esta comunicación. Como ya he mencionado, alrededor del 90 por ciento de la serotonina total del cuerpo se produce en el tracto intestinal.

Este campo del eje intestino-cerebro y la microbiota puede volverse rápidamente abrumador cuando uno empieza a pensar en todos los diferentes microbios, metabolitos, hormonas, neurotransmisores, neuropéptidos y demás factores implicados. Sin embargo, existe una clara conexión entre todos estos factores. Todos están relacionados con el metabolismo y las mitocondrias. Existen pruebas de que los microbios intestinales envían señales directamente a las mitocondrias de las células que recubren el intestino y a las células inmunitarias. Se ha demostrado que estas señales modifican el metabolismo mitocondrial, alteran la función de barrera de las células intestinales y pueden provocar inflamación[26].

La alimentación, el ayuno y la microbiota intestinal como tratamientos

Existen al menos ocho formas diferentes de utilizar las intervenciones dietéticas para tratar los síntomas mentales[27]:

1. Abordar las deficiencias nutricionales (como las de folato, vitamina B_{12} y tiamina).
2. Eliminar alérgenos o toxinas de la dieta. Por ejemplo, algunas personas padecen un trastorno autoinmune llamado enferme-

dad celíaca que provoca inflamación y otros problemas metabólicos en respuesta al gluten. Esto también puede afectar a la función cerebral. Ya he descrito los efectos tóxicos de los ácidos grasos trans, pero existen muchos otros ingredientes dietéticos que también pueden perjudicar la función mitocondrial.

3. Llevar una «dieta sana», como la mediterránea, puede ser útil para algunas personas.
4. Probar el ayuno, el ayuno intermitente (AI) y las dietas que imitan el ayuno (más adelante se habla de los tres) que estimulan la autofagia y la mitofagia para mejorar la salud metabólica.
5. Mejorar la microbiota intestinal (más adelante se explica cómo).
6. Mejorar el metabolismo y la función mitocondrial con una intervención dietética. Esto incluye cambios en la resistencia a la insulina, la tasa metabólica, el número de mitocondrias en las células, la salud general de las mitocondrias, las hormonas, la inflamación y muchos otros reguladores conocidos del metabolismo.
7. Los cambios dietéticos que tienen como resultado la pérdida de peso pueden ayudar a mitigar los problemas asociados a la obesidad.
8. Los cambios dietéticos que permiten engordar pueden ser una intervención que salve la vida de las personas con un peso muy por debajo de lo normal.

Un análisis exhaustivo de todas estas áreas supera el alcance de este libro, de modo que me limitaré a comentar algunos aspectos destacados.

Vitaminas y nutracéuticos

Es importante abordar las deficiencias vitamínicas y nutricionales. Sin embargo, tomar más de veinte vitaminas y suplementos no es la respuesta a la mayoría de los problemas metabólicos. A veces, un consumo excesivo puede llegar a provocarlos. Un metabolismo sano es una cuestión de equilibrio: ni demasiado, ni demasiado poco.

Muchas vitaminas y suplementos, o *nutracéuticos*, podrían contribuir a mejorar la función y la producción mitocondriales. La lista de posibilidades es larga e incluye L-metilfolato, vitamina B_{12}, SAMe, N-acetilcisteína (NAC), L-triptófano, zinc, magnesio, ácidos grasos omega-3, ribósido de nicotinamida, ácido alfa-lipoico, arginina, carnitina, citrulina, colina, coenzima Q_{10}, creatina, ácido folínico, niacina, riboflavina, tiamina, resveratrol, pterostilbeno y antioxidantes[28]. Es poco probable que todos ellos sean beneficiosos para todas las personas, y de ningún modo se deberían tomar todos al mismo tiempo.

He aquí un buen ejemplo para ilustrar esta precaución. Durante dieciséis semanas y como complemento a sus tratamientos existentes, los investigadores administraron a 180 pacientes con depresión bipolar uno de estos tres tratamientos: (1) un «cóctel mitocondrial», (2) NAC solo o (3) un placebo[29]. El cóctel mitocondrial incluía N-acetilcisteína, acetil-L-carnitina, Co Q_{10}, magnesio, calcio, vitamina D_3, vitamina E, ácido alfa-lipoico, vitamina A, biotina, tiamina, riboflavina, nicotinamida, pantotenato cálcico, clorhidrato de piridoxina, ácido fólico y vitamina B_{12}. ¡Caramba! Menudo cóctel. ¿Adivinas qué encontraron? Ninguna diferencia en ninguno de los grupos.

De nuevo, los bajos niveles de estas vitaminas y otros factores pueden ser simplemente una consecuencia de la disfunción mitocondrial, no su causa. Si es así, añadir más puede no resolver el problema. Y las píldoras de este tipo no estimulan automáticamente la biogénesis mitocondrial ni la mitofagia. ¡Los que sí pueden hacerlo son las intervenciones dietéticas, dormir bien, reducir el estrés, eliminar los medicamentos que perjudican a las mitocondrias y hacer ejercicio!

Dieta y ayuno

Ya he comentado que las personas que siguen la dieta mediterránea (DM) tienen menos probabilidades de desarrollar depresión. Sin embargo, para las que ya están deprimidas, ¿puede la adopción de esta dieta mejorar los síntomas? Parece ser que sí, al menos para algunas de ellas. Un ensayo, ingeniosamente denominado ensayo SMILES*, repartió de forma aleatoria a 67 personas con depresión mayor en un grupo en el que se las animaba a seguir la DM o en otro de apoyo

* *Smiles* en inglés significa 'sonrisas'. *(N. de la T.)*

social (el grupo de control). Los participantes continuaron con sus tratamientos existentes para la depresión (medicamentos o terapia). Al cabo de doce semanas, el 32 por ciento de los del grupo de DM habían conseguido la remisión, frente a solo el 8 por ciento del grupo de control[30]. ¿Hay alguna prueba de que esto se deba al metabolismo o a las mitocondrias? Bueno, tenemos al menos un estudio al que recurrir.

Los investigadores estudiaron a monos (macacos cynomolgus) alimentados con una dieta mediterránea frente a otros a los que se administró una dieta occidental (dieta americana estándar) durante treinta meses y luego midieron la función mitocondrial cerebral, los patrones de utilización de la energía y biomarcadores como los niveles de insulina[31]. Descubrieron patrones bioenergéticos disminuidos entre las regiones cerebrales de los monos que recibían la dieta occidental, que se correlacionaban con los niveles de insulina y glucosa. Las mitocondrias de los animales alimentados con DM mantuvieron las diferencias normales entre regiones cerebrales, mientras que las de los que habían recibido una dieta occidental perdieron estas distinciones normales. Se sabe que las zonas cerebrales afectadas intervienen en la diabetes y la enfermedad de Alzheimer.

También hay pruebas de que el ayuno, el ayuno intermitente (AI) y las dietas que imitan el ayuno pueden desempeñar un papel importante en el tratamiento de los trastornos mentales. Todas ellas dan lugar a la producción de cuerpos cetónicos, que se producen cuando se utiliza la grasa como fuente de energía. La grasa se convierte en cetonas. Y, curiosamente, este proceso ocurre exclusivamente en las mitocondrias, otra función más para estos magníficos orgánulos.

Las cetonas son una fuente alternativa de energía para las células. También sirven como importantes moléculas de señalización metabólica, que dan lugar a cambios epigenéticos. Pueden ser una fuente de energía de rescate para las células cerebrales resistentes a la insulina. Mientras que a la glucosa puede resultarle complicado entrar en ellas, las cetonas pueden hacerlo con bastante facilidad. El ayuno también produce autofagia, como ya he descrito. Existen varias versiones de ayuno intermitente. Algunas restringen la alimentación a ocho o doce horas al día, otras permiten una comida al día y otras restringen la comida nocturna.

Tenemos pruebas de que mejoran el estado de ánimo y la cognición y protegen de daños a las neuronas en modelos animales de epilepsia y enfermedad de Alzheimer. Un grupo de investigadores se propuso entender cómo y por qué[32]. Nunca adivinarás lo que encontraron: ¡son las mitocondrias! Cuando los investigadores sometieron a los ratones a una rutina de AI, descubrieron que el hipocampo, una región del cerebro implicada a menudo en la depresión, la ansiedad y los trastornos de la memoria, impulsaba en gran medida las mejoras obtenidas. Parecía deberse principalmente a unos niveles más altos de actividad del GABA, que reducía la hiperexcitabilidad. A continuación, los investigadores fueron más allá para comprender qué causaba este cambio en la actividad GABA. Eliminaron la sirtuina 3 de los ratones de dos formas distintas (recordemos que esta proteína es exclusiva y esencial para la salud mitocondrial). Cuando lo hicieron, se perdieron todos los beneficios. Está claro que esto implica directamente a las mitocondrias en los beneficios del AI para la salud cerebral.

Otro artículo de revisión describe muchas de las formas en las que se cree que el AI favorece la salud cerebral, como la reducción del estrés oxidativo y la inflamación, la mejora de la mitofagia y la biogénesis mitocondrial, el aumento del factor neurotrópico derivado del cerebro (BDNF), la mejora de la neuroplasticidad y el fomento de la resistencia celular al estrés[33]. Se trata de potentes intervenciones curativas que actualmente no están disponibles en forma de píldora.

Las dietas que imitan el ayuno pueden reproducir los beneficios de este durante periodos más largos sin el riesgo de pasar hambre. El ejemplo más conocido es la *dieta cetogénica*. Probablemente recuerdes que fue esta dieta y su profundo efecto en uno de mis pacientes lo que me condujo a estas investigaciones.

La historia de la dieta cetogénica comienza con la epilepsia. Desde la época de Hipócrates se sabe que el ayuno detiene las convulsiones y se ha utilizado como tratamiento en muchas culturas. Sin embargo, con la llegada de la medicina moderna, se creyó en gran medida que se trataba de costumbres religiosas y probablemente tonterías. Eso cambió en la década de 1920, cuando un médico publicó un artículo de investigación en el que explicaba cómo el ayuno detenía las convulsiones en un niño. El problema del ayuno es que, si se prolonga demasiado, la persona muere de inanición… una intervención no demasiado eficaz. Además, cuando la gente vuelve a comer normalmente, las crisis suelen reaparecer. Para hacer frente a este reto, en 1921, el doctor Russell Wilder desarrolló la dieta cetogénica, una dieta rica en grasas, moderada en proteínas y baja en hidratos de carbono. Su deseo era ver si podía imitar el estado de ayuno, pero evitando la inanición, para tratar la epilepsia. Y he aquí que funcionó. Redujo o detuvo las convulsiones en cerca del 85 por ciento de las personas que la probaron. En la década de 1950, había caído en desgracia tras salir al mercado un número cada vez mayor de medicamentos antiepilépticos. Tomar una pastilla resulta mucho más fácil que hacer esta dieta.

Por desgracia, alrededor del 30 por ciento de los pacientes con epilepsia no mejoran con ninguna de las pastillas que podemos ofrecerles, por lo que la dieta cetogénica resucitó en los años setenta en Johns Hopkins para su uso en la epilepsia resistente al tratamiento. Desde entonces, el empleo clínico de esta dieta ha crecido en todo el mundo. Muchos ensayos clínicos han demostrado su eficacia, y una Revisión Cochrane de 2020 (un metaanálisis de referencia) concluye que los niños con epilepsia resistente al tratamiento que siguen dietas cetogénicas tienen tres veces más probabilidades de lograr la ausencia de crisis y seis veces más de experimentar una reducción del 50 por ciento o más de las crisis que los que reciben la atención habitual[34].

La dieta cetogénica es actualmente la intervención dietética mejor estudiada por sus efectos en el cerebro. Neurólogos, neurocientíficos y empresas farmacéuticas llevan décadas analizándola para comprender mejor sus efectos anticonvulsivos. Proporciona una fuente de combustible alternativa que puede ser un salvavidas para las células cerebrales resistentes a la insulina. Además, modifica los niveles de neurotransmisores, regula los canales de calcio, disminuye la inflamación, mejora la microbiota intestinal, aumenta la tasa metabólica general, reduce la propia resistencia a la insulina y, lo que es más importante, induce tanto la mitofagia como la biogénesis mitocondrial[35]. Cuando se sigue durante meses o años, las células tienen más mitocondrias sanas, lo que puede dar lugar a una curación a largo plazo. Muchas personas pueden dejarla al cabo de entre dos y cinco años y seguir estando bien.

La investigación sobre su eficacia en el tratamiento de los trastornos mentales está en sus primeras fases. En mi propio trabajo, he visto a personas con trastornos psicóticos graves, resistentes al tratamiento, conseguir la remisión completa de sus síntomas durante largos periodos de tiempo gracias a ella[36]. Conocerás el caso de una de estas personas al final de este capítulo. Los efectos durante el primer año son como los de una medicación. Las personas tienen que seguir la dieta religiosamente. No pueden interrumpirla para «hacer trampas», exactamente igual que no pueden interrumpir su medicación. Si lo hacen, puede desatarse el infierno. Debo señalar que es habitual emplear tratamientos para la epilepsia en psiquiatría. Utilizamos muchos de ellos para casi todos los tipos de trastornos mentales. Así pues, en muchos sentidos, esto no es nada nuevo. Lo que ocurre es que se trata de una intervención dietética. Actualmente se están realizando varios ensayos clínicos para el trastorno bipolar y la esquizofrenia.

Los investigadores de la enfermedad de Alzheimer estudiaron a veintiséis pacientes que realizaron doce semanas de dieta cetogénica y doce semanas de dieta baja en grasas, separadas por un periodo de limpieza de diez semanas[37]. Los participantes hicieron las dietas en distintos órdenes y las evaluaciones fueron ciegas. Al final del estudio, los investigadores descubrieron que, cuando las personas seguían la dieta cetogénica, mejoraban su funcionamiento diario y su calidad de vida. Debo señalar que este es uno de los pocos estudios que demuestran una *mejora* de los síntomas de la enfermedad de Alzheimer. La mayoría de los estudios, como los de insulina intranasal de los que te hablé, solo previenen la progresión de la enfermedad. No la revierten. Obviamente, se trataba de un ensayo pequeño que debe repetirse en más personas durante periodos de tiempo más largos, pero la ciencia básica respalda sin duda por qué y cómo podría funcionar.

Existen muchas versiones de la dieta cetogénica, incluidas las destinadas a la pérdida de peso, el control de la diabetes y la epilepsia, y no siempre tienen los mismos efectos. Los alimentos también pueden adaptarse a las preferencias personales, vegetariana, vegana, solo de carne (la «carnívora») o con alimentos de origen animal y vegetal. Las personas con trastornos médicos o mentales solo deben hacer esta dieta con supervisión médica, ya que puede presentar riesgos y efectos secundarios, y los medicamentos recetados suelen tener que ajustarse o suspenderse de forma segura.

La microbiota intestinal

Como ya he mencionado, no hay duda de que la microbiota intestinal desempeña un papel en la salud mental y metabólica. Sin embargo, en términos de intervenciones probadas, este campo está en pañales.

He aquí cuatro tipos de intervenciones que tener en cuenta:

1. Evitar en lo posible la exposición a los antibióticos. Se sabe que alteran la microbiota y a veces pueden ser causa directa de disfunción mitocondrial. Además de no tomarlos a menos que sean necesarios, es importante evitar el consumo de alimentos que los contengan, como la carne, el pescado, los huevos, la leche y otros productos que suelen contenerlos porque se han administrado a los animales. Busca etiquetas de «criado sin antibióticos».
2. La dieta desempeña un papel fundamental en la microbiota. Evita los alimentos muy procesados. Comer alimentos ricos en fibra, como frutas y verduras, y una dieta de alimentos reales y enteros es probablemente lo mejor.
3. Los probióticos podrían desempeñar un papel importante en algunas personas, aunque no tenemos muchas pruebas de que puedan mejorar el metabolismo o la salud mental. Recuerda que hay billones de microbios en tu intestino. Tomar un suplemento con un solo tipo de bacterias puede ayudar o no. Antes de empezar a tomar uno, investiga sobre ese en concreto para ver si hay pruebas de su eficacia, en especial para tus síntomas o diagnóstico.
4. Se están estudiando los trasplantes microbianos fecales, pero de momento son experimentales.

En resumen

- La dieta desempeña un papel muy importante en el metabolismo y la salud mitocondrial.
- Si tienes alguna deficiencia dietética, es necesario que la identifiques y la corrijas. Podría ser de vitaminas, minerales, proteínas o ácidos grasos esenciales, por nombrar solo algunas. Quizá quieras trabajar con un dietista o con tu profesional

sanitario para evaluar plenamente tu estado nutricional y tu dieta.

- Si te expones a factores dietéticos perjudiciales para tu metabolismo, debes eliminarlos de tu dieta. Esto puede incluir alérgenos, pero también alimentos que se sabe que son tóxicos, como los AGT y la comida basura.
- Si tienes resistencia a la insulina, probablemente necesites cambiar de dieta para ayudar a abordar el problema subyacente.
- Aunque sigas una dieta perfectamente sana, tu metabolismo y tus mitocondrias pueden deteriorarse. Esto puede deberse a factores no dietéticos como la genética, la epigenética, la inflamación, el estrés, los problemas de sueño, las hormonas, los medicamentos, las toxinas, etc. Incluso en casos como estos, las intervenciones dietéticas pueden desempeñar un papel importante en el tratamiento. Por ejemplo, tanto el ayuno intermitente como la dieta cetogénica pueden estimular la autofagia y la mitofagia, con independencia de cuál sea la causa del problema. También pueden proporcionar cetonas como fuente de combustible de rescate a las células resistentes a la insulina.
- Las estrategias para favorecer la salud intestinal pueden mejorar la salud mental.
- Muéstrate escéptico ante los probióticos o los suplementos que afirman solucionar todos tus problemas con una sola píldora. En la mayoría de los estudios realizados hasta la fecha, no funcionan.
- La salud mental y la salud metabólica son inseparables. Esto se aplica a todo el mundo, incluidos los que simplemente intentan perder peso, o controlar su diabetes, o prevenir un ataque al corazón o el alzhéimer. Con frecuencia, la dieta y el ejercicio no son suficientes. Todo lo que comento en este libro participa también en ellas.

Historia de éxito. Mildred: ¡nunca es demasiado tarde!

Mildred tuvo una infancia horrible llena de malos tratos. No hay duda de que sufrió síntomas de TEPT, ansiedad y depresión. A los diecisiete años también le diagnosticaron esquizofrenia. Empezó a tener alucinaciones y delirios diarios. Se volvió crónicamente paranoica. Durante las décadas siguientes, probó distintos antipsicóticos y estabilizadores del estado de ánimo, pero sus síntomas continuaron. Ya no podía cuidar de sí misma y se le asignó un tutor de oficio. Se sentía desgraciada. Intentó suicidarse varias veces, una de ellas bebiéndose una botella de detergente. Además de sus síntomas mentales, era obesa y pesaba 150 kilos.

A los setenta años, después de vivir 53 atormentada e incapacitada por la esquizofrenia, su médico la animó a ir a una clínica de adelgazamiento de la Universidad de Duke en la que utilizaban la dieta cetogénica. Decidió probarla. Al cabo de dos semanas, no solo empezó a perder peso, sino que notó una mejoría significativa de sus síntomas psicóticos. Dijo que, por primera vez en años, podía oír el canto de los pájaros en el exterior. Las voces de su cabeza ya no los ahogaban. También mejoró su estado de ánimo y empezó a tener esperanzas. Pudo dejar de tomar todos los medicamentos psiquiátricos. Sus síntomas *remitieron por completo*. Además, adelgazó setenta kilos, y ha mantenido ese peso hasta hoy.

Ahora, trece años después, sigue sin síntomas, sin medicación y no acude a ningún profesional de salud mental. Tras aprender a cuidar de sí misma, también se deshizo del tutor. La última vez que hablé con ella, me dijo que estaba contenta y emocionada de estar viva. Me pidió que compartiera su historia con todos los que quisieran escucharla, con la esperanza de que pueda ayudar a otros a escapar del infierno que ella tuvo que soportar durante décadas.

Historias como esta... sencillamente no ocurren en psiquiatría. Incluso con los mejores tratamientos tradicionales que podemos ofrecer, es algo inaudito. Pero la historia de Mildred y la teoría de la energía cerebral dicen que es posible. Es un nuevo día en el campo de la salud mental, un día lleno de esperanza para más historias como la de Mildred.

Capítulo 16

CAUSA COADYUVANTE

Las drogas y el alcohol

ES BIEN SABIDO QUE las drogas y el alcohol pueden provocar trastornos mentales, y que las personas con trastornos mentales tienen más probabilidades de consumir drogas y alcohol. Piensa en el joven que fuma demasiada marihuana y acaba padeciendo esquizofrenia. O en el alcohólico que desarrolla demencia. O en el cocainómano con trastorno bipolar. La mayoría de la gente piensa que no son más que los efectos de unas drogas tóxicas en el cerebro. O que quizá estas personas estaban predispuestas a padecer enfermedades mentales y las drogas las llevaron al límite. Ambas afirmaciones son ciertas, pero ¿cómo provocan exactamente las enfermedades mentales? Hasta ahora, nadie podía decirlo con seguridad. La teoría de la energía cerebral ofrece respuestas claras: las drogas y el alcohol convergen en el metabolismo y las mitocondrias.

La mayoría de las drogas encajan en una de estas dos categorías: o estimulan las células, o las inhiben. Esto incluye el alcohol, el tabaco, la marihuana, la cocaína, las anfetaminas y los opiáceos. Algunas actúan sobre células concretas del cerebro o del cuerpo, mientras que otras producen efectos más amplios sobre distintos tipos de células. Por ejemplo, el alcohol y la marihuana, en los que me centraré más adelante, tienen amplios efectos en todo el organismo. Actúan a través de receptores que se encuentran principalmente en la superficie de las células, que a su vez afectan a las mitocondrias de esas células. Sin embargo, las mitocondrias también tienen, justo en sus membranas, sus propios receptores para la marihuana, la nicotina, el alcohol y el Valium. Por ello, estas drogas las afectan directamente.

Las drogas y el alcohol forman un bucle de retroalimentación con el metabolismo y las mitocondrias. Las personas pueden entrar en él de diferentes maneras, pero una vez que entran, puede resultarles difícil salir.

Algunas empiezan a consumir drogas o alcohol por la presión de sus compañeros u otras influencias sociales. Cuando empiezan, pueden ser perfectamente felices y estar metabólicamente sanas. Sin embargo, el consumo excesivo a lo largo del tiempo va deteriorando el metabolismo y la función mitocondrial. Una vez deteriorados, las personas pueden llegar a un punto en el que «necesitan» las sustancias para sentirse normales. Fíjate en que he utilizado la palabra «normal» y no «bien». Al principio, cuando la gente empieza a consumir drogas y alcohol, suele sentirse bien, y eso refuerza el comportamiento. A todo el mundo le gusta sentirse bien. Con el tiempo, sin embargo, el cerebro se adapta a estas sustancias e intenta contrarrestarlas. A medida que el cerebro cambia, la gente puede empezar a sentirse «mal» cuando no está consumiendo la sustancia. Esto conduce a un círculo vicioso en el que ahora necesitan la sustancia solo para sentirse normales. A menudo no consiguen el mismo subidón que antes. Cuando intentan prescindir de la sustancia, sufren de alguna manera. Esto suele empujarlos a consumir de nuevo. Y a partir de ese momento están atrapados.

Otras personas se meten en las drogas y el alcohol porque ya están comprometidas metabólicamente. Ya sufren depresión, ansiedad, inseguridad, psicosis o angustia. Buscan sentirse mejor. Si sus síntomas son lo bastante graves, probarán cualquier cosa. A grandes rasgos, si padecen síntomas de células hipoactivas, como algunos de los síntomas de la depresión, tomar algo estimulante las hará sentirse mejor. Si padecen síntomas de células cerebrales hiperactivas o hiperexcitables, como la ansiedad o la psicosis, tomar algo que sea sedante e inhiba la actividad celular puede ayudarlas. Si la sustancia funciona bien, pueden engancharse. En cierto modo, ¿quién puede culparlas? Solo quieren sentirse mejor. A veces, la gente no se siente necesariamente «mejor» con las sustancias, sino solo «diferente», entumecida o fuera de sí. Para algunos, esto puede ser preferible a cómo se sienten de otro modo.

En cualquier caso, esta es probablemente la razón por la que *todos* los trastornos mentales se asocian a tasas más elevadas de trastornos por consumo de sustancias.

Las drogas y el alcohol pueden tener efectos inmediatos sobre la función mitocondrial que pueden dar lugar a síntomas de muchos trastornos psiquiátricos. Algunas drogas pueden producir rápidamente alucinaciones, delirios, síntomas maníacos, síntomas depresivos, deterioro cognitivo y otros síntomas. No puedo repasar todo esto en un capítulo, pero compartiré algunos aspectos destacados de la forma en la que el alcohol y la marihuana pueden afectar a las mitocondrias.

Alcohol

El alcohol produce efectos profundos en el metabolismo y las mitocondrias. Cuando se consume en exceso, sabemos que es tóxico para el hígado y el cerebro. Las mitocondrias desempeñan un papel primordial en esta toxicidad. Te explicaré algunos aspectos científicos.

Cuando la gente bebe alcohol, el hígado es el que realiza la mayor parte del procesamiento. Una enzima llamada *alcohol deshidrogenasa* (ADH) lo convierte en *acetaldehído*, una molécula tóxica para las células. Hay otra enzima, el *citocromo P450 2E1 (CYP2E1)*, que también puede realizar esta conversión. Resulta que el CYP2E1 se localiza directamente en las mitocondrias o en el retículo endoplásmico. A continuación, otra enzima, la *aldehído deshidrogenasa (ALDH)*, transforma el acetaldehído en una molécula menos tóxica, el acetato. La ALDH se presenta en dos formas: una que acaba en el citoplasma y otra que acaba en el interior de las mitocondrias. A continuación, las mitocondrias utilizan el acetato como fuente de combustible. Como puedes ver, participan en todo esto.

Cuando se bebe en «atracones», estos sistemas enzimáticos retroceden y los niveles de acetaldehído aumentan. Las primeras señales de la existencia de problemas se dan en las mitocondrias. Se hinchan, tienen problemas para producir ATP y crean más ERO. Numerosos estudios han documentado su deterioro, e incluso su destrucción, por grandes dosis de alcohol[1]. Esta es probablemente la causa de la muerte por intoxicación etílica.

El consumo crónico de alcohol provoca un estrés oxidativo crónico, señal de deterioro mitocondrial, que conduce a la inflamación, y eso solo sirve para empeorar los problemas. Todo esto ocurre en todo el organismo, pero sobre todo en el hígado y en el cerebro.

Incluso los periodos breves de consumo excesivo de alcohol pueden tener efectos duraderos. Los investigadores analizaron a unas ratas adolescentes expuestas a dos semanas de atracones de alcohol y los efectos en las mitocondrias de sus cerebros a lo largo del tiempo[2]. Descubrieron que los atracones de alcohol perjudicaban inmediatamente la función mitocondrial, lo cual no es sorprendente después de lo que acabo de contarte. Sin embargo, los efectos en el hipocampo duraron hasta la edad adulta, con niveles reducidos de proteínas mitocondriales, menor producción de ATP y problemas para gestionar el calcio.

La doctora Nora Volkow, directora del Instituto Nacional sobre el Abuso de Drogas de Estados Unidos, lleva años estudiando las conexiones entre adicción y metabolismo, y es una pionera en este campo. Junto con otros investigadores, ha realizado algunos hallazgos sorprendentes en alcohólicos crónicos. Cuando la gente bebe alcohol, su cerebro utiliza menos glucosa como fuente de energía y emplea en cambio el acetato del alcohol[3]. Con el tiempo, los alcohólicos desarrollan un problema con el metabolismo cerebral de la glucosa. *Sus células cerebrales se quedan sin energía cuando están sobrios*[4]. Cuando vuelven a beber, el acetato alimenta estas células cerebrales en apuros y les proporciona alivio. Este déficit de energía cerebral puede ser una de las razones por las que tienen problemas para mantenerse alejados de la bebida. Volkow y otros se propusieron ver si podían ayudar a estas células cerebrales en apuros con algo distinto del alcohol, y recurrieron a la dieta cetogénica.

Reclutaron a 33 personas con trastorno por consumo de alcohol y las ingresaron en una unidad de desintoxicación[5]. Durante doce semanas, la mitad de ellas recibió una dieta cetogénica, y la otra mitad, la dieta americana estándar. Los investigadores desintoxicaron a los participantes mediante protocolos estándar y realizaron diversos análisis de sangre y escáneres cerebrales para observar el metabolismo cerebral en determinadas regiones. Descubrieron que las personas que seguían la dieta cetogénica necesitaban menos medicación de desintoxicación y tenían menos síntomas de abstinencia. También manifestaron menos ansias de consumir alcohol. Los escáneres cerebrales mostraron una mejoría del metabolismo y una reducción de los niveles de inflamación en comparación con los que seguían la dieta estadounidense estándar. Este estudio piloto demostró que una intervención dietética, aparentemente no relacionada con el alcoholismo, podía marcar una gran diferencia en el cerebro, y en los síntomas, de personas reales. Así es como la ciencia puede cambiar el campo de la salud mental.

Quiero hacer una advertencia. Como parte de este trabajo, los investigadores probaron qué impacto podría tener la dieta en los niveles de alcohol en sangre si una persona bebiera. Hicieron pruebas con ratas que seguían la dieta cetogénica y descubrieron que sus niveles de alcohol en sangre se quintuplicaban en comparación con las que seguían una dieta normal, a pesar de que todas recibían la misma cantidad. Esto significa que, si las personas con trastorno por consumo de alcohol probaran la dieta cetogénica por su cuenta, podría ser peligroso que bebieran. Podrían intoxicarse mucho más de lo habitual. No quiero decir con esto que no se puedan utilizar intervenciones como esta, pero hay que tener en cuenta este tipo de cuestiones, y la gente tiene que desarrollar una forma segura de gestionar los riesgos.

Marihuana

La marihuana es cada vez más popular. Mucha gente la pregona como un «curalotodo» para cualquier cosa que te aflija. Se cree que es buena para las convulsiones, los trastornos del dolor, las náuseas, la ansiedad, el TEPT y el TOC. Sin embargo, también puede *provocar* síntomas mentales, como trastornos del aprendizaje y la memoria, falta de motivación y, posiblemente, trastornos psicóticos[6].

La teoría de la energía cerebral ofrece una forma sencilla de entender todas estas observaciones. Todas están relacionadas con el metabolismo y las mitocondrias. Los síntomas que mejoran se deben a la hiperexcitabilidad. Cualquier sustancia que reduzca la función mitocondrial en las células correctas podría reducir estos síntomas. Sin embargo, dicha sustancia también podría *causar* síntomas si perjudica demasiado la función mitocondrial. ¿Existe alguna prueba de que la marihuana afecte de este modo a las mitocondrias? Bueno, a estas alturas ya sabes que no haría esa pregunta si la respuesta no fuera un rotundo *sí*.

La marihuana afecta al sistema endocannabinoide del cuerpo humano. Podemos encontrar receptores de cannabinoides por todo el cuerpo, pero en el cerebro están muy concentrados. Existen dos tipos principales: CB1 y CB2. Se localizan en las membranas celulares, pero los CB1 también están directamente presentes en las mitocondrias. Dado que hay distintos tipos de receptores localizados en una gran variedad de células de todo el cuerpo, no es justo decir que exista un efecto universal que se produzca en todas las células. Sin embargo, el tema predominante en las neuronas es que la marihuana ralentiza la función de las mitocondrias a través de los receptores CB1[7]. Los estudios de imágenes cerebrales de casi ochocientos adolescentes, algunos consumidores de marihuana y otros no, mostraron que las regiones del cerebro más ricas en receptores CB1 mostraban un «adelgazamiento cortical acelerado relacionado con la edad» en los consumidores, lo que significa que los efectos de la marihuana en estos receptores mitocondriales eran probablemente la causa del adelgazamiento de estas zonas cerebrales[8].

Un estudio con ratones publicado en la revista *Nature* descubrió que las mitocondrias de los astrocitos desempeñan un papel directo en la mediación de los efectos de la marihuana: controlan la cantidad de glucosa y lactato (fuentes de energía) que llega a las neuronas[9]. Esto, a su vez, produce efectos directos en los comportamientos sociales. Todo ello está mediado por los receptores CB1 de las mitocondrias. Cuando el THC (el principio activo de la marihuana) activó estos receptores, se produjo una reducción tanto de la función mitocondrial como de las fuentes de energía que van a las neuronas. También provocó comportamientos de retraimiento social. Cuando los investigadores eliminaron los receptores CB1 mitocondriales, el THC dejó de tener los mismos efectos. Las mitocondrias no sufrieron el mismo impacto, las fuentes de energía que iban a las neuronas no se redujeron y no se produjeron los comportamientos de retraimiento social, a pesar de que los ratones seguían expuestos a la marihuana y las células disponían de receptores CB2.

Otro estudio publicado también en *Nature* intentó determinar qué causa el deterioro de la memoria por el consumo de marihuana. En última instancia, los investigadores esperaban comprender mejor cómo funciona la memoria. Los receptores CB1 de las mitocondrias desempeñan de nuevo un papel clave. Los investigadores descubrieron que el efecto de la marihuana sobre ellos afectaba directamente al movimiento mitocondrial, la función de las sinapsis y la formación de la memoria. Cuando los suprimieron, la marihuana ya no tuvo ninguno de estos efectos y la memoria no se vio afectada. La conclusión a la que llegaron fue la siguiente: «Al vincular directamente la actividad mitocondrial con la formación de la memoria, estos datos revelan que los procesos bioenergéticos son reguladores agudos primarios de las funciones cognitivas»[10]. En otras palabras, la energía cerebral y las mitocondrias desempeñan un papel primordial en nuestra capacidad para recordar.

Hay muchas otras sustancias adictivas que afectan al metabolismo y a las mitocondrias, pero espero que estos dos ejemplos te den una idea de cómo encaja el consumo de sustancias en la teoría de la energía del cerebro.

Tratamiento del alcoholismo y la drogadicción

Los programas de tratamiento de la drogadicción y el alcoholismo desempeñan un poderoso papel en la mejora de la salud mental y metabólica. Reducir o detener el consumo de sustancias que perjudican la función mitocondrial tiene una importancia vital.

Se han escrito libros enteros sobre este tema. No intentaré revisar aquí sus conclusiones. Existen numerosas estrategias, como la desintoxicación hospitalaria, los programas residenciales, la terapia ambulatoria, la terapia de grupo, los tratamientos asistidos con medicación, los programas de doce pasos y los centros de reinserción social.

Curiosamente, una nueva área de investigación es el uso de psicodélicos como *tratamiento* de algunos trastornos psiquiátricos. Hablaré de ello en el capítulo 18.

En resumen

- Las drogas y el alcohol afectan a tu metabolismo y a tus mitocondrias.
- Dejar de consumirlas también puede afectar de distintas formas al metabolismo y a las mitocondrias.
- Es importante que evalúes tu consumo de sustancias, incluidos el tabaco, el alcohol, la cafeína, los suplementos, la marihuana y las drogas recreativas, porque podrían estar influyendo en tu salud metabólica y mental.
- Si consumes alguna de estas sustancias en exceso, podría ser una causa importante de los síntomas metabólicos o mentales que padeces. Es probable que tengas que abordar esta cuestión antes de probar otras intervenciones. Si tienes problemas para hacerlo por tu cuenta, plantéate la posibilidad de buscar ayuda profesional.

Capítulo 17

CAUSA COADYUVANTE

Actividad física

EL EJERCICIO FÍSICO BENEFICIA la salud. Muchos estudios demuestran que las personas que lo practican tienen menos probabilidades de desarrollar trastornos metabólicos como obesidad, diabetes y enfermedades cardiovasculares. Esta es una de las razones por las que se recomienda tanto.

Y lo mismo sucede en relación con la salud mental. Un estudio realizado sobre 1,2 millones de estadounidenses reveló que los que lo practicaban tenían un cuarenta y tres por ciento menos días de mala salud mental, incluso después de controlar las características físicas y sociodemográficas[1]. Demostró que *cualquier* tipo de ejercicio es mejor que no practicar ninguno, pero que los mayores beneficios se obtenían con los deportes de equipo, el ciclismo, el aeróbic y las actividades gimnásticas. La «dosis» óptima era de 45 minutos entre tres y cinco veces por semana.

La mayor parte de la gente no sigue leyendo. Ya es suficiente información para hacer una recomendación. Si una persona hace 45 minutos de ejercicio físico entre tres y cinco veces por semana, el problema debería resolverse.

Ojalá fuera así de sencillo, pero no lo es. He visto a muchos pacientes que hacen ejercicio con regularidad y siguen sufriendo una esquizofrenia o una depresión incapacitantes. Quiero analizar los matices de ser activo. Las explicaciones simples con respuestas sencillas no van a abordar nuestros problemas de salud mental. Cuando la gente sigue el consejo de «45 minutos entre tres y cinco veces por semana» y no ve resultados, la frustración y la decepción les hacen abandonar. No te preocupes si eres un gran defensor del ejercicio físico, voy a seguir recomendándolo.

Lo primero que debemos señalar es que el estudio de los 1,2 millones de personas fue una investigación correlacional. Y, a estas alturas, ya sabrás que correlación no equivale a causalidad. Es posible que aquellos que hacen ejercicio ya tengan una buena salud mental y metabólica y que eso les permita practicarlo. Esto sería *causalidad inversa.*

Para ilustrar lo complicado que puede ser todo esto, voy a hablarte de otro estudio, en el que durante veinte años se hizo un seguimiento de 1700 mujeres de mediana edad para ver si el ejercicio previene el deterioro cognitivo[2]. La mayoría de la gente daría por supuesto que sí. Sin embargo, tras controlar las características socioeconómicas, los síntomas de la menopausia, el uso de terapia hormonal y la presencia de diabetes e hipertensión, se descubrió que no marcaba ninguna diferencia en los síntomas cognitivos. La conclusión a la que se llegó fue que «la actividad física observada en etapas posteriores de la vida puede ser un factor de causalidad inversa». Así pues, el titular de este estudio es que el ejercicio no previene el deterioro cognitivo. Sin embargo, la cosa no está tan clara. «Controlaron» la diabetes y la hipertensión como si el ejercicio fuera independiente de estas variables. ¡Y ya sabemos que no es así! El ejercicio físico disminuye la probabilidad de ambas y, por tanto, puede disminuir también el riesgo de deterioro cognitivo. Sabemos que todas están interrelacionadas. Y, sin embargo, algunos investigadores y revistas académicas suponen que no lo están.

Se ha analizado el ejercicio como tratamiento de los trastornos mentales, siendo la depresión la enfermedad más estudiada. Los resultados son contradictorios: algunos estudios muestran beneficios y otros no. Un metaanálisis realizado en el año 2017 sobre el ejercicio como tratamiento de la depresión mayor incluyó 35 estudios con casi 2500 participantes[3]. Su conclusión fue la siguiente: «Los ensayos con menor riesgo de sesgo *no sugirieron efectos antidepresivos del ejercicio* y no hubo efectos significativos del ejercicio físico sobre la calidad de vida, la gravedad de la depresión o la falta de remisión durante el seguimiento». ¡Decepcionante!

Sin embargo, la Organización Mundial de la Salud no está de acuerdo. En el año 2019 publicó un informe titulado *Movimiento para tu mente*. Resumió sus conclusiones de la siguiente manera: «Una revisión de las pruebas de los beneficios de la actividad física para las personas con depresión, esquizofrenia y demencia indicó una mejora del estado de ánimo, una ralentización del deterioro cognitivo y un retraso en la aparición de la enfermedad...»[4].

Entonces, ¿qué se supone que debemos creer? ¿El ejercicio físico ayuda o no? Es tentador errar por el lado «seguro» y aconsejarle a todo el mundo que lo practique, pero, si en realidad no funciona, estará abocado al fracaso y hará que la persona que lo recomienda parezca menos creíble.

En personas sanas se sabe que el ejercicio físico puede mejorar la salud metabólica. Se sabe que induce tanto la biogénesis mitocondrial como la mitofagia, las dos cosas que buscamos. Esto ocurre no solo en las células musculares, sino también en las cerebrales. Aumentar las mitocondrias en las células cerebrales debería ser útil. Entonces, ¿por qué los estudios de tratamiento no muestran sistemáticamente un beneficio?

Una razón puede ser la resistencia a la insulina. Un estudio publicado en la revista *Cell* reveló que esta puede bloquear sus beneficios. Los investigadores hicieron practicar ejercicio físico a 36 personas con distintos niveles de resistencia a la insulina y realizaron una plétora de mediciones biológicas antes y después. Descubrieron que existían diferencias significativas en el metabolismo energético, el estrés oxidativo, la inflamación, la reparación tisular y las respuestas de los factores de crecimiento, y que la mayoría de estos procesos beneficiosos se veían *amortiguados o incluso invertidos* en las personas con resistencia a la insulina[5]. Como ya he comentado, muchas personas con trastornos mentales crónicos tienen resistencia a la insulina, por lo que esto puede explicar a nivel celular por qué el ejercicio puede resultarles más difícil y por qué puede no funcionar.

Sospecho que la cuestión más importante es que muchos toman sustancias o tienen factores relacionados con el estilo de vida que perjudican la función mitocondrial, y estos interfieren en los efectos beneficiosos del ejercicio.

Los atletas, entrenadores y preparadores físicos saben desde hace tiempo que se necesita algo más que el propio ejercicio para mejorar el rendimiento. Todos los factores que comento en este libro desempeñan un papel importante. Si alguien quiere mejorar su rendimiento físico mediante el ejercicio, también debe prestar atención a seguir una dieta adecuada, dormir bien y abstenerse de consumir alcohol y drogas, entre otras cosas. Por ejemplo, como ya he comentado, el alcohol puede dañar las mitocondrias e impedir la biogénesis mitocondrial y la mitofagia. Por eso todos hemos oído el consejo de que, si te estás entrenando para una prueba atlética importante o incluso si solo quieres perder peso, tienes que dejar de beber. Mejorar el metabolismo implica combinar muchos factores relacionados con el estilo de vida, no solo uno.

Los medicamentos también pueden desempeñar un papel adverso. En teoría, cualquier medicación que afecte a la función mitocondrial puede impedir que el ejercicio funcione. Un estudio analizó directamente esta cuestión en relación con la metformina, un medicamento para la diabetes que se receta habitualmente. Los investigadores hicieron que 53 adultos mayores participaran en doce semanas de entrenamiento aeróbico y asignaron a la mitad de ellos la metformina y a la otra mitad un placebo. Ambos grupos experimentaron algunos beneficios del ejercicio, como una reducción de la masa grasa y de los niveles de glucosa e insulina. Sin embargo, las mejoras en la función mitocondrial muscular se anularon en las personas que tomaban metformina. Este grupo no experimentó ningún cambio general en la sensibilidad a la insulina de todo el cuerpo, aunque el grupo del placebo sí mejoró. Los investigadores resumieron sus hallazgos en el título de su estudio: «La metformina inhibe las adaptaciones mitocondriales al entrenamiento con ejercicio aeróbico en adultos mayores»[6]. Así pues, en todos los estudios que analizan los efectos del ejercicio para la pérdida de peso, la diabetes o los trastornos mentales, necesitaríamos saber si alguno de los participantes tomaba metformina. En ese caso, probablemente estaban condicionados para no mejorar su función mitocondrial, y esta podría ser la razón de que algunos de los estudios no mostraran ningún beneficio.

La metformina es uno de los medicamentos «más suaves» para la diabetes y con menos efectos secundarios. Muchos otros, incluida la propia insulina, provocan aumento de peso e incluso, con el tiempo, más resistencia a la insulina. Pero no debemos limitarnos a los tratamientos para la diabetes. Como ya sabes, algunos medicamentos psiquiátricos, en especial los antipsicóticos, provocan graves alteraciones metabólicas y disfunción mitocondrial. Lo más probable es que las personas que toman cualquiera de ellos no obtengan todos los beneficios que aporta el ejercicio físico. La investigación sobre el ejercicio para las enfermedades mentales no tuvo en cuenta nada de esto en sus estudios.

Las mitocondrias desempeñan un papel directo en la traducción del ejercicio físico en efectos beneficiosos en el cerebro. Cuando se practica, uno de los beneficios es que se suelen desarrollar nuevas neuronas en el hipocampo a partir de células madre. Se ha descubierto que este proceso está directamente relacionado tanto con el estado de ánimo como con los trastornos cognitivos. El crecimiento de estas células madre hasta convertirse en nuevas neuronas depende de las mitocondrias. Cuando los investigadores las manipularon genéticamente para inhibir o potenciar su función, el desarrollo de estas nuevas neuronas se inhibió o potenció, respectivamente[7]. Basándonos en esta investigación, parece probable deducir que, si alguien tiene una función mitocondrial deficiente en esta región cerebral, el ejercicio físico no le va a aportar los mismos beneficios que otras personas. Sin embargo, si podemos restablecer su salud mitocondrial, es posible que consigamos cambiar esta situación.

Como regla general, el ejercicio físico puede hacer una de estas dos cosas: ayudar a las personas a mantener sus capacidades actuales o mejorarlas. Esto se traduce en mantener tu estado metabólico actual o mejorarlo.

Dar un paseo tranquilo alrededor de la manzana ayuda a mantener el estado metabólico actual. Y eso es útil. Desde luego, es mejor que perder fuerza o capacidad. Sin embargo, para mejorar la capacidad metabólica, las personas tienen que esforzarse. Deben trabajar para ser más rápidos, más fuertes, más flexibles, hacer más repeticiones o alcanzar algún otro aumento de la capacidad. Sabemos que, cuando esto ocurre, aumenta el número de mitocondrias en sus células musculares y cerebrales y también mejora la salud de esas mitocondrias.

Uno de los retos del ejercicio es que pedir a las personas metabólicamente comprometidas que se esfuercen implica un riesgo. Hay peligro de lesiones e incluso de infarto. Por tanto, el ejercicio debe gestionarse de forma segura. Para algunas personas será esencial contar con la ayuda de un fisioterapeuta, entrenador personal o algo parecido.

El mayor reto es conseguir que las personas metabólicamente comprometidas sigan una rutina de ejercicios. Les faltan energía y motivación. Es culpa de su metabolismo, no suya. Superar esta inercia puede ser difícil, pero puede lograrse con apoyo, ánimo y educación.

El ejercicio como tratamiento

¿Todo el mundo debería hacer ejercicio físico? Yo diría que sí. Pero es importante tener en cuenta que a las personas con trastornos mentales crónicos les va a resultar mucho más difícil y que es posible que no noten los beneficios de inmediato. También es importante hacer un inventario de todos los factores que puedan estar perjudicando a las mitocondrias y al metabolismo; reducirlos o eliminarlos permitirá que el ejercicio funcione.

No obstante, el ejercicio no será la respuesta para todo el mundo. Como he estado comentando, hay muchos factores que intervienen en la salud metabólica y mental. El ejercicio físico es solo uno de ellos. En las personas con deficiencias vitamínicas u hormonales, por ejemplo, no va a resolver el problema, aunque desde luego no les hará daño.

En resumen

- El ejercicio físico puede desempeñar un papel en la *prevención* de los trastornos mentales y metabólicos.
- El ejercicio físico puede resultar más difícil si tienes resistencia a la insulina o alguna enfermedad asociada a la disfunción mitocondrial. Puede tardar más en mostrar beneficios. Esto no significa que no vaya a funcionar, sino solo que debes intentar ser paciente y no esperar resultados inmediatos.
- Para obtener todos los beneficios del ejercicio físico será necesario identificar, eliminar o reducir las sustancias y los factores relacionados con el estilo de vida que perjudican la función

mitocondrial. En ocasiones, pueden anular los beneficios del ejercicio.

- El ejercicio físico puede ser un tratamiento eficaz para algunas personas con trastornos mentales, pero para otras puede no ser la solución.
- Las personas con lesiones o limitaciones físicas deben trabajar con su profesional sanitario para poner en práctica un programa de ejercicios de forma segura. Esto puede incluir trabajar con un fisioterapeuta.
- Aunque el ejercicio físico no mejore tus síntomas mentales, debes seguir practicándolo, ya que ofrece otros muchos beneficios para la salud. Los seres humanos estamos hechos para movernos.

Capítulo 18

CAUSA COADYUVANTE

Amor, adversidad y un propósito en la vida

LA SALUD METABÓLICA Y mental requiere una combinación de factores tanto biológicos como medioambientales. Ya te he hablado de muchos de los componentes biológicos. El entorno incluye muchas circunstancias (alimento, cobijo, temperatura, luz, infecciones, alérgenos y decisiones relacionadas con el estilo de vida), algunas ya las hemos tratado. Pero, además, implica a las personas, las experiencias, el amor y el propósito vital. Aunque la mayoría de la gente considera que son temas psicológicos y sociales y a menudo da por hecho que no están relacionados con la biología, lo cierto es que desempeñan un papel muy importante en el metabolismo. Todos ellos están interrelacionados y son inseparables. Para bien o para mal nos adaptamos a nuestro entorno y respondemos a él.

Úsalo o lo perderás

La frase de «úsalo o lo perderás» suele asociarse con el ejercicio físico y la fuerza muscular. Cuando la gente utiliza, o estresa, determinados músculos, estos aumentan de tamaño y se vuelven más resistentes. No solo se hacen más grandes, sino que también desarrollan más mitocondrias, incluso aunque su tamaño no haya aumentado demasiado. Por ejemplo, algunos corredores de fondo pueden ser muy delgados. Sus músculos no son muy grandes, pero contienen más mitocondrias que los de las personas que no corren. Estas mitocondrias proporcionan a sus músculos la resistencia que necesitan para recorrer largas distancias.

No utilizar los músculos provoca atrofia, o encogimiento. Puede resultar muy llamativo cuando alguien se rompe un hueso y pasa varias semanas escayolado. Los músculos se encogen rápidamente. ¿Por qué? Cuando el cuerpo no utiliza algo, desvía los recursos metabólicos hacia otras áreas. Está en todo momento adaptándose y ajustándose. Gasta su energía sabiamente. Si los músculos no se utilizan, no reciben mucha glucosa ni tantos aminoácidos. Se encogen rápidamente. La buena noticia es que el cuerpo guarda memoria de lo que fueron. Una vez que se quita la escayola, recuperan rápidamente su tamaño normal si se vuelven a utilizar de la misma manera. Todo depende de cómo fueran antes. Los culturistas recuperarán rápidamente sus enormes músculos, mientras que las personas frágiles y ancianas solo conseguirán un crecimiento muscular mínimo.

Este concepto de «úsalo o lo perderás» no se aplica solo a los músculos. También al cerebro. La mejor prueba de ello procede de los estudios realizados con niños mientras se está desarrollando su cerebro.

Algunas habilidades y rasgos humanos deben adquirirse en los momentos adecuados. El cerebro atraviesa «ventanas de desarrollo» durante las cuales está preparado para aprender y adaptarse. Sin embargo, el «entorno» debe ofrecer las experiencias necesarias para adquirir estas habilidades o, de lo contrario, pueden verse alteradas de por vida. Las habilidades sociales son un ejemplo.

Tienen una gran importancia para la supervivencia humana. Nos permiten vivir en familias, pueblos y sociedades. Requieren dos cosas para desarrollarse adecuadamente: (1) un desarrollo cerebral normal para adquirir y almacenar la información, y (2) experiencias de aprendizaje aportadas por otros seres humanos. Si falta cualquiera de las dos, los problemas serán evidentes. El aspecto de la biología puede entenderse en términos de desarrollo cerebral, mitocondrias y metabolismo, como ya he comentado. El del entorno depende principalmente de los padres y cuidadores. Existe una enorme cantidad de literatura que analiza los efectos del apego, la negligencia, el abuso y la privación social en el desarrollo humano. Muchos de nosotros diríamos que estas cosas están relacionadas con el amor, o con la falta del mismo. Desempeñan un papel profundo en el desarrollo humano, incluida la adquisición de habilidades sociales. Los niños privados de oportunidades de aprendizaje adecuadas suelen carecer de las habilidades necesarias para desenvolverse en el mundo con eficacia. En casos extremos, las consecuencias pueden ser catastróficas.

Los hallazgos de unos investigadores que estudiaron a los huérfanos rumanos ejemplifican lo trágica que puede llegar a ser la situación. Los orfanatos en los que estaban alojados eran profundamente negligentes y se descubrió que esos niños, que no estaban bien atendidos, padecían una serie de categorías diagnósticas, como autismo, trastornos del aprendizaje, retraso mental, TEPT, trastornos de ansiedad, trastornos del control de los impulsos, trastornos relacionados con el estado de ánimo, trastornos de la personalidad e incluso trastornos psicóticos. Una vez más, numerosas categorías diagnósticas, no solo una. Se privó a sus cerebros de las oportunidades adecuadas para aprender a ser «humanos» en sociedad y las consecuencias fueron a veces devastadoras. Sin duda, la desnutrición, el estrés y los traumas que padecieron fueron factores clave, pero también lo fue la falta de experiencias de aprendizaje apropiadas.

El cerebro de estos niños no se desarrolló normalmente. Cuando las zonas del cerebro que realizan determinadas funciones no se utilizan, no crecen ni prosperan. Un grupo de investigación estudió los escáneres cerebrales metabólicos de diez de estos niños y los comparó con niños normales de control e incluso epilépticos[1]. Efectivamente, encontraron zonas generalizadas de metabolismo cerebral reducido de la glucosa, lo que indicaba un problema de energía cerebral en los huérfanos rumanos. A veces, estos déficits pueden corregirse más adelante, pero en algunos casos parecen ser permanentes. Las ventanas del desarrollo pueden cerrarse, y la oportunidad de un desarrollo cerebral normal puede perderse para siempre.

La situación no siempre es tan extrema. Por ejemplo, los niños expuestos a más tiempo de pantalla tienen más probabilidades de desarrollar TDAH. Hay dos formas de interpretar esta observación. Una posible explicación es que el entorno está impulsando el posterior diagnóstico de TDAH. Estos niños están aprendiendo que la estimulación constante es la norma, dado el contenido de las pantallas. No están aprendiendo a tener paciencia, atención y concentración, aunque sus cerebros estén preparados para ello. Estas redes cerebrales en desarrollo recibirán menos recursos metabólicos, ya que no se están utilizando, al igual que el músculo que no se usa, por lo que es posible que no se desarrollen con normalidad, o que no sean tan fuertes y robustas como podrían ser. Esto puede dar lugar a síntomas de TDAH. Sin embargo, también es posible que se deba a una causalidad inversa, y que la biología sea el problema. Si estos niños tienen un metabolismo inadecuado en regiones cerebrales concretas, pueden ser incapaces de concentrarse. Esto puede llevarlos a utilizar las pantallas como fuente de entretenimiento. Si esta explicación es correcta, corregir la cuestión metabólica será el primer paso para resolver el problema.

El concepto de fortalecer las regiones cerebrales resulta evidente para la mayoría de nosotros a través de tópicos como «la práctica hace al maestro». Esto se aplica a aprender un nuevo idioma, a jugar al baloncesto o a tocar el piano. Cuando utilizamos nuestro cerebro de formas específicas, las neuronas crecen, se adaptan y forman nuevas conexiones. Si las utilizamos, crecen. Si no lo hacemos, se marchitan. Todo ello está relacionado con el metabolismo y las mitocondrias, que se adaptan a nuestras necesidades.

Estrés

Vuelvo ahora al estrés. Lo he tratado a lo largo del libro y ya te he contado que desempeña un papel muy importante en la salud mental y metabólica. Voy a repasar algunos puntos destacados, te transmitiré alguna información nueva y luego pasaré a los tratamientos.

Recuerda que la respuesta al estrés requiere recursos energéticos y metabólicos. Estos recursos se desvían de otras células de todo el cerebro y el cuerpo, y estas otras células pueden sufrir. Por ejemplo, si un chico joven está crónicamente estresado, tendrá más dificultades para aprender en la escuela. No se deberá necesariamente a que no lo esté intentando. La respuesta al estrés consume energía que, de otro modo, podría utilizarse para funciones cerebrales como la concentración, el aprendizaje y la memoria.

El estrés deja en suspenso las funciones de mantenimiento celular. Si se produce durante un periodo prolongado, puede dar lugar a problemas de mantenimiento en las células, sobre todo en las que no se utilizan mucho, lo que puede provocar síntomas de trastornos mentales y metabólicos. En situaciones estresantes, las células que ya están comprometidas metabólicamente pueden empezar a funcionar mal, lo que puede exacerbar los síntomas de los trastornos mentales y metabólicos.

En la segunda parte del libro expliqué que las mitocondrias desempeñan un papel crítico en la respuesta al estrés. Influyen en todos los aspectos de esta, incluida la producción y regulación de hormonas y neurotransmisores clave, las respuestas del sistema nervioso, la inflamación y los cambios epigenéticos. Cuando no funcionan correctamente, todos estos aspectos pueden verse afectados.

Un estudio de investigación demostró una relación directa entre el estrés cotidiano y los cambios en la función mitocondrial en humanos[2]. Los investigadores desarrollaron una prueba de salud mitocondrial que incluye tanto la cantidad como la función de las mitocondrias dentro de los glóbulos blancos y evaluaron si esta métrica estaba asociada con el estrés cotidiano. Estudiaron a 91 madres, algunas con hijos autistas y otras con hijos neurotípicos, y evaluaron su estado de ánimo diario y sus niveles de estrés para ver si estaban relacionados con el índice de salud mitocondrial (ISM). Y descubrieron que sí. En general, las madres con altos niveles de estrés y bajo estado de ánimo tenían un ISM más bajo. Pero, por supuesto, los niveles de estrés y los estados de ánimo pueden cambiar a diario. Los investigadores se fijaron específicamente en esto. Cuando las madres tenían un estado de ánimo positivo, más tarde el ISM subía, a veces en el plazo de un día. En otras palabras, la salud y la función de las mitocondrias de los glóbulos blancos cambiaban en respuesta a los estados de ánimo y los niveles de estrés diarios de las madres. Esta investigación demuestra cómo el estrés puede provocar un deterioro de la función mitocondrial, que luego puede afectar a la salud general.

Todos los seres humanos experimentamos acontecimientos vitales estresantes. En los años sesenta, los doctores Thomas Holmes y Richard Rahe, ambos psiquiatras, estudiaron a 5000 pacientes médicos para ver cómo pueden contribuir los acontecimientos vitales estresantes a la enfermedad física. Identificaron algunos comunes y los clasificaron según su impacto en la salud general. El Inventario de

Estrés de Holmes-Rahe sigue disponible hoy en día y puede darte una idea de qué acontecimientos vitales son los más estresantes. Algunos de los principales son la muerte del cónyuge o de un familiar cercano, el divorcio, las lesiones personales, el despido e incluso la jubilación. Estos sucesos implican algún tipo de pérdida: perder a alguien importante para ti, perder la salud o perder el trabajo (incluso voluntariamente). ¿Por qué son tan estresantes? Hay muchas razones, y pueden ser diferentes para distintos estresores, pero un tema común es que todos están relacionados con el propósito en la vida.

Propósito en la vida

Los seres humanos nos sentimos impulsados a tener una finalidad. Creo que esto está programado en nuestros cerebros, dado que este único constructo se ha asociado en gran medida con la salud metabólica y mental. Cuando las personas carecen de sentido de la finalidad, esto parece inducir una respuesta de estrés crónico y puede provocar muchos problemas de salud. Sin embargo, el propósito en la vida es polifacético. Suele incluir muchas cosas, no solo una. El inventario de estrés que acabo de mencionar destaca tres posibilidades: las relaciones, cuidarte y mantenerte sano y tener un trabajo.

El doctor Viktor Frankl, psiquiatra austríaco que fue hecho prisionero por los nazis durante la Segunda Guerra Mundial, merece crédito por haber destacado el poderoso papel del sentido y el propósito en la vida. En su libro *El hombre en busca de sentido* describió sus observaciones sobre los demás prisioneros del campo de concentración. La mayoría se deprimió gravemente, por razones obvias. Sin embargo, algunos no. Algunos de los prisioneros parecían aferrarse a la esperanza de poder vivir y escapar. Frankl argumentó que el denominador común entre ellos era que todos tenían un sentido en la vida: una razón para luchar e intentar seguir vivos[3]. A raíz de esto, desarrolló una psicoterapia, la *logoterapia*, basada en el constructo del sentido y el propósito en la vida. Muchos de sus principios siguen presentes en las psicoterapias convencionales actuales.

El concepto del propósito en la vida sigue estudiándose hoy en día y se ha relacionado en gran medida con un amplio abanico de resultados metabólicos y de salud mental. No resulta sorprendente que un bajo sentido de propósito en la vida esté asociado a la depresión, dado que la propia depresión puede hacer que la gente se sienta así. Es posible que solo sea lógica circular. Sin embargo, la falta de propósito también se asocia a trastornos metabólicos e incluso a la longevidad, en consonancia con la teoría de la energía cerebral. Por ejemplo, un estudio realizado con casi 7000 adultos estadounidenses de entre 51 y 61 años descubrió que los que tenían un sentido de finalidad en la vida débil tenían unas dos veces y media más de probabilidades de morir prematuramente que los que lo tenían fuerte[4]. Fallecían de infartos de miocardio, accidentes cerebrovasculares, trastornos respiratorios y afecciones gastrointestinales. Estos investigadores señalaron otros estudios que demuestran que un fuerte sentido de finalidad conduce a niveles más bajos de cortisol e inflamación, lo que podría explicar estos beneficios para la salud. Un metaanálisis de diez estudios prospectivos que incluyeron a más de 136 000 participantes realizado en 2016 también descubrió que tener un mayor sentido de propósito en la vida se asocia a una reducción de la mortalidad por todas las causas y de los episodios cardiovasculares[5].

Al hablar del propósito en la vida, es importante incluir la espiritualidad y las creencias religiosas. Para muchas personas determinan en gran medida su forma de entender su existencia. Los investigadores han estudiado los efectos de las creencias y prácticas religiosas en diversos resultados de salud y, en general, han hallado muchos efectos beneficiosos. Por ejemplo, un estudio sobre adultos con alto riesgo de depresión descubrió que los que declaraban que la religión o la espiritualidad eran muy importantes para ellos tenían un 90 por ciento menos de probabilidades de desarrollarla que los que opinaban que tenían poca importancia[6]. Los investigadores realizaron escáneres cerebrales a estas personas y descubrieron diferencias en el grosor de determinadas regiones del cerebro que dependían de la importancia que la religión y la espiritualidad tuvieran para ellas. Estas diferencias cerebrales podrían explicar la protección contra la depresión. El Nurses' Health Study siguió a casi 90 000 mujeres durante más de catorce años y descubrió que las que asistían a servicios religiosos al menos una vez por semana tenían cinco veces menos probabilidades de suicidarse que las que nunca acudían a ellos[7]. Una revisión sistemática de las creencias y prácticas religiosas y sus efectos sobre la salud descubrió una relación beneficiosa con otros resultados sanitarios, como la disminución de las tasas de enfermedades cardiovasculares y de mortalidad por todas las causas[8]. Sin embargo, uno de los problemas de este tipo de datos es la posibilidad de que se produzca de nuevo una causalidad inversa: podría ser que las personas que ya están sanas puedan asistir a servicios religiosos y conectar allí con la gente, pero no así las personas que ya están deprimidas o metabólicamente comprometidas. A pesar de esta posibilidad, pronto compartiré contigo datos que sugieren que algunas prácticas religiosas, como la meditación y las oraciones rituales, podrían ayudar directamente a mejorar el metabolismo y la salud mitocondrial, por lo que estas podrían, de hecho, desempeñar un papel causal en la mejora de los resultados de salud.

Para quienes no creen en Dios, no pretendo insinuar que tengas que empezar a hacerlo para mejorar tu salud. Comparto esta información porque está relacionada con el propósito en la vida y se ha descubierto que influye tanto en la salud metabólica como en la mental. Hay otras formas de encontrar un propósito que pueden desempeñar un papel igual de poderoso.

Abordar el amor, la adversidad y el propósito con tratamiento

Todo esto puede tener su importancia en el tratamiento. En primer lugar, debemos señalar una regla general para la salud humana: las personas necesitan desarrollar y mantener vidas plenas, que incluyan cuatro aspectos significativos que yo denomino las cuatro R: *relaciones* estrechas, *roles* significativos en los que contribuyan a la sociedad de algún modo, cumplimiento de *responsabilidades* y obligaciones (no solo con las personas que forman parte de su vida, sino con la sociedad en su conjunto, como no infringir las leyes) y disponer de *recursos* adecuados (dinero, comida, vivienda, etc.).

Son muchos los factores sociales que pueden interferir en la capacidad de las personas para lograrlo: la guerra, los traumas, la pobreza, la desnutrición, el abandono, el racismo, la homofobia, la misoginia, todos los EIA y muchas cosas más. Hay que esforzarse por abordar estos problemas sociales, pues, mientras sigan existiendo, las enfermedades mentales seguirán existiendo también. Sin embargo, las personas que se han visto afectadas por estas barreras y atrocidades aún pueden recuperarse. Pueden utilizar enfoques basados en la ciencia para conocer y abordar los efectos que estas experiencias han tenido en su metabolismo y en sus mitocondrias. Tengo la esperanza de que este libro y la teoría de la energía cerebral ayuden al menos a algunas de ellas.

Psicoterapia

Abordar la miríada de factores psicológicos y sociales que pueden repercutir en el metabolismo es una parte importante del tratamiento. A menudo, los amigos, la familia, los compañeros de trabajo, los profesores, los mentores o la gente de la comunidad pueden servir de apoyo, pero algunas personas necesitarán ayuda profesional en forma de psicoterapia.

Existen innumerables libros y artículos académicos que muestran cómo puede mejorar la salud mental. No voy a intentar hacer un repaso de toda la investigación, sino que me limitaré a compartir algunos de sus beneficios y algunas posibles razones por las que funciona:

- La psicoterapia puede ayudar a las personas a *resolver conflictos* con otras personas y con sus funciones en la vida. Cuando son incapaces de hacerlo por sí mismas, el estrés aumenta, y eso afecta al metabolismo.
- La psicoterapia puede ofrecer *habilidades y estrategias* específicas para reducir el estrés y afrontar los síntomas, lo que puede mejorar el metabolismo en general.
- La psicoterapia puede ayudar a las personas a *cambiar conductas*. Los terapeutas cognitivo-conductuales saben desde hace tiempo que, en ocasiones, el cambio de conducta puede dar lugar a cambios en los pensamientos y sentimientos. Los profesionales clínicos que tratan los trastornos alimentarios o los trastornos por consumo de sustancias suelen centrarse en este tipo de cambios. Abordar la conducta para mejorar el sueño puede producir beneficios. Como ya he comentado, todos estos

comportamientos desempeñan un papel directo en el metabolismo y la función mitocondrial.

- La psicoterapia puede ayudar a las personas a *comprender quiénes son y qué quieren de la vida*, lo que puede resultar útil para desarrollar un sentido y un propósito, y esto repercute tanto en los trastornos mentales como en los metabólicos.
- La psicoterapia puede proporcionar *nuevos aprendizajes* para superar creencias, conductas y respuestas inadaptadas. Por ejemplo, cuando las personas están traumatizadas, a veces pueden generalizar en exceso el peligro de las cosas que recuerdan de esa experiencia. A alguien que asocia cierta música, ropa o colonia con su maltratador, estas experiencias cotidianas pueden hacer que se dispare. Si el maltratador ya no es una amenaza, esto no resulta adaptativo ni útil, aunque sea comprensible. Un tipo de terapia, la exposición prolongada, puede reducir la respuesta de estrés a estos desencadenantes y, con ello, mejorar la salud metabólica.
- La psicoterapia puede «ejercitar» circuitos cerebrales infrautilizados. ¿Recuerdas lo de «úsalo o lo perderás»? Si una región cerebral está poco desarrollada, algunos tipos de psicoterapia pueden resultar útiles. Los tratamientos que se centran en la empatía, las relaciones, las habilidades sociales o la mejora de las capacidades cognitivas pueden fortalecer los circuitos cerebrales subdesarrollados. Esto presupone que estas regiones cerebrales están metabólicamente sanas para aprender y almacenar nueva información pero, en algunos casos, es posible que no lo estén. En estas situaciones, podría ser necesario llevar primero a cabo una intervención metabólica diferente. Sin embargo, una vez restablecida la salud cerebral, seguirá siendo necesario «ejercitar» y restablecer la salud de estas regiones cerebrales.
- La psicoterapia puede sencillamente ofrecer una *relación con un ser humano compasivo y servicial*. Se sabe desde hace tiempo que la «alianza terapéutica», o una buena relación entre el terapeuta y el cliente, desempeña un papel importante en los resultados de la psicoterapia. Volvemos a una de las realidades de la existencia humana: todos necesitamos a otras personas. Necesitamos relaciones en las que podamos expresarnos y ser nosotros mismos. Sin ellas, la salud metabólica puede verse comprometida debido

a una respuesta de estrés crónico. Para quienes no cuentan con relaciones significativas, la psicoterapia puede proporcionarles una. Obviamente, un objetivo debe ser ayudar a estas personas a desarrollar relaciones duraderas fuera de la terapia. Sin embargo, esto puede llevar tiempo. Para algunas personas, los síntomas de su disfunción cerebral pueden dificultar su consecución.

Terapia psicodélica

Un tratamiento emergente relacionado con todo esto es el uso de drogas psicodélicas en psiquiatría. Alucinógenos como la psilocibina, o «setas mágicas», están recibiendo cada vez más atención como posible tratamiento de la depresión, el TEPT y otras afecciones, con pequeños ensayos piloto que revelan resultados beneficiosos. Un grupo de investigación estudió cómo y por qué funcionan. Observaron que «las sustancias psicodélicas pueden inducir de forma fiable y sólida experiencias intensas, profundas y personalmente significativas, que se han denominado "de tipo místico", "espirituales", "religiosas", "existenciales", "transformadoras", "fundamentales" o "cumbre"»[9]. Encuestaron a 866 consumidores de este tipo de sustancias a lo largo del tiempo y descubrieron alteraciones en las creencias metafísicas que a menudo persistían durante más de seis meses y que se correlacionaron con mejores resultados de salud mental. Esta línea de investigación sugiere que las sustancias psicodélicas podrían funcionar conectando a las personas con la espiritualidad o con Dios, u ofreciéndoles un sentido y un propósito. Debo señalar que no es recomendable que los consumas por tu cuenta. Los ensayos de investigación combinan el uso de psicodélicos con sesiones de terapia guiada para maximizar los beneficios. Utilizarlos por tu cuenta puede provocar un «mal viaje» o incluso desencadenar un episodio maníaco o psicótico.

Reducción del estrés

Reducir el estrés es una parte importante del tratamiento. Además de todas las formas en las que la psicoterapia y hablar con otras personas pueden favorecerlo, hay dos formas de hacerlo por cuenta propia: (1) reducir o eliminar los factores ambientales estresantes o (2) intentar reducir tu respuesta al estrés cuando resulte seguro hacerlo.

La forma más fácil de controlar el estrés es reducir o eliminar los factores estresantes siempre que sea posible. Para algunas personas es un objetivo realista. Un entorno laboral o escolar muy exigente y abrumadoramente estresante puede controlarse. El empleado puede encontrar un nuevo trabajo, o el estudiante y sus padres pueden reducir la carga lectiva, buscar adaptaciones académicas para una discapacidad o cambiar de centro educativo para encontrar una mejor opción. Todos deberíamos esforzarnos en crear una vida que sea manejable, placentera y gratificante.

Cuando se producen acontecimientos vitales estresantes, las personas *van* a experimentar una respuesta de estrés. Es normal y esperable. Sin embargo, cuando la situación amenazadora deja de ser un peligro, reducir la respuesta de estrés puede producir unos efectos potentes y beneficiosos.

Las prácticas de reducción del estrés llevan milenios utilizándose. Algunas de ellas no suelen considerarse «técnicas de reducción del estrés», sino prácticas religiosas de larga tradición, como la meditación, la oración y el canto. Tenemos también el yoga, el pilates, el taichí, el qigong, el *mindfulness* y las técnicas de respiración. Se ha demostrado que muchas de estas intervenciones mejoran tanto la salud mental como la metabólica. No voy a hacer un repaso de todas ellas y de todos los problemas de salud, ya que son muchos, pero sí voy a hablar de un par de estudios que relacionan directamente estos beneficios con el metabolismo y las mitocondrias.

Los investigadores de la Facultad de Medicina de Harvard sabían desde hacía tiempo que la respuesta de relajación puede desempeñar un poderoso papel en la salud mental y metabólica. La respuesta de relajación, o RR, es un término que utilizan para describir cualquiera de las técnicas de reducción del estrés que ya he mencionado, como la meditación. Los estudios han demostrado mejoras en la hipertensión, la ansiedad, el insomnio, la diabetes, la artritis reumatoide y el propio envejecimiento. Estos investigadores se propusieron comprender mejor cómo funciona esta intervención, y para ello reclutaron a diecinueve personas que llevaran mucho tiempo realizando la práctica diaria de RR, diecinueve controles sanos y veinte personas que hubieran completado recientemente ocho semanas de entrenamiento en RR. Tomaron muestras de sangre de todos ellos y observaron las diferencias en la expresión génica. En los que hacían RR encontraron diferencias significativas en genes relacionados con «el metabolismo celular, la fosforilación oxidativa, la generación de especies reactivas del oxígeno y la respuesta al estrés oxidativo». Como ya sabes, todos ellos están directamente relacionados con las mitocondrias[10].

En un estudio de seguimiento, los investigadores reclutaron a veintiséis personas que llevaran entre cuatro y veinte años practicando regularmente técnicas de RR y a otro grupo de veintiséis personas que nunca hubieran practicado regularmente RR, pero que estuvieran dispuestas a completar ocho semanas de entrenamiento[11]. A continuación, se pidió a todos los participantes que escucharan una grabación de RR de veinte minutos y, en una sesión diferente, una grabación de educación sanitaria de otros veinte. Se tomaron muestras de sangre antes, inmediatamente después y quince minutos después de escuchar cada grabación, y estas muestras se analizaron para determinar la expresión génica. Los investigadores descubrieron que «la práctica de RR aumentaba la expresión de genes relacionados con el metabolismo energético, la función mitocondrial, la secreción de insulina y el mantenimiento de los telómeros, y reducía la expresión de aquellos vinculados con la respuesta inflamatoria y las vías relacionadas con el estrés». Una proteína mitocondrial específica (ATP sintasa mitocondrial) y la insulina fueron las dos principales moléculas reguladas al alza. Estos investigadores concluyeron: «Nuestros resultados indican por primera vez que la elicitación de la RR, sobre todo tras una práctica prolongada, puede evocar sus beneficios posteriores para la salud al mejorar la producción y utilización de la energía mitocondrial y promover así la resistencia mitocondrial...». ¡Como ahora sabes, esto es precisamente lo que intentamos hacer para mejorar la salud mental y metabólica!

Programas de rehabilitación

Muchas personas con trastornos mentales crónicos carecen de las habilidades necesarias para sobrevivir de forma independiente y prosperar en la sociedad. Algunas no saben hacer amigos, otras no saben gestionar un horario diario o conservar un trabajo. Muchas sienten que carecen de propósito en la vida.

Sus síntomas impiden a la mayoría hacer estas cosas. Incluso si aprendieron a hacerlas antes de su enfermedad, puede que ahora no tengan práctica. En el caso de los que desarrollaron la enfermedad a una edad temprana, es posible que nunca hayan tenido estas habilidades.

Restaurar la salud metabólica de sus cerebros no les enseñará automáticamente todo lo que necesitan saber. Requieren entrenamiento y práctica. Es como la rehabilitación tras una lesión deportiva. Primero hay que restaurar la función de los músculos, huesos, ligamentos o tendones, pero luego también es necesario practicar y volver a ganar fuerza. Sin esta práctica, no se restablecerán las capacidades.

Actualmente existen programas de rehabilitación que ofrecen educación, formación laboral y habilidades básicas para la vida a personas con trastornos mentales crónicos. Por desgracia, las investigaciones actuales sugieren que no son muy eficaces. Probablemente se deba a que no se ha restaurado primero la función cerebral. Si las personas intentan realizar tareas cuando sus cerebros no funcionan correctamente, están abocadas al fracaso. Es como un atleta que intenta correr una maratón con un ligamento roto. Sin embargo, si podemos restablecer la función cerebral adecuada, la rehabilitación tiene bastantes posibilidades de funcionar. El objetivo es ayudar a las personas a vivir como miembros productivos de la sociedad. Muchos de ellos han sido golpeados durante años y pueden sentirse desesperanzados respecto a este objetivo. También hay que abordar esta desesperanza.

En todo esto se requiere la compasión de otros seres humanos. Se necesitan programas de empleo y de reinserción en la sociedad. Estas personas tienen que encontrar razones para vivir. Necesitan sentirse útiles. Necesitan sentirse respetadas. Y todo esto requiere la implicación de los demás.

En resumen

- Nuestro entorno y nuestras experiencias desempeñan un papel fundamental en nuestra salud metabólica y mental.
- Las relaciones estrechas son importantes para la salud humana.

- Todo el mundo debería esforzarse por tener al menos un papel en la sociedad que le permita contribuir y sentirse valorado. Esto puede desarrollarse de muchas formas diferentes, desde ser estudiante, empleado, cuidador, voluntario, mentor o desempeñar alguna otra función. Puede ser algo tan sencillo como dedicarse a las tareas domésticas.
- La psicoterapia puede desempeñar un papel importante en el tratamiento metabólico.
- Los psicoterapeutas pueden añadir a sus arsenales muchas herramientas nuevas utilizando la teoría de la energía cerebral. Pueden ayudar a las personas a poner en práctica planes de tratamiento metabólico que incluyan, por ejemplo, dieta, ejercicio, exposición a la luz y todas las demás posibilidades mencionadas en este libro.
- Las personas con trastornos mentales crónicos pueden recuperar muchas cosas si restablecen su salud cerebral. Su recuperación total requerirá rehabilitación, formación laboral y otros programas.
- La sociedad debe colaborar para garantizar que todos tengan relaciones, funciones, recursos y responsabilidades adecuados. No todos los seres humanos han sido creados con las mismas capacidades, pero eso no significa que no puedan contribuir, sentirse seguros y protegidos y vivir vidas significativas. La compasión y la amabilidad son esenciales en este proceso.

Historia de éxito. Sarah: hacer ejercicio y encontrar su propósito en la vida

Sarah tenía diecisiete años cuando la conocí. Estando en octavo curso le habían diagnosticado TDAH y dificultades de aprendizaje, sufría ansiedad e insomnio desde pequeña y empezó a tener ataques de pánico a los catorce años. También estaba deprimida y tenía baja autoestima. El colegio le resultaba difícil, aunque tomaba medicamentos para el TDAH, y su círculo de amistades era muy pequeño. Tenía un fuerte historial familiar de enfermedades mentales: su madre, su hermano, su hermana, su abuela, dos tíos y una tía habían sido diagnosticados de depresión, trastornos de ansiedad o trastorno bipolar. Eso no auguraba nada bueno para su evolución a largo plazo. Ya había probado ocho medicamentos distintos, que la ayudaban a concentrarse, pero también le provocaban efectos secundarios y síntomas continuos. A veces se deprimía tanto que se quedaba en la cama todo el día. Además de los síntomas mentales, tenía migrañas y frecuentes dolores de estómago.

Entró en la universidad y se esforzó todo lo que pudo, pero le costaba mucho. Su familia esperaba que acabara los estudios, y eso la estresaba aún más. A menudo sentía que jamás podría estar a la altura de las expectativas de la gente. Probó más antidepresivos, pero no la ayudaron.

Las cosas cambiaron cuando decidió tomar clases de Pilates. ¡Le encantaban! Empezó a hacer ejercicio con regularidad y notó que muchos de sus síntomas de ánimo y ansiedad mejoraban. A los veintitrés años consiguió un trabajo como instructora en el gimnasio; ahora hacía ejercicio casi todos los días durante horas. Y eso fue lo que cambió las cosas para ella. Después de unos dos meses de trabajo, acudió a una cita y dijo: «¡Me siento genial! Nunca me había sentido tan bien en toda mi vida». Además del ejercicio físico, se había apasionado por ayudar a los demás a mejorar su salud, había hecho nuevos amigos y tenía novio. A pesar de las expectativas de sus padres de que terminara la universidad, decidió dejarla y centrarse en el ejercicio físico como carrera. Eso fue hace casi diez años, y actualmente sigue estando bien. Todavía toma medicación estimulante para los síntomas del TDAH, pero pudo dejar todos los demás medicamentos. Tras dejar de tomarlos, dijo que se sentía incluso mejor.

La historia de Sarah pone de relieve el poder del ejercicio como tratamiento metabólico, pero también los aspectos psicológicos y sociales de encontrar sentido y propósito a la vida, de las prácticas de reducción del estrés, de tener una red de apoyo social y de no dejar que las expectativas de los demás nos gobiernen. Todos somos diferentes y queremos —y necesitamos— cosas diferentes. Sarah encontró su propio camino hacia la salud metabólica y mental.

Capítulo 19
¿Por qué funcionan los tratamientos actuales?

¿QUÉ TIENEN EN COMÚN la terapia de conversación, las sustancias químicas, la electricidad, los campos magnéticos y la cirugía cerebral? ¡Pues que todos ellos son tratamientos basados en la evidencia para los trastornos mentales! Entonces, ¿por qué funcionan? Todos afectan al metabolismo y a las mitocondrias.

En capítulos anteriores ya hemos hablado de los medicamentos y de la psicoterapia. Ahora me gustaría explicar brevemente lo que opino sobre estos otros tratamientos en el contexto de la teoría de la energía cerebral. Si esta teoría es cierta, debería haber explicaciones plausibles de por qué funcionan, al menos en algunas personas.

TEC Y EMT

La terapia electroconvulsiva (TEC) y la estimulación magnética transcraneal (EMT) son intervenciones eficaces para una amplia variedad de trastornos mentales. Para algunos de ellos, como la depresión grave o la catatonia, la TEC se considera la terapia de referencia y el tratamiento más eficaz disponible. ¿Por qué funcionan? El campo de la salud mental no ofrece actualmente ninguna explicación completa. Se cree que se debe en parte a los cambios en los niveles de neurotransmisores y hormonas, así como al aumento de la neuroplasticidad. La teoría de la energía cerebral nos aporta una explicación exhaustiva.

La electricidad de la TEC y la energía electromagnética de la EMT suministran energía directamente al cerebro. Probablemente no exista un ejemplo mejor de un tratamiento relacionado con la «energía cerebral». Esta energía estimula las mitocondrias y, a su vez, la biogénesis mitocondrial. Cuando nos esforzamos practicando ejercicio físico, el cuerpo percibe que necesita más capacidad, de modo que produce más mitocondrias para proporcionárnosla. La TEC y la EMT parecen hacer lo mismo, lo que puede mejorar los desequilibrios neurotransmisores y hormonales, así como aumentar la neuroplasticidad. Estos hallazgos pueden entenderse a través de las mitocondrias.

Los efectos directos de la TEC sobre las mitocondrias no se han estudiado de una forma amplia. Sin embargo, un grupo de investigadores demostró un aumento de la actividad mitocondrial del hipocampo, el cuerpo estriado y el córtex de las ratas tras administrarles esta terapia[1]. Otro grupo descubrió un aumento de la biogénesis mitocondrial y una mayor formación de sinapsis en el hipocampo tras un solo tratamiento con TEC[2]. También descubrieron que una serie de diez sesiones producía mejoras duraderas en el número de mitocondrias y en la formación de sinapsis al cabo de tres meses.

Se ha demostrado que la EMT mejora el estrés oxidativo, reduce la inflamación, aumenta la neuroplasticidad e influye en los niveles de neurotransmisores[3]. Como sabes, todo ello está relacionado con la función mitocondrial. Sin embargo, las pruebas de sus efectos directos sobre las mitocondrias también son escasas. Un estudio descubrió un aumento de los niveles de ATP en un modelo de apoplejía en ratas[4]. Otro descubrió un incremento de la integridad mitocondrial tras el tratamiento con EMT, también en un modelo de apoplejía en ratas[5].

Curiosamente, la psiquiatría no es el único campo que utiliza la electricidad para solucionar problemas metabólicos. La cardiología suele utilizar la cardioversión (o descarga en el corazón) cuando este órgano está sufriendo un fallo metabólico. A veces lo único que se necesita es un empujón.

Cirugía cerebral y estimuladores eléctricos

La cirugía cerebral se utiliza a veces como último recurso en personas con trastornos mentales crónicos y debilitantes. En ocasiones resulta útil. ¿Por qué?

Es bastante sencillo. Si una zona del cerebro está hiperactiva debido a células cerebrales hiperexcitables, aislarla del resto del cerebro puede reducir los síntomas. Esto se hace habitualmente en el tratamiento de la epilepsia. Lo mismo se aplica a las regiones cerebrales hiperexcitables que causan síntomas mentales.

En otros casos, algunas cirugías cerebrales implantan electrodos para estimular las células. También es una técnica directa. Es una forma de dar un empujón a regiones poco activas del cerebro. Se utiliza en cardiología cuando se implantan marcapasos para tratar la función reducida de las células marcapasos del corazón. Para las regiones cerebrales poco activas, funciona de una forma muy similar. Paradójicamente, los estimuladores rápidos a veces pueden *reprimir* regiones cerebrales hiperactivas.

También se han aplicado estimuladores eléctricos al nervio vago. Es lo que se denomina estimulación del nervio vago, o ENV. Ha demostrado ser útil para la epilepsia y la depresión, y también se está estudiando para el TEPT, la enfermedad de Alzheimer, la esquizofrenia, el TOC, el trastorno de pánico, el trastorno bipolar y la fibromialgia[6]. De nuevo, un tratamiento único para muchísimas afecciones aparentemente no relacionadas entre sí. *La teoría de la energía del cerebro* las conecta todas.

En resumen

En enfermedades graves y resistentes al tratamiento, o en emergencias potencialmente mortales, la TEC, la EMT, la ENV o la cirugía cerebral pueden formar parte del tratamiento. Sin embargo, la teoría de la energía del cerebro ofrece otras muchas opciones antes de que estas lleguen a ser necesarias.

Capítulo 20

UNIÉNDOLO TODO

Desarrolla tu plan de tratamiento metabólico

«Cuando una planta no florece, corregimos el entorno en el que crece, no a la planta».

ALEXANDER DEN HEIJER

ESTA CITA ES UNA metáfora que resulta muy apropiada a la hora de abordar problemas con el metabolismo y las mitocondrias. En la mayoría de los casos, no es la persona la que tiene el «defecto», sino su entorno. Para «corregir» una enfermedad mental hace falta identificar los problemas y abordarlos. En este caso, el «entorno» es enorme. Incluye todos los factores que influyen sobre el metabolismo y las mitocondrias, como la dieta, el ejercicio físico, el estrés, la luz, el sueño, las hormonas, la inflamación, las relaciones personales, el amor y el sentido y propósito en la vida, por nombrar solo unos pocos. Es cierto que algunas personas pueden haber heredado factores epigenéticos, como los micro-ARN, y que estos puedan ser causas coadyuvantes de su enfermedad mental, pero también pueden cambiarse. El metabolismo es maleable y existen muchas formas de mejorarlo.

Recordarás que comparé todas las enfermedades mentales con el delirio. Cada caso de delirio es diferente, aunque los síntomas puedan ser parecidos, y el diagnóstico, el mismo. Para resolver el problema es necesario realizar una labor médico-detectivesca para conocer qué es lo que lo está provocando. Muy a menudo, las causas son más de una y constituyen una tormenta perfecta en la que se están produciendo múltiples asaltos a las mitocondrias al mismo tiempo. Es necesario identificarlas y abordarlas todas. Y lo mismo sucede con cada caso de enfermedad mental.

La teoría de la energía cerebral apoya los tratamientos existentes para los trastornos mentales. Seguirán desempeñando un papel muy importante. Sin embargo, también pide cambios radicales. Para abordar los problemas del metabolismo a menudo se necesitan unos enfoques más amplios. En ocasiones, identificar un único problema y prescribir un único tratamiento puede funcionar. Los déficits vitamínicos y hormonales son ejemplos de esto y, en ocasiones, tomar un antidepresivo puede solucionar el caso. Sin embargo, y por desgracia, en la mayoría de las ocasiones, las soluciones simples no suelen ser la respuesta.

Esta postura va en contra de un mensaje muy generalizado que oímos a diario. Todo el mundo quiere soluciones simples. En la televisión vemos constantemente que podemos arreglar nuestros problemas con una pastilla. Lo único que tenemos que hacer es hablar con nuestro médico y pedirle que nos la recete. Y si con una sola pastilla no basta, sin ningún género de dudas debes tomar más. Oímos esos mismos mensajes en boca de los gurús de las dietas y los expertos en salud. No tomes grasa y adelgazarás. Toma esta vitamina o este suplemento y con ello solucionarás el problema.

Evidentemente, estos mensajes resultan seductores. Para arreglar nuestros problemas, lo único que tenemos que hacer es tomar una pastilla o realizar una intervención sencilla. Resultan mucho más atractivos que la idea de tener que llevar a cabo el complicado trabajo de averiguar qué es lo que está mal, y luego corregir el problema o problemas, lo que podría incluir hacer cambios en nuestro estilo de vida. En realidad, las soluciones simplistas no suelen funcionar, al menos no de forma plena o permanente. Las tasas estratosféricas de trastornos mentales y metabólicos son un claro testamento del fracaso de este enfoque. Por este motivo, el campo de la medicina se centra cada vez más en ofrecer una *medicina personalizada*, que reconoce que existen muchos caminos hacia la enfermedad y que las soluciones de «talla única» no suelen funcionar. Las personas precisan tratamientos exclusivos diseñados de acuerdo con su situación y necesidades individuales.

Trabajar con un profesional clínico

A la hora de tratar los trastornos mentales graves, es de crucial importancia trabajar con un profesional clínico competente. Este tipo de enfermedades pueden ser peligrosas y no se deben intentar tratar sin ayuda. Los síntomas «graves» pueden incluir cosas como alucinaciones, delirios, pensamientos o conductas suicidas, autolesiones, agresiones, uso descontrolado de sustancias, trastornos alimentarios graves y otras conductas peligrosas. No son asuntos que puedas manejar tú solo en casa. Mereces contar con una atención médica competente y compasiva, así que te pido por favor que busques ayuda para desarrollar y poner en práctica tu plan de tratamiento metabólico. Es importante que cuentes con apoyo y experiencia para alcanzar un estado sano y seguro lo más rápido posible.

Las personas que sufren trastornos crónicos, aunque sean leves o moderados, quizá necesiten también trabajar con un profesional sanitario. Una evaluación médica completa podría revelar la presencia de factores que estén interviniendo en la enfermedad.

Por dónde empezar

Todas las causas coadyuvantes y las intervenciones que he analizado están interrelacionadas y se influyen mutuamente. Si un factor está mal, otros también lo estarán. Por ejemplo, si no duermes bien, también podrías tener problemas con la conducta alimentaria y el consumo de sustancias. Incluso algo como la microbiota intestinal puede verse afectado por el sueño, la exposición a la luz y el estrés. Por eso, cuando está desequilibrada, cambiar estas otras causas coadyuvantes podría corregir el problema. Alternativamente, estabilizar la microbiota podría mejorar el sueño o los niveles de estrés. Debes considerar que todo forma parte de uno o más bucles de retroalimentación. Por tanto, *todos* los tratamientos que se esbozan en este libro pueden ser apropiados para ti, aun en el caso de que no reconozcas que tienes un problema en esos aspectos. Abordar los síntomas mentales puede exigir cambios en el sueño, la dieta o la exposición a la luz.

En algunos casos no estará claro cuáles son las causas de tu disfunción metabólica. No te preocupes. Aun así, los tratamientos pueden funcionar. El objetivo será emplear intervenciones que se sepa que mejoran la función mitocondrial o que aumentan el suministro de mitocondrias. En la mayoría de los casos, si nuestras células cuentan con una cantidad suficiente de mitocondrias normales y sanas, funcionarán correctamente. Las mitocondrias saben lo que tienen que hacer. A menudo son capaces de solucionar el problema por sí solas.

Es posible que, al leer estas páginas, te sientas abrumado ante tanta opción de tratamiento. Cuando intentes mejorar tu salud metabólica, debes reconocer que el éxito exige un *enfoque multifacético que requerirá tiempo*. No se trata en absoluto de que tengas que hacer todo a la vez; de hecho, no deberías hacerlo. Empieza con un tratamiento, pruébalo durante unas semanas o meses y luego ve añadiendo otros a medida que los vayas necesitando. En la mayoría de los casos, cuando tu metabolismo empiece a mejorar, te aportará más energía y motivación, y eso facilitará cualquier otro cambio. Cuando la gente empieza a sentirse mejor, a menudo se sorprende de cuánto más puede conseguir. Después de terminar sus «planes de tratamiento metabólico», con frecuencia no se reconocen a sí mismos. No solo pueden reducir los síntomas de la enfermedad mental, adelgazar o aumentar la resistencia a la hora de practicar ejercicio físico, sino que, por lo general, también observan una reducción del estrés, más confianza en sí mismos, más conexiones con la gente, habilidades recién descubiertas y otros aspectos positivos que realzan su vida.

En la mayoría de los casos, puedes decidir *tú mismo* con qué intervención deseas empezar. Cuando la hayas elegido, debes fijarte un objetivo que sea concreto, medible, alcanzable, realista y oportuno. Una vez dominada una intervención, añade otra y sigue así hasta que alcances los resultados que deseas.

En algunos casos, sin embargo, es posible que haya que priorizar un objetivo sobre todos los demás, porque una situación en concreto esté provocando unos efectos catastróficos en tu metabolismo. Dos ejemplos evidentes son el consumo elevado de sustancias o el hecho de vivir en un entorno de maltrato. Para aquellos que consuman grandes cantidades de alcohol o drogas, lo más probable es que las demás intervenciones resulten inútiles hasta que dejen de consumir, así que eso debe ser lo primero que se aborde. Para las personas que mantienen una relación de maltrato físico, el primer paso debe ser centrarse en un plan para salir de ese entorno, por muy difícil y peligroso que pueda ser. Los que están en una situación así necesitarán probablemente un tremendo apoyo por parte de familiares, amigos o un programa contra la violencia doméstica. Probar cualquier otra intervención metabólica sin dar primero este paso no conseguirá abordar sus problemas mentales y metabólicos.

Todas las intervenciones que he analizado tienen capacidad para cambiar tu metabolismo. Como norma general, las intervenciones metabólicas producen cuatro tipos de efectos en el organismo y en el cerebro:

1. **Iniciación.** La primera vez que se hace un cambio, el metabolismo puede transformarse de manera abrupta. Algunas veces, eso puede resultar útil, pero otras puede empeorar la situación, al menos al principio.
2. **Adaptación.** Siempre que haces un cambio metabólico, tu cuerpo trabajará para adaptarse a él. Estas adaptaciones suelen estar diseñadas para contrarrestar los efectos de la intervención metabólica. Por lo general no la anulan, pero con frecuencia disminuyen sus efectos, en comparación con la fase de iniciación.
3. **Mantenimiento.** En un momento dado, tu metabolismo se adaptará plenamente a la intervención y tu cuerpo y tu cerebro se sentirán más estables. Siempre puedes aumentar la dosis o la intensidad de la intervención, lo que te llevará de nuevo a las fases de iniciación y adaptación.
4. **Retirada.** Si las intervenciones metabólicas se reducen o se detienen de forma rápida, suele producirse una reacción de abstinencia. En estas situaciones, puede producirse un efecto rebote capaz de provocar síntomas.

Todas estas situaciones pueden darse con todos los tratamientos que he mencionado, incluidas las medicaciones, la terapia de luz, los cambios en la dieta, los cambios en la microbiota intestinal, el uso de suplementos e incluso las intervenciones psicológicas y sociales.

Recuerda que lo que estás buscando son unos programas que mejoren tu salud metabólica a largo plazo. Por tanto, aunque al principio la situación empeore (como, por ejemplo, si te sientes irritable al empezar una dieta nueva), si la fase de mantenimiento va a conducir a una mejoría en la salud metabólica, merece la pena perseverar. Evidentemente, hay que hacerlo de un modo que resulte seguro y tolerable, pero el objetivo es llegar a la fase de mantenimiento. Del mismo modo, otras cosas, como un consumo elevado de alcohol, pueden mejorar la situación a corto plazo (fase de iniciación), pero socavar el metabolismo a la larga (fase de mantenimiento). Para los grandes bebedores, dejar de consumir (fase de retirada) puede resultar especialmente difícil y peligroso. Es importante tener todo esto en cuenta, porque iniciar y detener los tratamientos es algo que debe hacerse con seguridad.

Programas de tratamiento con ingreso hospitalario y residenciales

A algunas personas con graves trastornos mentales puede resultarles imposible diseñar por su cuenta un plan de tratamiento completo. Por definición, tienen alterada la función cerebral. Es posible que no sean capaces de seguir adelante con el plan, de aprender fácilmente una información nueva, de no saltarse una dieta o de encajar todos los cambios en su agenda diaria. Eso no significa que no puedan hacerlo, o que no les vaya a beneficiar, pero es posible que necesiten ayuda. En el caso de otras personas, los síntomas mentales pueden en ocasiones poner en riesgo su seguridad o la de otras personas y probar los tratamientos sobre una base ambulatoria puede resultar peligroso. Para todos ellos, necesitamos desarrollar programas de tratamiento metabólico con ingreso hospitalario o residenciales que sean capaces de adaptar el plan a las necesidades concretas de cada persona. Pueden proporcionar apoyo no solo a través de los profesionales que trabajen en ellos, sino también mediante el respaldo mutuo entre los participantes. Serán entornos en los que todos estén trabajando juntos para mejorar su salud mental y metabólica.

Diseña tu plan de tratamiento

- Si tienes síntomas graves, peligrosos o crónicos, debes trabajar con un profesional médico.
- Identifica las causas coadyuvantes que estén provocando una grave disfunción metabólica o poniendo en peligro tu seguri-

dad (p. ej., intentos de suicidio, consumo grave de sustancias, vivir en un entorno de maltrato físico, un trastorno alimentario descontrolado, falta grave de sueño, etc.). Si tienes cualquiera de ellas, es lo primero que debes abordar.

- Elige uno o más de los tratamientos de este libro que creas que pueden ayudarte.
- Ponlo en práctica y dale al menos tres meses de plazo para que empiece a hacer efecto.
- Si el tratamiento mejora cualquiera de tus síntomas, aunque solo sea un poco, sigue con él.
- Si al cabo de tres meses no te ha ayudado en absoluto, tienes plena libertad para interrumpirlo.
- Si un tratamiento te ayuda pero no resuelve todos tus síntomas, añade otro. Estás desarrollando tu plan de tratamiento multifacético.
- Continúa añadiendo o probando tratamientos hasta que consigas los resultados deseados.

Tus objetivos pueden ir cambiando con el tiempo. Al principio quizá solo aspires a librarte de un síntoma. Muy bien. Con el transcurso del tiempo, quizá decidas que te gustaría mejorar también otros aspectos. La vida es un viaje. Todos tenemos áreas de fortaleza, pero también otras de debilidad y vulnerabilidad. Nadie es perfecto. Espero que puedas sacarle el máximo partido a tu vida y que te esfuerces por mejorar tu salud todo lo posible. Sin embargo, también espero que llegues a un punto de gratitud por la salud y la fuerza que tienes y simplemente las disfrutes.

Historia de éxito. Beth: sobremedicada y, aun así, enferma

Beth empezó a recibir tratamiento psiquiátrico a los nueve años, cuando le diagnosticaron TDAH. Le receteron estimulantes y en el colegio le fue muy bien; sacaba casi todo sobresalientes y notables. Sin embargo, seguía siendo impulsiva y a menudo interrumpía a los demás. Por ello, no tenía muchos amigos, con frecuencia se sentía criticada o rechazada por los demás y sufría baja autoestima. Al llegar al instituto, la situación empeoró mucho. Tuvo depresión crónica, a menudo tenía pensamientos suicidas y empezó a cortarse con cuchillos o cuchillas de afeitar. Probó con antidepresivos, más estimulantes, estabilizadores del estado de ánimo, medicación para la ansiedad e incluso antipsicóticos, pero sus síntomas no hicieron más que empeorar. Para cuando llegó a la universidad, ya había estado hospitalizada muchas veces.

Cuando la conocí tenía veintiún años. Le habían diagnosticado depresión crónica, trastorno de pánico, trastorno límite de personalidad, trastorno disfórico premenstrual y TDAH. Tomaba cinco medicaciones y estaba claro que no le servían. De hecho, a menudo se encontraba letárgica y perdida, lo que le había llevado a tener más de un accidente de coche. Había vuelto a casa para las vacaciones de verano y había recibido más tratamiento psiquiátrico intensivo. Al principio le receté más medicación antipsicótica y estabilizadora del estado de ánimo, lo que a menudo le provocó nuevos efectos secundarios o sencillamente no funcionó. Al mismo tiempo, empezamos con una terapia dialéctico conductual (TDC), un tipo de psicoterapia que se centra en las habilidades que pueden ayudar a las personas a gestionar mejor sus emociones, sus impulsos suicidas y sus autolesiones.

Beth y yo creíamos que las medicaciones no la habían ayudado, sino que, de hecho, podrían haber favorecido sus problemas, así que acordamos ir poco a poco suprimiéndolas. Era algo extremadamente difícil y peligroso. Casi todas las veces que reducíamos una, aunque solo fuera una cantidad mínima, experimentaba un incremento de los síntomas: depresión, impulsos suicidas o deseos de cortarse. Utilizamos las habilidades TDC para gestionarlos y mantenerla a salvo, pero seguimos con la reducción de la medicación. Tardamos varios años en retirarla completamente. Cuando al fin lo conseguimos, las cosas estaban mucho mejor. Era capaz de mantenerse segura, había podido conservar un empleo y había terminado la universidad.

La siguiente fase de su recuperación empezó con el ejercicio físico. Comenzó a montar en bicicleta y se aficionó a ello. Decidió prepararse para hacer un recorrido benéfico. Se apuntó a Weight Watchers para adelgazar, lo que la ayudó todavía más. A estas alturas, sus síntomas psiquiátricos habían desaparecido. Tras muchas largas discusiones con sus familiares y amigos, acordamos que ya no necesitaba terapia ni ningún tratamiento psiquiátrico. ¡Pero eso no detuvo su tratamiento metabólico! Se convirtió en una gran atleta y compitió en triatlones y ultramaratones. Se casó. Consiguió un empleo a jornada completa.

Hoy, unos diez años después, sigue sintiéndose estupendamente y no tiene ningún síntoma psiquiátrico. Cuando hace poco me encontré con su padre (que es médico), me puso al día de cómo le iba a su hija y me dijo: «Le salvaste la vida. De verdad. Creo que hoy no estaría todavía con nosotros si no hubiese sido por ti».

El caso de Beth ilustra un problema común, el de tener varios trastornos, recibir montones de tratamientos y seguir sin estar bien. De hecho, seguramente la medicación estaba agravando sus problemas, o incluso provocándolos. Esto no significa que los medicamentos no puedan ser enormemente útiles para algunas personas. Estoy convencido de que sí. Sin embargo, en el caso de Beth daba la impresión de que estaban empeorando la situación. Algunos de los que tomaba se sabe que trastornan el metabolismo y la función mitocondrial, por lo que la teoría de la energía cerebral ofrece una explicación para la mejoría que experimentó al dejarlos todos. Pero eso no bastó para que lograra una recuperación total. También hizo ejercicio, adelgazó y encontró el amor, un empleo y el respeto hacia sí misma. Todos estos elementos participaron en su extraordinaria recuperación.

Capítulo 21
Un nuevo día para la salud mental y metabólica

LA TEORÍA DE LA energía del cerebro ofrece un modelo nuevo de salud mental. Abarca mucho más que la simple función cerebral; se basa en el metabolismo y las mitocondrias, que afectan a casi todos los aspectos de la salud humana, el envejecimiento y la longevidad. Este nuevo modelo va más allá de las categorías diagnósticas y aborda muchos trastornos al mismo tiempo. No es solo para aquellas personas a las que se les ha diagnosticado una enfermedad «mental», sino también para las que padecen trastornos metabólicos relacionados con ella, como obesidad, diabetes, enfermedad cardiovascular, alzhéimer, epilepsia y trastornos de dolor crónico. Casi todos los que sufren este tipo de dolencias presentan al menos algunos síntomas «mentales», y los que padecen trastornos mentales tienen también más probabilidades de desarrollar estos otros relacionados con ellos. Este nuevo modelo ofrece la esperanza de prevenir enfermedades y mantener a la gente feliz, sana y productiva durante más tiempo del que es posible en la actualidad.

La teoría de la energía del cerebro supone un avance significativo que por fin conecta todos los puntos para darnos una imagen más clara de las enfermedades mentales. La ciencia y la evidencia se integran en un solo marco que unifica las teorías biológicas, psicológicas y sociales de este tipo de enfermedades. Cuando asumimos la idea de que los trastornos mentales ya no son síndromes, sino problemas metabólicos del cerebro, salen a la luz soluciones nuevas. Necesitamos recuperar la energía cerebral normalizando el metabolismo y el funcionamiento de las mitocondrias. Cuando lo hacemos, los síntomas de las enfermedades mentales comienzan a solucionarse.

La buena noticia es que este nuevo enfoque nos permite aplicar los tratamientos existentes de una forma más eficaz y sugiere opciones novedosas a las que ya tenemos acceso, como todos los tratamientos que te he mostrado en este libro. No hace falta esperar años antes de probarlas. Esto no significa que lo que tenemos en este momento sea suficiente; no todas las intervenciones van a funcionarle a todo el mundo y necesitamos más investigación y tratamientos adicionales. Sin embargo, ahora que hemos conectado todos los puntos e identificado el problema central, nos resultará inmensamente más fácil encontrar tratamientos nuevos. Es un problema que ahora puede resolverse con ciencia e investigación, que ha dejado de ser un misterio abstracto a la espera de un milagro.

Una vez que empezamos a ver todos estos trastornos a través de la lente del metabolismo y las mitocondrias, las posibilidades de mejora son infinitas. Podemos desarrollar herramientas diagnósticas para evaluar la salud metabólica de las personas. Podemos desarrollar estrategias y métodos terapéuticos basados en la evidencia para abordar la disfunción metabólica y mitocondrial. Podemos centrarnos en conocer mejor los efectos de las medicaciones, el alcohol, el tabaco, las drogas recreativas, las dietas y los alimentos y las toxinas sobre las mitocondrias y el metabolismo.

Sin embargo, necesitamos recursos para hacer este trabajo. ¡Necesitamos grandes cambios! Necesitamos equipos de salud multidisciplinares que colaboren para devolver la salud metabólica a la gente. Deben incluir médicos, enfermeras, psicoterapeutas, trabajadores sociales, fisioterapeutas, terapeutas ocupacionales, farmacéuticos, dietistas, entrenadores personales, entrenadores de salud y bienestar y muchos otros profesionales. Los seguros de salud deben cubrir algunos de estos costes. Las industrias biotecnológicas y farmacéuticas tendrán que afrontar el desafío de desarrollar terapias más eficaces. Los gobiernos tienen que implicarse. Necesitamos financiación para investigaciones sobre todo este trabajo y paridad para los servicios de salud mental. Es posible que nuestra vida cotidiana también incorpore toxinas metabólicas que deben ser reguladas o eliminadas. Y, por supuesto, todos y cada uno de nosotros debe cumplir su parte. Necesitamos grupos de autoayuda, grupos de apoyo e iniciativas de defensa. Necesitamos una sociedad justa, equitativa, compasiva, pacífica y cooperativa. Necesitamos asegurar que todo el mundo tenga la oportunidad de vivir una vida plena. La gente necesita sentirse segura. También le beneficia sentirse respetada. Evidentemente, todo esto resulta más fácil de decir que de hacer. En muchos aspectos, representa una utopía. Todos sabemos que se tardará un tiempo en conseguirlo. De todas formas, no tenemos que alcanzar esa utopía para empezar a hacer algo.

Por tanto, acudo a *ti* y te pido ayuda. Para convertir esta esperanza en realidad necesitamos un movimiento comunitario. Así como ha habido movimientos para luchar contra el sida y el cáncer de mama, también necesitamos desesperadamente uno que exija cambios radicales en la forma de entender y tratar las enfermedades mentales. Educar e informar a la gente requerirá tiempo y esfuerzo. Tú puedes colaborar difundiendo la teoría de la energía del cerebro. Este movimiento os necesita a ti, a tus amigos y a tu familia. No lo pido para mí, sino en nombre de las muchísimas personas que sufren una enfermedad mental a solas y en silencio; en nombre de los que suplican unos tratamientos más eficaces y una vida mejor; en nombre de los que sufren a diario el tormento de sus síntomas mentales; en nombre de los que han perdido toda esperanza; en nombre de todas las personas que siguen escondidas en su casa por la vergüenza y la humillación que les provoca el estigma de las enfermedades mentales y en recuerdo de los muchísimos que no pudieron aguantar y ya no están con nosotros. Vamos a poner fin a todo este sufrimiento de una vez por todas. No desperdiciemos ni un día más.

Por favor, visita la página web www.brainenergy.com para aprender más y comenzar a colaborar.

Agradecimientos

CUANDO EMPECÉ A ESCRIBIR la presente obra, algunas personas me recomendaron que hiciera un sencillo libro de autoayuda y no uno científico y riguroso porque los mensajes simples son más fáciles de vender y a muchos editores no les interesan los libros científicos. Quiero dar las gracias a mi editorial, BenBella, y en particular a Leah Wilson y Alexa Stevenson, por creer en mí y en este libro y por reconocer que, de hecho, a la gente le interesan la ciencia y la complejidad, sobre todo cuando tienen el potencial de transformar un campo y mejorar la vida de las personas.

A mi editora, Alexa Stevenson, gracias por tus agudos conocimientos, tus comentarios honestos y tu estímulo para incluir más datos y evidencias científicas, no menos. Tu «escepticismo saludable» inicial acerca de la teoría de la energía del cerebro me impulsó a escribir un libro inmensamente mejor.

A mi agente literaria, Linda Konner, gracias por la enorme energía que has empleado a la hora de representar este libro. Cuando te conocí sabía que eras fuerte, pero verte en acción ha superado todas mis expectativas.

A todo el equipo de BenBella, gracias por vuestra creatividad, vuestra atención por el detalle, el cumplimiento de los plazos y todo lo que supone producir un libro increíble.

A mis primeros correctores (Karen Weintraub, Anne Rauch, Julianne Torrence, Amy Yuhasz y mi hermano, David Palmer), vuestro estímulo y las críticas de los primeros esbozos me dieron la energía y la confianza necesarias para seguir escribiendo.

Por último, a todos los pacientes con los que he trabajado en los últimos 31 años (incluidos los que pasé en la facultad), cada uno de vosotros me ha ayudado a escribir este libro porque de todos aprendí algo acerca de las enfermedades mentales y la condición humana. Gracias por el honor y el privilegio de ser vuestro psiquiatra. Gracias a los que estuvieron dispuestos a probar mis «tratamientos metabólicos» y en especial a los que quisieron compartir sus historias en este libro o aparecer públicamente conmigo en presentaciones, en la televisión o en la radio. A los que no conseguí mejorar a pesar de probar un tratamiento tras otro, quiero pedirles perdón en mi nombre y en el de mi profesión. Fuisteis vosotros los que me enseñasteis a cuestionar y desafiar mi propio trabajo y el campo de la salud mental y a no aceptar el paradigma inaceptable. Me inspirasteis a reflexionar incesantemente acerca de la neurociencia, la fisiología y la existencia humana. Me obligasteis a buscar mejores respuestas. Mi mayor esperanza es que este libro pueda representar el comienzo de esas respuestas.

Notas

Capítulo 1

1. Saloni Dattani, Hannah Ritchie y Max Roser. «Mental Health» OurWorldInData.org. https://ourworldindata.org/mental-health. Consultado el 15/10/2021.

2. R. C. Kessler, P. Berglund, O. Demler, R. Jin, K. R. Merikangas y E. E. Walters. «Lifetime Prevalence and Age-of-Onset Distributions of DSM-IV Disorders in the National Comorbidity Survey Replication». *Arch Gen Psychiatry* 62(6) (2005): 593-602.

3. W. Wurm, K. Vogel, A. Holl, C. Ebner, D. Bayer, *et al.* «Depression-Burnout Overlap in Physicians». *PLOS ONE* 11(3): e0149913 (2016). doi: 10.1371/journal.pone.0149913.

4. Ben Wigert y Sangeeta Agrawal. «Employee Burnout, Part 1: The 5 Main Causes». Gallup. https://www.gallup.com/workplace/237059/employee-burnout-part-main-causes.aspx. Retrieved 5/28/19.

5. B. Bandelow y S. Michaelis. «Epidemiology of Anxiety Disorders in the 21st Century». *Dialogues Clin Neurosci* 17(3) (2015): 327-335. doi: 10.31887/DCNS.2015.17.3/bbandelow.

6. R. D. Goodwin, A. H. Weinberger, J. H. Kim, M. Wu y S. Galea. «Trends in Anxiety Among Adults in the United States, 2008-2018: Rapid Increases Among Young Adults». *J Psychiatr Res.* 130 (2020): 441-446. doi: 10.1016/j.jpsychires.2020.08.014.

7. SAMHSA. «National Survey on Drug Use and Health: Comparison of 2008-2009 and 2016-2017 Population Percentages (50 States and the

District of Columbia)». Substance Abuse and Mental Health Services Administration, US Department of Health and Human Services. https://www.samhsa.gov/data/sites/default/files/cbhsq-reports/NSDUHsaeTrendTabs2017/NSDUHsaeLongTermCHG2017.pdf. Consultado el 18/2/22.

8. CDC. «Data & Statistics on Autism Spectrum Disorder». Centros para el Control y la Prevención de Enfermedades, Departamento de Salud y Servicios Humanos de Estados Unidos. https://www.cdc.gov/ncbddd/autism/data.html. Consultado el 27/5/19.

9. S. H. Yutzy, C. R. Woofter, C. C. Abbott, I. M. Melhem y B. S. Parish. «The Increasing Frequency of Mania and Bipolar Disorder: Causes and Potential Negative Impacts». *J Nerv Ment Dis.* 200(5) (2012): 380-387. doi: 10.1097/NMD.0b013e3182531f17.

10. M. E. Czeisler, R. I. Lane, E. Petrosky, *et al.* «Mental Health, Substance Use, and Suicidal Ideation During the COVID-19 Pandemic—United States, June 24-30, 2020». *MMWR Morb Mortal Wkly Rep* 69 (2020): 1049-1057. doi: 10.15585/mmwr.mm6932a1external icon.

11. The Lancet Global Health. «Mental Health Matters». *Lancet Glob Health* 8(11) (noviembre 2020): e1352.

12. Global Burden of Disease Collaborative Network. «Global Burden of Disease Study 2015 (GBD 2015) Life Expectancy, All-Cause and Cause-Specific Mortality 1980-2015». Seattle, Estados Unidos: Instituto para la Medición y Evaluación de la Salud (IHME), 2016.

13. Departamento de Vivienda y Desarrollo Urbano de Estados Unidos. «The 2010 Annual Homeless Assessment Report to Congress». Departamento de Vivienda y Desarrollo Urbano de Estados Unidos. https://www.huduser.gov/portal/sites/default/files/pdf/2010HomelessAssessmentReport.pdf. Consultado el 24/7/21.

14. Doris J. James y Lauren E. Glaze. «Mental Health Problems of Prison and Jail Inmates». Oficina de Estadísticas de Justicia, Departamento de Justicia de Estados Unidos (septiembre 2006). https://bjs.ojp.gov/library/publications/mental-health-problems-prison-and-jail-inmates. consultado el 24/7/21.

15. Instituto Nacional de Salud Mental de Estados Unidos. «Major Depression». Instituto Nacional de Salud Mental, Departamento de Salud y Servicios Humanos de Estados Unidos. https://www.nimh.nih.gov/health/statistics/major-depression#:~:text=all%20U.S.%20adults.-,Treatment%20of%20Major%20Depressive%20Episode%20Among%20Adults,treatment%20in%20the%20past%20year. Consultado el 18/2/2022.

16. L. L. Judd, H. S. Akiskal, J. D. Maser, *et al.* «A Prospective 12-Year Study of Subsyndromal and Syndromal Depressive Symptoms in Unipolar

Major Depressive Disorders». *Arch Gen Psychiatry.* 55(8) (1998): 694-700. doi: 10.1001/archpsyc.55.8.694.

17. Sidney Zisook, Gary R. Johnson, Ilanit Tal, Paul Hicks, Peijun Chen, Lori Davis, Michael Thase, Yinjun Zhao, Julia Vertrees y Somaia Mohamed. «General Predictors and Moderators of Depression Remission: A VAST-D Report». *Am. J Psychiatry* 176(5) (1 de mayo de 2019): 348-357. doi: 10.1176/appi.ajp.2018.18091079.

18. Diego Novick, Josep María Haro, David Suárez, Eduard Vieta y Dieter Naber. «Recovery in the OutpatientSetting: 36-Month Results from the Schizophrenia Outpatients Health Outcomes (SOHO) Study». *Schizophr Res* 108(1) (2009): 223-230. doi: 10.1016/j.schres.2008.11.007.

19. Adam Rogers. «Star Neuroscientist Tom Insel Leaves the Google-Spawned Verily for ... a Startup?». *Wired.* 11 de mayo de 2017. https://www.wired.com/2017/05/star-neuroscientist-tom-insel-leaves-google-spawned-verily-startup/#:~:text=%E2%80%9CI%20spent%2013%20years%20at,we%20moved%20the%20needle%20in.

Capítulo 2

1. G. L. Engel. «The Need for a New Medical Model: A Challenge for Biomedicine». *Science* 196(4286) (1977): 129-136. doi: 10.1126/science.847460.

2. M. B. Howren, D. M. Lamkin y J. Suls. «Associations of Depression with C-Reactive Protein, IL-1, and IL-6: A Meta-Analysis». *Psychosom Med.* 71(2) (febrero 2009): 171-186. doi: 10.1097/PSY.0b013e3181907c1b.

3. E. Setiawan, S. Attwells, A. A. Wilson, R. Mizrahi, P. M. Rusjan, L. Miler, C. Xu, S. Sharma, S. Kish, S. Houle y J. H. Meyer. «Association of Translocator Protein Total Distribution Volume with Duration of Untreated Major Depressive Disorder: A Cross-Sectional Study». *Lancet Psychiatry* 5(4) (abril 2018): 339-347. doi: 10.1016/S2215-0366(18)30048-8.

4. C. Zhuo, G. Li, X. Lin, *et al.* «The Rise and Fall of MRI Studies in Major Depressive Disorder». *Transl Psychiatry* 9(335) (2019). doi.org/10.1038/s41398-019-0680-6.

5. A. L. Komaroff. «The Microbiome and Risk for Obesity and Diabetes». JAMA 317(4) (2017): 355-356. doi: 10.1001/jama.2016.20099; K. E. Bouter, D. H. van Raalte, A. K. Groen, *et al.* «Role of the Gut Microbiome in the Pathogenesis of Obesity and Obesity-Related Metabolic Dysfunction». Gastroenterology 152(7) (mayo 2017): 1671-1678. doi: 10.1053/j.

gastro.2016.12.048; E. A. Mayer, K. Tillisch y A. Gupta. «Gut/Brain Axis and the Microbiota». J Clin Invest 125(3) (2015): 926-938. doi: 10.1172/JCI76304.

6. J. A. Foster y K. A. McVey Neufeld. «Gut-Brain Axis: How the Microbiome Influences Anxiety and Depression». Trends Neurosci 36(5) (mayo 2013): 305-312. doi: 10.1016/j.tins.2013.01.005.

Capítulo 3

1. Asociación Psiquiátrica Estadounidense. *Diagnostic and Statistical Manual of Mental Disorders: DSM-IV-TR*. 4.ª ed. Arlington, VA: American Psychiatric Association, 2000: 356.

2. E. Corruble, B. Falissard y P. Gorwood. «Is DSM-IV Bereavement Exclusion for Major Depression Relevant to Treatment Response? A Case-Control, Prospective Study». J Clin Psychiatry 72(7) (julio 2011): 898-902. doi: 10.4088/JCP.09m05681blu.

3. Alan F. Schatzberg. «Scientific Issues Relevant to Improving the Diagnosis, Risk Assessment, and Treatment of Major Depression». *Am J Psychiatry* 176(5) (2019): 342-47. doi: 10.1176/appi.ajp.2019.19030273.

4. M. K. Jha, A. Minhajuddin, C. South, A. J. Rush y M. H. Trivedi. «Irritability and Its Clinical Utility in Major Depressive Disorder: Prediction of Individual-Level Acute-Phase Outcomes Using Early Changes in Irritability and Depression Severity». *Am J Psychiatry* 176(5) (1 de mayo de 2019): 358-366. doi: 10.1176/appi. ajp.2018.18030355. Epub Mar 29, 2019. PMID: 30922100.

5. Maurice M. Ohayon y Alan F. Schatzberg. «Chronic Pain and Major Depressive Disorder in the General Population». *J Psychiatr Res* 44(7) (2010): 454-61. doi: 10.1016/j.jpsychires.2009.10.013.

6. R. C. Kessler, W. T. Chiu, O. Demler y E. E. Walters. «Prevalence, Severity and Comorbidity of 12-Month DSM-IV Disorders in the National Comorbidity Survey Replication». *Arch Gen Psychiatry* 62(6) (2005): 617-627. doi: 10.1001/archpsyc.62.6.617.

7. R. C. Kessler, P. Berglund, O. Demler *et al.* «The Epidemiology of Major Depressive Disorder: Results from the National Comorbidity Survey Replication (NCS-R)». *JAMA* 289 (2003): 3095-3105. doi: 10.1001/jama.289.23.3095; B. W. Penninx, D. S. Pine, E. A. Holmes y A. Reif. «Anxiety Disorders». *Lancet* 397(10277) (2021): 914-927.

8. M. Olfson, S. C. Marcus y J. G. Wan. «Treatment Patterns for Schizoaffective Disorder and Schizophrenia Among Medicaid Patients». *Psychiatr Serv* 60 (2009): 210-216. doi: 10.1176/ps.2009.60.2.210.

9. Seth Himelhoch, Eric Slade, Julie Kreyenbuhl, Deborah Medoff, Clayton Brown y Lisa Dixon. «Antidepressant Prescribing Patterns Among VA Patients with Schizophrenia». *Schizophr Res* 136(1) (2012): 32-35. doi: 10.1016/j.schres.2012.01.008.

10. P. D. Harvey, R. K. Heaton, W. T. Carpenter Jr., M. F. Green, J. M. Gold y M. Schoenbaum. «Functional Impairment in People with Schizophrenia: Focus on Employability and Eligibility for Disability Compensation». *Schizophr Res* 140(1-3) (2012): 1-8. doi: 10.1016/j.schres.2012.03.025.

11. L. L. Judd, H. S. Akiskal, P. J. Schettler *et al.* «The Long-Term Natural History of the Weekly Symptomatic Status of Bipolar I Disorder». *Arch Gen Psychiatry* 59(6) (junio de 2002): 530-537. doi: 10.1001/archpsyc.59.6.530.

12. «Biomarkers Outperform Symptoms in Parsing Psychosis Subgroups». Institutos Nacionales de Salud de Estados Unidos. 8 de diciembre de 2015. https://www.nih.gov/news-events/news-releases/biomarkers-outperform-symptoms-parsing-psychosis-subgroups.

13. Maurice M. Ohayon y Alan F. Schatzberg. «Prevalence of Depressive Episodes with Psychotic Features in the General Population». *Am J Psychiatry* 159(11) (2002): 1855-1861. doi: 10.1176/appi.ajp.159.11.1855.

14. B. Bandelow y S. Michaelis. «Epidemiology of Anxiety Disorders in the 21st Century». *Dialogues Clin Neurosci* 17(3) (2015): 327-335. doi: 10.31887/DCNS.2015.17.3/bbandelow.

15. O. Plana-Ripoll, C. B. Pedersen, Y. Holtz *et al.* «Exploring Comorbidity Within Mental Disorders Among a Danish National Population». *JAMA Psychiatry* 76(3) (2019): 259-270. doi: 10.1001/jamapsychiatry.2018.3658.

16. R. C. Kessler, W. T. Chiu, O. Demler y E. E. Walters. «Prevalence, Severity, and Comorbidity of 12-Month DSM-IV Disorders in the National Comorbidity Survey Replication». Arch Gen Psychiatry 62(6) (2005): 617-627. doi: 10.1001/archpsyc.62.6.617.

17. M. C. Lai, C. Kassee, R. Besney, S. Bonato, L. Hull, W. Mandy, P. Szatmari y S. H. Ameis. «Prevalence of Co-occurring Mental Health Diagnoses in the Autism Population: A Systematic Review and Meta-Analysis». *Lancet Psychiatry* 6(10) (octubre 2019): 819-829. doi: 10.1016/S2215-0366(19)30289-5.

18. O. Plana-Ripoll, C. B. Pedersen, Y. Holtz *et al.* «Exploring Comorbidity Within Mental Disorders Among a Danish National Population». *JAMA Psychiatry* 76(3) (2019): 259-270. doi: 10.1001/jamapsychiatry.2018.3658.

19. Instituto Nacional de Salud Mental de Estados Unidos. «Eating Disorders». Instituto Nacional de Salud Mental, Departamento de Salud y Servicios Humanos de Estados Unidos. https://www.nimh.nih.gov/health/statistics/eating-disorders.shtml. Consultado el 24/7/21.

20. K. R. Merikangas, J. P. He, M. Burstein, S. A. Swanson, S. Avenevoli, L. Cui, C. Benjet, K. Georgiades y J. Swendsen. «Lifetime Prevalence of Mental Disorders in U.S. Adolescents: Results from the National Comorbidity Survey Replication—Adolescent Supplement (NCS-A)». *J Am Acad Child Adolesc Psychiatry* 49(10) (octubre 2010): 980-989. http://www.ncbi.nlm.nih.gov/pubmed/20855043/.

21. O. Plana-Ripoll, C. B. Pedersen e Y. Holtz, *et al.* «Exploring Comorbidity Within Mental Disorders Among a Danish National Population». *JAMA Psychiatry* 76(3) (2019): 259-270. doi: 10.1001/jamapsychiatry.2018.3658.

22. B. B. Lahey, B. Applegate, J. K. Hakes, D. H. Zald, A. R. Hariri y P. J. Rathouz. «Is There a General Factor of Prevalent Psychopathology During Adulthood?». *J Abnorm Psychol* 121(4) (2012): 971-977. doi: 10.1037/a0028355.

23. Avshalom Caspi y Terrie E. Moffitt. «All for One and One for All: Mental Disorders in One Dimension». *Am J Psychiatry* 175(9) (2018): 831-44. doi: 10.1176/appi.ajp.2018.17121383.

24. E. Pettersson, H. Larsson y P. Lichtenstein. «Common Psychiatric Disorders Share the Same Genetic Origin: A Multivariate Sibling Study of the Swedish Population». *Mol Psychiatry* 21 (2016): 717-721. doi: 10.1038/mp.2015.116.

25. A. Caspi, R. M. Houts, A. Ambler *et al.* «Longitudinal Assessment of Mental Health Disorders and Comorbidities Across 4 Decades Among Participants in the Dunedin Birth Cohort Study». *JAMA Netw Open* 3(4) (2020): e203221. doi: 10.1001/jamanetworkopen.2020.3221.

Capítulo 4

1. A. P. Rajkumar, H. T. Horsdal, T. Wimberley *et al.* «Endogenous and Antipsychotic-Related Risks for Diabetes Mellitus in Young People with Schizophrenia: A Danish Population-Based Cohort Study». *Am J Psychiatry* 174 (2017): 686-694. doi: 10.1176/appi.ajp.2016.16040442.

2. B. Mezuk, W. W. Eaton, S. Albrecht y S. H. Golden. «Depression and Type 2 Diabetes over the Lifespan: A Meta-Analysis». *Diabetes Care* 31 (2008): 2383-2390. doi: 10.2337/dc08-0985.

3. K. Semenkovich, M. E. Brown, D. M. Svrakic *et al.* «Depression and Diabetes». *Drugs* 75(6) (2015): 577. doi: 10.1007/s40265-015-0347-4.

4. M. E. Robinson, M. Simard, I. Larocque, J. Shah, M. Nakhla y E. Rahme. «Risk of Psychiatric Disorders and Suicide Attempts in Emerging Adults with Diabetes». *Diabetes Care* 43(2) (2020): 484-486. doi: 10.2337/dc19-1487.

5. Martin Strassnig, Roman Kotov, Danielle Cornaccio, Laura Fochtmann, Philip D. Harvey y Evelyn J. Bromet. «Twenty-Year Progression of Body Mass Index in a County-Wide Cohort of People with Schizophrenia and Bipolar Disorder Identified at Their First Episode of Psychosis». *Bipolar Disord* 19(5) (2017): 336-343. doi: 10.1111/bdi.12505.

6. L. Mische Lawson y L. Foster. «Sensory Patterns, Obesity, and Physical Activity Participation of Children with Autism Spectrum Disorder». *Am J Occup Ther* 70(5) (2016): 7005180070pl-7005180070p8. doi: 10.5014/ajot.2016.021535.

7. M. Afzal, N. Siddiqi, B. Ahmad, N. Afsheen, F. Aslam, A. Ali, R. Ayesha, M. Bryant, R. Holt, H. Khalid, K. Ishaq, K. N. Koly, S. Rajan, J. Saba, N. Tirbhowan y G. A. Zavala. «Prevalence of Overweight and Obesity in People with Severe Mental Illness: Systematic Review and Meta-Analysis». *Front Endocrinol* (Lausanne) 12 (2021): 769309. doi: 10.3389/fendo.2021.769309.

8. M. Shaw, P. Hodgkins, H. Caci, S. Young, J. Kahle, A. G. Woods y L. E. Arnold. «A Systematic Review and Analysis of Long-Term Outcomes in Attention Deficit Hyperactivity Disorder: Effects of Treatment and Non-Treatment». *BMC Med* 10 (2012): 99. doi: 10.1186/1741-7015-10-99.

9. B. I. Perry, J. Stochl, R. Upthegrove *et al.* «Longitudinal Trends in Childhood Insulin Levels and Body Mass Index and Associations with Risks of Psychosis and Depression in Young Adults». *JAMA Psychiatry*. Publicado en línea el 13 de enero de 2021. doi: 10.1001/jamapsychiatry.2020.4180.

10. V. C. Chen, Y. C. Liu, S. H. Chao *et al.* «Brain Structural Networks and Connectomes: The Brain-Obesity Interface and its Impact on Mental Health». *Neuropsychiatr Dis Treat* 14 (26 de noviembre de 2018): 3199-3208. doi:10.2147/NDT.S180569; K. Thomas, F. Beyer, G. Lewe *et al.* «Higher Body Mass Index Is Linked to Altered Hypothalamic Microstructure». *Sci Rep* 9(1) (2019): 17373. doi: 10.1038/s41598-019-53578-4.

11. M. Astrom, R. Adolfsson y K. Asplund. «Major Depression in Stroke Patients: A 3-year Longitudinal Study». *Stroke* 24(7) (1993): 976-982. doi: 10.1161/01.STR.24.7.976.

12. Heather S. Lett, James A. Blumenthal, Michael A. Babyak, Andrew Sherwood, Timothy Strauman, Clive Robins y Mark F. Newman. «Depression as a Risk Factor for Coronary Artery Disease: Evidence, Mechanisms,

and Treatment». *Psychosom Med* 66(3) (2004): 305-15. doi: 10.1097/01.psy.0000126207.43307.c0.

13. Z. Fan, Y. Wu, J. Shen, T. Ji y R. Zhan. «Schizophrenia and the Risk of Cardiovascular Diseases: A Meta-Analysis of Thirteen Cohort Studies». *J Psychiatr Res* 47(11) (2013): 1549-1556. doi: 10.1016/j.jpsychires.2013.07.011.

14. Lindsey Rosman, Jason J. Sico, Rachel Lampert, Allison E. Gaffey, Christine M. Ramsey, James Dziura, Philip W. Chui *et al.* «Post-traumatic Stress Disorder and Risk for Stroke in Young and Middle-Aged Adults». *Stroke* 50(11) (2019): STROKEAHA.119.026854. doi: 10.1161/STROKEAHA.119.026854.

15. C. W. Colton y R. W. Manderscheid. «Congruencies in Increased Mortality Rates, Years of Potential Life Lost, and Causes of Death Among Public Mental Health Clients in Eight States». *Prev Chronic Dis* [serial online] (abril 2006 [*fecha citada*]). Disponible en: http://www.cdc.gov/pcd/issues/2006/apr/05_0180.htm.

16. Oleguer Plana-Ripoll *et al.* «A Comprehensive Analysis of Mortality-related Health Metrics Associated With Mental Disorders: A Nationwide, Register-based Cohort Study». *Lancet* 394(10211) (2019): 1827-1835. doi: 10.1016/S0140-6736(19)32316-5.

17. S. E. Bojesen. «Telomeres and Human Health». *J Intern Med* 274(5) (2013): 399-413. doi: 10.1111/joim.12083.

18. Asociación del Alzhéimer. «2022 Alzheimer's Disease Facts and Figures». *Alzheimers Dement* 18(4) (2022): 700-789. doi: 10.1002/alz.12638.

19. R. L. Ownby, E. Crocco, A. Acevedo, V. John y D. Loewenstein. «Depression and Risk for Alzheimer Disease: Systematic Review, Meta-Analysis, and Meta-Regression Analysis». *Arch Gen Psychiatry* 63(5) (2006): 530-538. doi: 10.1001/archpsyc.63.5.530.

20. T. S. Stroup, M. Olfson, C. Huang *et al.* «Age-Specific Prevalence and Incidence of Dementia Diagnoses Among Older US Adults with Schizophrenia». *JAMA Psychiatry* 78(6) (2021): 632-641. doi: 10.1001/jamapsychiatry.2021.0042.

21. M. Steinberg, H. Shao, P. Zandi *et al.* «Point and 5-Year Period Prevalence of Neuropsychiatric Symptoms in Dementia: The Cache County Study». *Int J Geriatr Psychiatry* 23(2) (2008): 170-177. doi: 10.1002/gps.1858.

22. P. S. Murray, S. Kumar, M. A. Demichele-Sweet, R. A. Sweet. «Psychosis in Alzheimer's Disease». *Biol Psychiatry* 75(7) (2014): 542-552. doi: 10.1016/j.biopsych.2013.08.020.

23. Colin Reilly, Patricia Atkinson, Krishna B. Das, Richard F. M. C. Chin, Sarah E. Aylett, Victoria Burch, Christopher Gillberg, Rod C. Scott y

Brian G. R. Neville. «Neurobehavioral Comorbidities in Children with Active Epilepsy: A Population-Based Study». *Pediatrics* 133(6) (2014): e1586. doi: 10.1542/peds.2013-3787.

24. A. M. Kanner. «Anxiety Disorders in Epilepsy: The Forgotten Psychiatric Comorbidity». *Epilepsy Curr* 11(3) (2011): 90-91. doi: 10.5698/1535-7511-11.3.90.

25. M. F. Méndez, J. L. Cummings y D. F. Benson. «Depression in Epilepsy: Significance and Phenomenology». *Arch Neurol* 43(8) (1986): 766-770. doi: 10.1001/archneur.1986.00520080014012.

26. C. E. Elger, S. A. Johnston y C. Hoppe. «Diagnosing and Treating Depression in Epilepsy». *Seizure* 44(1) (2017): 184-193. doi: 10.1016/j.seizure.2016.10.018.

27. Alan B. Ettinger, Michael L. Reed, Joseph F. Goldberg y Robert M. A. Hirschfeld. «Prevalence of Bipolar Symptoms in Epilepsy vs. Other Chronic Health Disorders». *Neurology* 65(4) (2005): 535. doi: 10.1212/01.wnl.0000172917.70752.05; Mario F. Méndez, Rosario Grau, Robert C. Doss y Jody L. Taylor. «Schizophrenia in Epilepsy: Seizure and Psychosis Variables». *Neurology* 43(6) (1993): 1073-7. doi:10.1212/wnl.43.6.1073.

28. S. S. Jeste y R. Tuchman. «Autism Spectrum Disorder and Epilepsy: Two Sides of the Same Coin?». *J Child Neurol* 30(14) (2015): 1963-1971. doi: 10.1177/0883073815601501.

29. E. H. Lee, Y. S. Choi, H. S. Yoon y G. H. Bahn. «Clinical Impact of Epileptiform Discharge in Children with Attention-Deficit/Hyperactivity Disorder (ADHD)». *J Child Neurol* 31(5) (2016): 584-588. doi:10.1177/0883073815604223.

30. D. C. Hesdorffer, P. Ludvigsson, E. Olafsson, G. Gudmundsson, O. Kjartansson y W. A. Hauser. «ADHD as a Risk Factor for Incident Unprovoked Seizures and Epilepsy in Children». *Arch Gen Psychiatry* 61(7) (2004): 731-736. doi: 10.1001/archpsyc.61.7.731.

31. D. C. Hesdorffer, W. A. Hauser y J. F. Annegers. «Major Depression Is a Risk Factor for Seizures in Older Adults». *Ann Neurol* 47(2) (2001): 246-249. doi: 10.1002/1531-8249(200002)47:2%3C246::AID-ANA17%3E3.0.CO;2-E.

32. G. E. Dafoulas, K. A. Toulis, D. Mccorry *et al.* «Type 1 Diabetes Mellitus and Risk of Incident Epilepsy: A Population-Based, Open-Cohort Stud». *Diabetologia* 60(2) (2017): 258-261. doi: 10.1007/s00125-016-4142-x.

33. I. C. Chou, C. H. Wang, W. D. Lin, F. J. Tsai, C. C. Lin y C. H. Kao. «Risk of Epilepsy in Type 1 Diabetes Mellitus: A Population-Based Cohort Study». *Diabetologia* 59 (2016): 1196-1203. doi: 10.1007/s00125-016-3929-0.

34. M. Baviera, M. C. Roncaglioni, M. Tettamanti *et al.* «Diabetes Mellitus: A Risk Factor for Seizures in the Elderly—A Population-Based Study». *Acta Diabetol* 54 (2017): 863. doi: 10.1007/s00592-017-1011-0.

35. S. Gao, J. Juhaeri y W. S. Dai. «The Incidence Rate of Seizures in Relation to BMI in UK Adults». *Obesity* 16 (2008): 2126-2132. doi: 10.1038/oby.2008.310.

36. N. Razaz, K. Tedroff, E. Villamor y S. Cnattingius. «Maternal Body Mass Index in Early Pregnancy and Risk of Epilepsy in Offspring». *JAMA Neurol* 74(6) (2017): 668-676. doi: 10.1001/jamaneurol.2016.6130.

Capítulo 5

1. Albert Einstein y Leopold Infeld. *La evolución de la física* (Barcelona: Biblioteca Científica Salvat, 1995).

2. F. A. Azevedo, L. R. Carvalho, L. T. Grinberg, J. M. Farfel, R. E. Ferretti, R. E. Leite, W. J. Filho, R. Lent y S. Herculano-Houzel. «Equal Numbers of Neuronal and Nonneuronal Cells Make the Human Brain an Isometrically Scaled-Up Primate Brain». *J Comp Neurol* 513 (2009): 532-541. doi: 10.1002/cne.21974.

Capítulo 6

1. J. D. Gray, T. G. Rubin, R. G. Hunter y B. S. McEwen. «Hippocampal Gene Expression Changes Underlying Stress Sensitization and Recovery». *Mol Psychiatry* 19(11) (2014): 1171-1178. doi: 10.1038/mp.2013.175.

2. K. Hughes, M. A. Bellis, K. A. Hardcastle, D. Sethi, A. Butchart, C. Mikton, L. Jones y M. P. Dunne. «The Effect of Multiple Adverse Childhood Experiences on Health: A Systematic Review and Meta-Analysis». *Lancet Public Health* 2(8) (agosto 2017): e356-e366. doi: 10.1016/S2468-2667(17)30118-4.

3. D. W. Brown, R. F. Anda, H. Tiemeier, V. J. Felitti, V. J. Edwards, J. B. Croft y W. H. Giles. «Adverse Childhood Experiences and the Risk of Premature Mortality». *Am J Prev Med* 37(5) (2009): 389-396. doi: 10.1016/j.amepre.2009.06.021.

4. M. Sato, E. Ueda, A. Konno, H. Hirai H, Y. Kurauchi, A. Hisatsune, H. Katsuki y T. Seki. «Glucocorticoids Negatively Regulates Chaperone

Mediated Autophagy and Microautophagy». *Biochem Biophys Res Commun* 528(1) (12 de julio de 2020): 199-205. doi: 10.1016/j.bbrc.2020.04.132.

5. N. Mizushima y B. Levine. «Autophagy in Human Diseases». *N Engl J Med* 383(16) (15 de octubre de 2020): 1564-1576. doi: 10.1056/NEJMra2022774; Tamara Bar-Yosef, Odeya Damri y Galila Agam. «Dual Role of Autophagy in Diseases of the Central Nervous System». *Front Cellular Neurosci* 13 (2019): 196. doi: 10.3389/fncel.2019.00196.

6. Daniel J. Klionsky, Giulia Petroni, Ravi K. Amaravadi, Eric H. Baehrecke, Andrea Ballabio, Patricia Boya, José Manuel Bravo-San Pedro *et al.* «Autophagy in Major Human Diseases». *The EMBO Journal* 40(19) (2021): e108863. doi: 10.15252/embj.2021108863.

7. J. R. Buchan y R. Parker. «Eukaryotic Stress Granules: The Ins and Outs of Translation». *Mol Cell* 36(6) (2009): 932-941. doi: 10.1016/j.molcel.2009.11.020.

8. J. M. Silva, S. Rodrígues, B. Sampaio-Marques *et al.* «Dysregulation of Autophagy and Stress Granule-Related Proteins in Stress-Driven Tau Pathology». *Cell Death Differ* 26 (2019): 1411-1427. doi: 10.1038/s41418-018-0217-1.

9. E. S. Epel, E. H. Blackburn, J. Lin, F. S. Dhabhar, N. E. Adler, J. D. Morrow y R. M. Cawthon. «Accelerated Telomere Shortening in Response to Life Stress». *Proc Natl Acad Sci USA* 101(49) (2004): 17312-17315. doi: 10.1073/pnas.0407162101.

10. B. L. Miller. «Science Denial and COVID Conspiracy Theories: Potential Neurological Mechanisms and Possible Responses». *JAMA* 324(22) (2020): 2255-2256. doi: 10.1001/jama.2020.21332.

11. K. Maijer, M. Hayward, C. Fernyhough *et al.* «Hallucinations in Children and Adolescents: An Updated Review and Practical Recommendations for Clinicians». *Schizophr Bull* 45(45 Supl. 1) (2019): S5-S23. doi: 10.1093/schbul/sby119.

12. M. Ohayon, R. Priest, M. Caulet y C. Guilleminault. «Hypnagogic and Hypnopompic Hallucinations: Pathological Phenomena?». *British Journal of Psychiatry* 169(4) (1996): 459-467. doi: 10.1192/bjp.169.4.459.

13. C. Zhuo, G. Li, X. Lin *et al.* «The Rise and Fall of MRI Studies in Major Depressive Disorder». *Transl Psychiatry* 9(1) (2019): 335. doi: 10.1038/s41398-019-0680-6.

14. B. O. Rothbaum, E. B. Foa, D. S. Riggs, T. Murdock y W. Walsh. «A Prospective Examination of Post-Traumatic Stress Disorder in Rape Victims». *J. Trauma Stress* 5 (1992): 455-475. doi: 10.1002/jts.2490050309.

Capítulo 7

1. Nick Lane. *Power, Sex, Suicide: Mitochondria and the Meaning of Life* (Oxford: Oxford University Press, 2005).

2. Siv G. E. Andersson, Alireza Zomorodipour, Jan O. Andersson, Thomas Sicheritz-Ponten, U. Cecilia M. Alsmark, Raf M. Podowski, A. Kristina Naslund, Ann-Sofie Eriksson, Herbert H. Winkler y Charles G. Kurland. «The Genome Sequence of Rickettsia Prowazekii and the Origin of Mitochondria». *Nature* 396(6707) (1998): 133-40. doi: 10.1038/24094.

3. Lane. *Power, Sex, Suicide.*

4. Lane. *Power, Sex, Suicide.*

5. X. H. Zhu, H. Qiao, F. Du *et al.* «Quantitative Imaging of Energy Expenditure in Human Brain». *Neuroimage* 60(4) (2012): 2107-2117. doi: 10.1016/j.neuroimage.2012.02.013.

6. R. L. Frederick y J. M. Shaw. «Moving Mitochondria: Establishing Distribution of an Essential Organelle». *Traffic* 8(12) (2007): 1668-1675. doi: 10.1111/j.1600-0854.2007.00644.x.

7. D. Safiulina y A. Kaasik. «Energetic and Dynamic: How Mitochondria Meet Neuronal Energy Demands». *PLoS Biol* 11(12) (2013): e1001755. doi: 10.1371/journal.pbio.1001755.

8. R. L. Frederick y J. M. Shaw. «Moving Mitochondria: Establishing Distribution of an Essential Organelle». *Traffic* 8(12) (2007): 1668-1675. doi: 10.1111/j.1600-0854.2007.00644.x.

9. R. Rizzuto, P. Bernardi y T. Pozzan. «Mitochondria as All-Round Players of the Calcium Game». *J Physiol* 529 Pt 1(Pt 1) (2000): 37-47. doi: 10.1111/j.1469-7793.2000.00037.x.

10. Z. Gong, E. Tas y R. Muzumdar. «Humanin and Age-Related Diseases: A New Link?». *Front Endocrinol* (Lausanne) 5 (2014): 210. doi: 10.3389/fendo.2014.00210.

11. S. Kim, J. Xiao, J. Wan, P. Cohen y K. Yen. «Mitochondrially Derived Peptides as Novel Regulators ofMetabolism». *J Physiol* 595 (2017): 6613-6621. doi: 10.1113/JP274472.

12. L. Guo, J. Tian y H. Du. «Mitochondrial Dysfunction and Synaptic Transmission Failure in Alzheimer's Disease». *J Alzheimers Dis* 57(4) (2017): 1071-1086. doi: 10.3233/JAD-160702.

13. Sergej L. Mironov y Natalya Symonchuk. «ER Vesicles and Mitochondria Move and Communicate at Synapses». *Journal of Cell Science* 119(23) (2006): 4926. doi: 10.1242/jcs.03254.

14. Sanford L. Palay. «Synapses in the Central Nervous System». *J Biophys and Biochem Cytol* 2(4) (1956): 193. doi: 10.1083/jcb.2.4.193.

15. Alexandros K. Kanellopoulos, Vittoria Mariano, Marco Spinazzi, Young Jae Woo, Colin McLean, Ulrike Pech, Ka Wan Li *et al.* «Aralar Sequesters GABA into Hyperactive Mitochondria, Causing Social Behavior Deficits». *Cell* 180(6) (2020): 1178-1197.e20. doi: 10.1016/j.cell.2020.02.044.

16. A. West, G. Shadel y S. Ghosh. «Mitochondria in Innate Immune Responses». *Nat Rev Immunol* 11(6) (2011): 389-402. doi: 10.1038/nri2975.

17. A. Meyer, G. Laverny, L. Bernardi *et al.* «Mitochondria: An Organelle of Bacterial Origin Controlling Inflammation». *Front Immunol* 9 (2018): 536. doi: 10.3389/fimmu.2018.00536.

18. Sebastian Willenborg, David E. Sanin, Alexander Jais, Xiaolei Ding, Thomas Ulas, Julian Nuchel, Milica Popović *et al.* «Mitochondrial Metabolism Coordinates Stage-Specific Repair Processes in Macrophages During Wound Healing». *Cell Metab* 33(12) (2021): 2398-2414. doi: 10.1016/j.cmet.2021.10.004.

19. L. Galluzzi, T. Yamazaki y G. Kroemer. «Linking Cellular Stress Responses to Systemic homeostasis». *Nat Rev Mol Cell Biol* 19(11) (2018): 731-745. doi: 10.1038/s41580-018-0068-0.

20. M. Picard, M. J. McManus, J. D. Gray *et al.* «Mitochondrial Functions Modulate Neuroendocrine, Metabolic, Inflammatory, and Transcriptional Responses to Acute Psychological Stress». *Proc Natl Acad Sci USA* 112(48) (2015): E6614-E6623. doi: 10.1073/pnas.1515733112.

21. M. P. Murphy. «How Mitochondria Produce Reactive Oxygen Species». *Biochem J* 417(1) (2009): 1-13. doi: 10.1042/BJ20081386.

22. Edward T. Chouchani, Lawrence Kazak, Mark P. Jedrychowski, Gina Z. Lu, Brian K. Erickson, John Szpyt, Kerry A. Pierce *et al.* «Mitochondrial ROS Regulate Thermogenic Energy Expenditure and Sulfenylation of UCP1». *Nature* 532(7597) (2016): 112. doi: 10.1038/nature17399.

23. S. Reuter, S. C. Gupta, M. M. Chaturvedi y B. B. Aggarwal. «Oxidative Stress, Inflammation, and Cancer: How Are They Linked?». *Free Radic Biol Med* 49(11) (2010): 1603-1616. doi: 10.1016/j. freeradbiomed.2010.09.006.

24. A. Y. Andreyev, Y. E. Kushnareva y A. A. Starkov. «Mitochondrial Metabolism of Reactive Oxygen Species». *Biochemistry* (Mosc.) 70(2) (2005): 200-214. doi: 10.1007/s10541-005-0102-7.

25. M. Schneeberger, M. O. Dietrich, D. Sebastian *et al.* «Mitofusin 2 in POMC Neurons Connects ER Stress with Leptin Resistance and Energy Imbalance». *Cell* 155(1) (2013): 172-187. doi: 10.1016/j.cell.2013.09.003; M. O. Dietrich, Z. W. Liu y T. L. Horvath. «Mitochondrial Dynamics Con-

trolled by Mitofusins Regulate Agrp Neuronal Activity and Diet-Induced Obesity». *Cell* 155(1) (2013): 188-199. doi: 10.1016/j.cell.2013.09.004.

26. Petras P. Dzeja, Ryan Bortolon, Carmen Pérez-Terzic, Ekshon L. Holmuhamedov y Andre Terzic. «Energetic Communication Between Mitochondria and Nucleus Directed by Catalyzed Phosphotransfer». *Proc Natl Acad Sci USA* 99(15) (2002): 10156. doi: 10.1073/pnas.152259999.

27. E.A. Schroeder, N. Raimundo y G. S. Shadel. «Epigenetic Silencing Mediates Mitochondria Stress-Induced Longevity». *Cell Metab* 17(6) (2013): 954-964. doi: 10.1016/j.cmet.2013.04.003.

28. M. D. Cardamone, B. Tanasa, C. T. Cederquist *et al.* «Mitochondrial Retrograde Signaling in Mammals Is Mediated by the Transcriptional Cofactor GPS2 via Direct Mitochondria-to-Nucleus Translocation». *Mol Cell* 69(5) (2018): 757-772.e7. doi: 10.1016/j.molcel.2018.01.037.

29. K. H. Kim, J. M. Son, B. A. Benayoun y C. Lee. «The Mitochondrial-Encoded Peptide MOTS-c Translocates to the Nucleus to Regulate Nuclear Gene Expression in Response to Metabolic Stress». *Cell Metab* 28(3) (2018): 516-524.e7. doi: 10.1016/j.cmet.2018.06.008.

30. M. Picard, J. Zhang, S. Hancock *et al.* «Progressive Increase in mtDNA 3243A>G Heteroplasmy Causes Abrupt Transcriptional Reprogramming». *Proc Natl Acad Sci USA* 111(38) (2014): E4033-E4042. doi: 10.1073/pnas.1414028111.

31. A. Kasahara y L. Scorrano. «Mitochondria: From Cell Death Executioners to Regulators of Cell Differentiation». *Trends Cell Biol* 24(12) (2014): 761-770. doi: 10.1016/j.tcb.2014.08.005.

32. A. Kasahara, S. Cipolat, Y. Chen, G. W. Dorn y L. Scorrano. «Mitochondrial Fusion Directs Cardiomyocyte Differentiation via Calcineurin and Notch Signaling». *Science* 342(6159) (2013): 734-737. doi: 10.1126/science.1241359.

33. Nikolaos Charmpilas y Nektarios Tavernarakis. «Mitochondrial Maturation Drives Germline Stem Cell Differentiation in Caenorhabditis elegans». *Cell Death Differ* 27(2) (2019). doi: 10.1038/s41418-019-0375-9.

34. Ryohei Iwata y Pierre Vanderhaeghen. «Regulatory Roles of Mitochondria and Metabolism in Neurogenesis». *Curr Opin Neurobiol* 69 (2021): 231-240. doi: 10.1016/j.conb.2021.05.003.

35. A. S. Rambold y J. Lippincott-Schwartz. «Mechanisms of Mitochondria and Autophagy Crosstalk». *Cell Cycle* 10(23) (2011): 4032-4038. doi: 10.4161/cc.10.23.18384.

36. Lane. *Power, Sex, Suicide.*

37. Jerry Edward Chipuk, Jarvier N. Mohammed, Jesse D. Gelles y Yiyang Chen. «Mechanistic Connections Between Mitochondrial Biology and Regulated Cell Death». *Dev Cell* 56(9) (2021). doi: 10.1016/j.devcel.2021.03.033.

38. Lane. *Power, Sex, Suicide*.

Capítulo 8

1. O. Lingjaerde. «Lactate-Induced Panic Attacks: Possible Involvement of Serotonin Reuptake Stimulation». *Acta Psychiatr Scand* 72(2) (985): 206-208. doi: 10.1111/j.1600-0447.1985.tb02596.x. PMID: 4050513.

2. M. B. First, W. C. Drevets, C. Carter *et al.* «Clinical Applications of Neuroimaging in Psychiatric Disorders». *Am J Psychiatry* 175(9) (2018): 915-916. doi: 10.1176/appi.ajp.2018.1750701.

3. D. C. Wallace. «A Mitochondrial Etiology of Neuropsychiatric Disorders». *JAMA Psychiatry* 74(9) (2017): 863-864. doi: 10.1001/jamapsychiatry.2017.0397.

4. T. Kozicz, A. Schene y E. Morava. «Mitochondrial Etiology of Psychiatric Disorders: Is This the Full Story?». *JAMA Psychiatry* 75(5) (2018): 527. doi: 10.1001/jamapsychiatry.2018.0018.

5. M. D. Brand y D. G. Nicholls. «Assessing Mitochondrial Dysfunction in Cells» [la corrección publicada aparece en *Biochem J* 437(3) (1 de agosto de 2011): 575]. *Biochem J* 435(2) (2011): 297-312. doi: 10.1042/BJ20110162.

6. I. R. Lanza y K. S. Nair. «Mitochondrial Metabolic Function Assessed In Vivo and In Vitro». *Curr Opin Clin Nutr Metab Care* 13(5) (2010): 511-517. doi: 10.1097/MCO.0b013e32833cc93d.

7. A. H. De Mello, A. B. Costa, J. D. G. Engel y G. T. Rezin. «Mitochondrial Dysfunction in Obesity». *Life Sci* 192 (2018): 26-32. doi: 10.1016/j.lfs.2017.11.019.

8. P. H. Reddy y M. F. Beal. «Amyloid Beta, Mitochondrial Dysfunction and Synaptic Damage: Implications for Cognitive Decline in Aging and Alzheimer's Disease». *Trends Mol Med* 14(2) (2008): 45-53. doi: 10.1016/j.molmed.2007.12.002.

9. Estela Área-Gómez, Ad de Groof, Eduardo Bonilla, Jorge Montesinos, Kurenai Tanji, Istvan Boldogh, Liza Pon y Eric A. Schon. «A Key Role for MAM in Mediating Mitochondrial Dysfunction in Alzheimer Disease». *Cell Death Dis* 9(3) (2018): 335. doi: 10.1038/s41419-017-0215-0; R. H. Swerdlow. «Mitochondria and Mitochondrial Cascades in Alzheimer's Disease». *J Alzheimers Dis* 62(3) (2018): 1403-1416. doi: 10.3233/JAD-170585.

10. Fei Du, Xiao-Hong Zhu, Yi Zhang, Michael Friedman, Nanyin Zhang, Kamil Uğurbil y Wei Chen. «Tightly Coupled Brain Activity and Cerebral ATP Metabolic Rate». *Proc Natl Acad Sci USA* 105(17) (2008): 6409. doi: 10.1073/pnas.0710766105.

11. K. Todkar, H. S. Ilamathi, M. Germain. «Mitochondria and Lysosomes: Discovering Bonds». *Front Cell Dev Biol* 5 (2017):106. doi: 10.3389/fcell.2017.00106.

12. Q. Chu, T. F. Martínez, S. W. Novak *et al.* «Regulation of the ER Stress Response by a MITOCHONDRIAL MICROPROTEIN». *Nat Commun* 10 (2019): 4883. doi: 10.1038/s41467-019-12816-z.

13. B. Kalman, F. D. Lublin y H. Alder. «Impairment of Central and Peripheral Myelin in Mitochondrial Diseases». *Mult Scler* 2(6) (1997): 267-278. doi: 10.1177/135245859700200602; E. M. R. Lake, E. A. Steffler, C. D. Rowley *et al.* «Altered Intracortical Myelin Staining in the Dorsolateral Prefrontal Cortex in Severe Mental Illness». *Eur Arch Psychiatry Clin Neurosci* 267 (2017): 369-376. doi: 10.1007/s00406-016-0730-5; J. Rice y C. Gu. «Function and Mechanism of Myelin Regulation in Alcohol Abuse and Alcoholism». *Bioessays* 41(7) (2019): e1800255. doi: 10.1002/bies.201800255. Epub 16 de mayo de 2019; Gerhard S. Drenthen, Walter H. Backes, Albert P. Aldenkamp, R. Jeroen Vermeulen, Sylvia Klinkenberg y Jacobus F. A. Jansen. «On the Merits of Non-Invasive Myelin Imaging in Epilepsy, a Literature Review». *J Neurosci Methods* 338 (2020): 108687. doi: 10.1016/j.jneumeth.2020.108687; E. Papuć y K. Rejdak. «The Role of Myelin Damage in Alzheimer's Disease Pathology». *Arch Med Sci* 16(2) (2018): 345-351. doi: 10.5114/ aoms.2018.76863; G. Cermenati, F. Abbiati, S. Cermenati *et al.* «Diabetes-Induced Myelin Abnormalities Are Associated with an Altered Lipid Pattern: Protective Effects of LXR Activation». *J Lipid Res* 53(2) (2012): 300-310. doi: 10.1194/jlr.M021188; M. Bouhrara, N. Khattar, P. Elango *et al.* «Evidence of Association Between Obesity and Lower Cerebral Myelin Content in Cognitively Unimpaired Adults». *Int J Obes* (Lond) 45(4) (2021): 850-859. doi: 10.1038/s41366-021-00749-x.

14. A. Ebneth, R. Godemann, K. Stamer, S. Illenberger, B. Trinczek y E. Mandelkow. «Overexpression of Tau Protein Inhibits Kinesin-Dependent Trafficking of Vesicles, Mitochondria, and Endoplasmic Reticulum: Implications for Alzheimer's Disease». *J Cell Biol* 143(3) (1998): 777-794. doi: 10.1083/jcb.143.3.777.

15. A. Cheng, J. Wang, N. Ghena, Q. Zhao, I. Perone, T. M. King, R. L. Veech, M. Gorospe, R. Wan y M. P. Mattson. «SIRT3 Haploinsufficiency Aggravates Loss of GABAergic Interneurons and Neuronal Network Hyperexci-

tability in an Alzheimer's Disease Model». *J Neurosci* 40(3) (2020): 694-709. doi: 10.1523/JNEUROSCI.1446-19.2019.

16. J. Mertens *et al.* «Differential Responses to Lithium in Hyperexcitable Neurons from Patients with Bipolar Disorder». *Nature* 527(7576) (2015): 95-99. doi: 10.1038/nature15526.

17. J. A. Rosenkranz, E. R. Venheim y M. Padival. «Chronic Stress Causes Amygdala Hyperexcitability in Rodents». *Biol Psychiatry* 67(12) (2010): 1128-1136. doi: 10.1016/j.biopsych.2010.02.008.

18. Marco Morsch, Rowan Radford, Albert Lee, Emily Don, Andrew Badrock, Thomas Hall, Nicholas Cole y Roger Chung. «In Vivo Characterization of Microglial Engulfment of Dying Neurons in the Zebrafish Spinal Cord». *Front Cell Neurosci* 9 (2015): 321. doi: 10.3389/fncel.2015.00321.

19. D. Alnas, T. Kaufmann, D. van der Meer *et al.* «Brain Heterogeneity in Schizophrenia and Its Association with Polygenic Risk». *JAMA Psychiatry* 76(7) (publicado en línea el 10 de abril de 2019): 739-748. doi: 10.1001/jamapsychiatry.2019.0257.

20. J. Allen, R. Romay-Tallon, K. J. Brymer, H. J. Caruncho y L. E. Kalynchuk. «Mitochondria and Mood: Mitochondrial Dysfunction as a Key Player in the Manifestation of Depression». *Front Neurosci* 12 (6 de junio de 2018): 386. doi: 10.3389/fnins.2018.00386.

21. D. Ben-Shachar y R. Karry. «Neuroanatomical Pattern of Mitochondrial Complex I Pathology Varies Between Schizophrenia, Bipolar Disorder and Major Depression». *PLoS One* 3(11) (2008): e3676. doi: 10.1371/journal.pone.0003676.

22. J. Pu, Y. Liu, H. Zhang *et al.* «An Integrated Meta-Analysis of Peripheral Blood Metabolites and Biological Functions in Major Depressive Disorder». *Mol Psychiatry* 26 (2020): 4265-4276. doi: 10.1038/s41380-020-0645-4.

23. C. Nasca, B. Bigio, F. S. Lee *et al.* «Acetyl-L-Carnitine Deficiency in Patients with Major Depressive Disorder». *Proc Natl Acad Sci USA* 115(34) (2018): 8627-8632. doi: 10.1073/pnas.1801609115.

24. Ait Tayeb, Abd El Kader, Romain Colle, Khalil El-Asmar, Kenneth Chappell, Cecile Acquaviva-Bourdain, Denis J. David, Severine Trabado *et al.* «Plasma Acetyl-L-Carnitine and L-Carnitine in Major Depressive Episodes: A Case-Control Study Before and After Treatment». *Psychol Med* (2021): 1-10. doi: 10.1017/S003329172100413X.

25. E. Gebara, O. Zanoletti, S. Ghosal, J. Grosse, B. L. Schneider, G. Knott, S. Astori y C. Sandi. «Mitofusin-2 in the Nucleus Accumbens Regulates Anxiety and Depression-like Behaviors Through Mitochondrial and

Neuronal Actions». *Biol Psychiatry* 89(11) (2021): 1033-1044. doi: 10.1016/j.biopsych.2020.12.003.

26. M. D. Altschule, D. H. Henneman, P. Holliday y R. M. Goncz. «Carbohydrate Metabolism in Brain Disease. VI. Lactate Metabolism After Infusion of Sodium d-Lactate in Manic-Depressive and Schizophrenic Psychoses». *AMA Arch Intern Med* 98 (1956): 35-38. doi: 10.1001/archinte.1956.00250250041006.

27. Gerwyn Morris, Ken Walder, Sean L. McGee, Olivia M. Dean, Susannah J. Tye, Michael Maes y Michael Berk. «A Model of the Mitochondrial Basis of Bipolar Disorder». *Neurosci Biobehav Rev* 74 (2017): 1-20. doi: 10.1016/j.neubiorev.2017.01.014.

28. Anna Giménez-Palomo, Seetal Dodd, Gerard Anmella, Andre F. Carvalho, Giselli Scaini, Joao Quevedo, Isabella Pacchiarotti, Eduard Vieta y Michael Berk. «The Role of Mitochondria in Mood Disorders: From Physiology to Pathophysiology and to Treatment». *Front Psychiatry* 12 (2021): 977. doi: 10.3389/fpsyt.2021.546801.

29. D. Wang, Z. Li, W. Liu, *et al.* «Differential Mitochondrial DNA Copy Number in Three Mood States of Bipolar Disorder». *BMC Psychiatry* 18 (2018): 149. doi: 10.1186/s12888-018-1717-8.

30. G. Preston, F. Kirdar y T. Kozicz. «The Role of Suboptimal Mitochondrial Function in Vulnerability to Post-traumatic Stress Disorder». *J Inherit Metab Dis* 41(4) (2018): 585-596. doi: 10.1007/s10545-018-0168-1.

31. S. Ali, M. Patel, S. Jabeen, R. K. Bailey, T. Patel, M. Shahid, W. J. Riley y A. Arain. «Insight into Delirium». *Innov Clin Neurosci* 8(10) (2011): 25-34. PMID: 22132368.

32. A. J. Slooter, D. Van, R. R. Leur y I. J. Zaal. «Delirium in Critically Ill Patients». *Handb Clin Neurol* 141 (2017): 449-466. doi: 10.1016/B978-0-444-63599-0.00025-9.

33. G. L. Engel y J. Romano. «Delirium, a Syndrome of Cerebral Insufficiency». *J Chronic Dis.* 9(3) (1959): 260-277. doi: 10.1016/0021-9681(59)90165-1.

34. J. E. Wilson, M. F. Mart, C. Cunningham *et al.* «Delirium». *Nat Rev Dis Primers* 6 (2020): 90. doi: 10.1038/s41572-020-00223-4.

35. L. R. Haggstrom, J. A. Nelson, E. A. Wegner y G. A. Caplan. «2-(18) F-fluoro-2-deoxyglucose Positron Emission Tomography in Delirium». *J. Cereb. Blood Flow Metab* 37(11) (2017): 3556-3567. doi: 10.1177/0271678X17701764.

36. A. J. Slooter, D. Van, R. R. Leur y I. J. Zaal. «Delirium in Critically Ill Patients». *Handb Clin Neurol* 141 (2017): 449-466. doi: 10.1016/B978-0-444-63599-0.00025-9; T. E. Goldberg, C. Chen, Y. Wang *et al.* «Association

of Delirium with Long-Term Cognitive Decline: A Meta-analysis». *JAMA Neurol.* Publicado en línea el 13 de julio de 2020. doi: 10.1001/jamaneurol.2020.2273.

37. G. Naeije, I. Bachir, N. Gaspard, B. Legros y T. Pepersack. «Epileptic Activities and Older People Delirium». *Geriatr Gerontol Int* 14(2) (2014): 447-451. doi: 10.1111/ggi.12128.

38. Jorge I. F. Salluh, Han Wang, Eric B. Schneider, Neeraja Nagaraja, Gayane Yenokyan, Abdulla Damluji, Rodrigo B. Serafim y Robert D. Stevens. «Outcome of Delirium in Critically Ill Patients: Systematic Review and Meta-Analysis». *BMJ* 350 (2015). doi: 10.1136/bmj.h2538.

39. Sharon K. Inouye. «Delirium in Older Persons». *N Engl J Med* 354(11) (2006): 1157-1165. doi: 10.1056/NEJMra052321.

40. Robert Hatch, Duncan Young, Vicki Barber, John Griffiths, David A. Harrison y Peter Watkinson. «Anxiety, Depression and Post Traumatic Stress Disorder after Critical Illness: A UK-Wide Prospective Cohort Study». *Crit Care* 22(1) (2018): 310. doi: 10.1186/s13054-018-2223-6.

41. O. Plana-Ripoll, C. B. Pedersen, Y. Holtz *et al.* «Exploring Comorbidity Within Mental Disorders Among a Danish National Population». *JAMA Psychiatry* (publicado en línea el 16 de enero de 2019). doi: 10.1001/jamapsychiatry.2018.3658ArticleGoogle Scholar.

Capítulo 10

1. S. Umesh y S. H. Nizamie. «Genetics in Psychiatry». *Indian J Hum Genet* 20(2) (2014): 120-128. doi: 10.4103/0971-6866.142845.

2. Richard Border, Emma C. Johnson, Luke M. Evans, Andrew Smolen, Noah Berley, Patrick F. Sullivan y Matthew C. Keller. «No Support for Historical Candidate Gene or Candidate Gene-by-Interaction Hypotheses for Major Depression Across Multiple Large Samples». *Am J Psychiatry* 176(5) (2019): 376-387. doi: 10.1176/appi.ajp.2018.18070881.

3. G. Scaini, G. T. Rezin, A. F. Carvalho, E. L. Streck, M. Berk y J. Quevedo. «Mitochondrial Dysfunction in Bipolar Disorder: Evidence, Pathophysiology and Translational Implications». *Neurosci Biobehav* 68 (Rev. septiembre 2016): 694-713. doi: 10.1016/j.neubiorev.2016.06.040.

4. S. Michels, G. K. Ganjam, H. Martins *et al.* «Downregulation of the Psychiatric Susceptibility Gene Cacna1c Promotes Mitochondrial Resilience to Oxidative Stress in Neuronal Cells». *Cell Death Dis* 4(54) (2018): 54. doi: 10.1038/s41420-018-0061-6.

5. Lixia Qin, Zhu Xiongwei y Robert P. Friedland. «ApoE and Mitochondrial Dysfunction». *Neurology* 94(23) (2020): 1009. doi: 10.1212/WNL.0000000000009569.

6. Y. Yamazaki, N. Zhao, T. R. Caulfield, C. C. Liu y G. Bu. «Apolipoprotein E and Alzheimer Disease: Pathobiology and Targeting Strategies». *Nat Rev Neurol* 15(9) (2019): 501-518. doi: 10.1038/s41582-019-0228-7.

7. J. Yin, E. M. Reiman, T. G. Beach *et al.* «Effect of ApoE Isoforms on Mitochondria in Alzheimer Disease». *Neurology* 94(23) (2020): e2404-e2411. doi: 10.1212/WNL.0000000000009582.

8. E. Schmukler, S. Solomon, S. Simonovitch *et al.* «Altered Mitochondrial Dynamics and Function in APOE4-Expressing Astrocytes». *Cell Death Dis* 11(7) (2020): 578. doi: 10.1038/s41419-020-02776-4.

9. A. L. Lumsden, A. Mulugeta, A. Zhou y E. Hypponen. «Apolipoprotein E (APOE) Genotype-Associated Disease Risks: A Phenome-Wide, Registry-Based, Case-Control Study Utilising the UK Biobank». *EBioMedicine* 59 (2020):102954. doi: 10.1016/j.ebiom.2020.102954.

10. M. S. Sharpley, C. Marciniak, K. Eckel-Mahan, M. McManus, M. Crimi, K. Waymire, C. S. Lin, S. Masubuchi, N. Friend, M. Koike, D. Chalkia, G. MacGregor, P. Sassone-Corsi y D. C. Wallace. «Heteroplasmy of Mouse mtDNA Is Genetically Unstable and Results in Altered Behavior and Cognition». *Cell* 151(2) (2012): 333-343. doi: 10.1016/j.cell.2012.09.004. PMID: 23063123; PMCID: PMC4175720.

11. Centros para el Control y Prevención de Enfermedades. «What Is Epigenetics?». CDC, Departamento de Salud y Servicios Humanos de Estados Unidos. https://www.cdc.gov/genomics/disease/epigenetics.htm. Retrieved 10/30/21.

12. T. J. Roseboom. «Epidemiological Evidence for the Developmental Origins of Health and Disease: Effects of Prenatal Undernutrition in Humans». *J Endocrinol* 242(1) (1 de julio de 2019): T135-T144. doi: 10.1530/JOE-18-0683.

13. J. P. Etchegaray y R. Mostoslavsky. «Interplay Between Metabolism and Epigenetics: A Nuclear Adaptation to Environmental Changes». *Mol Cell* 62(5) (2016): 695-711. doi: 10.1016/j.molcel.2016.05.029.

14. P. H. Ear, A. Chadda, S. B. Gumusoglu, M. S. Schmidt, S. Vogeler, J. Malicoat, J. Kadel, M. M. Moore, M. E. Migaud, H. E. Stevens y C. Brenner. «Maternal Nicotinamide Riboside Enhances Postpartum Weight Loss, Juvenile Offspring Development, and Neurogenesis of Adult Offspring». *Cell Rep* 26(4) (2019): 969-983.e4. doi: 10.1016/j.celrep.2019.01.007.

15. R. Yehuda y A. Lehrner. «Intergenerational Transmission of Trauma Effects: Putative Role of Epigenetic Mechanisms». *World Psychiatry* 17(3) (2018): 243-257. doi: 10.1002/wps.20568.

16. D. A. Dickson, J. K. Paulus, V. Mensah *et al.* «Reduced Levels of miRNAs 449 and 34 in Sperm of Mice and Men Exposed to Early Life Stress». *Transl Psychiatry* 8 (2018): 101. doi: 10.1038/s41398-018-0146-2.

17. S. Lupien, B. McEwen, M. Gunnar *et al.* «Effects of Stress Throughout the Lifespan on the Brain, Behaviour, and Cognition». *Nat Rev Neurosci* 10 (2009): 434-445. doi: 10.1038/nrn2639.

Capítulo 11

1. Julian M. Yabut, Justin D. Crane, Alexander E. Green, Damien J. Keating, Waliul I. Khan y Gregory R. Steinberg. «Emerging Roles for Serotonin in Regulating Metabolism: New Implications for an Ancient Molecule». *Endocr Rev* 40(4) (2019): 1092-1107. doi: 10.1210/er.2018-00283.

2. Sashaina E. Fanibunda, Deb Sukrita, Babukrishna Maniyadath, Praachi Tiwari, Utkarsha Ghai, Samir Gupta, Dwight Figueiredo *et al.* «Serotonin Regulates Mitochondrial Biogenesis and Function in Rodent Cortical Neurons via the 5-HT2A Receptor and SIRT1-PGC-1α Axis». *Proc Natl Acad Sci USA* 116(22) (2019): 11028. doi: 10.1073/pnas.1821332116.

3. M. Accardi, B. Daniels, P. Brown *et al.* «Mitochondrial Reactive Oxygen Species Regulate the Strength of Inhibitory GABA-Mediated Synaptic Transmission». *Nat Commun* 5 (2014): 3168. doi: 10.1038/ncomms4168.

4. A. K. Kanellopoulos, V. Mariano, M. Spinazzi, Y. J. Woo, C. McLean, U. Pech, K. W. Li, J. D. Armstrong, A. Giangrande, P. Callaerts, A. B. Smit, B. S. Abrahams, A. Fiala, T. Achsel y C. Bagni. «Aralar Sequesters GABA into Hyperactive Mitochondria, Causing Social Behavior Deficits». *Cell* 180(6) (19 de marzo de 2020): 1178-1197.e20. doi: 10.1016/j.cell.2020.02.044.

5. Ryutaro Ikegami, Ippei Shimizu, Takeshi Sato, Yohko Yoshida, Yuka Hayashi, Masayoshi Suda, Goro Katsuumi, *et al.* «Gamma-Aminobutyric Acid Signaling in Brown Adipose Tissue Promotes Systemic Metabolic Derangement in Obesity». *Cell Rep* 24(11) (2018): 2827-2837.e5. doi: 10.1016/j.celrep.2018.08.024.

6. S. M. Graves, Z. Xie, K. A. Stout *et al.* «Dopamine Metabolism by a Monoamine Oxidase Mitochondrial Shuttle Activates the Electron Transport Chain». *Nat Neurosci* 23 (2020): 15-20.

7. D. Aslanoglou, S. Bertera, M. Sánchez-Soto *et al.* «Dopamine Regulates Pancreatic Glucagon and Insulin Secretion via Adrenergic and Dopaminergic Receptors». *Transl Psychiatry* 11(1) (2021): 59. doi: 10.1038/s41398-020-01171-z.

8. M. van der Kooij, F. Hollis, L. Lozano *et al.* «Diazepam Actions in the VTA Enhance Social Dominance and Mitochondrial Function in the Nucleus Accumbens by Activation of Dopamine D1 Receptors». *Mol Psychiatry* 23(3) (2018): 569-578. doi: 10.1038/mp.2017.135.

9. M. van der Kooij *et al.* «Diazepam Actions in the VTA Enhance Social Dominance and Mitochondrial Function in the Nucleus Accumbens by Activation of Dopamine D1 Receptors».

10. T. L. Emmerzaal, G. Nijkamp, M. Veldic, S. Rahman, A. C. Andreazza, E. Morava, R. J. Rodenburg y T. Kozicz. «Effect of Neuropsychiatric Medications on Mitochondrial Function: For Better or for Worse». *Neurosci Biobehav* 127 (rev. agosto 2021): 555-571. doi: 10.1016/j.neubiorev.2021.05.001.

11. Martin Lundberg, Vincent Millischer, Lena Backlund, Lina Martinsson, Peter Stenvinkel, Carl M. Sellgren, Catharina Lavebratt y Martin Schalling. «Lithium and the Interplay Between Telomeres and Mitochondria in Bipolar Disorder». *Front Psychiatry* 11 (2020): 997. doi: 10.3389/fpsyt.2020.586083.

12. M. Hu, R. Wang, X. Chen, M. Zheng, P. Zheng, Z. Boz, R. Tang, K. Zheng, Y. Yu y X. F. Huang. «Resveratrol Prevents Haloperidol-Induced Mitochondria Dysfunction Through the Induction of Autophagy in SH-SY5Y Cells». *Neurotoxicology* 87 (2021): 231-242. doi: 10.1016/j.neuro.2021.10.007.

13. D. C. Goff, G. Tsai, M. F. Beal y J. T. Coyle. «Tardive Dyskinesia and Substrates of Energy Metabolism in CSF». *Am J Psychiatry* 152(12) (1995): 1730-1736. doi: 10.1176/ajp.152.12.1730. PMID: 8526238.

14. M. Salsaa, B.Pereira, J. Liu *et al.* «Valproate Inhibits Mitochondrial Bioenergetics and Increases Glycolysis in Saccharomyces cerevisiae». *Sci Rep* 10(1) (2020): 11785. doi: 10.1038/s41598-020-68725-5.

15. J. F. Hayes, A. Lundin, S. Wicks, G. Lewis, I. C. K. Wong, D. P. J. Osborn y C. Dalman. «Association of Hydroxylmethyl Glutaryl Coenzyme A Reductase Inhibitors, L-Type Calcium Channel Antagonists, and Biguanides with Rates of Psychiatric Hospitalization and Self-Harm in Individuals with Serious Mental Illness». *JAMA Psychiatry* 76(4) (2019): 382-390. doi: 10.1001/jamapsychiatry.2018.3907.

16. S. Martín-Rodríguez, P. de Pablos-Velasco y J. A. L. Calbet. «Mitochondrial Complex I Inhibition by Metformin: Drug-Exercise Interactions».

Trends Endocrinol Metab 31(4) (abril 2020): 269-271. doi: 10.1016/j.tem.2020.02.003.

Capítulo 12

1. P. Maechler. «Mitochondrial Function and Insulin Secretion». *Mol Cell Endocrinol* 379(1-2) (2013): 12-18. doi: 10.1016/j.mce.2013.06.019.

2. W. I. Sivitz y M. A. Yorek. «Mitochondrial Dysfunction in Diabetes: From Molecular Mechanisms to Functional Significance and Therapeutic Opportunities». *Antioxid Redox Signal* 12(4) (2010): 537-577. doi: 10.1089/ars.2009.2531.

3. C. S. Stump, K. R. Short, M. L. Bigelow, J. M. Schimke y K. S. Nair. «Effect of Insulin on Human Skeletal Muscle Mitochondrial ATP Production, Protein Synthesis, and mRNA Transcripts». *Proc Natl Acad Sci USA* 100(13) (2003): 7996-8001. doi: 10.1073/pnas.1332551100.

4. A. Kleinridders, H. A. Ferris, W. Cai y C. R. Kahn. «Insulin Action in Brain Regulates Systemic Metabolism and Brain Function». *Diabetes* 63(7) (2014): 2232-2243. doi: 10.2337/db14-0568.

5. E. Blázquez, E. Velázquez, V. Hurtado-Carneiro y J. M. Ruiz-Albusac. «Insulin in the Brain: Its Pathophysiological Implications for States Related with Central Insulin Resistance, Type 2 Diabetes and Alzheimer's Disease». *Front Endocrinol* (Lausanne) 5 (2014): 161. doi: 10.3389/fendo.2014.00161.

6. Z. Jin, Y. Jin, S. Kumar-Mendu, E. Degerman, L. Groop y B. Birnir. «Insulin Reduces Neuronal Excitability by Turning on GABA(A) Channels That Generate Tonic Current». *PLoS One* 6(1) (2011): e16188. doi: 10.1371/journal.pone.0016188.

7. Ismael González-García, Tim Gruber y Cristina García-Cáceres. «Insulin Action on Astrocytes: From Energy Homeostasis to Behaviour». *J Neuroendocrinol* 33(4) (2021): e12953. doi: 10.1111/jne.12953.

8. A. Kleinridders, W. Cai, L. Cappellucci, A. Ghazarian, W. R. Collins, S. G. Vienberg, E. N. Pothos y C. R. Kahn. «Insulin Resistance in Brain Alters Dopamine Turnover and Causes Behavioral Disorders». *Proc Natl Acad Sci USA* 112(11) (2015): 3463-3468. doi: 10.1073/pnas.1500877112.

9. Virginie-Anne Chouinard, David C. Henderson, Chiara Dalla Man, Linda Valeri, Brianna E. Gray, Kyle P. Ryan, Aaron M. Cypess, Claudio Cobelli, Bruce M. Cohen y Dost Ongur. «Impaired Insulin Signaling in Unaffected Siblings and Patients with First-Episode Psychosis». *Mol Psychiatry* 24 (2018). doi: 10.1038/s41380-018-0045-1.

10. B. I. Perry, J. Stochl, R. Upthegrove *et al.* «Longitudinal Trends in Childhood Insulin Levels and Body Mass Index and Associations with Risks of Psychosis and Depression in Young Adults». *JAMA Psychiatry* 78(4) (2021): 416-425. doi: 10.1001/jamapsychiatry.2020.4180.

11. B. J. Neth y S. Craft. «Insulin Resistance and Alzheimer's Disease: Bioenergetic Linkages». *Front Aging Neurosci* 9 (2017): 345. doi: 10.3389/fnagi.2017.00345; Y. An, V. R. Varma, S. Varma, R. Casanova, E. Dammer, O. Pletnikova, C. W. Chia, J. M. Egan, L. Ferrucci, J. Troncoso, A. I. Levey, J. Lah, N. T. Seyfried, C. Legido-Quigley, R. O'Brien y M. Thambisetty. «Evidence for Brain Glucose Dysregulation in Alzheimer's Disease». *Alzheimers Dement* 14(3) (2018): 318-329. doi: 10.1016/j.jalz.2017.09.011.

12. S. Craft, L. D. Baker, T. J. Montine *et al.* «Intranasal Insulin Therapy for Alzheimer Disease and Amnestic Mild Cognitive Impairment: A Pilot Clinical Trial». *Arch Neurol* 69(1) (2012): 29-38. doi: 10.1001/archneurol.2011.233.

13. S. Craft, R. Raman, T. W. Chow *et al.* «Safety, Efficacy, and Feasibility of Intranasal Insulin for the Treatment of Mild Cognitive Impairment and Alzheimer Disease Dementia: A Randomized Clinical Trial». *JAMA Neurol* 77(9) (2020): 1099-1109. doi: 10.1001/jamaneurol.2020.1840.

14. R. S. McIntyre, J. K. Soczynska, H. O. Woldeyohannes, A. Miranda, A. Vaccarino, G. Macqueen, G. F. Lewis y S. H. Kennedy. «A Randomized, Double-Blind, Controlled Trial Evaluating the Effect of Intranasal Insulin on Neurocognitive Function in Euthymic Patients with Bipolar Disorder». *Bipolar Disord* 14(7) (2012): 697-706. doi: 10.1111/bdi.12006.

15. Jamaica R. Rettberg, Jia Yao y Roberta Diaz Brinton. «Estrogen: A Master Regulator of Bioenergetic Systems in the Brain and Body». *Front Neuroendocrinol* 35(1) (2014): 8-30. doi: 10.1016/j.yfrne.2013.08.001.

16. L. Mosconi, V. Berti, C. Quinn, P. McHugh, G. Petrongolo, R. S. Osorio, C. Connaughty, A. Pupi, S. Vallabhajosula, R. S. Isaacson, M. J. de León, R. H. Swerdlow y R. D. Brinton. «Perimenopause and Emergence of an Alzheimer's Bioenergetic Phenotype in Brain and Periphery». *PLoS One* 12(10) (2017): e0185926. doi: 10.1371/journal.pone.0185926.

17. Y. Hara, F. Yuk, R. Puri, W. G. Janssen, P. R. Rapp y J. H. Morrison. «Presynaptic Mitochondrial Morphology in Monkey Prefrontal Cortex Correlates with Working Memory and Is Improved with Estrogen Treatment». *Proc Natl Acad Sci USA* 111(1) (2014): 486-491. doi: 10.1073/pnas.1311310110.

18. Charlotte Wessel Skovlund, Lina Steinrud Morch, Lars Vedel Kessing y Ojvind Lidegaard. «Association of Hormonal Contraception with

Depression». *JAMA Psychiatry* 73(11) (2016): 1154-1162. doi: 10.1001/jamapsychiatry.2016.2387.

19. C. W. Skovlund, L. S. Morch, L. V. Kessing, T. Lange y O. Lidegaard. «Association of Hormonal Contraception with Suicide Attempts and Suicides». *Am J Psychiatry* 175(4) (2018): 336-342. doi: 10.1176/appi.ajp.2017.17060616.

20. Federica Cioffi, Rosalba Senese, Antonia Lanni y Fernando Goglia. «Thyroid Hormones and Mitochondria: With a Brief Look at Derivatives and Analogues». *Mol Cell Endocrinol* 379(1) (2013): 51-61. doi: 10.1016/j.mce.2013.06.006.

21. Rohit A. Sinha, Brijesh K. Singh, Jin Zhou, Yajun Wu, Benjamin L. Farah, Kenji Ohba, Ronny Lesmana, Jessica Gooding, Boon-Huat Bay y Paul M. Yen. «Thyroid Hormone Induction of Mitochondrial Activity Is Coupled to Mitophagy via ROS-AMPK-ULK1 Signaling». *Autophagy* 11(8) (2015): 1341-1357. doi: 10.1080/15548627.2015.1061849.

22. S. Chakrabarti. «Thyroid Functions and Bipolar Affective Disorder». *J Thyroid Res* 2011 (2011): 306367. doi: 10.4061/2011/306367; N. C. Santos, P. Costa, D. Ruano *et al.* «Revisiting Thyroid Hormones in Schizophrenia». *J Thyroid Res* 2012 (2012): 569147. doi: 10.1155/2012/569147.

Capítulo 13

1. Steven W. Cole, John P. Capitanio, Katie Chun, Jesusa M. G. Arevalo, Jeffrey Ma y John T. Cacioppo. «Myeloid Differentiation Architecture of Leukocyte Transcriptome Dynamics in Perceived Social Isolation». *Proc Natl Acad Sci USA* 112(49) (2015): 15142-15147. doi: 10.1073/pnas.1514249112.

2. Y. Luo, L. C. Hawkley, L. J. Waite y J. T. Cacioppo. «Loneliness, Health, and Mortality in Old Age: A National Longitudinal Study». *Soc Sci Med* 74(6) (2012): 907-914. doi: 10.1016/j.socscimed.2011.11.028.

3. J. Wang, D. Xiao, H. Chen, *et al.* «Cumulative Evidence for Association of Rhinitis and Depression». *Allergy Asthma Clin Immunol* 17(1) (2021): 111. doi: 10.1186/s13223-021-00615-5.

4. O. Kohler-Forsberg, L. Petersen, C. Gasse *et al.* «A Nationwide Study in Denmark of the Association Between Treated Infections and the Subsequent Risk of Treated Mental Disorders in Children and Adolescents». *JAMA Psychiatry* 76(3) (2019): 271-279. doi: 10.1001/jamapsychiatry.2018.3428.

5. A. West, G. Shadel y Ghosh. «Mitochondria in Innate Immune Responses». *Nat Rev Immunol* 11 (2011): 389-402. doi: 10.1038/nri2975

6. Z. Liu y T. S. Xiao. «Partners with a Killer: Metabolic Signaling Promotes Inflammatory Cell Death». *Cell* 184(17) (2021): 4374-4376. doi: 10.1016/j.cell.2021.07.036.

7. D. N. Doll, S. L. Rellick, T. L. Barr, X. Ren y J. W. Simpkins. «Rapid Mitochondrial Dysfunction Mediates TNF-Alpha-Induced Neurotoxicity». *J Neurochem* 132(4) (2015): 443-451. doi: 10.1111/jnc.13008.

8. B. Shan, E. Vazquez y J. A. Lewis. «Interferon Selectively Inhibits the Expression of Mitochondrial Genes: A Novel Pathway for Interferon-Mediated Responses». *EMBO J* 9(13) (1990): 4307-4314. doi: 10.1002/j.1460-2075.1990.tb07879.x.

9. S. B. Minchenberg y P. T. Massa. «The Control of Oligodendrocyte Bioenergetics by Interferon-Gamma (IFN-γ) and Src Homology Region 2 Domain-Containing Phosphatase-1 (SHP-1)». *J Neuroimmunol* 331 (2019): 46-57. doi: 10.1016/j.jneuroim.2017.10.015.

10. H. G. Coman, D. C. Herța y B. Nemeş. «Psychiatric Adverse Effects Of Interferon Therapy». *Clujul Med* 86(4) (2013): 318-320.

11. B. J. S. Al-Haddad, B. Jacobsson, S. Chabra, D. Modzelewska, E. M. Olson, R. Bernier, D. A. Enquobahrie, H. Hagberg, S. Ostling, L. Rajagopal, K. M. Adams Waldorf y V. Sengpiel. «Long-Term Risk of Neuropsychiatric Disease After Exposure to Infection In Utero». *JAMA Psychiatry* 76(6) (2019): 594-602. doi: 10.1001/jamapsychiatry.2019.0029. PMID: 30840048; PMCID: PMC6551852.

12. A. H. Miller y C. L. Raison. «Are Anti-inflammatory Therapies Viable Treatments for Psychiatric Disorders? Where the Rubber Meets the Road». *JAMA Psychiatry* 72(6) (2015): 527-528. doi:10.1001/jamapsychiatry.2015.22.

Capítulo 14

1. Jaqueline B. Schuch, Julia P. Genro, Clarissa R. Bastos, Gabriele Ghisleni y Luciana Tovo-Rodrigues. «The Role of CLOCK Gene in Psychiatric Disorders: Evidence from Human and Animal Research». *Am J Med Genet Part B* 177(2) (2018): 181-198. doi: 10.1002/ajmg.b.32599.

2. Karen Schmitt, Amandine Grimm, Robert Dallmann, Bjoern Oettinghaus, Lisa Michelle Restelli, Melissa Witzig, Naotada Ishihara *et al.* «Circadian Control of DRP1 Activity Regulates Mitochondrial Dynamics and Bioenergetics». *Cell Metab* 27(3) (2018): 657-666.e5. doi: 10.1016/j.cmet.2018.01.011.

3. Ana C. Andreazza, Monica L. Andersen, Tathiana A. Alvarenga, Marcos R. de-Oliveira, Fernanda Armani, Francieli S. Ruiz, Larriany Giglio, Jose C. F. Moreira, Flavio Kapczinski y Sergio Tufik. «Impairment of the Mitochondrial Electron Transport Chain Due to Sleep Deprivation in Mice». *J Psychiatr Res* 44(12) (2010): 775-780. doi: 10.1016/j.jpsychires.2010.01.015.

4. Martin Picard, Bruce S. McEwen, Elissa S. Epel y Carmen Sandi. «An Energetic View of Stress: Focus on Mitochondria». *Front Neuroendocrinol* 49 (2018): 72-85. doi: 10.1016/j.yfrne.2018.01.001.

5. Chongyang Chen, Chao Yang, Jing Wang, Xi Huang, Haitao Yu, Shangming Li, Shupeng Li *et al.* «Melatonin Ameliorates Cognitive Deficits Through Improving Mitophagy in a Mouse Model of Alzheimer's Disease». *J Pineal Res* 71(4) (2021): e12774. doi: 10.1111/jpi.12774.

6. H. Zhao, H. Wu, J. He *et al.* «Frontal Cortical Mitochondrial Dysfunction and Mitochondria-Related β-Amyloid Accumulation by Chronic Sleep Restriction in Mice». *Neuroreport* 27(12) (2016): 916-922. doi: 10.1097/WNR.0000000000000631.

7. C. B. Peek, A. H. Affinati, K. M. Ramsey, H. Y. Kuo, W. Yu, L. A. Sena, O. Ilkayeva, B. Marcheva, Y. Kobayashi, C. Omura, D. C. Levine, D. J. Bacsik, D. Gius, C. B. Newgard, E. Goetzman, N. S. Chandel, J. M. Denu, M. Mrksich y J. Bass. «Circadian Clock NAD+ Cycle Drives Mitochondrial Oxidative Metabolism in Mice». *Science* 342(6158) (2013): 1243417. doi: 10.1126/science.1243417.

8. A. Kempf, S. M. Song, C. B. Talbot *et al.* «A Potassium Channel β-subunit Couples Mitochondrial ElectronTransport to Sleep». *Nature* 568(7751) (2019): 230-234. doi: 10.1038/s41586-019-1034-5.

9. Keri J. Fogle, Catherina L. Mobini, Abygail S. Paseos y Michael J. Palladino. «Sleep and Circadian Defects in a Drosophila Model of Mitochondrial Encephalomyopathy». *Neurobiol Sleep Circadian Rhythm* 6 (2019): 44-52. doi: 10.1016/j.nbscr.2019.01.003.

10. Guido Primiano, Valerio Brunetti, Catello Vollono, Anna Losurdo, Rossana Moroni, Giacomo Della Marca y Serenella Servidei. «Sleep-Disordered Breathing in Adult Patients with Mitochondrial Diseases». *Neurology* 96(2) (2021): e241. doi: 10.1212/WNL.0000000000011005.

11. N. N. Osborne, C. Núñez-Álvarez, S. Del Olmo-Aguado y J. Merrayo-Lloves. «Visual Light Effects on Mitochondria: The Potential Implications in Relation to Glaucoma». *Mitochondrion* 36 (2017): 29-35. doi: 10.1016/j.mito.2016.11.009. Epub 2016 Nov 24. PMID: 27890822.

12. A. Sreedhar, L. Aguilera-Aguirre y K. K. Singh. «Mitochondria in Skin Health, Aging, and Disease». *Cell Death Dis* 11(6) (2020): 444. doi: 10.1038/s41419-020-2649-z.

13. H. Zhu, N. Wang, L. Yao, Q. Chen, R. Zhang, J. Qian, Y. Hou, W. Guo, S. Fan, S. Liu, Q. Zhao, F. Du, X. Zuo, Y. Guo, Y. Xu, J. Li, T. Xue, K. Zhong, X. Song, G. Huang y W. Xiong. «Moderate UV Exposure Enhances Learning and Memory by Promoting a Novel Glutamate Biosynthetic Pathway in the Brain». *Cell* 173(7) (2018): 1716-1727.e17. doi: 10.1016/j.cell.2018.04.014.

14. F. Salehpour, J. Mahmoudi, F. Kamari, S. Sadigh-Eteghad, S. H. Rasta y M. R. Hamblin. «Brain Photobiomodulation Therapy: A Narrative Review». *Mol Neurobiol* 55(8) (2018): 6601-6636. doi: 10.1007/s12035-017-0852-4.

15. P. D. Campbell, A. M. Miller y M. E. Woesner. «Bright Light Therapy: Seasonal Affective Disorder and Beyond». *Einstein J Biol Med* 32 (2017): E13-E25. PMID: 31528147; PMCID: PMC6746555.

16. R. Noordam *et al.* «Bright Sunlight Exposure May Decrease the Risk for Diabetes and CVD». J *Clin Endocrinol Metab* 104(7) (2019): 2903-2910. doi: 10.1210/jc.2018-02532.

17. J. F. Gottlieb, F. Benedetti, P. A. Geoffroy, T. E. G. Henriksen, R. W. Lam, G. Murray, J. Phelps, D. Sit, H. A. Swartz, M. Crowe, B. Etain, E. Frank, N. Goel, B. C. M. Haarman, M. Inder, H. Kallestad, S. Jae Kim, K. Martiny, Y. Meesters, R. Porter, R. F. Riemersma-van der Lek, P. S. Ritter, P. F. J. Schulte, J. Scott, J. C. Wu, X. Yu y S. Chen. «The Chronotherapeutic Treatment of Bipolar Disorders: A Systematic Review and Practice Recommendations from the ISBD Task Force on Chronotherapy and Chronobiology». *Bipolar Disord* 21(8) (2019): 741-773. doi: 10.1111/bdi.12847.

Capítulo 15

1. N. D. Volkow, R. A. Wise y R. Baler. «The Dopamine Motive System: Implications for Drug and Food Addiction». *Nat Rev Neurosci* 18(12) (2017): 741-752. doi: 10.1038/nrn.2017.130.

2. W. Li, Z. Wang, S. Syed *et al.* «Chronic Social Isolation Signals Starvation and Reduces Sleep in Drosophila». *Nature* 597(7875) (2021): 239-244. doi: 10.1038/s41586-021-03837-0.

3. G. Xia, Y. Han, F. Meng *et al.* «Reciprocal Control of Obesity and Anxiety-Depressive Disorder via a GABA and Serotonin Neural Circuit». *Mol Psychiatry* 26(7) (2021): 2837-2853. doi: 10.1038/s41380-021-01053-w.

4. E. Ginter y V. Simko. «New Data on Harmful Effects of Trans-Fatty Acids». *Bratisl Lek Listy* 117(5) (2016): 251-253. doi: 10.4149/bll_2016_048.

5. C. S. Pase, V. G. Metz, K. Roversi, K. Roversi, L. T. Vey, V. T. Dias, C. F. Schons, C. T. de David Antoniazzi, T. Duarte, M. Duarte y M. E. Burger.

«Trans Fat Intake During Pregnancy or Lactation Increases Anxiety-like Behavior and Alters Proinflammatory Cytokines and Glucocorticoid Receptor Levels in the Hippocampus of Adult Offspring». *Brain Res Bull* 166 (2021): 110-117. doi: 10.1016/j.brainresbull.2020.11.016.

6. Theodora Psaltopoulou, Theodoros N. Sergentanis, Demosthenes B. Panagiotakos, Ioannis N. Sergentanis, Rena Kosti y Nikolaos Scarmeas. «Mediterranean Diet, Stroke, Cognitive Impairment, and Depression: A Meta-analysis». *Ann Neurol* 74(4) (2013): 580-91. doi: 10.1002/ana.23944.

7. M. P. Mollica, G. Mattace Raso, G. Cavaliere, *et al.* «Butyrate Regulates Liver Mitochondrial Function, Efficiency, and Dynamics in Insulin-Resistant Obese Mice». *Diabetes* 66(5) (2017): 1405-1418. doi: 10.2337/db16-0924.

8. E. Szentirmai, N. S. Millican, A. R. Massie *et al.* «Butyrate, a Metabolite of Intestinal Bacteria, Enhances Sleep». *Sci Rep* 9(1) (2019): 7035. doi: 10.1038/s41598-019-43502-1.

9. S. M. Matt, J. M. Allen, M. A. Lawson, L. J. Mailing, J. A. Woods y R. W. Johnson. «Butyrate and Dietary Soluble Fiber Improve Neuroinflammation Associated with Aging in Mice». *Front Immunol* 9 (2018): 1832. doi: 10.3389/fimmu.2018.01832.

10. R. Mastrocola, F. Restivo, I. Vercellinatto, O. Danni, E. Brignardello, M. Aragno y G. Boccuzzi. «Oxidative and Nitrosative Stress in Brain Mitochondria of Diabetic Rats». *J Endocrinol* 187(1) (2005): 37-44. doi: 10.1677/joe.1.06269.

11. A. Czajka y A. N. Malik. «Hyperglycemia Induced Damage to Mitochondrial Respiration in Renal Mesangial and Tubular Cells: Implications for Diabetic Nephropathy». *Redox Biol* 10 (2016): 100-107. doi: 10.1016/j.redox.2016.09.007.

12. A. J. Sommerfield, I. J. Deary y B. M. Frier. «Acute Hyperglycemia Alters Mood State and Impairs Cognitive Performance in People with Type 2 Diabetes». *Diabetes Care* 27(10) (2004): 2335-2340. doi: 10.2337/diacare.27.10.2335.

13. M. Kirvalidze, A. Hodkinson, D. Storman, T. J. Fairchild, M. M. Bała, G. Beridze, A. Zuriaga, N. I. Brudasca y S. Brini. «The Role of Glucose in Cognition, Risk of Dementia, and Related Biomarkers in Individuals Without Type 2 Diabetes Mellitus or the Metabolic Syndrome: A Systematic Review of Observational Studies». *Neurosci Biobehav* 135 (rev. abril 2022): 104551. doi: 10.1016/j.neubiorev.2022.104551.

14. C. Toda, J. D. Kim, D. Impellizzeri, S. Cuzzocrea, Z. W. Liu y S. Diano. «UCP2 Regulates Mitochondrial Fission and Ventromedial Nucleus Control of Glucose Responsiveness». *Cell* 164(5) (2016): 872-883. doi: 10.1016/j.cell.2016.02.010.

15. A. Fagiolini, D. J. Kupfer, P. R. Houck, D. M. Novick y E. Frank. «Obesity as a Correlate of Outcome in Patients with Bipolar I Disorder». *Am J Psychiatry* 160(1) (2003): 112-117. doi: 10.1176/appi.ajp.160.1.112.

16. Noppamas Pipatpiboon, Wasana Pratchayasakul, Nipon Chattipakorn y Siriporn C. Chattipakorn. «PPARγ Agonist Improves Neuronal Insulin Receptor Function in Hippocampus and Brain Mitochondria Function in Rats with Insulin Resistance Induced by Long Term High-Fat Diets». *Endocrinology* 153(1) (2012): 329-338. doi: 10.1210/en.2011-1502.

17. H. Y. Liu, E. Yehuda-Shnaidman, T. Hong *et al.* «Prolonged Exposure to Insulin Suppresses Mitochondrial Production in Primary Hepatocytes». *J Biol Chem* 284(21) (2009): 14087-14095. doi: 10.1074/jbc.M807992200.

18. K. Wardelmann, S. Blumel, M. Rath, E. Alfine, C. Chudoba, M. Schell, W. Cai, R. Hauffe, K. Warnke, T. Flore, K. Ritter, J. Weis, C. R. Kahn y A. Kleinridders. «Insulin Action in the Brain Regulates Mitochondrial Stress Responses and Reduces Diet-Induced Weight Gain». *Mol Metab* 21(2019): 68-81. doi: 10.1016/j.molmet.2019.01.001.

19. J. D. Kim, N. A. Yoon, S. Jin y S. Diano. «Microglial UCP2 Mediates Inflammation and Obesity Induced by High-Fat Feeding». *Cell Metab* 30(5) (2019): 952-962. e5. doi: 10.1016/j.cmet.2019.08.010.

20. M. O. Dietrich, Z. W. Liu y T. L. Horvath. «Mitochondrial Dynamics Controlled by Mitofusins Regulate Agrp Neuronal Activity and Diet-Induced Obesity». *Cell* 155(1) (2013): 188-199. doi: 10.1016/j.cell.2013.09.004; M. Schneeberger, M. O. Dietrich, D. Sebastian *et al.* «Mitofusin 2 in POMC Neurons Connects ER Stress with Leptin Resistance and Energy Imbalance». *Cell* 155(1) (2013): 172-187. doi: 10.1016/j.cell.2013.09.003.

21. A. S. Rambold, B. Kostelecky, N. Elia y J. Lippincott-Schwartz. «Tubular Network Formation Protects Mitochondria from Autophagosomal Degradation During Nutrient Starvation». *Proc Natl Acad Sci USA* 108(25) (2011): 10190-10195. doi: 10.1073/pnas.1107402108.

22. A. Keys, J. Brozek, A. Henshel, O. Mickelson y H. L. Taylor. *The Biology of Human Starvation*, vol. 1-2 (Minneapolis: University of Minnesota Press, 1950).

23. C. Lindfors, I. A. Nilsson, P. M. García-Roves, A. R. Zuberi, M. Karimi, L. R. Donahue, D. C. Roopenian, J. Mulder, M. Uhlen, T. J. Ekstrom, M. T. Davisson, T. G. Hokfelt, M. Schalling y J. E. Johansen. «HypothalamicMitochondrial Dysfunction Associated with Anorexia in the Anx/Anx

Mouse». *Proc Natl Acad Sci USA* 108(44) (2011): 18108-18113. doi: 10.1073/pnas.1114863108.

24. V. M. Víctor, S. Rovira-Llopis, V. Saiz-Alarcón *et al.* «Altered Mitochondrial Function and Oxidative Stress in Leukocytes of Anorexia Nervosa Patients». PLoS One 9(9) (2014): e 106463. doi: 10.1371/journal.pone.0106463.

25. P. Turnbaugh, R. Ley, M. Mahowald *et al.* «An Obesity-Associated Gut Microbiome with Increased Capacity for Energy Harvest». *Nature* 444(7122) (2006): 1027-1031. doi: 10.1038/nature05414.

26. D. N. Jackson y A. L. Theiss. «Gut Bacteria Signaling to Mitochondria in Intestinal Inflammation and Cancer». *Gut Microbes* 11(3) (2020): 285-304. doi: 10.1080/19490976.2019.1592421.

27. C. M. Palmer. «Diets and Disorders: Can Foods or Fasting Be Considered Psychopharmacologic Therapies?». *J Clin Psychiatry* 81(1) (2019): 19ac12727. doi: 10.4088/JCP.19ac12727. PMID: 31294934.

28. C. T. Hoepner, R. S. McIntyre y G. I. Papakostas. «Impact of Supplementation and Nutritional Interventions on Pathogenic Processes of Mood Disorders: A Review of the Evidence». *Nutrients* 13(3) (2021): 767. doi: 10.3390/nu13030767; National Institutes of Health, Office of Dietary Supplements. 3 de junio del 2020. «Dietary Supplements for Primary Mitochondrial Disorders». NIH, https://ods.od.nih.gov/factsheets/PrimaryMitochondrialDisorders-HealthProfessional/. Retrieved 7/24/21.

29. M. Berk, A. Turner, G. S. Malhi *et al.* «A Randomised Controlled Trial of a Mitochondrial Therapeutic Target for Bipolar Depression: Mitochondrial Agents, N-acetylcysteine, and Placebo». *BMC Med* 17(1) (2019): 18. [La corrección publicada aparece en *BMC Med* 17(1) (2019): 35]. doi:10.1186/s12916-019-1257-1.

30. F. N. Jacka, A. O'Neil, R. Opie *et al.* «A Randomised Controlled Trial of Dietary Improvement for Adults with Major Depression (the "SMILES" Trial)». *BMC Med* 15(1) (2017): 23. doi: 10.1186/s12916-017-0791-y.

31. K. A. Amick, G. Mahapatra, J. Bergstrom, Z. Gao, S. Craft, T. C. Register, C. A. Shively y A. J. A. Molina. «Brain Region-Specific Disruption of Mitochondrial Bioenergetics in Cynomolgus Macaques Fed a Western Versus a Mediterranean Diet». *Am J Physiol Endocrinol Metab* 321(5) (2021): E652-E664. doi: 10.1152/ajpendo.00165.2021.

32. Y. Liu, A. Cheng, Y. J. Li, Y. Yang, Y. Kishimoto, S. Zhang, Y. Wang, R. Wan, S. M. Raefsky, D. Lu, T. Saito, T. Saido, J. Zhu, L. J. Wu y M. P. Mattson. «SIRT3 Mediates Hippocampal Synaptic Adaptations to Intermittent Fasting and Ameliorates Deficits in APP Mutant Mice». *Nat Commun* 10(1) (2019): 1886. doi: 10.1038/s41467-019-09897-1.

33. M. Mattson, K. Moehl, N. Ghena *et al.* «Intermittent Metabolic Switching, Neuroplasticity and Brain Health». *Nat Rev Neurosci* 19(2) (2018): 81-94. doi: 10.1038/nrn.2017.156.

34. K. J. Martin-McGill, R. Bresnahan, R. G. Levy y P. N. Cooper. «Ketogenic Diets for Drug-Resistant Epilepsy». *Cochrane Database Syst Rev* 6(6) (2020): CD001903. doi: 10.1002/14651858.CD001903.pub5.

35. K. J. Bough, J. Wetherington, B. Hassel, J. F. Pare, J. W. Gawryluk, J. G. Greene, R. Shaw, Y. Smith, J. D. Geiger y R. J. Dingledine. «Mitochondrial Biogenesis in the Anticonvulsant Mechanism of the Ketogenic Diet». *Ann Neurol* 60(2) (2006): 223-235. doi: 10.1002/ana.20899; J. M. Rho. «How Does the Ketogenic Diet Induce Anti-Seizure Effects?». *Neurosci Lett* 637 (2017): 4-10. doi: 10.1016/j.neulet.2015.07.034.

36. C. M. Palmer, J. Gilbert-Jaramillo y E. C. Westman. «The Ketogenic Diet and Remission of Psychotic Symptoms in Schizophrenia: Two Case Studies». *Schizophr Res* 208 (2019): 439-440. doi: 10.1016/j.schres.2019.03.019. Epub April 6, 2019. PMID: 30962118.

37. M. C. L. Phillips, L. M. Deprez, G. M. N. Mortimer *et al.* «Randomized Crossover Trial of a Modified Ketogenic Diet in Alzheimer's Disease». *Alzheimer's Res Ther* 13(1) (2021): 51. doi: 10.1186/s13195-021-00783-x.

Capítulo 16

1. H. K. Seitz, R. Bataller, H. Cortez-Pinto, B. Gao, A. Gual, C. Lackner, P. Mathurin, S. Mueller, G. Szabo y H. Tsukamoto. «Alcoholic Liver Disease». *Nat Rev Dis Primers* 4(1) (2018): 16. doi: 10.1038/s41572-018-0014-7. Fe de erratas in: *Nat Rev Dis Primers* 4(1) (2018): 18. PMID: 30115921.

2. C. Tapia-Rojas, A. K. Torres y R. A. Quintanilla. «Adolescence Binge Alcohol Consumption Induces Hippocampal Mitochondrial Impairment That Persists During the Adulthood». *Neuroscience* 406 (2019): 356-368. doi: 10.1016/j.neuroscience.2019.03.018.

3. Nora D. Volkow, Sung Won Kim, Gene-Jack Wang, David Alexoff, Jean Logan, Lisa Muench, Colleen Shea *et al.* «Acute Alcohol Intoxication Decreases Glucose Metabolism but Increases Acetate Uptake in the Human Brain». *NeuroImage* 64 (2013): 277-283. doi: 10.1016/j.neuroimage.2012.08.057.

4. N. D. Volkow, G. J. Wang, E. Shokri Kojori, J. S. Fowler, H. Benveniste y D. Tomasi. «Alcohol Decreases Baseline Brain Glucose Metabolism More in Heavy Drinkers Than Controls but Has No Effect on Stimula-

tion-Induced Metabolic Increases». *J Neurosci* 35(7) (2015): 3248-3255. doi:10.1523/JNEUROSCI.4877-14.2015.

5. C. E. Wiers, L. F. Vendruscolo, J. W. van der Veen *et al.* «Ketogenic Diet Reduces Alcohol Withdrawal Symptoms in Humans and Alcohol Intake in Rodents». *Sci Adv* 7(15) (2021): eabf6780. doi: 10.1126/sciadv.abf6780.

6. N. D. Volkow, J. M. Swanson, A. E. Evins, L. E. DeLisi, M. H. Meier, R. González, M. A. Bloomfield, H. V. Curran y R. Baler. «Effects of Cannabis Use on Human Behavior, Including Cognition, Motivation, and Psychosis: A Review». *JAMA Psychiatry* 73(3) (2016): 292-297. doi: 10.1001/jamapsychiatry.2015.3278.

7. T. Harkany y T. L. Horvath. «(S)Pot on Mitochondria: Cannabinoids Disrupt Cellular Respiration to Limit Neuronal Activity». *Cell Metab* 25(1) (2017): 8-10. doi: 10.1016/j.cmet.2016.12.020.

8. M. D. Albaugh, J. Ottino-Gonzalez, A. Sidwell *et al.* «Association of Cannabis Use During Adolescence with Neurodevelopment». *JAMA Psychiatry* 78(9) (2021): 1031-1040. doi: 10.1001/jamapsychiatry.2021.1258.

9. D. Jiménez-Blasco, A. Busquets-García *et al.* «Glucose Metabolism Links Astroglial Mitochondria to Cannabinoid Effects». *Nature* 583(7817) (2020): 603-608. doi: 10.1038/s41586-020-2470-y.

10. E. Hebert-Chatelain, T. Desprez, R. Serrat *et al.* «A Cannabinoid Link Between Mitochondria and Memory». *Nature* 539(7630) (24 de noviembre de 2016): 555-559. doi: 10.1038/nature20127.

Capítulo 17

1. S. R. Chekroud, R. Gueorguieva, A. B. Zheutlin, M. Paulus, H. M. Krumholz, J. H. Krystal y A. M. Chekroud. «Association Between Physical Exercise and Mental Health in 1.2 Million Individuals in the USA Between 2011 and 2015: A Cross-Sectional Study». *Lancet Psychiatry* 5(9) (2018): 739-746. doi: 10.1016/S2215-0366(18)30227-X.

2. G. A. Greendale, W. Han, M. Huang *et al.* «Longitudinal Assessment of Physical Activity and Cognitive Outcomes Among Women at Midlife». *JAMA Netw Open* 4(3) (2021): e213227. doi: 10.1001/jamanetworkopen.2021.3227.

3. J. Krogh, C. Hjorthoj, H. Speyer, C. Gluud y M. Nordentoft. «Exercise for Patients with Major Depression: A Systematic Review with Meta-Analysis and Trial Sequential Analysis». *BMJ Open* 7(9) (2017): e014820. doi: 10.1136/bmjopen-2016-014820.

4. Organización Mundial de la Salud. *Motion for Your Mind: Physical Activity for Mental Health Promotion, Protection, and Care* (Copenhage: Oficina Regional para Europa de la OMS, 2019). https://www.euro.who.int/en/health-topics/disease-prevention/physical-activity/publications/2019/motion-for-your-mind-physical-activity-for-mental-health-promotion,-protection-and-care-2019.

5. K. Contrepois, S. Wu, K. J. Moneghetti, D. Hornburg *et al.* «Molecular Choreography of Acute Exercise». *Cell* 181(5) (2020): 1112-1130.e16. doi: 10.1016/j.cell.2020.04.043.

6. A. R. Konopka, J. L. Laurin, H. M. Schoenberg, J. J. Reid, W. M. Castor, C. A. Wolff, R. V. Musci, O. D. Safairad, M. A. Linden, L. M. Biela, S. M. Bailey, K. L. Hamilton y B. F. Miller. «Metformin Inhibits Mitochondrial Adaptations to Aerobic Exercise Training in Older Adults». *Aging Cell* 18(1) (2019): e12880. doi: 10.1111/acel.12880.

7. Kathrin Steib, Iris Schaffner, Ravi Jagasia, Birgit Ebert y D. Chichung Lie. «Mitochondria Modify Exercise-Induced Development of Stem Cell-Derived Neurons in the Adult Brain». *J Neurosci* 34(19) (2014): 6624. doi: 10.1523/JNEUROSCI.4972-13.2014.

Capítulo 18

1. H. T. Chugani, M. E. Behen, O. Muzik, C. Juhasz, F. Nagy y D. C. Chugani. «Local Brain Functional Activity Following Early Deprivation: A Study of Postinstitutionalized Romanian Orphans». *Neuroimage* 14(6) (2001): 1290-1301. doi: 10.1006/nimg.2001.0917.

2. M. Picard, A. A. Prather, E. Puterman, A. Cuillerier, M. Coccia, K. Aschbacher, Y. Burelle y E. S. Epel. «A Mitochondrial Health Index Sensitive to Mood and Caregiving Stress». *Biol Psychiatry* 84(1) (2018): 9-17. doi: 10.1016/j.biopsych.2018.01.012.

3. Frankl, V. E. *El hombre en busca de sentido* (Barcelona: Ed. Herder, 2015).

4. A. Alimujiang, A. Wiensch, J. Boss *et al.* «Association Between Life Purpose and Mortality Among US Adults Older Than 50 Years». *JAMA Netw Open* 2(5) (2019): e194270. doi: 10.1001/jamanetworkopen.2019.4270.

5. R. Cohen, C. Bavishi y A. Rozanski. «Purpose in Life and Its Relationship to All-Cause Mortality and Cardiovascular Events: A Meta-Analysis». *Psychosom Med* 78(2) (2016): 122-133. doi: 10.1097/PSY.0000000000000274.

6. L. Miller, R. Bansal, P. Wickramaratne *et al.* «Neuroanatomical Correlates of Religiosity and Spirituality: A Study in Adults at High and Low

Familial Risk for Depression». *JAMA Psychiatry* 71(2) (2014): 128-135. doi: 10.1001/jamapsychiatry.2013.3067.

7. T. J. VanderWeele, S. Li, A. C. Tsai y I. Kawachi. «Association Between Religious Service Attendance and Lower Suicide Rates Among US Women». *JAMA Psychiatry* 73(8) (2016): 845-851. doi: 10.1001/jamapsychiatry.2016.1243.

8. H. G. Koenig. «Religion, Spirituality, and Health: The Research and Clinical Implications». *ISRN Psychiatry* 2012 (2012): 278730. doi: 10.5402/2012/278730

9. C. Timmermann, H. Kettner, C. Letheby *et al.* «Psychedelics Alter Metaphysical Beliefs». *Sci Rep* 11(1) (2021): 22166. doi: 10.1038/s41598-021-01209-2.

10. J. A. Dusek, H. H. Otu, A. L. Wohlhueter, M. Bhasin, L. F. Zerbini, M. G. Joseph, H. Benson y T. A. Libermann. «Genomic Counter-Stress Changes Induced by the Relaxation Response». *PLoS One* 3(7) (2008): e2576. doi: 10.1371/journal.pone.0002576.

11. M. K. Bhasin, J. A. Dusek, B. H. Chang, M. G. Joseph, J. W. Denninger, G. L. Fricchione, H. Benson y T. A. Libermann. «Relaxation Response Induces Temporal Transcriptome Changes in Energy Metabolism, Insulin Secretion and Inflammatory Pathways». *PLoS One* 8(5) (2013): e62817. doi: 10.1371/journal.pone.0062817.

Capítulo 19

1. M. Burigo, C. A. Roza, C. Bassani, D. A. Fagundes, G. T. Rezin, G. Feier, F. Dal-Pizzol, J. Quevedo y E. L. Streck. «Effect of Electroconvulsive Shock on Mitochondrial Respiratory Chain in Rat Brain». *Neurochem Res* 31(11) (2006): 1375-1379. doi: 10.1007/s11064-006-9185-9.

2. F. Chen, J. Danladi, G. Wegener, T. M. Madsen y J. R. Nyengaard. «Sustained Ultrastructural Changes in Rat Hippocampal Formation After Repeated Electroconvulsive Seizures». *Int J Neuropsychopharmacol* 23(7) (2020): 446-458. doi: 10.1093/ijnp/pyaa021.

3. F. J. Medina y I. Túnez. «Mechanisms and Pathways Underlying the Therapeutic Effect of Transcranial Magnetic Stimulation». *Rev Neurosci* 24(5) (2013): 507-525. doi: 10.1515/revneuro-2013-0024.

4. H. L. Feng, L. Yan y L. Y. Cui. «Effects of Repetitive Transcranial Magnetic Stimulation on Adenosine Triphosphate Content and Microtubule Associated Protein-2 Expression After Cerebral Ischemia-Reperfusion

Injury in Rat Brain». *Chin Med J* (Engl) 121(14) (2008): 1307-1312. PMID: 18713553.

5. X. Zong, Y. Dong, Y. Li, L. Yang, Y. Li, B. Yang, L. Tucker, N. Zhao, D. W. Brann, X. Yan, S. Hu y Q. Zhang. «Beneficial Effects of Theta-Burst Transcranial Magnetic Stimulation on Stroke Injury via Improving Neuronal Microenvironment and Mitochondrial Integrity». *Transl Stroke Res* 11(3) (2020): 450-467. doi: 10.1007/s12975-019-00731-w.

6. C. L. Cimpianu, W. Strube, P. Falkai, U. Palm y A. Hasan. «Vagus Nerve Stimulation in Psychiatry: A Systematic Review of the Available Evidence». *J Neural Transm* (Viena) 124(1) (2017): 145-158. doi: 10.1007/s00702-016-1642-2.

Índice temático

D

L

M

Acerca del autor

CHRISTOPHER M. PALMER ES psiquiatra de Harvard e investigador. Trabaja en la conexión entre el metabolismo y la salud mental. Es el director del Departamento de Educación Postgrado y de Continuación en el Hospital McLean y catedrático adjunto de Psiquiatría en la Facultad de Medicina de Harvard. Durante más de dos décadas ha desempeñado papeles de liderazgo en la educación psiquiátrica de Harvard, el Hospital McLean y en todo Estados Unidos. Lleva más de quince años realizando investigaciones neurocientíficas en las áreas de consumo de sustancias y trastornos del sueño. Además de estos proyectos académicos, ha seguido practicando la psiquiatría y trabajando con personas que padecen trastornos mentales resistentes al tratamiento. Para ello ha utilizado diversos tratamientos convencionales. Ha sido pionero en el uso de la dieta cetogénica médica en el tratamiento de los trastornos psiquiátricos realizando investigaciones, tratando pacientes, publicando artículos académicos y pronunciando conferencias en todo el mundo sobre este tema. En los últimos tiempos ha desarrollado la primera teoría completa sobre las causas de las enfermedades mentales en la que integra investigaciones biológicas, psicológicas y sociales en una sola teoría unificadora: la teoría de la energía cerebral en las enfermedades mentales.

En esta misma editorial

CEREBRO LÚCIDO

Los cuatro personajes que hay en tu cerebro y cómo integrarlos para decidir quién quieres ser

JILL BOLTE TAYLOR

Conoce tus hemisferios cerebrales y el quién y cómo quieres ser en cada momento de tu vida. En este libro innovador, la neuroanatomista Jill Bolte Taylor propone un modelo psicológico que se estructura en torno a los cuatro módulos neuronales que componen el cerebro, y que ella describe como cuatro personajes que conforman lo que somos.

MENTES DISPERSAS

Los orígenes y la curación del trastorno por déficit de atención (TDA)

GABOR MATÉ

El doctor Maté, prestigioso médico especializado en neurología, psiquiatría y psicología, recurre a la sabiduría que ha adquirido a lo largo de sus muchos años de práctica médica e investigación para desmontar el mito de que el TDA tiene una base genética, y ofrece esperanza y consejos reales a los niños y adultos —como él mismo— que lo padecen.

SIN LÍMITES (OUTLIVE)

La ciencia y el arte de la longevidad

PETER ATTIA CON BILL GIFFORD

La nueva medicina para vivir más tiempo y mejor. Un nuevo enfoque sobre la longevidad y la buena salud a largo plazo que desafía el pensamiento médico convencional.